Uni-Taschenbücher 1252

Grundprobleme der großen Philosophen

Die Reihe umfaßt bisher folgende Bände:

Philosophie des Altertums und des Mittelalters (UTB 146)
Philosophie der Neuzeit I (UTB 903)
Philosophie der Neuzeit II (UTB 464)
Philosophie der Neuzeit III (UTB 1252)
Philosophie der Gegenwart I (UTB 147)
Philosophie der Gegenwart II (UTB 183)
Philosophie der Gegenwart III (UTB 463)
Philosophie der Gegenwart IV (UTB 1108)
Philosophie der Gegenwart V (UTB 1183)

Grundprobleme der großen Philosophen

Herausgegeben von Josef Speck

Philosophie der Neuzeit III

Schleiermacher · Bolzano · Schopenhauer
Kierkegaard · Brentano · Nietzsche

Vandenhoeck & Ruprecht in Göttingen

CIP-Kurztitelaufnahme der Deutschen Bibliothek

Grundprobleme der großen Philosophen / hrsg. von Josef Speck. – Göttingen : Vandenhoeck und Ruprecht
(Uni-Taschenbücher ; . . .)
NE: Speck, Josef [Hrsg.]
→ Philosophie der Neuzeit

Philosophie der Neuzeit / hrsg. von Josef Speck. – Göttingen : Vandenhoeck und Ruprecht
(Grundprobleme der großen Philosophen)
NE: Speck, Josef [Hrsg.]
3. Schleiermacher, Bolzano, Schopenhauer, Kierkegaard, Brentano, Nietzsche. – 1983.
(Uni-Taschenbücher ; 1252)

ISBN 3-525-03310-9

NE: GT

Printed in Germany
Einbandgestaltung: A. Krugmann, Stuttgart
Satz: Tutte Druckerei GmbH, Salzweg-Passau
Druck: Hubert & Co., Göttingen
Bindearbeit: Hubert & Co., Göttingen

Vorwort des Herausgebers

Die bisher erschienenen Bände der „Grundprobleme der großen Philosophen" haben eine sehr freundliche Aufnahme gefunden. Dies zeigt, daß der Versuch einer neuartigen Darstellung der Philosophie-Geschichte berechtigt war und gelungen ist. Diese Darstellung verzichtet auf Vollständigkeit und setzt Akzente: Sie behandelt nur diejenigen Denker, die die Entwicklung der abendländischen Geistesgeschichte entscheidend beeinflußt haben bzw. in der gegenwärtigen Philosophie bedeutsam sind. (Der Schwerpunkt des Gesamtwerkes liegt eindeutig auf der Philosophie der Gegenwart). Auch bei der Behandlung dieser Denker geht es nicht um eine möglichst umfassende Darstellung des jeweiligen Denkgebäudes, die zwangsläufig zu einer Nivellierung der Probleme, zur Vermittlung formelhaften Wissens und zur Rezeption von Schlagworten führen würde, die gerade philosophischen Fragen inadäquat sind. Statt dessen konzentriert sich die Behandlung der einzelnen Philosophen auf das jeweilige Grundproblem bzw. – falls ein einzelnes Grundproblem sich nicht isoliert darstellen läßt – auf einen möglichst eng begrenzten Bereich weniger zentraler Probleme, die für den betreffenden Denkansatz eine fundierende und erschließende Funktion haben. Durch diese strenge thematische Konzentration auf ein Problem wird dem Leser eine Hinführung zu dem jeweils behandelten Philosophen geboten, die einen Problemzusammenhang erschließt, das Mitdenken des Lesers provoziert und ihn zu weiterer Beschäftigung anregt.

Die Eigenart des hier praktizierten Ansatzes bringt – außer den erstrebten didaktischen Vorzügen – allerdings einige unvermeidliche Schwierigkeiten mit sich. Die Auswahl der behandelten Denker muß notwendig willkürlich sein. Der Band Altertum/Mittelalter beispielsweise beschränkt sich auf Sokrates, Platon, Aristoteles, Augustinus, Thomas v. Aquin und Cusanus. Natürlich wird man hier Philosophen wie Plotin, Seneca und Duns Scotus vermissen, und selbst die Möglichkeit, daß die Genannten in einem späteren Band behandelt werden, führt nicht an der Schwierigkeit vorbei, daß die in diesem Werk erstrebte Konzentration die Auswahl als subjektiv erscheinen lassen muß.

Ähnliches gilt für die „Grundprobleme". Zwar fiel ihre Auswahl voll in die Kompetenz der einzelnen Autoren; diese waren sich aber alle darin einig, daß die Auswahl die Gefahr einer künstlichen Isolierung bzw. einseitigen Akzentuierung bedeutete. Einige Autoren standen vor der schwierigen Aufgabe, aus mehreren gleichrangigen Problemen ein bestimmtes herauszugreifen: andere Autoren waren mit Denkansätzen konfrontiert, die sich in mehreren Etappen mit relativ selbständigen Problemzusammenhängen entwickelt hatten. Daß unter diesen Aspekten auch die Gruppierung der Denker in den einzelnen Bänden nur ein Notbehelf sein kann, leuchtet ein.

Die zahlreichen Bedenken, die sich hieraus ergaben, wurden von den Autoren trotzdem zurückgestellt, weil sie die hier versuchte Art der Darstellung für sinnvoll und nützlich hielten. Der Herausgeber ist ihnen hierfür zu Dank verpflichtet, ebenso dem Verlag, der wesentlich dazu beitrug, daß dieses Projekt realisiert werden konnte. Zahlreichen Fachkollegen, die durch wertvolle Ratschläge die Arbeit des Herausgebers erleichtert und gefördert haben, sei ebenfalls herzlich gedankt.

Josef Speck

Hinweis zu den Literaturangaben

Zu jedem Beitrag gehört ein Literaturverzeichnis, das eine Auswahl aus der Primär- und Sekundärliteratur darstellt. Einführende Werke sind durch * gekennzeichnet, Werke mit ausführlichen Bibliographien durch den Zusatz *Bibl.*

Literaturhinweise im Text erfolgen durch Angabe von Kurztiteln, die in den Literaturverzeichnissen durch Kursivierung hervorgehoben sind.

Inhaltsverzeichnis

Friedrich Daniel Ernst Schleiermacher: Universalisierung von Humanität

Von Michael Welker, Tübingen

1. Einleitung

1.1 Leben und Veröffentlichungen

Friedrich Daniel Ernst Schleiermacher wurde am 21. November 1768 in Breslau als Sohn des reformierten Militärpfarrers Gottlieb Adolph Schleyermacher und seiner Ehefrau Maria Catharina, geb. Stubenrauch, geboren. Wie der Vater und die Großväter sollte er den Pfarrberuf ergreifen. Das hochbegabte, körperlich leicht behinderte Kind besuchte die Breslauer Friedrichs-Schule, nach Umsiedlung der Familie nach Pleß (Schlesien) die dortige Stadtschule. Daneben erhielt Schleiermacher von den Eltern Privatunterricht. Von 1783 bis 1787 wurde er im Pädagogium der Brüdergemeinde von Niesky bei Görlitz und in ihrem Seminar in Barby/Elbe ausgebildet, um herrnhutischer Prediger zu werden. In Barby gingen nach Schleiermachers Zeugnis seine „Begriffe . . . bald so weit von dem System der Brüdergemeinde ab, daß ich nicht länger glaubte, mit gutem Gewissen ein Mitglied derselben bleiben zu können . . ." (Selbstbiographie, 257). Nach einem konfliktreichen Lösungsprozeß bewilligte der Vater ein Universitätsstudium in Halle, wo Schleiermacher in seinem Onkel, dem Theologen Samuel Stubenrauch, einen bleibenden Freund und Förderer fand. In Halle vermittelte ihm der Wolffianer und ehemalige Theologe Johann August Eberhard wichtige Impulse, besonders durch seine Kant-Kritik. Durch Eberhards Begeisterung für die Texte Platons und Aristoteles', aber auch durch die Vorlesungen des Philologen Friedrich August Wolf wurde Schleiermacher zu intensiver Lektüre der griechischen Klassiker angeregt.

Nach dem ersten theologischen Examen in Berlin nahm Schleiermacher 1790 bei dem Grafen Dohna zu Schlobitten in Ostpreußen eine Hauslehrerstelle an. 1793 wurde er in Berlin Lehrer am Gedikeschen Seminarium und im Kornmesserschen Waisenhaus, nach dem zweiten theologischen Examen und der Ordination Hilfsprediger in Landsberg an der Warthe. Neben dieser Tätigkeit übersetzte und publizierte er Predigten von damals berühmten angelsächsischen Kanzelrednern. Im September 1796 kehrte Schleiermacher für nahezu sechs Jahre als reformierter Prediger an der Charité nach Berlin zurück. Durch die Freundschaft mit Henriette Herz gewann er Zugang zum Kreis der Berliner Romantiker. Friedrich von Schlegel wurde sein engster Freund und Gesprächspartner. Schlegel nahm Schleiermacher das Versprechen ab, literarisch tätig zu werden, diskutierte mit ihm das Projekt einer neuen Zeitschrift und regte eine gemeinsame Platon-Übersetzung an. Weihnachten 1797 zogen die beiden Freunde zusammen und verstärkten Gedankenaustausch und Kooperation. Im August 1798 begann Schleiermacher mit der Arbeit an seiner berühmten Schrift „Über die Religion. Reden an die Gebildeten unter ihren Verächtern". Den 1799 erscheinenden „Reden über die Religion" folgten 1800 die „Monologen" und „Vertraute Briefe über F. Schlegels ‚Lucinde'", 1801 eine Predigtsammlung.

Aufgrund von spannungsvollen privaten Verhältnissen löste sich Schleiermacher 1802 von Berlin und ging als Prediger nach Stolp in Pommern. Hier intensivierte er die Arbeit an der Übersetzung der Werke Platons – ein erster Band erschien 1804 – und an einer Auseinandersetzung mit klassischen und bedeutenden zeitgenössischen Konzeptionen der Ethik. 1803 publizierte er das Werk „Grundlinien einer Kritik der bisherigen Sittenlehre". 1804 lehnte er einen Ruf auf einen Lehrstuhl für theologische Sittenlehre und praktische Theologie an der Universität Würzburg ab, wurde aber zum außerordentlichen Professor und Universitätsprediger an der Universität Halle ernannt, wo er eine vielseitige akademische Tätigkeit entfaltete. Er hielt Vorlesungen u. a. über theologische Enzyklopädie, Haupt- und Fundamentallehre des theologischen Systems, Hermeneutik, Exegese neutestamentlicher Texte. Schwerpunkt war in dieser Zeit die Arbeit an philosophischer Ethik und christlicher Sittenlehre. Ferner ist festzuhalten, daß Schleiermachers theologisches Denken in diesen Jahren eine christologische Zentrierung wiedergewann, was z. B. die 1805 erschienene Schrift „Die Weihnachtsfeier" dokumentiert.

1807, nachdem Napoleon die Universität Halle hatte schließen lassen, siedelte Schleiermacher zunächst als freiberuflich tätiger Theologe und Philosoph nach Berlin über. Nach dem Tod seines Freundes heiratete er 1809 dessen Frau, Henriette von Willich. Er wurde – ein bald sehr berühmter – Prediger an der Dreifaltigkeitskirche, 1810 auch Professor an der neuen Universität und 1811 Mitglied der Akademie der Wissenschaften. 1811 veröffentlichte er die „Kurze Darstellung des theologischen Studiums zum Behuf einleitender Vorlesungen entworfen"; ferner konzipierte er eine Vorlesung über die Dialektik, ein Werk, an dem er zeit seines Lebens in wiederholten Revisionen arbeitete. Besonders hervorzuheben sind die immer erneuten Ausarbeitungen der Ethik, die – in der Dimension einer umfassenden Kultur- und Geschichtsphilosophie – das dominierende Bezugssystem seines Denkens blieb. Das von Schleiermacher selbst publizierte Hauptwerk, „Der christliche Glaube nach den Grundsätzen der evangelischen Kirche im Zusammenhange dargestellt", erschien in zwei Bänden 1821 und 1822. Die sogenannte „Glaubenslehre", 1830/31 in zweiter, veränderter (maßgeblicher) Auflage erschienen, wird – auch im Blick auf Schleiermachers kirchen- und konfessionspolitisches Engagement – als erste Dogmatik der Union bezeichnet und ist zweifellos einer der bedeutendsten Texte der Theologiegeschichte.

Am 12. Februar 1834 starb Schleiermacher. Zwanzig- bis dreißigtausend Menschen nahmen nach dem Zeugnis Leopold von Rankes am Begräbnis des berühmten akademischen Lehrers und patriotischen Predigers teil.

1.2 Schleiermacher – ein „großer Philosoph"?

Schleiermacher selbst hat sich wiederholt als Dilettant auf dem Gebiet der Philosophie bezeichnet (z.B. in den Sendschreiben, Auswahl, 154, 172). Seine bislang berühmtesten Werke, die „Reden" und die „Glaubenslehre", haben den Geltungsbereich und die Autonomie der Religion (Reden) bzw. der theologischen Dogmatik (Glaubenslehre) energisch gegen Begründungskompetenzen, ja auch nur Kontrollansprüche theoretischer und praktischer Philosophie abgeschirmt. Der junge Schleiermacher protestiert gegen die „kindischen Operationen der Metaphysiker und Moralisten in der Religion" (Reden, 65, vgl. 14, 25 u.ö.); beim reifen Schleiermacher finden wir wiederholt die eindringliche Warnung vor einer Verwechslung oder auch nur Vermischung von Philosophie und theologischer Dogmatik (vgl. Glaubenslehre, § 33,3); eine geradezu eifernd anmutende Betonung, daß er in seiner „Glaubenslehre" nicht philosophieren wolle (vgl. Auswahl, 132, 134, 139f., 143, 147ff., 171f.); schließlich die Verteidigung eines „ganz einfach und ehrlich nur empirisch(en)" Ansatzes der „Glaubenslehre" gegen eine bei philosophischer Grundlegung und Mitsprache unvermeidliche „Hierarchie der intellektuellen Bildung", gegen ein unprotestantisches „Priestertum der Spekulation" (Auswahl, 132, 128, 149; vgl. Birkner, Theologie und Philosophie, 40f.).

Dennoch gibt es gute Gründe, Schleiermacher unter die großen Philosophen zu zählen. Sie liegen teils auf der Hand, teils könnte ihnen verstärkt Plausibilität beschafft werden. In der Philosophiegeschichte ist Schleiermacher bisher zu anerkannter Wirksamkeit gelangt durch seine Platon-Übersetzung und eine Platon kongeniale Interpretation (Dilthey, XIII/1, 335ff.; XIII/2, 37ff.; Wiehl, 47,61; Williams, 57ff.), vor allem aber durch die Wirkungsgeschichte seiner Hermeneutik (Dilthey, Gadamer), die unabgeschlossen und lebendig ist (Frank; Hermeneutik, Einleitung 7–67; Wiehl). Mit Recht hat man grundsätzlicher festgestellt, daß Schleiermacher einen „neuen Weg" gefunden habe „innerhalb der idealistischen Philosophie zwischen Kants Weg der Beschränkung aller Erkenntnis auf den Bereich des Erfahrbaren und dem Weg des spekulativen Idealismus, der alle Empirie in den Kategorien des reinen Denkens verdampft" (Wiehl, 47). Man hat Schleiermacher das Verdienst einer konsequenten Ausweitung und Vollendung der „transzendentalen Wende" in der Philosophie zugesprochen (Frank z.B. in: Hermeneutik, 8) und seine philosophische Ethik als einen „in der Geschichte der Ethik ... völlig originalen Entwurf" gewürdigt (Birkner, Sittenlehre, 37).

Aufgrund dieser und anderer Leistungen ist die These vertreten worden, daß Schleiermachers Bedeutung als Philosoph bislang nicht angemessen anerkannt sei, und man hat erwogen, inwieweit es auf die Verfassung der Texte zurückgeführt werden muß, in denen Schleiermachers Philosophie überliefert ist, daß „ihr Ruhm nicht weiter verbreitet ist" (Beißer, 244). Ganz gewiß erklärt sich der Umstand, daß Rezeption und Diskussion von Schleiermachers philosophischer Ethik und von seiner „Dialektik" sich nur schleppend entwickelt haben, nicht allein mit der Schwierigkeit dieser Texte, sondern damit, daß sie weitgehend lediglich in Vorlesungsmanuskripten, Fragmenten und Skizzen vorliegen. Doch könnte in dieser mangelhaft erscheinenden Präsentation der reifen philosophischen Theorien eine Überwindung „der neuzeitlichen absoluten Entgegensetzung von systematischer und fragmentarischer Darstellung und der damit verbundenen Auffassung, daß philosophische Darstellung nur das eine oder andere sein könne" (Wiehl, 64 ff.), erkannt werden, oder ist sie doch als eine Schwäche des „philosophischen Dilettanten" anzusehen, zumindest als eine Gleichgültigkeit Schleiermachers gegenüber seiner philosophischen Wirksamkeit? Letzteres hieße, in Schleiermacher einen nur beiläufig oder sogar wider Willen zum „großen Philosophen" gewordenen bzw. erklärten Denker zu erkennen. Dem aber wird man widersprechen müssen.

Einen der eindrucksvollsten Belege dafür bietet der Brief Schleiermachers an Jacobi vom 30. März 1818, in dem der an der theologischen und der philosophischen Fakultät Lehrende feststellt: „ich will mir auch das Philosophieren in alle Ewigkeit nicht nehmen lassen", und: „Meine Philosophie also und meine Dogmatik sind fest entschlossen, sich nicht zu widersprechen" (Auswahl, 117, 118). Solche Aussagen nötigen zu der Frage, wie Schleiermacher dazu kommen konnte, Religion und theologische Dogmatik gegen alle philosophischen Einflüsse immun halten zu wollen, wie er – mit dem Bekenntnis seines Dilettantismus – dazu kommen konnte, eine radikale Außenperspektive auf die Philosophie zu entwickeln.

Wer Schleiermacher ausschließlich als „großen Philosophen" ansehen will, der wird sich damit auseinandersetzen müssen. Wäre Schleiermacher nur oder primär als Philosoph zu betrachten, so wäre als sein Grundproblem die Verortung seines Verhältnisses zu Religion und theologischer Dogmatik zu bestimmen. Nach heftigen, aber wenig fruchtbaren Streitigkeiten darüber, ob Schleiermacher primär Philosoph oder primär Theologe gewesen sei (z. B. Brunner; Barth; Auswahl, 290 ff.; dazu auch Niebuhr, 174 ff.), kann nun das Verhältnis von Theologie und Philosophie in Schleiermachers Denken als grundsätzlich geklärt gelten (Birkner, Theologie und Philosophie). Es ist deutlich geworden, daß für den Theologen Schleiermacher „das Verhältnis von Philosophie und Theologie nicht die Würde eines Grundthemas hat. Ein spezifisches Verhältnis zur Philosophie hat die Theologie in keinem anderen Sinne als so, wie sie auch ein spezifisches Verhältnis zur Historie und zur Praxistheorie hat“ (Birkner, ebd., 29).

Man würde demnach eine Schleiermacher nicht gemäße Fehlgewichtung vornehmen, wenn man ihn *nur* als „großen Philosophen“ ansehen und das aus dieser Perspektivenwahl unabweisbar resultierende Problem einer Verhältnisbestimmung von Philosophie und Religion bzw. dogmatischer Theologie zu einem „Grundproblem“ erheben würde (vgl. Dialektik, 310ff.; zum Thema: Wagner, 225ff.). Wir werden also nach dem *philosophischen* Grundproblem in Schleiermachers Werk fragen müssen und offenlassen, ob Schleiermacher als Theologe sich Problemstellungen ausgesetzt hat, die gewichtiger (grundsätzlicher) erscheinen können. Es entspricht dem Denkstil Schleiermachers – der unbedachte Perspektivenwahl und unkontrollierte Perspektivenvermischung als unwissenschaftliches Vorgehen abgelehnt hat –, dabei bewußt in Kauf zu nehmen, daß wir uns hier nur in einem Teilbereich seines Werkes bewegen können.

1.3 *Zur Bestimmung des „philosophischen Grundproblems“*

Schleiermachers Schüler und Nachfolger auf seinem Lehrstuhl, August Twesten, hat dessen philosophische Ethik als „Schlüssel zum Verständnis aller seiner wissenschaftlichen Arbeiten“ bezeichnet (s. Birkner, Sittenlehre, 36; Rendtorff, 143ff.). Diese Feststellung wird durch die Tatsache unterstrichen, daß Schleiermacher zeit seines wissenschaftlich produktiven Lebens an der Darstellung einer Ethik gearbeitet und ihr die Dimension einer umfassenden Geschichts- und Kulturtheorie gegeben hat. In den Jahren 1799 bis 1803 veröffentlicht er mehrere programmatische Beiträge zur Ethik, die mit verschiedenen Ansätzen und in verschiedenen Ausrichtungen auf eine neue, die wichtigsten antiken und zeitgenössischen philosophischen Ethiken integrierende Konzeption hinarbeiten (vor allem: Versuch einer Theorie des geselligen Betragens; Monologen; Grundlinien einer Kritik der bisherigen Sittenlehre). Von 1804/05 an liest er über philosophische Ethik und plant deren Veröffentlichung. 1806 kommt es zur Ausdifferenzierung einer „Christlichen Sittenlehre“ (zur sukzessiven Klärung dieser Differenzierung s. Birkner, Sittenlehre, 12f.). Siebenmal hat Schleiermacher über philosophische, zwölfmal über theologische Ethik Vorlesungen gehalten, dabei immer wieder Veröffentlichungspläne erneuernd, d.h. die Ausarbeitung intensivierend. Für die Jahre 1805 bis 1807, 1812/13, 1814 bis Anfang 1817 bezeugen die Briefe Schleiermachers starke Anstrengungen, die philosophische Ethik zu einer abgeschlossenen Darstellung zu bringen. In den Jahren 1819 bis 1830 erscheinen „als Abschlagszahlungen" mehrere Akademieabhandlungen über Hauptthemen philosophischer Ethik (Braun, in: Werke II, XV, vgl. XIII ff.). Bis 1831 hat Schleiermacher nach dem Zeugnis des Nachlasses an den Manuskripten zur Christlichen Sittenlehre, bis 1832 an denen zur philosophischen Ethik gearbeitet.

Demgegenüber setzt die konzentrierte Bearbeitung derjenigen philosophischen Disziplinen, die sich als Bereiche zur Näherbestimmung des „Grundproblems" ebenfalls anböten, die Bearbeitung der Hermeneutik und der Dialektik, relativ spät ein, nämlich 1810/11 bzw. 1811. Die These: „Es ist der Schlüssel zu allen eigentümlichen Aussagen der Dialektik und der Glaubenslehre, daß Schleiermacher sich seine philosophische Gesamtanschauung und innerhalb ihrer seine letzten Maßstäbe für alle Fragen des höheren menschlichen Lebens von der Ethik her gebildet hat" (Hirsch, IV, 555), ist von Schleiermachers Entwicklungsgeschichte her also gesichert. Mit der Konzentration auf die Ethik wird man das umfassendste, für die Entwicklungserschließung von Schleiermachers Denken ergiebigste und ihm subjektiv wohl auch wichtigste (s. Akademieabhandlungen, Werke I, 347 ff.) Bezugssystem seines Denkens vor Augen haben.

Diesen Befund kann auch nicht die Erwägung in Frage stellen, Schleiermacher könnte seine philosophische Ethik mit der Dialektik und der Hermeneutik durch „fundamentalere" Ansätze „überboten" haben, da Schleiermacher nicht nur das Wissen als Element der Handlungslehre dieser einordnet, sondern die interdependenten Disziplinen Hermeneutik und Dialektik (SW III, 4/2, 260) unter dem Gesichtspunkt des sichselbstaufklärenden Handelns in der Ethik zu thematisieren vermag. Überhaupt sind einseitige Abhängigkeits- und Hierarchiebildungen zwischen den philosophischen Disziplinen eine dem reifen Denken Schleiermachers fremde Vorstellung (vgl. Herms, Ethik). Wie der folgende Abschnitt deutlich machen wird, begreift Schleiermacher das Verhältnis nicht nur von menschlichen Individuen, sondern auch von wissenschaftlichen Werken oder wissenschaftlichen Disziplinen als Verhältnis einander durchdringender Sphären. Die damit entstehenden Bestimmtheitsprobleme löst er nicht einfach durch Hierarchieentscheidungen.

Ein weiterer Gesichtspunkt, der für eine Selektion der philosophischen

Ethik spricht, liegt in der beabsichtigten Orientierung an einem Bezugs*problem*. Während eine am bisherigen Rezeptions*erfolg* in der Fachphilosophie orientierte Darstellung die Behandlung der Hermeneutik, eine *prinzipien*orientierte Darstellung die Konzentration auf die Dialektik erwägen müßte, setzt die *problem*zentrierte Darstellung ein vor allem für die Ethik sprechendes Gewicht. Die Umstellung von Prinzipien- auf Problemorientierung, die sich seit Jahren in vielen Bereichen der Wissenschaft zur Geltung bringt, dringt darauf, *Exekutions*prinzipien mit angebbarem Operationsfeld aus der Menge der „Grundgedanken" herauszufiltern; die Problemorientierung steigert also die Anforderungen an Plausibilitäts- und fortsetzbare Effizienznachweise.

Unter solchen Anforderungen bieten Schleiermachers Texte zur philosophischen Ethik eine günstigere Ausgangsbasis als die zur Hermeneutik und zur Dialektik. Das Bild verschöbe sich etwas zugunsten der Hermeneutik, wenn die Auflösung der auf den Denker und dessen Werk zentrierten Theoriebetrachtung in die ihrer Wirkungsgeschichte grundsätzlich vorgesehen wäre. Da eine „Gleichberechtigung" der Rezeptionsgeschichte aber nicht geplant ist und nur weitere schwierige Abgrenzungsprobleme aufwerfen würde, fällt die Wahl aufgrund von entwicklungsimmanenten Gesichtspunkten und den in der Programmformel dieser Reihe liegenden Präferenzen auf Schleiermachers philosophische Ethik.

Die Näherbestimmung des Grundproblems als „Universalisierung von Humanität" wird in drei Schritten – im Blick auf die frühe, die reife und die späte Gestalt von Schleiermachers philosophischer Ethik – plausibel gemacht. Es wird sich, kurz gesagt, zeigen, daß Schleiermacher sich von sozial- und individualethischen Ansätzen um der bestimmten Universalisierung willen ablöst, sich von kosmologischen und theoriekritischen Ansätzen aber um der Erhaltung der anthropologischen und kreatorischen Bestimmtheit willen absetzt. Die hochkomplexe reife Ethik wird diese Ansätze zu integrieren suchen unter dem Gestaltungs- und Bezugsproblem, daß Humanität nur im Prozeß ihrer Universalisierung „ist". Die späte ethische Konzeption wird die unabweisbaren, durch solchen Prozeß evozierten Zielvorstellungen in ein Set von Chiffren fassen und damit eine philosophische Eschatologie skizzieren.

2. Entwicklungsansätze von Schleiermachers ethischer Theorie

Einen guten ersten Zugang zu Schleiermachers Denken im allgemeinen und zu seiner ethischen Theorie im besonderen bietet sein früher Beitrag

„Versuch einer Theorie des geselligen Betragens“ (Werke II, 1–31). Schon in diesem (Anfang 1799, also noch vor den „Reden“ publizierten) Text zeichnen sich die Umrisse des „philosophischen Grundproblems“ ab, das Schleiermachers gedankliche Entwicklung bestimmen wird.
Scheinbar ganz unbefangen, ohne methodenkritische Vorüberlegungen (s. aber zur philosophischen Entwicklung des jungen Schleiermacher bis 1796: Herms, Herkunft, bes. 39–163) stellt Schleiermacher hier das Verhältnis menschlicher Individuen zueinander als das interferierender Sphären vor und geht aus von einer Pluralität solcher einander durchdringenden oder, wie er sagt, durchschneidenden Sphären. Ihn interessieren die Bedingungen der Gestaltung und Optimierung der so dargestellten Kontakte zwischen menschlichen Individuen. Mit diesem gedanklichen Ansatz soll die Erweiterung und Differenzierung der Perspektiven des einzelnen Menschen erfaßt werden, die freie menschliche Kommunikation für ihn mit sich bringt: „Es muß ... einen Zustand geben, ... der die Sphäre eines Individui in die Lage bringt, daß sie von den Sphären Anderer (Individuen) so mannigfaltig als möglich durchschnitten werde, und jeder seiner eigenen Grenzpunkte ihm die Aussicht in eine andere und fremde Welt gewähre“ (Werke II, 3).
Doch Schleiermacher will nicht nur die Sphäre bloß eines Individuums, deren Strukturierung und die Folgen optimierter Strukturierung in der Interferenz mit Sphären anderer Individuen ins Auge fassen. Er will das Geschehen, den Prozeß darstellen, in dem für jeden der Kommunikationspartner „alle Erscheinungen der Menschheit ihm nach und nach bekannt, und auch die fremdesten Gemüter und Verhältnisse ihm befreundet und gleichsam nachbarlich werden können“ (ebd., 3 f.). Es soll also das Geschehen freier Kommunikation im Blick auf eine Vielzahl von beteiligten Individuen, eine Vielzahl von einander strukturierenden Sphären erfaßt werden. Dieser Versuch, eine Entwicklung unter Beachtung einer Vielzahl möglicher und wirklicher Zentrierungen und Verlaufsweisen zu beschreiben, der Versuch, die willkürliche Privilegierung bestimmter einzelner Zentrierungen und Perspektiven zu vermeiden, treibt schon im frühen Ansatz auf eine – gegenüber den dominierenden Denkstilen des 19. Jahrhunderts – neue Qualität von Theorie hin. Der Versuch, eine Mannigfaltigkeit von interferierenden Sphären kopräsent zu halten und nun einen Prozeß zu beschreiben, in dem die Vielfalt möglicher Zentrierungen und Strukturierungen respektiert, ja darstellbar bleibt, bedingt auch die Denk- und Darstellungsprobleme, in die Schleiermachers Theorie gerät, und natürlich auch die Rezeptionsschwierigkeiten, die seine Schriften bereiten.

Faktisch wird nach Überzeugung des jungen Schleiermacher das beschriebene Problem „durch den freien Umgang vernünftiger sich untereinander bildender Menschen gelöst“ (ebd., 4) – eben durch das „gesellige Betragen“, durch die freie Geselligkeit, die er „als eine nicht zu umgehende natürliche Tendenz“ (ebd., 7) ansieht. Doch wie kommt es zu einem harmonischen, wohlbalancierten und doch nicht stagnierenden, sondern sich lebendig gestaltenden und entwickelnden (vielstelligen) Verhältnis sich untereinander bildender Menschen? In welcher Weise kann der Philosoph und Gesellschaftstheoretiker hier überhaupt tätig werden, ohne unangemessen zentrierte und unangemessen einlinige Festlegungen zu treffen – oder läßt sich nur auf eine gelegentlich irgendwie auffällig werdende „natürliche Tendenz“ verweisen? Ist überhaupt eine Theorie der freien Geselligkeit möglich, eine Theorie des komplexen sozialen Verhältnisses, in dem jeder, wie Schleiermacher sagt, „dem freien Spiel seiner Kräfte überlassen“, diese Kräfte in Kontakt und Austausch mit den anderen „harmonisch weiter bilden“ (ebd., 4) kann?

Tatsächlich ist zunächst schwer denkbar, wie mit konventionellen diskursiven Darstellungsweisen eine Situation auch nur erfaßt werden könnte, in der „mehrere Menschen auf einander einwirken sollen, ... (wobei) diese Einwirkung auf keine Art einseitig sein darf“ (ebd., 9). Wie fast alle Denker in vergleichbaren Situationen arbeitet Schleiermacher zunächst mit Chiffren und gedanklich nur schwach kontrollierten Wendungen. Er spricht von einer durch alle Beteiligten „sich hindurchschlingende(n) ... Wechselwirkung“ (ebd.) und von einem „freie(n) Spiel der Gedanken und Empfindungen“ (ebd., 10), sieht aber auch, daß er auf diese Weise noch keine „reelle Theorie liefern“ (ebd.) könne. Um die durch die Vielzahl möglicher Zentren und Verlaufsweisen geselliger Kommunikation benötigte Unbestimmtheit gewährleisten und doch eine Theorie ausarbeiten zu können, entwickelt Schleiermacher ein für sein Vorgehen fortan charakteristisches Verfahren: Er lokalisiert den Prozeß geselligen Betragens zwischen fiktiven Grenzen bzw. fiktiven Extremsituationen von Geselligkeit. Die Theorie beschreibt nun die gesuchte freie Kommunikation des geselligen Betragens als ein „Hin- und Hergehen“ zwischen diesen Extremlagen, in dem die konkrete Geselligkeit, die wirkliche Gesellschaft immer bestimmter hervortritt, immer klarer zur Darstellung gelangt.

Im Blick auf diesen Konfigurationsprozeß zwischen zwei fiktiven Grenzlagen kann man sich sowohl das Theorieprogramm als auch das Kernproblem der Schleiermacherschen Philosophie schon in Umrissen verdeutlichen. Die eine Grenzlage bezeichnet die fiktive Totalität aller

Arten geselligen Sich-Verhaltens, eine „unendliche Sphäre“ freier Äußerungen. Die andere Grenzlage bestünde in einem Beieinander von sich gegen Geselligkeit völlig abschließenden Individuen – einer Mannigfaltigkeit von gegeneinander immunisierten Sphären, wobei dieser Grenzfall nicht bis zur Fiktion einer Menge völlig autistischer Wesen gesteigert werden muß. Es ist theoretisch hinreichend und praktisch realistisch, von einer gegen fortgesetztes und sich vervollkommnendes bzw. vervollkommnetes geselliges Betragen sich immun haltenden Konstellation von „Sphären“ auszugehen, in der die Kommunikation keine gesteigerte wechselseitige Anregung mehr mit sich bringt, die Entwicklung stagniert.

Das reale gesellige Betragen in Konzeption und Vollzug, so stellt Schleiermacher fest, wird von der einen oder anderen fiktiven Grenzlage der Geselligkeit ausgehend sich jeweils in Richtung auf die andere Grenzlage hin bewegen, dabei aber die Orientierung am fingierten Ausgang und Ziel in eine Erkenntnis der wirklichen Grenze und des damit gegebenen Profils der jeweiligen Gesellschaft verwandeln. Diese Erkenntnis wird den Bewegungs- und Entwicklungsspielraum der wirklichen Geselligkeit erfassen lassen: Das gesellige Betragen führt zu einer Näherbestimmung der gemeinschaftlichen Sphäre (vgl. ebd., 27, 26), die Gesellschaft wird erkennbar, tritt hervor, ihre Gestalt und ihre Grenzen zeichnen sich klarer ab; es führt aber auch zur Ausbildung und Erkenntnis von Kompetenz und Kapazität des sich in geselliger Kommunikation bildenden Individuums.

Diese Theorie der Koemergenz von Individualität und Sozialität in freier Kommunikation, die Schleiermacher zeit seines Lebens beschäftigen wird, bleibt 1799 noch Fragment (vgl. ebd., 31). Eine Reihe von fundamentalen Unklarheiten behindert ihre Ausarbeitung. Unklar ist zunächst der Status der Theorie des geselligen Betragens, ihr Verhältnis zum wirklichen Wechselspiel einander bildender und so freie Gesellschaft ausbildender Individuen. Die durchaus vorhandenen Reflexionen Schleiermachers auf Ort und Funktion seiner Theorie (z.B. ebd., 6ff.) können noch nicht zureichend deutlich machen, inwieweit und in welchen Zusammenhängen Darstellung, Typisierung und regulative Wirkung von der Theorie des geselligen Betragens zu erwarten sind. Unbefriedigend ist ferner die Voraussetzung einer ‚Sphäre‘ des Individuums und einer Vielzahl einander durchdringender Sphären, solange nicht angegeben werden kann, auf welche Weise diese Sphäre bestimmt, abgegrenzt und gegen andere stabilisiert werden soll. Unklar bleibt schließlich, ob es überhaupt eine allgemeine Entwicklungs- und Steigerungsregel für das gesellige Sich-Verhalten gibt, die sich ausformulieren läßt.

Diese verschiedenen Unzulänglichkeiten in der Bestimmung von Ansatz, Verlauf und Ziel der Theorie werden von Schleiermacher in den folgenden Jahren teils reduziert, teils beseitigt. Wohl verändert sich dabei das Theorieprogramm, wohl präzisiert sich dabei das „Grundproblem", doch die charakteristischen Züge des Beitrags von 1799 bleiben erhalten und erkennbar. Wertet man den frühen Text nicht als Beleg für haltloses gedankliches Experimentieren ab, legt man in ihm vielmehr die Aufgabenstellung frei, so kann man in Schleiermachers zum Teil sonst schwer zugänglichen Schriften eine konsistente Entwicklung erkennen, die darüber hinaus dem Denken unserer Tage noch neue Impulse zu geben vermag.

Schleiermacher verbessert zunächst die Zielvorstellungen seiner Theorie und gibt ihr einen Ort in der Klärung religiöser Erfahrung. Schon im gleichen Jahr, in den berühmten Reden „Über die Religion" (1799), führt er eine unüberbietbare Synthese der Pluralität von individuellen Sphären ein, die auch die religiöse Differenzierung von „dieser und jener Welt" aufhebt (vgl. Reden, 19): Das *eine* Universum soll im einzelnen Menschen zur Darstellung gelangen, womit Schleiermacher nicht nur individuelle Vervollkommnung, sondern auch die Bedingung der Möglichkeit und Wirklichkeit vollkommener Geselligkeit erfaßt zu haben glaubt: „Je mehr sich Jeder dem Universum nähert, je mehr sich Jeder dem Andern mitteilt, desto vollkommner werden sie Eins, keiner hat ein Bewußtsein für sich, Jeder hat zugleich das des Andern, sie sind nicht mehr nur Menschen, sondern auch Menschheit..." (ebd., 130). Diese Konzeption des im einzelnen Menschen zur Darstellung gelangenden und die Menschen vereinigenden Universums provoziert eine Präzisierung der offenen Fragen, die die Theorie der Geselligkeit schon mit sich brachte, durch suggerierte Konkretion aber verstellte.

Zunächst muß geklärt werden, wie die Anschauung des Universums zwischen den einzelnen kommuniziert wird, wie die Übertragung der Darstellung des Universums im einzelnen auf die anderen und die Partizipation an der individuellen Darstellung des Universums erfolgt; der Zusammenhang der sogenannten „Annäherung" des einzelnen an das Universum und der gesteigerten „Mitteilung" aneinander bedarf also der Erhellung. Diese Unklarheit der „Reden" hat die schwächere Schleiermacher-Rezeption dazu veranlaßt, den zweiten – sozialen – Aspekt auszublenden oder zu vernachlässigen und aus Schleiermachers Texten nur eine abstrakte Relation von Individuum und Universum als vermeintlichen Kernbestand und als Problemzentrum herauszuheben.

Eine Aufzeichnung aus dem Tagebuch von 1802 formuliert demgegenüber die in den „Reden" nicht behobene Schwierigkeit und die Aufgabenstellung mit besonderer Klarheit: „Das höhere Leben ist ununterbrochen fortgehende Beziehung des Endlichen aufs Unendliche. Dieses in Verbindung gesetzt mit dem Beziehen des Endlichen aufeinander ist das wahre Philosophieren. Diese letzteren Beziehungen um jener willen aufheben, das ist, was man im schlechten Sinne Mystik nennen kann" (Dilthey, XIII, 323; vgl. Falcke, 7ff.).

Neben der Gefahr, in eine schlechte Mystik zu geraten, da sich die „Mitteilung" der Darstellung des Universums im einzelnen an andere nicht klar fassen läßt, wird in den „Reden" die Problematik der Abgrenzung der individuellen Sphäre und darüber hinaus des anthropologischen Ansatzes überhaupt offenkundig. Schleiermacher ist wohl an der Privilegierung einer anthropologischen Grundorientierung interessiert. Bevorzugt stellt er das Verhältnis von Universum und Individuum als Darstellung der „ewigen Menschheit" im einzelnen Menschen und als Verewigung des Ich in der „menschlichen Natur" dar. Aber diesem Interesse entgegen nötigt der Ansatz beim Verhältnis von Universum und Individuellem dazu, nicht nur in menschlichen Individuen, sondern auch „in allen andern Einzelnen und Endlichen das Unendliche ..., dessen Abdruck, dessen Darstellung" sehen zu lehren (Reden, 29; vgl. Trowitzsch, 419ff.). Der naiv-anthropologische Ansatz ist gebrochen. Unklar bleibt, warum das Universum bevorzugt als „Menschheit" und warum das Individuelle und einzelne bevorzugt als menschliches Individuum aufzufassen ist. Schleiermachers Denken gerät also in die Nähe einer kosmologischen Metaphysik (wie z.B. der Whiteheads), die die Darstellung des Universums im Endlichen in einer Theorie von Konkretions- und Expansionsprozessen abgestufter Komplexität zu erfassen suchen muß, wobei nicht nur die Abgrenzung der Stufen, sondern auch die Bevorzugung der Perspektive auf „Mensch" und „Menschheit" der Rechtfertigung bedürfte.

Die „Reden" lassen das Bewußtsein dieser Abstraktionslage und der Schwierigkeiten, sich in ihr zu bewegen, beständig erkennen. Besonders auffällig ist die unscharfe Rede vom „Universum", die nicht nur durch den Ausdruck „die Menschheit", sondern auch z.B. durch „das Unendliche", „die ewige Welt", „die Totalität", „Einheit in der Vielheit", „System", „Eins und Alles" ersetzt wird (vgl. Reden, 71 und passim; s.a. Hirsch, IV, 512 – mit Überschätzung der Abhängigkeit Schleiermachers von Fichte – und 520f., 529f.). Die Privilegierung der anthropologischen Orientierung begründet Schleiermacher mit einer dogmatischen Setzung: das Universum könne nur in seiner Abbildung im „inne-

ren Leben" verständlich, es müsse letztlich im Gemüt angeschaut werden (vgl. z.B. Reden, 49).
Diese dogmatische Setzung wird mit der Berufung auf „die Religion" abgesichert und zugleich wieder in Frage gestellt. Sie wird gestützt, denn einerseits werde in der Religion das Universum „gesetzt als ursprünglich handelnd auf den Menschen" (ebd., 71); sie wird aber auch in Frage gestellt, denn andererseits muß das Gemüt, „wenn es Religion erzeugen und nähren soll, in einer Welt angeschaut werden" (ebd., 49). Die Übergänge zwischen anthropologischer Konzentration und kosmologischer Ausweitung, die die Theorie noch nicht unter Kontrolle bringt, werden also auf die Religion zurückgeführt. Sie chiffriert das Verhältnis und die notwendigen Übergänge in der Betrachtung von Mensch und Welt, die die Philosophie begreifen lehrt. Die Religion eröffnet den Zugang zu verschiedenen Wissensgebieten, darunter auch zur Philosophie, die ihrerseits den Menschen „zum Begriff seiner Wechselwirkung mit der Welt" erhebe, die ihn sich kennen lehre „nicht nur als Geschöpf, sondern als Schöpfer zugleich" (ebd., 95).
Genaue Aufschlüsse darüber, wie die Religion den Zugang zur Philosophie eröffne, darf man von den „Reden" freilich noch nicht erwarten. Doch die Rede vom Verhältnis der Menschen zum Universum, das die Religion fixiere und der Philosophie zur begrifflichen Klärung bereitstelle, stellt ein Programm dar, dessen Durchführung sich Schleiermacher verpflichtet weiß.
Die unklare Rede von „Universum", der Gebrauch dieser Integrationschiffre tritt nach Abschluß der „Reden" auffällig schnell zurück. Schleiermacher konzentriert sich jetzt auf die Ausarbeitung eines bewußt anthropologischen Ansatzes seines Denkens. Wichtigstes Dokument dieser Phase, in der Schleiermacher gedanklich am konventionellsten vorgeht, sind die „Monologen". Er kultiviert zugleich das ausdrückliche Bewußtsein der Verfahrensweise und ihrer Reichweite.
Ausgehend von einer „Selbstbetrachtung" will er das Verhältnis von Individuum und Menschheit schlicht beschreiben und so das Fundament einer Ethik errichten. Nicht das Universum, sondern die Menschheit synthetisiert unübersteigbar die Mannigfaltigkeit der Sphären der frühen Theorie der Geselligkeit: „Ein wahrhaft menschlich Handeln erzeugt das klare Bewusstsein der Menschheit in mir, und dies Bewusstsein lässt kein anderes als der Menschheit würdiges Handeln zu. Wer sich zu dieser Klarheit nie erheben kann, den treibt vergeblich dunkle Ahndung nur umher..." (Monologen, 27). Dieses im Nu, in einem „einzigen freien Entschluß" gewonnene Bewußtsein (der Menschheit) bildet und strukturiert die „Sphäre" des menschlichen Individuums.

Gegenüber den „Reden“, die das Endliche im Kontakt mit dem Universum zu unifizieren drohten, lautet die „höhere“ Konzeption der „Monologen“ (vgl. ebd., 28 ff.) nun: Das Bewußtsein der Menschheit soll nicht einfach wie eine Einheit und Kontinuität schaffende Größe ergriffen und bewahrt werden, sondern jeder Mensch sollte auf eigene, individuelle Art und Weise die Menschheit darstellen (vgl. ebd., 30). Die Individualität bildet sich aus in der individuellen Darstellung der Menschheit – und die Menschheit offenbart sich in immer reicherer, vielfältigerer Gestalt.

Gestünde man Schleiermacher einmal zu, daß diese Konzeption auf Selbstbeobachtung gründe und in schlichter Beschreibung gleichsam hervorgehe, so könnte man die frühe Theorie der Geselligkeit nun nicht nur auf wohlumrissene Fundamente gestellt, sondern auch mit klaren Zielperspektiven ausgestattet sehen. Schleiermacher stellt nämlich eindrucksvoll die Emergenz einer zukünftigen Welt gesteigerter Humanität dar, ein Geschehen, in dem die freien Geister sich füreinander darstellen (und das heißt zugleich: die vielgestaltige Menschheit zur Darstellung bringen), einander erkennen, so wechselseitig einander bilden und damit die bessere Zukunft heraufführen. Er zählt sich zu den prophetischen Bürgern einer zukünftigen Welt, „zu ihr durch lebendige Fantasie und starken Glauben hingezogen, ihr angehörig jede That und jeglicher Gedanke“ (ebd., 61).

Zunächst wird dieses „schöne freie Bündniss der Verschwornen für die bessere Zeit“ (ebd., 62), das Bündnis derer, die die aufgehende Saat der neuen Welt erkennen, die Ahnung der neuen Welt ausdrücken können und so selbst mitsäend jeder Handlung den Charakter der neuen Welt einprägen, nur in der Sprache erkennbar und zur Darstellung gebracht, sogar nur in der „Tonart“, der Darstellungsweise. Doch die einander zunächst nur im Medium der Sprache begegnenden, sich anregenden und prägenden Bildungen der Individualität gelangen nicht nur zu immer dichterer Vernetzung, sie drängen auch in andere Medien vor und führen so in abgestuften Gestalten der Verwirklichung die neue Welt, die Erscheinung der Menschheit, herbei.

Schärfere Konturen gewinnt die Darstellung dieser neuen Welt in den „Monologen“ allerdings nur in der Perspektive des einzelnen sich bildenden Individuums. Der Mensch, der eine individuelle Darstellung der Menschheit in sich ausbildet bzw. sich als diese Darstellung bildet, ist wahrhaft frei, nachdem das Bewußtsein der Menschheit in ihm aufgegangen ist. Er blickt nach Schleiermachers Überzeugung einer vertrauten Zukunft entgegen (vgl. ebd., 68), er wird nur immer vollkommener zu dem, was er ist (vgl. ebd., 69), und lebt mit einem klaren, inhaltlichen

Selbstbewußtsein. Er muß lediglich die gebildeten und abgeschlossenen Züge der Eigentümlichkeit bzw. die ihr entsprechende Welt erhalten – zugleich die Eigentümlichkeit in noch unklare offene Regionen hinein ausbilden und die ihr entsprechende neue Welt erschließen (vgl. ebd., 74f.).

Da sich dieser Bildungsprozeß in der vertrauten Sphäre „der Menschheit" ereignet, gibt es für den Sich-Bildenden keine unbefriedigte Sehnsucht, keine unüberwundene Trennung, keine unaufhebbare Entzweiung und Entfremdung mehr – solange er vom Tod absieht. Schleiermacher selbst gerät in Unsicherheit darüber, ob der Tod als eine Grenze der Bildung der Individualität oder als deren vollendetere Fortsetzung aufzufassen ist. Angesichts dieses Problems verändert er die Darstellungsperspektiven: Er rekurriert auf ein „inneres Handeln", das auch im physischen Alter die Heiterkeit der Jugend zu bewahren erlaube (vgl. ebd., 90ff.), bzw. er erfaßt den Tod in intersubjektiver Perspektive, die von einem Fortleben im anderen und einem relativen, begrenzten Tod der Lebenden, die auf die Gestorbenen nicht fortwirken können, zu sprechen ermöglicht.

Doch erkennt Schleiermacher die entscheidende Schwierigkeit, in die seine Theorie gerät, denn beiläufig hält er sie klar fest. Nachdem er wieder einmal optimistisch den Entwicklungsprozeß der Individualität beschrieben hat („denn bei jeder That eigne ich etwas mir an von dem gemeinschaftlichen Nahrungsstoffe der Menschheit, und wachsend bestimmt sich genauer meine Gestalt"), setzen unvermittelt Fragen ein: „... aber wann kehrt sich denn plözlich um das schöne Verhältniss? wenn fang ich an durch die That nicht zu werden sondern zu vergehen? und wie wird sich mir verkünden die grosse Verwandlung?" (ebd., 85) Man muß feststellen, daß Schleiermacher in den „Monologen" keine befriedigende Antwort auf diese Fragen findet, ja, daß er sie nur verdrängt und überhört: „ein leeres Vorurtheil ist das Alter, die schnöde Frucht von dem tollen Wahn, dass der Geist abhänge vom Körper!" (ebd.) Er muß erkennen, daß sich seine optimistische Entwicklungstheorie auf der Basis eines individual-anthropologisch mit Beobachtung und Selbstbetrachtung ansetzenden Denkens nicht halten läßt.

Die Suggestion einer beständigen Entwicklung zehrt von der Unschärfe des Begriffs „Bewußtsein der Menschheit". Dieses sollte zwar klar und im Nu individuell angeeignet werden und eine durchgängig vertraute, unbegrenzte Lebenssphäre gewährleisten. Wie aber kann einerseits der mit diesem Bewußtsein – dem Bewußtsein der Menschheit – Begabte in seinem Beobachtungsbereich noch das Neue erfassen, eine Entwicklungsrichtung erkennen, eine gesteigerte Entwicklung vollziehen und erfahren? Wie sind in dieser Konzeption Perspektiven auf andere individuelle Darstellungen der Menschheit erfaßbar? Wie verträgt sich andererseits die Konzeption der unbegrenzten Lebenssphäre mit der physischen Vergänglichkeit endlicher Wesen? Was erhält und steigert gar die Vielgestaltigkeit der Menschheit angesichts des Vergehens ihrer Darstellungen?

Der unvermittelt vollzogene und auf Selbstbeobachtung sich berufende anthropologische Ansatz vermeidet zwar Grundlegungsschwierigkeiten, in die die Theorie der Geselligkeit mit ihrer Lehre von den interferierenden Sphären und die „Reden" mit ihrem sich im individuellen Endlichen darstellenden Universum gerieten. Doch der neue Entwicklungsansatz bietet nur die Prätention einer individuellen Universalisierung von Humanität, ohne die Richtung, den Verlauf, die Übertragung, die Vervollkommnung dieses Geschehens deutlich machen zu können. Vor allem wird die Polymorphie der Darstellung der Menschheit, die wechselseitige Anregung und Steigerung individueller Konkretionen der Menschheit nun zu einem gedanklich gar nicht mehr faßbaren Jenseits. Zugunsten einer nur scheinbar sicheren und plausiblen Grundlage droht eine Preisgabe der entscheidenden Stärke von Schleiermachers Theorie: der Erfassung und Darstellung vielstelliger Verhältnisse, die in kovarianter, aber nicht uniformer Entwicklung begriffen sind, wie sie eben vom „Versuch einer Theorie des geselligen Betragens" und von der vierten Rede über die Religion vor Augen gestellt wurden.

Zu einer die frühen Ansätze integrierenden und relativierenden Theorie gelangt Schleiermacher nach seinem Weggang von Berlin und der Distanzierung von Friedrich Schlegel, dessen Einfluß hinsichtlich der Engführung der Theorie in den „Monologen" nicht zu unterschätzen ist (hilfreich: Herms, Herkunft, 235–264). Bereits in den 1803 veröffentlichten „Grundlinien einer Kritik der bisherigen Sittenlehre" (Werke I, 1ff.) hat sich die weitere, vielperspektivische Konzeption der Geselligkeitstheorie gegen den ad hoc plausibleren subjektivistisch-anthropologischen Ansatz, der Partien der „Reden" charakterisiert und den die „Monologen" kultivieren, durchgesetzt. Der Ansatz der „Monologen" findet sich fortan in Schleiermachers Theorie nur als untergeordnete und abgeleitete Perspektive – nicht so jedoch in weiten Teilen der Schleiermacher-Rezeption, der sich denn auch die Texte, die sich nicht in die Blickrichtung der beiden frühen Schriften bringen lassen, verschließen (folgenreiches Beispiel: Barth, s. bes. 405ff.).

Spätestens 1803 hat Schleiermacher ein durchgebildetes Perspektivitäts- und Theoriebewußtsein gewonnen, spätestens zu diesem Zeitpunkt gelangt er zum reflektierten Umgang mit subjektivem Rechtsempfinden und Vollkommenheitssuggestionen (Darstellung des Universums, der Menschheit in mir). Dies behindert ihn einerseits in der Produktion von abgeschlossenen und publizierbaren philosophischen und theologischen Texten. Andererseits erreicht sein Denken nun das Niveau der anregenden und vorbildgebenden Klassiker – auch auf dem Gebiet der Philosophie. Die mit der vielperspektivischen Konzeption verbundene Hauptschwierigkeit kann man sich schon im Blick auf die einleitenden Überlegungen der „Grundlinien" deutlich machen: Schleiermacher stellt fest, daß jeder Ethiker dazu neige, die anderen Ethiken „von den vorteilhaftesten Stellen seines eigenen Weges" aus ins Auge zu fassen (Werke I, 9), und daß das solchen Betrachtungen vorausgehende, das sie begleitende und ihnen folgende subjektive Vollkommenheitsempfinden sich ebenso schwer vermeiden lasse wie die perspektivische Verzerrung in der Auffassung und Darstellung alternativer Entwürfe. Diese Betrachtung läßt sich auf andere Theorien und konkurrierende Ansichten und Darstellungen übertragen. Wie aber kann man diese Schwierigkeit überwinden?

Schleiermacher löst das Problem, indem er *Ideen* einführt als transsubjektive Organisationszentren der Erfassung und Darstellung der Realität. Ideen lassen sich formal analog den eine Lebenssphäre zentrierenden und strukturierenden Individuen bestimmen. Mit Hilfe einer Idee können wir nach Schleiermachers Überzeugung alles menschliche Handeln unter einem Bezugspunkt in einen systematischen Zusammenhang bringen. Anders als natürliche, an Individuen gebundene Perspektiven ermöglichen Ideen eine bewußte und gemeinschaftliche Variation der Orientierungszusammenhänge; wir können sie kopräsent halten und vergleichend betrachten. Wir können z. B. beobachten, wie sich von verschiedenen Ideen und entsprechend verschiedenen Begriffszusammenhängen aus Systematiken zu verschiedenen ethischen Entwürfen entwickeln lassen. Nach Maßgabe der Integrationskraft, der Stringenz, Kohärenz, der Klarheit der Grenzbildung können Ideen privilegiert oder nachgeordnet werden, wobei verschiedene Privilegierungen von verschiedenen Perspektiven aus zugleich entwickelbar und denkbar sind. Man kann nun vorgegebene Ethiken als analog den interferierenden Sphären der Individuen in sich anregendem und bildendem Wechsel begriffen betrachten. Ja, von Schleiermachers Konzeption her bietet es sich für den potentiellen Verfasser einer Ethik geradezu an, mit einer solchen vergleichenden Betrachtung zu beginnen, was er in den „Grundlinien" von 1803 auch tatsächlich tut.

Dabei wiederholt sich die Schwierigkeit des frühen geselligkeitstheoretischen Entwurfs, eine klare Steuerung und Richtung des Prozesses anzugeben, in dem die ethischen Konzeptionen und Theorien „sich untereinander bestimmen und in ihrer Fortschreitung sich gegenseitig zum Maß dienen können“, wie Schleiermacher im Blick auf sittliches Gefühl und Einsicht formuliert (ebd., 245). Die reagierende, vergleichend beschreibende Darstellung, die Konzentration auf historisch bedeutsam gewordene Entwürfe mag zwar leicht die Frage nach Selektion und Beschaffenheit der Ansätze, der zugrundegelegten Ideen und Systeme verdrängen lassen. Aber Gewichtung, Verlauf, Tendenz und Zielvorgaben der eigenen Betrachtung bleiben doch unabweisbar der Rechtfertigung bedürftig.

Die Einführung der eigenen Perspektive bzw. der Zielperspektive der vergleichenden Betrachtung bleibt jedoch unklar. Dunkel spricht Schleiermacher von einem „vollständigen Bewußtsein der höchsten Gesetze und des wahren Charakters der Menschheit“ (ebd., 345), das als „Keim der wahren Ethik“ in mehr oder weniger starkem Maße dort vorhanden gewesen sei, wo je eine „wahre Sittenlehre“ entworfen wurde. Doch wer kann dieses „vollständige Bewußtsein“ sich oder anderen zurechnen oder absprechen; und wer könnte dieses Bewußtsein allein an die Produktion von ethischen Theorien oder gar nur deren kritisch-vergleichende Betrachtung binden? Schleiermacher bearbeitet dieses Problem, indem er – von Platon inspiriert – die Fiktion der Ideen in die Fiktion der „identischen Vernunft“ integriert: eine Differenzen aufhebende, Kontinuität und Selbigkeit erhaltende und herstellende Kraft. Genauer gesagt, wird die Erhaltung und Herstellung von Identität von Schleiermacher als „Vernunft“ instantiiert; sie ist das „vollkommene Bewußtsein“, das nicht nur den Ideen genannten transsubjektiven Organisationszentren innewohnt, sondern allen natürlichen und kulturellen Errungenschaften, sie setzend, verbindend und vervollkommnend. Damit hat Schleiermacher das Niveau seiner reifen Ethik erreicht. Er ist nun in der Lage, die aufgezeigten Entwicklungsansätze, die das „Grundproblem“ mit unzureichenden Mitteln darzustellen, zu bearbeiten und zu lösen suchten, in einen umfassenden systematischen Zusammenhang zu bringen.

3. Das „philosophische Grundproblem“ in Schleiermachers reifer Ethik

Die wichtigsten derjenigen Texte, die man als Schleiermachers reife philosophische Ethik bezeichnen kann, sind Vorlesungsmanuskripte von 1812/13 und 1805/06 (Werke II, 241–455 und 75–239) sowie Ab-

handlungen, die er zwischen 1819 und 1830 in der Königlichen Akademie der Wissenschaften vorgetragen hat (Werke I, 347–494). Vor allem die Vorlesungsmanuskripte gelten als schwer erschließbar, als zu den unzugänglichsten Texten philosophischer Ethik überhaupt zählend. Kennt man jedoch die Entwicklungsansätze von Schleiermachers Theorie und den Verlauf ihrer Revisionen, so versteht man, daß er in der Ethik „alles wahrhaft menschliche Handeln umfassen und verzeichnen" will (Werke II, 246), ohne „das Handeln des Einzelnen und das gemeinschaftliche Handeln . . . isolirt" zu betrachten (ebd., 247). Man versteht, daß er weder von einem nur geselligkeitstheoretischen Ansatz („Versuch einer Theorie des geselligen Betragens") noch von einem nur subjektiv-anthropologischen und auf individuelle Erfahrung bezogenen Ansatz („Monologen", Partien der „Reden") ausgehen will. Andererseits muß eine Ethik, die alles wahrhaft menschliche Handeln umfassen und verzeichnen will, diese Ansätze integrieren und vermitteln und sich von einer spekulativ-kosmologischen Konzeption (Partien der „Reden") ebenso unterscheiden wie von einer bloß vergleichenden Betrachtung ethischer Theorien („Grundlinien").
Der damit gegebene Konflikt, der unausweichlich ist, wenn das „Grundproblem" nicht fallengelassen werden soll, ist nicht zu unterschätzen. Denn man mag leicht fordern, daß eine Ethik eine anthropologische Grundstruktur aufweisen müsse und folglich weder eine kosmologische noch eine mit abstrakteren Elementen und Perspektivenlagen arbeitende Theorieverfassung haben dürfe. Ist aber die Unzulänglichkeit des geselligkeitstheoretischen Ansatzes und der Konzeption der „Monologen" eingesehen, ist der Weg dorthin versperrt, ist also, wie Schleiermacher formuliert, „in der Theorie des menschlichen Handelns der Gegensatz der Persönlichkeit aufgehoben" (Werke II, 247), d.h. ist auch die Alternative, die Ethik auf „den einzelnen" oder auf „die Gemeinschaft" zu zentrieren, ausgeräumt, so ist doch schwer absehbar, wie man auf nicht-anthropologische Basisorientierungen verzichten soll. Schleiermachers reife Ethik will dieses Dilemma lösen.

3.1 *Die Fiktion des „Lebens der Vernunft"*

Mit der Fiktion des „Lebens der Vernunft" (ebd., 247; vgl. Werke I, 459, auch 462), die die Fiktionen der Ideen integriert, meint Schleiermacher über die transanthropologische Grundlage zu verfügen, die dennoch alles wahrhaft menschliche Handeln geordnet zu umfassen und zu verzeichnen erlaubt. Während für den „Menschen als Natur . . .

doch alles nur eine Beziehung auf die Persönlichkeit, auf das Gefühl und das organische Bedürfniß" habe, soll in der Betrachtung der Ordnung und Neuordnung des Lebens durch die Vernunft „alles Aufnehmen und Darstellen sich auf die Ideen beziehen und Ideen enthalten, ja auch die persönliche Beziehung soll nur so mitgegeben sein" (Werke II, 90, vgl. 84). Wohl konkretisiert sich die Vernunft in den Persönlichkeiten, wohl müssen die Ideen im einzelnen erkannt werden (vgl. ebd., 91), aber die vernunftorientierte Betrachtung läuft der natürlichen Konvergenz auf Eigentümlichkeit und Unvereinbarkeit entgegen: „In allem sollen Ideen angeschaut, in alles sollen Ideen eingebildet werden. Keine Vorstellung soll bloß auf ihren sinnlichen Grund zurückgeführt werden, keine Darstellung bloß einem persönlichen Zweck dienen" (ebd.; vgl. 252).
Schleiermacher ist sich dessen wohl bewußt, daß sich dieser Ansatz einer Theorieentscheidung verdankt und nicht ohne Alternative ist (vgl. ebd., 245 und 247). Auch lassen sich noch Verschiebungen in den elementaren Operationen seiner vernunftzentriert konzipierten philosophischen Ethik erkennen. So tritt die Bedeutung der Zentrierung auf „die Ideen" beständig zurück, da die vernunftgewirkten Organisationszentren der Realität differenzierter bestimmt werden; Restbestände konventionell-anthropologischer Grundlegungen, die die Ethik von 1805/06 aufweist, werden aufgegeben (vgl. dazu aber Gräb, 26ff.), die Abstimmung der philosophisch-ethischen Perspektive mit anderen wissenschaftlichen Perspektiven wird verbessert usw.
Die Fiktion des „Leben(s) der Vernunft in der Organisation" (Werke II, 247) erschließt der Ethik einen weiten Kompetenz- und Arbeitsbereich, mit klaren Grenzbestimmungen und einer prozessual vorstellbaren Ordnungsvorgabe. Außerhalb des Zuständigkeitsbereichs der Ethik – damit aber eine Grenze und einen invarianten Bezugs- und Ableitungsort bildend – liegt die Betrachtung und Darstellung der Vernunft an sich, der reinen Vernunft, der reinen Identität des Denkens im „absoluten Sein der Ideen" (z.B. ebd., 96) oder, wie die Ethik von 1812/13 – nach Ausarbeitung der „Dialektik" – formuliert: die Vernunft an sich, „welche absolut einfach und dem absoluten Wissen angehörig wäre" (ebd., 251, vgl. 247f.). Ausgegrenzt ist aber auch das „Einzelne( ) der Erscheinung", das ethisch nicht „construirte Einzelne", das nicht rekonstruierbare Natürliche (vgl. ebd., 251, 81), so daß weder „reine Vernunft" noch „reine Natur" in der Ethik vorkommen.
Diese sozusagen reinen Fiktionen sind Grenzbestimmungen, zwischen denen sich die ethische Betrachtung „hin- und herbewegt" (vgl. Abschnitt 2), um die wirkliche „Aufhebung der Irrationalität zwischen Natur und Vernunft" (Werke II, 87) zu erfassen, wobei diese Aufhe-

bung aber auch keine völlige Assimilation der einen Größe an die andere sein kann.

In den Kompetenzbereich der Ethik fallen also „vernünftige Natur und natürliche oder organische Vernunft" in „relative(r) Identität" (ebd., 253). Die Fiktion des Lebens der Vernunft ermöglicht aber der Ethik darüber hinaus eine prozessual vorstellbare Ordnungsvorgabe, indem das in ihr Thematisierte nicht in Richtung auf Dekomposition, Dissoziation und Erreichung definitiver Einzelheit und Erratizität hin betrachtet wird, sondern als ein gesteigertes Hineinbilden der Vernunft in die Natur und eine Vervollkommnung der Einigung von Vernunft und Natur aufgrund der handelnden „identischen Vernunft". Auf diese Weise wird – über das vorwissenschaftlich „hin- und hergehende" sittliche Wissen und Meinen hinaus – Ethik als Wissenschaft möglich. (Vgl. Herms, Ethik, 474 ff.; zum Verhältnis von Wissen und Meinen s. Wiehl, 48 ff.)

Man mag Schleiermacher zugestehen, daß er sich damit von zu engen und einseitigen anthropologischen Ansätzen entfernt und Voraussetzungen geschaffen habe zu „einer Darstellung, welche zeigt, wie Werden eines Einzelnen und eines Ganzen durch einander bedingt sind" (Werke II, 251). Doch damit ist noch nicht abzusehen, wie dieser „Prozeß", dieses Produzieren der Vernunft, dieses „Werden" sich als Ethik, wie diese „Darstellung des endlichen Seins unter der Potenz der Vernunft" sich als wissenschaftliche Darstellung des menschlichen Handelns, ja, als Beschreibung der Gesetze menschlichen Handelns in der Geschichte, als Wissenschaft der Geschichte erweisen soll – wie denn Schleiermachers Programmbeschreibungen der Ethik lauten (vgl. ebd., 248, 80 f., 251; Werke I, 461 f.).

Wie erreicht Schleiermacher von der zunächst als bloßes Konstrukt erscheinenden Grundkonzeption der reifen Ethik aus die Ebene des „Grundproblems" (vgl. dazu auch Herms, Ethik, 479 ff.)? Relativ unbeholfen und unbefriedigend geht an diesem entscheidenden Punkt die Ethik von 1805/06 vor. Sie beruft sich auf eine „sittliche Anschauung", die den von der theoretischen Philosophie „als Natur" gegebenen Menschen als „Leib" erfasse und diesem Leib die beseelende Vernunft gegenübersetze (Werke II, 82 und 87). Während die allgemeine praktische Philosophie die „Vernunft ohne Betrachtung der menschlichen Natur" thematisiere, gehe die eigentliche Sittenlehre eben von jener Leib und beseelende Vernunft korrelierenden Anschauung aus, die an die „Spitze" der Ethik gestellt werden müsse (ebd., 86 und 87). Die Ethik von 1812/13 gibt diese unglückliche Fusion zweier durch eine fragwürdige

Anschauung verklammerter Perspektiven auf und rekonstruiert die anthropologische Komponente als Konkretionselement der Vernunft. Die anthropologische Komponente ist vermittelndes Element in dem Prozeß, in dem die Vernunft sich der Natur einprägt, in dem die Natur – sofern sie „roher Stoff" ist – als zu bearbeitende Aufgabe für die Vernunft gegen Null strebend verschwindet (ebd., 254), in dem die in der Natur ausstehende Vernunft sich realisiert, die Natur der Vernunft inkorporiert wird. Die in diesem universalen Geschehen handelnd und erkennend vermittelnde anthropologische Komponente, die die ethische und wissenschaftlich identifizierbare Verfassung des Prozesses bedingt, ist keine externe Größe. Vielmehr konkretisiert sich die Vernunft in den menschlichen Einzelwesen. Dieser Einschluß der anthropologischen Komponente in die universale ethische Theorie, der näher zu betrachten ist, ermöglicht die Integration individualethischer und sozialethischer Perspektiven.

Die Zentralität der anthropologischen Komponente, die allerdings der Rechtfertigung bedürftig ist, darf jedoch nicht dazu verleiten, „die Vernunft als definitiv persönlich" zu verstehen oder „in den Dienst der Persönlichkeit" zu setzen (ebd., 254 und 255). Deshalb bedarf es der bestimmten Externalisierung der vollkommenen Durchdringung von Vernunft und Natur in der Ethik; dieser vollkommenen Durchdringung gegenüber ist die Persönlichkeit als defizitär anzusehen. „Die Einzelwesen sind nur als die ursprünglichen Organe und Symbole der Vernunft zu sezen, ... der ethische Prozeß ist nicht vollendet als indem die ganze Natur vermittelst der menschlichen der Vernunft organisch oder symbolisch angeeignet ist, und das Leben der Einzelwesen ist kein Leben für sie selbst, sondern für die Totalität der Vernunft und die Totalität der Natur" (ebd., 255).

3.2 *Grundoperationen der Ethik*

Die Privilegierung der *menschlichen* Natur im ethischen Prozeß ergibt sich für Schleiermacher gerade aus dem Konflikt, daß einerseits das Leben der Einzelwesen kein Leben für sie selbst, sondern für die Totalität der Vernunft und die Totalität der Natur ist – daß andererseits die Vernunft in der Natur „nur in der Form der Persönlichkeit ist" (ebd.). Der ethisch handelnde und erkennende Mensch absorbiert nicht gleichsam die Vernunft in seiner einzelnen Persönlichkeit und im einzelnen Handeln, sondern fungiert gerade als ein die Vernunft freisetzendes und dem ethischen Prozeß zur Vervollkommnung gereichendes Organ und Sym-

bol der Vernunft. Genau auf diese Weise wird das Grundproblem „Universalisierung von Humanität" als Triebkraft erhalten, bzw. die Problemformel „Universalisierung von Humanität" beschreibt nichts anderes als „die elementarische Kraft ..., aus welcher der ethische Prozeß in seiner ganzen Vollendung hervorgeht" (ebd.).
Das Problem der Vereinbarung der anthropologischen Zentrierung mit der Konzeption eines universalen Prozesses, der auf Strukturerkenntnis und Strukturverbesserung der Realität abgestellt ist, bestimmt bereits die Grobgliederung von Schleiermachers Ethik. Die Ethik muß zeigen, daß sowohl vermittels der vernünftigen Persönlichkeit als auch vermittels der vernünftigen Handlung „die Totalität des sittlichen Prozesses gesezt ist" (ebd.). Die Perspektiven relativer Vollkommenheit des sittlichen Prozesses im einzelnen Menschen (die produzierende Vernunft in der menschlichen Natur) und in der sittlichen Handlung (aufgrund ihrer Beziehung auf die Totalität des sittlichen Prozesses) bearbeiten die *Tugendlehre* und die *Pflichtenlehre* (vgl. Werke I, 256f., 375f., 406ff., 551ff.; Werke II, 447ff.).
Sein Hauptverdienst auf dem Gebiet der philosophischen Ethik erblickt Schleiermacher mit Recht darin, diese beiden Darstellungen, die „an sich selbst unvollständig" sind, in eine „objective Darstellung des Ethischen" (Werke II, 256) integriert zu haben. Diese objektive Darstellung nennt er – unter Anlehnung an die Hauptaufgabenstellung der Ethik der klassischen griechischen Philosophie (vgl. Werke I, 454ff., 469ff.) – die Darstellung unter der Idee des höchsten Gutes oder „Güterlehre".
„Die Darstellung unter der Idee des höchsten Gutes ist allein selbständig, weil Produciren und Product in derselben identisch gesezt ist, und so der sittliche Prozeß zur vollen Darstellung kommt" (Werke II, 256, vgl. 257, ferner 84ff., 550ff.; s. auch Falcke, 12f.; Herms, Ethik, 480ff.).
Die „Güterlehre" erreicht also die vollkommenste, homogenste Struktur einer ethischen Theoriebildung, da sie die Differenz zwischen Produzieren und Produkt in einer objektiven Darstellung aufhebt: „Jedes sittlich Gewordene ist ein Gut und die Totalität desselben Eines, also das höchste Gut" (Werke II, 256). Zugleich gewährleistet das beständige Präsenthalten der Binnendifferenzierung von Tugendlehre und Pflichtenlehre in der Güterlehre auch äußerlich die unbedingte anthropologische Zentrierung und die Kopräsenz von universalem Gelten und partikularer Realisation des sittlichen Handelns. In anderer Perspektive betrachtet, stellt die Güterlehre der Tugend- und Pflichtenlehre das umfassende ethische Bezugssystem bereit, im Blick auf das sie als notwendige „Ergänzungs- und Verständigungsmittel" ihr eigenes Recht und

ihre eigene Form beanspruchen können (ebd., 201; vgl. Werke I, 460, 449 ff.).

Die objektive Darstellung der Güterlehre bewahrt Tugend- und Pflichtenlehre davor, zu Systematisierungen bloßen Versprechens und Zumutens universalisierter Humanität zu werden (vgl. Schleiermachers Kritik an den zeitgenössischen Ethiken schon Werke I, 1 ff. und 445 ff.). Doch wie erhält und bewahrt sie die Perspektiven dieser Lehrbildungen in ihrer eigenen Darstellung? Die Beantwortung dieser Frage muß sich dem Problem zuwenden, das die zentrale und vermittelnde anthropologische Komponente im universalen Prozeß darstellt.

Die Vernunft handelt durch vernunftgestaltete Natur auf die übrige Natur, mit dem Ziel, sich die gesamte Natur durch ihr – der Vernunft – Handeln zu ihrem Organ zu machen, ein Prozeß, den Schleiermacher geradezu als Verleiblichung der Natur auffaßt (Werke II, 259, vgl. 263). Organ der Vernunft zu sein heißt also nicht lediglich, vernunftgestaltete Natur zu sein, sondern das Vernunfthandeln an der Natur auch zu exekutieren. Als Träger und Vermittler des Vernunfthandelns bestimmt Schleiermacher die Natur als Natur „unter der Form der Persönlichkeit". Die als Organ der Vernunft wirkende Natur, die Natur unter der Form der Persönlichkeit, exekutiert das Vernunfthandeln, indem sie die Eigentümlichkeit der Persönlichkeit zu entwickeln und zu steigern strebt (vgl. ebd., 260). Ohne diese Richtung auf Eigentümlichkeit würde die natürliche Persönlichkeit „nur räumliche und zeitliche Beschränktheit" enthalten und damit „das Urwesen der Vernunft aufheben" (ebd.). Als Exekutionsinstanz des Vernunfthandelns in Richtung auf gesteigerte Eigentümlichkeit aber integriert die Persönlichkeit den Gegensatz des Allgemeinen und Besonderen (vgl. ebd.). Sie breitet – unter dem „Charakter der Allgemeinheit" – die identische Vernunft in der Natur aus bzw. ist nichts anderes als das Vernunfthandeln, in dem und durch das Organ der Vernunft. Zugleich konvergiert das Vernunfthandeln – unter dem Charakter der Besonderheit – auf Ausbildung, Steigerung der Eigentümlichkeit hin (vgl. ebd.).

Dieses Verhältnis kann plastisch imaginiert und ausgedrückt werden als Kopräsenz von „persönlichem Bewußtsein" und Bewußtsein der Einheit der Vernunft in der Totalität der Personen, womit die Beziehung der Vernunfttätigkeit „auf eine absolute Gemeinschaft der Personen" betont würde (ebd., 261, vgl. 265). Doch diese hilfreiche Vorstellung darf nicht den Eindruck vermitteln, als seien der Charakter der Persönlichkeit und die zu kultivierende Eigentümlichkeit notwendig mit einem einzelnen menschlichen Individuum zu identifizieren. Der Charakter der Persönlichkeit kann im Blick auf räumliche und zeitliche Teilbereiche eines menschlichen Individuums ebenso festgestellt werden wie im Blick auf natürlich-soziale Errungenschaften („Die einzelnen Staaten, Sprachen u. s. w. sind wieder Personen im höhern Sinne ...", ebd. 273). Ebenso ist der „Charakter der Eigenthümlichkeit ... nicht an die Persönlichkeit gebunden" (ebd., 261). Das Allgemeine und das Besondere sind relative und in Abstufungen zu erfassende Größen, die nur mit unterschiedlicher Gewichtung, nicht aber isoliert im organisierenden Handeln der Vernunft anzutreffen sind. Die das (identische) Vernunfthandeln in Richtung auf gesteigerte Eigentümlichkeit hin exekutierende Persönlichkeit aber ist in diesem Doppelcharakter nur zu erfassen und darzustellen, indem das Eigentümliche und das Identische in bewußter Abstraktion getrennt und wieder verbunden werden. Das heißt: Es muß „in ihren Actionen die Persönlichkeit zugleich gesezt und aufgehoben werden" (ebd.).

Das vernunftgestaltete Setzen und Aufheben der Persönlichkeit bedingt den Prozeß der Universalisierung von Humanität, indem die Komplexität der Persönlichkeit und die Intensität der Gemeinschaft zugleich gesteigert werden. Dies kann allerdings weder die bloße Expandierung privater oder regional bewährter Verhaltensmuster, Vorbilder oder Ideen bedeuten noch ein von unbestimmt vielen Zentren aus gesellig einzuspielendes Ideal einer möglichst gleichmäßig sozial klimatisierten Gesellschaft. Solche angestrebten Prozesse der Universalisierung würden vielleicht bestimmte Ideale von Humanität propagieren, aber nicht diese selbst zu universalisieren suchen (vgl. dazu aber auch Abschnitt 4). Gegenüber mono- oder polyzentrisch generierten und gesteuerten Prozessen, die mit sittlichem Anspruch auftreten und das Maß der Ausbreitung von Humanität bestimmen wollen, ist mit Schleiermacher zu bedenken zu geben: „Wenn Identität und Eigenthümlichkeit absolut wären, so müßten alle Menschen in Beziehung auf die Gemeinschaft Eine homogene Masse bilden; eigenthümliche Gemeinschaft aber und gemeinschaftliche Eigenthümlichkeit kann nur in der Pluralität gesonderter Sphären sein" (Werke II, 272).

Wie aber ist gegenüber einem solchen Homogenisierungsgeschehen – das bis zu den „Monologen" Grenze und Horizont auch von Schleiermachers ethischer Theorie bildete – der charakteristische Verlauf des ethischen Prozesses, d. h. wie sind die Aktionen der Persönlichkeit, in denen diese „zugleich gesetzt und aufgehoben" wird, zu bestimmen? Schleiermachers Ansatz zur Beantwortung dieser Frage ist unscheinbar und wegen seiner Unübersichtlichkeit gedanklich nicht ganz leicht kontrollierbar. Die Antwort lautet: Das zugleich erfolgende Setzen und Aufheben der Persönlichkeit in ihren Aktionen „kann nur geschehen in der Form der Zeit durch Oscillation, und diese findet statt" in einem „Uebergehen des Erkennens in Darstellen und des Organs in Symbol" (ebd., 261).

Um diesen zentralen Übergang des Erkennens in Darstellen und des Organs in Symbol zu verstehen, bedarf es noch der Einführung einiger Theorieelemente. Zunächst muß man beachten, daß Schleiermacher das Handeln der Vernunft auf die Natur als „ein Hineinbilden des Erkennens in die Natur" bestimmt. Die oben beschriebenen Prozesse der Organbildung – d. h. Prozesse der vernunftgestalteten Natur zur Exekution des Vernunfthandelns auf die Natur – sind aus der Perspektive der empfangenden Natur ein Erkennen, wobei wir die gebildete Natur und die vernunftgestaltet bildende Natur unterscheiden können und demgemäß „ein mehr receptives, Erkennen im engern Sinn, und ein mehr productives, Darstellung" (ebd., 259).

Während Schleiermacher die von der Vernunft zur Exekution des Vernunfthandelns gebildete Natur „Organ" nennt, bezeichnet er die der Erkenntnis der Vernunft dienende Natur als „Symbol". Hat man sich das mehrstellige Verhältnis deutlich gemacht:

– Die Vernunft handelt durch die gebildete Natur auf die Natur
– in der vernunftgestalteten Natur (Organ) gelangt die Vernunft zur Darstellung (womit die vernunftgestaltete Natur auch als Symbol fungiert) und wirkt auf die übrige Natur
– die Natur wird durch die vernunftgestaltete Natur von der Vernunft behandelt und erkennt in der vernunftgestalteten Natur das Symbol der Vernunft –

d. h. sind die drei nur verschieden gewichtenden Darstellungen des einen Geschehens vertraut geworden, so ist Schleiermachers Aussage, es werde „mit jeder Darstellung ein Erkennen, und jedes Organ ist zugleich ein Symbol" (ebd.), nicht länger rätselhaft. Es wird offensichtlich, daß im Prozeß des „Uebergehen(s) des Erkennens in Darstellen und des Organs in Symbol" verschiedene Gewichtungen der Betrachtung vorgenommen werden können. So kann primär die handelnde Vernunft im Blick auf die organisierte Natur oder die organisierte Natur in ihrem organisierenden Handeln auf die übrige Natur ins Auge gefaßt werden; ebenso lassen sich die Relationen des Erkennens bzw. Symbolisierens verschieden gewichten. Mit dieser Einsicht gewinnt man einen klaren Überblick über die sonst etwas undurchsichtig erscheinende, daher in der Literatur in der Regel auch nur referierte Strukturierung der philosophischen Ethik: „es giebt also ein organisirendes Handeln mit überwiegendem allgemeinen und mit überwiegendem besondern Charakter,

und eben so ein erkennendes" (mit jeweils einem der beiden Charaktere) (ebd., 260).
Schleiermacher faßt in seiner „Güterlehre" diese Bestimmungen (die man sich auch in einer Kreuztabelle übersichtlich machen kann) prägnant als: Charakter der Identität im organisierenden Prozeß – Charakter der Eigentümlichkeit im Organisierten – Charakter der Identität in der erkennenden Funktion – Charakter der Eigentümlichkeit (Unübertragbarkeit) in der erkennenden Relation (vgl. ebd., 265 ff., 561 ff., aber auch – weniger klar durchgebildet – 91 ff.).

3.3 Sphären der Humanität. Strukturzusammenhang der vollkommenen ethischen Formen: Staat, Wissenschaft, freie Geselligkeit und Kirche

Mit Hilfe der aufgezeigten Differenzierung gelangt der ethische Prozeß zu der systematisch durchgearbeiteten und hochintegrativen Darstellung, die Schleiermachers Ethik, ja Kulturtheorie auszeichnet. Wir hatten gesehen, daß der Verlauf dieses Prozesses unter Konzentration auf die anthropologische Komponente aufzufassen ist als eine in Richtung auf universale Expansion gehende Erweiterung der Sphäre der Persönlichkeit bei gleichzeitiger Steigerung der Eigentümlichkeit. Die relative Unverträglichkeit dieser beiden Momente bedingt die Entwicklungsdynamik des Prozesses. Sie wird als solche erfaßt durch das zugleich erfolgende Setzen und Aufheben der Persönlichkeit im Übergehen des Erkennens in Darstellen und des Organs in Symbol.
Aufgrund dieser Konzeption und mit den genannten Theoriemitteln kann Schleiermacher, wie gleich zu zeigen ist, komplexe Strukturen von Persönlichkeit darstellen, d.h. eine Persönlichkeit, die verschiedene Sphären integriert, verschiedenen Sphären angehört: So wird z.B. das menschliche Individuum nicht nur als gestalteter Leib, als bewußtes Wesen, als Rechtspartner, Staatsbürger, sondern auch als Familienglied, Träger der freien Geselligkeit, als Angehöriger einer Sprache und Kultursphäre, als Mitglied einer religiösen Gemeinschaft usw. erfaßbar, wobei die Theorie die Sphären wohl zu unterscheiden und doch ihre Interferenzen zu betrachten erlaubt.
Die so begriffene multiple und doch integrierte (ja sogar auf Einzigkeit hin konvergierende) Identität ist von der wissenschaftlich-ethischen Darstellung in einer Serie von Limitationen zu erfassen. Aufbau und Transzendierung der Limitationen können und sollen in einen kontrollierbaren Prozeß gebracht werden, wobei Schleiermacher die oben an-

gegebene Strukturfolge zugrunde legt: Charakter der Identität im organisierenden Prozeß – Charakter der Eigentümlichkeit im Organisierten – Charakter der Identität in der erkennenden Funktion – Charakter der Eigentümlichkeit in der erkennenden Relation. So bildet die Vernunft nicht eine zerstreute Mannigfaltigkeit gleichgearteter Organe in der Natur – was eben keine Darstellung der Vernunft wäre –, sondern durch das identische Organisieren der Vernunft in der Natur gelangen die unübertragbaren Organe zur Darstellung und Erkenntnis ihrer Unübertragbarkeit. Auf diese Weise wird das einzelne Leben gesetzt, es wird „sittlich... unter der Bedingung der Eigenthümlichkeit" denkbar, es wird etabliert als eigentümliches Leben ohne Wertäquivalent, als nicht völlig in Erkenntnis auflösbar usw. (vgl. ebd., 95). Das sich so gestaltende Leben stellt sich dar in der Sphäre des unübertragbaren Eigentums (vgl. ebd., 266) (wobei Schleiermacher Eigentum klar vom übertragbaren Besitz unterscheidet). – Diese Selbstdarstellung in der Setzung der natürlichen Persönlichkeit würde der Vernunft widersprechen, wenn die Persönlichkeit nicht aus ihrer Sphäre heraustrate. Gegen eine Beschränkung der Sphäre des unübertragbaren Eigentums, aber auch gegen eine Auflösung in die Sphäre des Erkennens setzt sich die natürliche Person, indem sie „durch Fähigkeit und Bedürfniß" in der „Sphäre des gemeinschaftlichen Gebrauchs" ihre Ansprüche bestimmt (vgl. ebd). Die Setzung der persönlichen Ansprüche in der gemeinsamen Sphäre würde allerdings diese Sphäre zerstören, wenn sie nicht zugleich eine Sphäre vernünftigen identischen Handelns bilden würde: dies ist die Sphäre des Rechts (vgl. ebd., 268f., 279ff.).

Die Universalisierung der Rechtsverhältnisse (nicht nur in äußerlicher Expansion, sondern auch in der Binnendifferenzierung) hat ihre Grenze an der Eigentümlichkeit der Person. Die Erhaltung dieser Eigentümlichkeit bei gleichzeitiger vollkommener Aufhebung in die Sphäre des Erkennens bzw. die Begrenzung des Rechts an der Sphäre des Eigentums (d.h. nicht: des Besitzes) bei gleichzeitiger Steigerung der Rechtsverhältnisse ermöglicht die Sphäre des Staates. Im Staat wird alles Organisieren gleich mit dem Zustand des Rechts „und in Beziehung auf diesen betrachtet" (ebd., 94), wobei Schleiermacher vor allem Wirtschafts- und Naturbearbeitungsverhältnisse vor Augen hat (zu Schleiermachers Sicht des Staates als Wirtschaftsstaat s. Falcke, 14f., 18ff.). Nun ist diese Darstellung der Erweiterung der Sphäre der Persönlichkeit bei gleichzeitiger Steigerung der Eigentümlichkeit nur einer von vier elementaren Aspekten des ethischen Prozesses. Der skizzierte Aspekt konzentriert sich – unter Betonung des Charakters der Identität im organisierenden Prozeß – auf die Sphäre des gemeinschaftlichen Ge-

brauchs, die die Vernunft in reproduzierbaren Rechtsverhältnissen und Naturbildungsprozessen gestaltet.
Gemäß seinen oben erläuterten Strukturvorgaben sieht Schleiermacher drei andere elementare Verlaufsformen des ethischen Prozesses, die er allerdings mit der beschriebenen (in Richtung auf Rechts- und Wirtschaftssubjekt und Staat) und untereinander auch ausdrücklich verbindet. Man kann die Darstellung dieser Verlaufsformen plastisch einführen auf der Stufe, an der die Universalisierung von Humanität gleichsam stockt, weil die Sphäre des unübertragbaren Eigentums der vernünftigen Ausbreitung und der Steigerung der Eigentümlichkeit gleichermaßen Grenzen setzt, die zu überwinden sind. Diese Grenzen sind keineswegs allein in Richtung auf die Sphäre des gemeinschaftlichen Gebrauchs im Medium von angemeldeten Ansprüchen durch Fähigkeit und Bedürfnis transzendierbar, in einer Entwicklung also, die im ethischen Prozeß zu Rechtsverhältnissen und Staatsbildung führt. Es kann das unübertragbare Eigentum an die Vernunft auch „hingegeben" werden „für die erkennende Funktion" (Werke II, 268). Die Setzung der persönlichen Äußerungen in die gemeinsame Sphäre – so kann man ganz analog der ersten oben dargestellten Entwicklung festhalten – würde nicht eine Erkenntnisgemeinschaft bilden, wenn nicht die Äußerung von dem Bestreben begleitet wäre, „dem Gebildeten symbolischen Werth zu geben", d.h. die Aufhebung der eigentümlichen Sphäre „zum erkennbaren Zeichen der bildenden Vernunft zu machen" (ebd., 269). Das Analogon zu den Rechtsverhältnissen in der ersten Entwicklung ist in diesem Prozeß die Sprachgemeinschaft. Die Sphäre, die alle Äußerungen zu erkennbaren, reproduktionsfähigen Teilen der bildenden Vernunft macht, ist die Wissenschaft, in der Schleiermacher die Erhaltung der Eigentümlichkeit durch die natürlichen Sprachen gewährleistet glaubt.
Neben diesen Sphären des *Staates* und der *Wissenschaft* sind zwei weitere umfassende Sphären zu beschreiben, die zugleich „vollkommene ethische Formen" (vgl. ebd., 320ff.), vollendet ausgebildete Verlaufsformen des ethischen Prozesses sind: die *freie Geselligkeit* und die *Kirche* (vgl. ebd., 366ff. und 359ff., aber auch 271, 273f.).
Die freie Geselligkeit ist, wie die letzte Bearbeitung der „Güterlehre" treffend formuliert (vgl. ebd., 594): das „sittliche Verhältniß der Einzelnen unter einander in der Abgeschlossenheit ihres Eigenthums". Die „eigentümlich organisierende" Vernunft bewirkt diese emulgierende Sphäre, in der die Eigentümlichkeit zu allgemeiner Anschauung gebracht und wieder eigentümlich angeeignet wird. Natürlich faßt Schleiermacher diese Gemeinschaftsbildung (die in ihrer Genese der Kommu-

nikationsform ähnelt, die in Richtung auf Wissenschaft verläuft, weshalb die Geselligkeit auch durch die Pluralität der Bildungsstufen ihre erwartbarste Struktur gewinnt, vgl. ebd., 366) nun nicht nur als geselliges Verhältnis menschlicher Individuen (s. Abschnitt 2), sondern auch als Verhältnis von „Personen" wie Staat und Kirche, Sprache und dominierende Rechtsform auf. Gerade unter diesem Aspekt der Geselligkeit lassen sich die Verbindungen der anderen umfassenden Sphären am besten darstellen. Schleiermacher hat denn auch die freie Geselligkeit als „allgemeines Bindungsmittel" bezeichnet und darauf hingewiesen, daß „alle einzelnen Staaten u.s.w. unter sich nur im Verhältniß freier Geselligkeit stehen müssen" (Werke II, 274).

Die letzte der vier in der Realität nicht trennbaren, aber doch unterscheidbaren umfassenden Sphären der Humanität ist die Kirche. Sie hat ihren beständigen Ursprung in der Mitteilung des Eigentümlichen in der Sphäre des Erkennens. Man kann sagen, daß dies die unwahrscheinlichste Form der Universalisierung von Humanität ist, weil das schlechthin Unübertragbare – Schleiermacher faßt es in seinen allgemeinsten Bestimmungen als „Gefühl" und als „Selbstbewußtsein" – nicht nur äußerlich werden, sondern in der Sphäre des Erkennens diese zugleich setzende und aufhebende Bewegung vollziehen soll. Diese Übertragung des unübertragbaren Gefühls in der gelingenden „Mittheilung des erregten Lebens", die eine strenge Form in der Kunst gewinnt (vgl. ebd., 270), erreicht die höchste Steigerung der Ausdehnung und der Eigentümlichkeit in der Kirche. In der Kirche wird die „höchste Stufe des Gefühls", das religiöse Gefühl (vgl. ebd., 273), kommuniziert und damit eine in den anderen Sphären unerreichbare Steigerung von Individualität, Eigentümlichkeit übertragen.

Deshalb kann man tatsächlich davon sprechen, daß der „Gewißheitsgrund der Ethik" (Falcke, 16 ff.) weder vom Staat noch von der Wissenschaft oder der Geselligkeit in dem Maße bereitgestellt werden kann wie von der Kirche. Ginge es im ethischen Prozeß nur um eine plausible Repräsentation der natürlichen Persönlichkeit, so würde nach Schleiermachers Konzeption der Staat diese Aufgabe am eindrücklichsten erfüllen. Nun sollte der ethische Prozeß zur Darstellung gelangen als Erweiterung der Sphäre der Persönlichkeit in Richtung auf deren universale Expansion bei gleichzeitiger Steigerung der Eigentümlichkeit. Wäre die Expansion der Sphäre der Persönlichkeit das dominierende Element im ethischen Prozeß, so wäre der „Gewißheitsgrund der Ethik" primär im Medium der (identisch symbolisierenden) Wissenschaft zu lozieren; die (eigentümlich organisierende) Geselligkeit wäre der entsprechende Ort der Grundlegung, sofern es primär um Steigerung der Eigentümlichkeit zu tun wäre. Schleiermachers Theorie betont aber, daß Humanität nur im gleichzeitigen und gleichmäßigen, ja, interdependenten Fortschritt (vgl. auch Huber, bes. 94) vernünftiger Ausbreitung und gesteigerter persönlicher Individualität Bestand hat. Die höchstmögliche Unauflösbarkeit der gleichgewichtigen Verbindung beider Elemente des ethischen Prozesses, der dieser Verbindung seine Dynamik verdankt, gewährleistet die Religion: Die Übertragung extremster Eigentümlichkeit drängt auf umfassende Ausbreitung der Sphäre. In der christologischen und ekklesiologischen Identifikation dieses Prozesses lag das Grundproblem des großen Theologen Schleiermacher (s. Brandt; Gräb, 119 ff.).

4. Ideale der Humanität. Schleiermachers Skizze einer philosophischen Eschatologie

Schleiermachers Ethik gehört nicht zu der Klasse von Theorien, die sich durch überzeugende Beschreibung oder erregende Simulation von Konflikten einführen, um dann Rahmenbedingungen oder Techniken für die Konfliktbewältigung zu entwickeln. Dies wird den Zugang zu seiner ethischen Theorie gegenwärtig erschweren und in der Einschätzung von deren Ansatz, Ziel und Wert Unsicherheit aufkommen lassen; ja, es dürfte sogar bezweifelt werden, daß diese Ethik wirklich „problemorientiert" sei und „problemlösend" operiere.

Doch eine Auffassung, die in Schleiermachers Ethik nichts als ein intellektuelles Spiel sieht, läßt sich nicht halten. Die Formel „Universalisierung von Humanität" bietet, wenn ihre Problematik verstanden und damit die ihr innewohnende Triebkraft erkannt wird (s. Abschnitt 3), ein Orientierungsprinzip für einen philosophischen Erkenntnisprozeß. Dieser Erkenntnisprozeß dient der Humanisierung der Welt durch Festigung, Ausbreitung und Erneuerung einer Erwartungskultur. Die Stabilisierung und vernünftige Variation von Erwartungen wird durch das Problem „Universalisierung von Humanität" reguliert. Der problemgesteuerte „ethische Prozeß", wie Schleiermacher sagt, zielt nicht auf einen ein für allemal zu gewinnenden Besitz, sondern auf einen in immer erneuter philosophischer Erkenntnis zu bewährenden und zu erringenden Bestand. Die im philosophischen Erkenntnisprozeß erhaltene Erwartungskultur hat Schleiermacher gegen zwei ad hoc plausible, das Problem der „Universalisierung von Humanität" aber verstellende Ansätze abgegrenzt, die gerade im Namen der „Humanität" aufzutreten pflegen.

Schleiermacher hat erstens erkannt, daß das Problem dazu nötigt, schnell einleuchtende anthropologische Denkansätze zurückzustellen (s. Abschnitt 2) und eine für Ethiken ungewohnt abstrakte Theorielage zu wählen. Die Spannung zwischen dieser Theorielage und ihrer besonderen anthropologischen Zentrierung, der die Formulierung des Grundproblems entspricht, bedingte nun die Widerständigkeit der Ethik gegenüber vielen Plausibilitätsanforderungen. Eine Prüfung, ob die Verfassung von Schleiermachers philosophischer Ethik wirklich seiner These genügt, daß „alles wahrhaft Menschliche, und nicht nur einiges, in dieser Darstellung aufzufinden sein muß" (Werke I, 460), muß sich auf den Weg der Rekonstruktion der Entwicklung dieser Ethik begeben, der seinerseits eine Rekonstruktion der systematischen Zusammenhänge zwischen den Sphären der Humanität zu sein beansprucht.

Doch Schleiermacher grenzt seine Ethik nicht nur auf diese Weise gegen zu eng dimensionierte und sozusagen philosophisch inaktive Ansätze ab. Er warnt – zweitens – auch davor, Ideale der Humanität statt des „lebendigen Werdens" des ethischen Prozesses ins Auge zu fassen und zugunsten der Fixierung bloßer Ideale die Konzentration auf den theoretischen Ansatz und detaillierten Verlauf des ethischen Prozesses zu vernachlässigen. Schon die Beschränkung der ethischen Betrachtung auf die Großsphären Staat, Kirche, Wissenschaft und freie Geselligkeit „würde Ideale geben, ohne daß man das lebendige Werden anschaute" (Werke II, 274). Daß Problem und Prozeß der „Universalisierung von Humanität" zu unterscheiden sind von Entwurf und Propagierung von Idealen der Humanität, bedeutet eine weitere Erschwerung des Zugangs zu Schleiermachers Ethik. Denn wenn sie der Festigung, Ausbreitung und Erneuerung einer Erwartungskultur in einem philosophischen Erkenntnisprozeß dienen will, so sollte man von ihr doch eine Vision von Humanität verlangen können, die es erlaubt, die im Zugang schwierige Theorie wenigstens im Blick auf ihre Zielvorstellungen einzuschätzen. Mit der Warnung, sich nicht den Blick auf das lebendige Werden des ethischen Prozesses durch Idealbildung verstellen zu lassen, distanziert Schleiermacher sich in seiner philosophischen Ethik von diesem doch verständlichen Ansinnen.

In bemerkenswertem Kontrast jedoch zu den dargestellten Bemühungen, den Prozeß der Universalisierung von Humanität (nachdem er von einer Konfliktbewältigungsstrategie klar unterschieden wurde) nun nicht in der Fixierung bloßer Ideale von Humanität aufgehen zu lassen, scheint die Skizze einer philosophischen Eschatologie zu stehen, die der späte Schleiermacher in seinen beiden letzten Akademievorträgen (Über den Begriff des höchsten Gutes, I und II; Werke I, 445 ff., 468 ff.) vorgelegt hat.

Ausgehend von den genannten Sphären der Humanität, gibt Schleiermacher dem Anreiz nach, eine unüberbietbare „Gesamtsicht" zu entwickeln, einen Vollkommenheitszustand von Humanität wenigstens in Chiffren zu fassen:

In der Perspektive der Geselligkeit betrachtet, erscheint das höchste Gut „als das *goldene Zeitalter* in der ungetrübten und allgenügenden Mitteilung des eigentümlichen Lebens". In der Sicht des ethischen Prozesses in Richtung auf den Staat erscheint das höchste Gut „als der *ewige Friede* in der wohlverteilten Herrschaft der Völker über die Erde". Vom Standpunkt des Wissenschaftssystems aus stellt es sich „als die *Vollständigkeit und Unveränderlichkeit des Wissens* in der Gemeinschaft der Sprachen" dar. Die Kirche schließlich werde das höchste Gut „als das *Himmelreich* in der freien Gemeinschaft des Glaubens" ansehen (vgl. dazu Miller, bes. 78 ff., und Jacob, 30 ff.). Schleiermacher fügt dieser Aufstellung hinzu: „jedes von diesen (werde) in seiner Besonderheit dann die anderen in sich schließen() und das Ganze darstellen()" (alle Zitate Werke I, 465, Hervorhebungen und Einschub M. W.).

Gewiß handelt es sich hierbei lediglich um die Skizze einer philosophischen Eschatologie. Sie ist – auch im Vergleich mit dem, was Schleiermacher auf theologischem Gebiet in der Lehre vom Reich Gottes bereits konzipiert und ausgearbeitet hatte (vgl. Miller) – nur rudimentär entwickelt. Und doch wird man nicht urteilen können, daß sich hier überzogene Spekulation wenig bedacht in vagen Wendungen verloren habe. Eine philosophische Eschatologie ist schon früh in Schleiermachers Theorie angelegt (vgl. bes. Werke II, 271). Er hat – trotz der Warnung, es solle der ethische Prozeß nicht durch Ideale verstellt werden – betont, daß jede Sphäre der Humanität „auch in gewissem Sinne alle andern in sich habe" (ebd., 273). Ferner hat der späte Schleiermacher die erwähnten Chiffren wiederholt in den Vorträgen verwendet (vgl. Werke I, 493) und bei ihrer näheren Charakterisierung den Hinweis auf die Interferenz der großen Sphären der Humanität verstärkt (vgl. ebd.). Schließlich finden wir die ausdrückliche Versicherung, daß alles in der Lehre vom höchsten Gut Dargelegte „auch der Inhalt der weniger strengen Ausdrücke" sei (ebd.; scil. der Ausdrücke goldenes Zeitalter, ewiger Friede, Vollständigkeit und relative Unveränderlichkeit des Wissens, Himmelreich). Auf mehrfache Weise also scheint Schleiermacher den Eindruck zu verstärken, der ethische Prozeß solle in einem idealen Letztzustand seine abschließende Einheit finden, die ethische Theorie

solle in Einheitsvisionen einmünden, die sich gedanklich nicht mehr durchdringen lassen.
Obwohl es sich bei Schleiermachers philosophischer Eschatologie nur um eine Skizze handelt, ist diese „Gesamtsicht" also ernst zu nehmen, die den betonten und wiederholten Abschluß der Schleiermacher wichtigsten philosophischen Lehrbildung (Vom höchsten Gut), an ihm wichtiger Stelle vorgetragen, darstellt.
Es ist deshalb abschließend zu fragen, ob eine solche philosophische Eschatologie, eine letzte Gesamtsicht nicht mit der ethischen Theorie Schleiermachers, wie sie sich uns darlegte, unverträglich ist, ob damit nicht der ethische Prozeß der Universalisierung von Humanität in Idealbildung absorbiert, ob die Anstrengung der Theorie nicht in Chiffrierung aufgelöst wird. Doch die Sorge, Schleiermacher transformiere am Ende die philosophische Theorie in visionären Tiefsinn, ist unbegründet. Beachtet man nämlich, daß er seine Vorträge nicht einfach mit einem Ausblick (in vier Idealbildern) abschließt, sondern mit der These, daß „jedes von diesen in seiner Besonderheit dann die anderen in sich schließe und das Ganze darstelle", so zeigt sich, daß die vollendete Integration gerade eine gesteigerte Differenzierung bedeutet. Die unvermeidliche Perspektivität der material philosophisch-ethischen Arbeit wird nicht in eine übergreifende „Einheitsschau" zurückgenommen, sondern sogar gesteigert. Eine plurale und vielgestaltige Darstellung des Ganzen, wie sie schon die frühen Theorien seit dem „Versuch einer Theorie des geselligen Betragens" (s. Abschnitt 2) zu geben suchten, weist am Ende der Entwicklung von Schleiermachers Ethik auf die Arbeit der philosophischen Theorie zurück. Auch die umfassendste philosophische Sicht auf vervollkommnete Humanität kann die Züge des Defizitären und Ausgleichsbedürftigen nicht tilgen, die den Prozeß der Universalisierung von Humanität charakterisieren. Die philosophische Arbeit an der „Gestaltung der sittlichen Welt" (Werke II, 570) bewährt sich gerade in der Erhaltung und in der – immer erneuten und erneuerten – Stellung des Grundproblems.

Literaturverzeichnis

Ausgaben der Werke Schleiermachers

Friedrich Schleiermachers sämmtliche Werke. Berlin 1835–1864 (= *SW*): I. Abt.: Zur Theologie. Bd. 1–13 (9 u. 10 nicht ersch.); II.Abt.: Predigten. Bd. 1–10; III. Abt.: Zur Philosophie. Bd. 1–9.

Friedrich Ernst Daniel Schleiermacher: Werke. Auswahl in vier Bänden, hrsg. v. Otto Braun u. Johannes Bauer, 4 Bde., Leipzig 1910–1913. Neudruck der 2. Aufl. Leipzig 1927/28, Nachdruck Aalen 1967 (= *Werke*).

Friedrich Daniel Ernst Schleiermacher: Kritische Gesamtausgabe, hrsg. v. Hans-Joachim Birkner et al., Berlin/New York 1980ff.

Briefausgaben

Aus Schleiermachers Leben. In Briefen, hrsg. v. Ludwig Jonas u. Wilhelm Dilthey, 4 Bde., 1858–1863. Neudruck Berlin 1974.

Briefe Schleiermachers. Ausgew. v. Hermann Mulert, Berlin 1923.

Neuere Ausgaben einzelner Schriften Schleiermachers

Über seine Glaubenslehre, an Herrn Dr. Lücke. Zwei Sendschreiben (1829). In: Bolli, Heinz (Hrsg.): Schleiermacher-*Auswahl*. München/Hamburg 1968, 120–175 (Siebenstern-TB 113/114).

Kurze *Darstellung* des theologischen Studiums zum Behuf einleitender Vorlesungen (Berlin 1811). Krit. Ausgabe hrsg. v. Heinrich Scholz, Leipzig 1910. Nachdruck Darmstadt 1973.

Friedrich Schleiermachers *Dialektik*, hrsg. v. Rudolf Odebrecht, Leipzig 1942, Nachdruck Darmstadt 1976.

Der christliche Glaube, nach den Grundsätzen der evangelischen Kirche im Zusammenhange dargestellt. 2 Bde. (Berlin 1821/22; ²1830/31). 7. Aufl. auf Grund der 2. hrsg. v. Martin Redeker, Berlin 1960 (= *Glaubenslehre*).

Hermeneutik, hrsg. v. Heinz Kimmerle, Heidelberg ²1974.

Hermeneutik und Kritik. Mit einem Anhang sprachphilosophischer Texte Schleiermachers, hrsg. v. Manfred Frank, Frankfurt 1977.

Monologen. Eine Neujahrsgabe (Berlin 1800). Krit. Ausgabe hrsg. v. Friedrich Michael Schiele, Leipzig 1902. Erw. Ausgabe hrsg. v. Hermann Mulert, Hamburg ³1978 (Philos. Bibl. 84).

Über die Religion. *Reden* an die Gebildeten unter ihren Verächtern (Berlin 1799), hrsg. v. Hans-Joachim Rothert, Hamburg 1958 (Philos. Bibl. 255).

Vertraute Briefe über Friedrich Schlegels ‚Lucinde' (Lübeck u. Leipzig 1800). Mit F. Schlegel: Lucinde. Frankfurt 1964.

Übersetzung von Platons Werken (1804–1828), hrsg. v. Walter F. Otto et al., 6 Bde., Reinbek 1957–1959 (Rowohlts Klassiker).

Die Weihnachtsfeier. Ein Gespräch (1805), hrsg. v. Georg Wehrung, Darmstadt 1953.

Über den Gegensatz zwischen der Sabellianischen und der Athanasianischen Vorstellung von der Trinität (1822). In: Tetz, Martin (Hrsg.): Friedrich Schleiermacher und die Trinitätslehre. Gütersloh 1969, 37–94.

Vorlesungen über die Ästhetik, hrsg. v. Carl Lommatzsch, Nachdruck der Ausgabe von 1842, Berlin 1974.

Bibliographie

Tice, Terrence N.: Schleiermacher Bibliography. Princeton, New Jersey 1966 (Princeton Pamphlets 12).

Biographien und einführende Gesamtdarstellungen

* Schleiermachers *Selbstbiographie* von 1794 = Auswahl, 252–261.

* Braun, Otto: Schleiermachers Leben und Werke. In: Werke I, XXXV–C.

* Dilthey, Wilhelm: Leben Schleiermachers. Erster Band: 1768–1807 = *Dilthey*, Ges. Schriften. Bd. *XIII*, hrsg. v. Martin Redeker, Göttingen 1970.

* – Leben Schleiermachers. Zweiter Band: Schleiermachers System als Philosophie und Theologie = *Dilthey*, Ges. Schriften. Bd. *XIV*, aus dem Nachlaß hrsg. v. Martin Redeker, Göttingen 1966.

* Kantzenbach, Friedrich Wilhelm: F.D.E. Schleiermacher in Selbstzeugnissen und Bilddokumenten. Reinbek 1967.

* Redeker, Martin: Friedrich Schleiermacher. Leben und Werk. Berlin 1968.

* Sykes, Stephen: Friedrich Schleiermacher. London 1971 u. Richmond/Virginia 1971.

Sekundärliteratur

Barth, Karl: Die protestantische Theologie im 19. Jahrhundert. Ihre Vorgeschichte und ihre Geschichte. Zürich ^{3}1960, 379–424.

Beißer, Friedrich: Schleiermachers Lehre von Gott dargestellt nach seinen Reden und seiner Glaubenslehre. Göttingen 1970.

Birkner, Hans-Joachim: Schleiermachers Christliche *Sittenlehre* im Zusammenhang seines philosophisch-theologischen Systems. Berlin 1964.

– *Theologie und Philosophie*. Einführung in Probleme der Schleiermacher-Interpretation. München 1974.

Brandt, Wilfried: Der Heilige Geist und die Kirche bei Schleiermacher. Zürich 1968.

Brunner, Emil: Die Mystik und das Wort. Der Gegensatz zwischen moderner Religionsauffassung und christlichem Glauben dargestellt an der Theologie Schleiermachers. Tübingen ^{2}1928.

Christian, C. W.: Friedrich Schleiermacher. Waco/Texas 1979.

Falcke, Heino: Theologie und Philosophie der Evolution. Grundaspekte der Gesellschaftslehre F. Schleiermachers. Zürich 1977.

Frank, Manfred: Das individuelle Allgemeine. Textstrukturierung und -interpretation nach Schleiermacher. Frankfurt 1977.

Gadamer, Hans-Georg: Wahrheit und Methode. Grundzüge einer philosophischen Hermeneutik. Tübingen ^{4}1975, bes. Teil II.

– Das Problem der Sprache in Schleiermachers Hermeneutik. In: Zs. f. Theol. u. Kirche 65 (1968), 445–458.

Gräb, Wilhelm: Humanität und Christentumsgeschichte. Eine Untersuchung zum Geschichtsbegriff im Spätwerk Schleiermachers. Göttingen 1980.

Herms, Eilert: *Herkunft*, Entfaltung und erste Gestalt des Systems der Wissenschaften bei Schleiermacher. Gütersloh 1974.

– Die *Ethik* des Wissens beim späten Schleiermacher. In: Zs. f. Theol. u. Kirche 73 (1976), 471–523.

Hirsch, Emanuel: Geschichte der neuern evangelischen Theologie im Zusammenhang mit den allgemeinen Bewegungen des europäischen Denkens. Bes. Bd. IV, 490–575; Bd. V, 281–357, Gütersloh [5]1975.

Huber, Wolfgang: Identität im Zeichen des Fortschritts. Das Beispiel Friedrich Schleiermachers. In: Grohs, Gerhard (Hrsg.): Kulturelle Identität im Wandel. Festschr. f. D. Goldschmidt. Stuttgart 1980, 85–96.

Jacob, Friedrich: Geschichte und Welt in Schleiermachers Theologie. Berlin 1966.

Kimmerle, Heinz: Das Verhältnis Schleiermachers zum transzendentalen Idealismus. In: Kant-Studien 51 (1959/60), 410–426.

Loew, Wilhelm: Das Grundproblem der Ethik Schleiermachers in seiner Beziehung zu Kants Ethik. In: Kant-Studien, Erg.-H. 31, Berlin 1914.

Miller, Marlin E.: Der Übergang. Schleiermachers Theologie des Reiches Gottes im Zusammenhang seines Gesamtdenkens. Gütersloh 1970.

Niebuhr, Richard R.: Schleiermacher on Christ and Religion. New York 1964, London 1965.

Reble, Albert: Schleiermachers Kulturphilosophie. Eine entwicklungsgeschichtlich-systematische Würdigung. Erfurt 1935.

Rendtorff, Trutz: Kirche und Theologie. Die systematische Funktion des Kirchenbegriffs in der neueren Theologie. Gütersloh [2]1970, bes. 115–167.

Scholz, Heinrich: Christentum und Wissenschaft in Schleiermachers Glaubenslehre. Leipzig [2]1911.

Spiegler, Gerhard: The Eternal Covenant. Schleiermacher's Experiment in Cultural Theology. New York 1967.

Trowitzsch, Michael: Einkehr ins Unendliche. Individualität und Unsterblichkeit beim jungen Schleiermacher. In: Zs. f. Theol. u. Kirche 77 (1980), 412–434.

Wagner, Falk: Schleiermachers Dialektik. Eine kritische Interpretation. Gütersloh 1974.

Wiehl, Reiner: Schleiermachers Hermeneutik – Ihre Bedeutung für die Philologie in Theorie und Praxis. In: Flashar, Hellmut et al. (Hrsg.): Philologie und Hermeneutik im 19. Jahrhundert. Zur Geschichte und Methodologie der Geisteswissenschaften. Göttingen 1979, 32–67.

Williams, Robert R.: Schleiermacher the Theologian. The Construction of the Doctrine of God. Philadelphia 1978.

Bernard Bolzano: Die Überwindung des Skeptizismus

Von Jan Berg, München

1. Leben und Werk

Bernard Bolzano wurde am 5. Oktober 1781 in Prag als Sohn eines aus der Lombardei eingewanderten Kunsthändlers und einer deutschsprachigen Prager Kaufmannstochter geboren. Von 1791 bis 1796 besuchte er das Gymnasium der Piaristen in Prag und studierte danach Philosophie, Mathematik und Physik, ab 1800 auch Theologie an der dortigen Karls-Universität. Im Wintersemester 1804/05 bestand er die mündliche Prüfung für den Grad eines Dr. phil. und wurde am 17. April 1805 promoviert. Zehn Tage vorher hatte er sich zum Priester weihen lassen. Am 19. April 1805 trat er sein Amt als provisorischer Inhaber des neuerrichteten Lehrstuhls für katholische Religionslehre an der Philosophischen Fakultät an, den er seit dem 13. Februar 1805 vertreten hatte. Die endgültige Übernahme auf diesen Lehrstuhl erfolgte mit seiner Ernennung zum ordentlichen Professor am 23. September 1806. Ab Mai 1813 war Bolzano wegen seiner chronischen Lungentuberkulose nicht mehr imstande, seine Lehrtätigkeit auszuüben; erst im Herbst 1815 konnte er in den Dienst zurückkehren.
Im Studienjahr 1818/19 war Bolzano gewählter Dekan der Philosophischen Fakultät der Universität Prag. Außerdem war er bereits ab 1815 ordentliches Mitglied der Königlich Böhmischen Gesellschaft der Wissenschaften. In den Jahren 1819 und 1843 war er Direktor dieser Gesellschaft. Von 1841 bis 1845 war er Geschäftsleiter der mathematischen Sektion, und von 1845 bis zu seinem Tode 1848 leitete er die neuerrichtete Sektion für Philosophie und reine Mathematik.
Während seines theologischen Studiums wurde Bolzano von Zweifeln an der Vereinbarkeit verschiedener Kirchenlehren mit der Vernunft bzw. der Geschichte ergriffen. Erst nachdem er die christliche Lehre als Mittel zur Förderung von Tugend und Glück zu betrachten gelernt hatte, konnte er seine intellektuelle Skepsis besänftigen. Nach Bolzano kommt es in der Religion nicht darauf an, wie eine Sache an sich beschaffen ist, sondern nur darauf, welche subjektive Vorstellung von der Sache sich für die Menschen als die beste erweist (vgl. Bolzano, Lebensbeschreibung, 27).
Bolzano wählte die Laufbahn eines Geistlichen in der Hoffnung, daß er als Universitäts- oder Gymnasiallehrer Gelegenheit bekommen würde, in utilitaristischem Geiste über Religion und Ethik zu lehren. Mit der Berufung auf den Lehrstuhl für katholische Religionslehre hatte er dieses Ziel erreicht. Nun konnte er der Jugend im Geiste der durch die Piaristen vermittelten josefinischen Aufklärung eine religiöse, ethische und politische Erziehung angedeihen lassen. Durch seine von analytischem Scharfsinn und selbständiger Kritik geprägten Vorlesun-

gen und feiertäglichen Erbauungsreden machte er auf die Hörer einen starken Eindruck, was ihm von modernen marxistischen Autoren besonders verübelt worden ist.

Bolzanos Zielsetzung war jedoch genau derjenigen entgegengesetzt, die dem damaligen Kaiser Franz I. vorschwebte, als er mit Hofdekret vom 4. Februar 1804 an den österreichischen Universitäten die Lehrstühle für katholische Religionslehre einrichten ließ. Der Kaiser, der über die Französische Revolution entsetzt war, lehnte jede aufklärerische Tendenz entschieden ab. Die neuen Lehrstühle sollten ein Instrument für die religiöse Festigung der Studenten sein und der Unterstützung des Staates dienen. In seinen Erbauungsreden erdreistete sich nun der erste Inhaber der Lehrkanzel für katholische Religionslehre an der Prager Universität, die österreichische Verfassung zu kritisieren und pazifistische sowie sozialistische Ansichten zu vertreten.

Es war daher unvermeidlich, daß Bolzano in Schwierigkeiten geriet. Denunziationen und Unterstellungen führten ab 1816 zu offiziellen Ermittlungen staatlicher Behörden gegen Bolzano, an denen sich in der Folgezeit kirchliche Stellen in Wien und Rom beteiligten. Der k. k. Hof- und Burgpfarrer Jakob Frint, der die Errichtung der Lehrstühle für katholische Religionslehre angeregt und außerdem der Verfasser des für dieses Fach vorgeschriebenen, von Bolzano jedoch öffentlich kritisierten und nicht verwendeten Lehrbuches war, sammelte aus Bolzanos Schriften Beweise dafür, daß Bolzano sowohl aus religiöser als auch politischer Sicht ein ausgesprochener Häretiker war. Diese Exempelsammlung gelangte 1819 über den kaiserlichen Leibarzt an Seine Majestät und konnte seine beabsichtigte Wirkung nicht verfehlen. Am 24. Dezember 1819 wurde Bolzano durch allerhöchste und hohe Entschließung fristlos entlassen. Das Dekret wurde Bolzano am 20. Januar 1820 übergehen; damit war er seines Lehramtes enthoben. Außerdem wurde der Prager Erzbischof beauftragt, eine Untersuchung bezüglich der Rechtgläubigkeit Bolzanos anzustellen, die weitere fünf Jahre beanspruchte. Nur der Widerstand weltlicher und kirchlicher böhmischer Behörden gegen den von Wien ausgeübten Druck konnte Bolzano vor einem schlimmeren Schicksal als seiner Absetzung retten.

Der erste Band von „Erbauungsreden" wurde 1828 auf den Index gesetzt – gleichzeitig mit einer italienischen Bearbeitung des „Handbuchs der Religionswissenschaft" von Frint, der inzwischen beim Hofe in Ungnade gefallen und durch die Ernennung zum Bischof von St. Pölten abgeschoben worden war. Im Jahre 1839 gesellte sich dann Bolzanos „Lehrbuch der Religionswissenschaft" von 1834 wohlverdient zu dieser illustren Liste.

Daß Bolzanos politische Ideen mit der habsburgischen Auffassung von Staatskunst nicht übereinstimmten, wird durch seine sozialistische Utopie „Das Büchlein vom besten Staate" (GA II A 14, S. 19–144) bestätigt.* Diese im Manuskript nachgelassene Arbeit wurde in den frühen 30er Jahren des 19. Jahrhunderts begonnen, aber erst hundert Jahre später veröffentlicht. Hier entwickelte

---

* Zitiert wird – soweit möglich – nach der Bernard Bolzano-Gesamtausgabe (abgek. *GA*), hrsg. v. E. Winter/J. Berg/F. Kambartel/J. Loužil/B. van Rootselaar, die in 4 Reihen gegliedert ist (hier mit römischer Zahl gekennzeichnet);

Bolzano anhand einer republikanischen Verfassung ein durchgreifendes soziales Wohlfahrtsprogramm.
Die Absetzung Bolzanos hatte den Vorteil, daß er seine von der Tuberkulose gefährdete Gesundheit teilweise wiederherstellen und sich in der Wissenschaft vor allem auf logische und mathematische Probleme konzentrieren konnte. Sie hatte allerdings auch den erheblichen Nachteil, daß er große Schwierigkeiten bekam, die Zensur zu umgehen. Dabei wurde Bolzano von seinen Schülern, insbesondere Michael Josef Fesl und František Příhonský, treu und selbstlos unterstützt. Um für wichtige Arbeiten Bolzanos einen geeigneten Verleger zu finden und die Drucklegung zu verfolgen, war ein ungeheurer Arbeitseinsatz erforderlich, der sich in dem umfassenden und nur zum Teil veröffentlichten Briefwechsel Bolzanos widerspiegelt. Nach dem Tode Franz I. 1835 wurde allerdings die Überwachung Bolzanos gemildert, und in den 40er Jahren wurde ihm genehmigt, in den Abhandlungen der Königlich Böhmischen Gesellschaft der Wissenschaften Arbeiten nichttheologischen Inhalts zu publizieren.
Seit 1823 verbrachte Bolzano die Sommermonate auf dem Gut der Familie Hoffmann in Těchobuz in Südböhmen. Im Winter lebte er bei seinem Bruder in Prag, der Kaufmann war. Ab 1831, als die Familie Hoffmann ihren Wohnsitz nach Těchobuz verlegte, hielt sich Bolzano das ganze Jahr über dort auf. Dies war die glücklichste Periode seines Lebens, in der er auf dem Gipfel seiner geistigen Kräfte seine beiden Hauptwerke, die „Wissenschaftslehre" (4 Bde., 1834) und die nachgelassene „Größenlehre", schuf. Ab Ende 1841, als Frau Anna Hoffmann schwer erkrankt war und darum mit ihrer Familie nach Prag zog, lebte Bolzano wieder bei seinem Bruder in Prag.
Während der 40er Jahre wurde Bolzano immer klarer, daß die Verwirklichung des geplanten mathematischen Werkes über seine Kräfte ging. Er konzentrierte sich nun darauf, Bruchstücke zu veröffentlichen, um dadurch das Interesse des Publikums an dem postumen Werk zu wecken, von dem er hoffte, daß es seine Schüler vollenden würden. Auch die Arbeit an dem später berühmt gewordenen, postum herausgegebenen Werk „Paradoxien des Unendlichen" in den Jahren 1844–1848 wurde in dieser Hoffnung vorgenommen. Als Bolzano am 18. Dezember 1848 in Prag starb, lag ein immenser handschriftlicher Nachlaß vor. Er wird in der Gesamtausgabe, Reihe II veröffentlicht. Die „Einleitungsbände" der GA, Band 2, 1–2 enthalten auch detaillierte Angaben zum Nachlaß.

Reihe II, den Nachlaß umfassend, ist gegliedert in die Abteilungen A (Nachgelassene Schriften) und B (Wissenschaftliche Tagebücher). Die folgende arabische Zahl bezeichnet den Band, ggf. unter Angabe des Teilbandes.
Bei Hinweisen auf Fundstellen werden folgende Abkürzungen verwendet:
RW = „Lehrbuch der Religionswissenschaft" (1834)
WL = „Wissenschaftslehre" (1837)
PU = „Paradoxien des Unendlichen" (1851)

2. Übersicht der Darstellung

Als Grundproblem der Philosophie Bolzanos werde ich die Überwindung des Skeptizismus behandeln. Dabei werde ich umreißen, aus welchen religionswissenschaftlichen Wurzeln dieses Problem hervorgegangen ist und wie sich Bolzanos Auseinandersetzung damit in seinem Lebenswerk zu einem mächtigen Baum von immer komplexeren sprachphilosophischen, logischen und mathematischen Theorien entwickelt hat. Danach werde ich anhand einer detaillierten Analyse der Bolzanoschen Widerlegungen des Skezptizismus zeigen, wie er seine Philosophie ontologisch und epistemologisch sicherzustellen versuchte.
Auf der ontologischen Seite sind zunächst die logischen und semantischen Grundbegriffe der Philosophie Bolzanos und dann die mathematischen Begriffe auf der Grundlage der Bolzanoschen Logik darzustellen. Die Untersuchung der Bolzanoschen Logik beginnt mit der Theorie des allgemeinen Begriffes der Wahrheit an sich, in der Sätze und Vorstellungen an sich, Anschauungen und reine Begriffe eingeführt werden, und die in der Darstellung einer sprachphilosophischen Reduktionstheorie gipfelt. Die Betrachtung der Bolzanoschen Logik fährt fort mit dem speziellen Begriff der logischen Wahrheit; hier wird eine der hervorragendsten und für moderne Leser interessantesten Schöpfungen Bolzanos, nämlich seine Variationslogik, mit der erforderlichen Exaktheit dargestellt und weitergeführt.
Auf der epistemologischen Seite werden erkenntnistheoretische Begriffe wie Urteil, Wahrnehmung, Erkenntnis und Urteilskausierung sowie die Frage nach den eventuellen Grenzen der menschlichen Erkenntnis behandelt.
Die Darstellung wird abgeschlossen durch eine Untersuchung des Bolzanoschen Begriffes einer Wissenschaftslehre, der auf einer utilitaristischen ethischen Grundlage basiert. Schließlich wird Bolzanos Stellung in der Geschichte der Philosophie erörtert.

3. Das Grundproblem der Philosophie Bolzanos

3.1 Das Grundproblem in Bolzanos Werk

In einer auf März 1812 datierten Notiz in seinem philosophischen Tagebuch schreibt Bolzano, daß er beschlossen habe „eine Logik herauszugeben, etwa unter dem Titel: Versuch einer neuen Logik, zufolge der eine gänzliche Umstaltung aller Wissenschaften stattfinden müßte“

(GA II B 16, 1, S. 34). Dieser Plan wurde schließlich in dem monumentalen vierbändigen Werk „Wissenschaftslehre“ vollständig verwirklicht. Ein kurzer Entwurf, der über die im März dargelegten Gedanken hinausführt, findet sich in einem 1814/15 geschriebenen Aufsatz mit dem Titel „Logische Vorbegriffe“ (GA II A 5, S. 175–185).

In diesem Aufsatz, der eine Darstellung der Logik im weitesten Sinne einschließlich der Wissenschafts- und Erkenntnistheorie enthält, wollte Bolzano zunächst zeigen, daß es wenigstens eine Wahrheit und damit sogar unendlich viele Wahrheiten gibt, von denen der Mensch unbegrenzt viele erkennen kann. Den Ausgangspunkt seiner Logik – und damit seines wissenschaftlichen Lebenswerkes – bildet daher die Widerlegung des Skeptizismus.

Von Anfang an war es Bolzano klar, daß er bei der Durchführung seines Planes zwischen den tatsächlichen Gedanken und Urteilen eines Menschen, deren sprachlicher Formulierung und dem entsprechenden Sinngehalt, der unabhängig von jenen Gedanken, Urteilen und Formulierungen existiert, unterscheiden mußte. In diesem Sinne nahm er eine Distinktion zwischen abstrakten Sätzen an sich und den entsprechenden gedachten oder schriftlich formulierten Sätzen vor. Einen wahren Satz an sich nannte er „Wahrheit an sich“, einen gedachten wahren Satz „erkannte Wahrheit“, „Erkenntnis“ oder „wahres Urteil“.

Bolzanos Religionsbegriff basiert im Grundsatz auf seiner Distinktion zwischen Sätzen an sich und Urteilen. Er unterscheidet nämlich zwischen Religion im objektiven und Religion im subjektiven Sinne. Religion im objektiven Sinne ist nach Bolzano eine Menge von religiösen Sätzen an sich; als Religion im subjektiven Sinne betrachtet er dagegen die Menge der religiösen Urteile und Ansichten einer einzelnen Person. Eine subjektive Religion kann daher eine objektive Religion ganz oder teilweise zum Gegenstand haben. Durch seine Definition eines religiösen Satzes als sittlich und nach den Regeln des Utilitarismus geboten hat Bolzano seinen Religionsbegriff in seiner logischen Semantik wissenschaftlich verankert.

Mit Hilfe der Bolzanoschen Distinktion zwischen Sätzen an sich und Urteilen kann der radikale Skeptizismus sowohl als ontologische als auch als epistemologische These formuliert werden. Die ontologische Form des radikalen Skeptizismus besagt – in Bolzanos Terminologie ausgedrückt –, daß es gar keine Wahrheiten an sich gibt. Die epistemologische Form des radikalen Skeptizismus besagt dementsprechend, daß es keine wahren Urteile gibt. Bolzano hat sich große Mühe gegeben, diese beiden Formen des radikalen Skeptizismus zu widerlegen.

Um den ontologischen Skeptizismus zu widerlegen, mußte Bolzano zunächst den Begriff der Wahrheit an sich analysieren. Dabei kam er auf den Begriff des Satzes an sich und den der Vorstellung an sich. Die Untersuchung des letzteren Begriffes führte zu neuen Bestimmungen der Bedeutung der Ausdrücke „Anschauung" und „Begriff". Die Untersuchung des Wahrheitsbegriffs führte im Zusammenhang mit dem Begriff des Satzes an sich zum Existenzbegriff und zu einer Theorie der Reduktion von Sätzen an sich auf andere Sätze an sich.

Alle diese vorbereitenden Begriffsanalysen und Begriffsbestimmungen gipfeln in einer Theorie der logischen Wahrheit, die eine herausragende Leistung in der Geschichte des abendländischen Denkens darstellt. Diese informal-axiomatisch aufgebaute Theorie ist auf einer Substitutionslogik aufgebaut und enthält eine allgemeine Beweistheorie. In der Substitutionslogik werden aufgrund der Technik der Variation von Vorstellungen an sich Begriffe wie Allgemeingültigkeit, Widerspruchsfreiheit, Ableitbarkeit, Analytizität, Synthetizität und Wahrscheinlichkeit eingeführt. In seiner Beweistheorie behandelt Bolzano den Begriff der Abfolge, der eine Verallgemeinerung der logischen Konsequenzbeziehung ist, und untersucht Beweisbäume, die sich aufgrund der Abfolgebeziehung ergeben und die den objektiven Zusammenhang der wahren Sätze an sich darstellen. Die Idee eines objektiven Zusammenhanges zwischen den Wahrheiten an sich war bereits im ersten Entwurf vom Jahre 1812 ein Kernstück der Bolzanoschen Konzeption.

Zur Widerlegung der ontologischen Form des Skeptizismus verwendete Bolzano auch den Unendlichkeitsbegriff. Im Zusammenhang mit der Analyse dieses Begriffes kam er notwendigerweise auf Begriffe wie Menge, Zahl und Kontinuum. Bei der Untersuchung verschiedener Zahlenbegriffe führte er natürliche Zahlen, reelle Zahlen und Infinitesimalzahlen auf ganz neue und modern anmutende Weise ein. Diese begriffliche Auseinandersetzung gipfelte in dem unvollendeten Werk „Größenlehre", an dem Bolzano in den Jahren 1833 bis 1842 arbeitete.

Um die epistemologische Form des radikalen Skeptizismus zu widerlegen, mußte Bolzano Begriffe wie Urteil, Wahrnehmung, Erkenntnis und die kausale Vermittlungsbeziehung zwischen Urteilen erörtern. Diese Untersuchungen führten zu einer empiristischen Erkenntnistheorie, in der sich Bolzano u.a. mit Kants Auffassung von den Grenzen der menschlichen Erkenntnis kritisch auseinandersetzte.

Bolzano faßte seine semantische Theorie der Sätze an sich, seine Variationslogik und Beweistheorie, die Ergebnisse seiner mathematisch-philosophischen Untersuchungen und seine Erkenntnistheorie unter den allgemeinen und sehr weiten Begriff der Wissenschaftslehre zusammen. Diese in dem Werk „Wissenschaftslehre" dargestellte philosophische

Synthese Bolzanos basiert explizit auf einer utilitaristischen Ethik, die seine wissenschaftliche Entwicklung vielleicht am stärksten beeinflußte.

In Bolzanos wissenschaftlichen Schriften ist überall der Drang nach Systematisierung und Axiomatisierung vorherrschend. Er suchte die Grundlagen aller Wissenschaft. Und er war bestrebt, auch die letzten ontologischen und erkenntnistheoretischen Gründe seiner Philosophie sicherzustellen. Die Motivation hierfür bestand während seiner akademischen Tätigkeit in dem Wunsch, seine Religionslehre wissenschaftlich zu fundieren. In den Jahrzehnten nach seiner Absetzung, als Bolzano als freiberuflicher Wissenschaftler tätig war, verlagerten sich die Motive seiner Grundlagenforschungen allmählich auf die Probleme und Erfordernisse der Mathematik.

3.2 Die Widerlegung der ontologischen Form des Skeptizismus

Als erstes sah sich Bolzano vor die Aufgabe gestellt, die ontologische Version des radikalen Skeptizismus zu widerlegen. Seine Argumente stützen sich hauptsächlich auf den Begriff der Wahrheit an sich. Eine Wahrheit an sich ist – in Bolzanos Terminologie ausgedrückt – ein wahrer Satz an sich. Die Begriffe Wahrheit und Satz an sich werden später diskutiert (vgl. unten 4.1 und 4.2). Ich werde zunächst die verschiedenen Argumente gegen den ontologischen Skeptizismus erörtern, die Bolzano im „Lehrbuch der Religionswissenschaft" §§ 11–12, in der „Wissenschaftslehre" §§ 30–33 und in den „Paradoxien des Unendlichen" § 13 aufstellt.

Bolzano beweist den folgenden Satz mit Hilfe zweier Argumente:

(1) Es gibt unendlich viele Wahrheiten an sich.

Das erste Argument ist ein Beweis durch mathematische Induktion. Für die Induktionsbasis

(2) Es gibt mindestens eine Wahrheit an sich

bringt er in der Anmerkung zu WL § 31 folgenden Beweis: Sei S ein beliebiger Satz an sich. Dann ist S entweder wahr oder falsch. Im ersten Fall ist der Beweis abgeschlossen. Im zweiten Fall ist der Satz, daß S falsch ist, wahr, und die Induktionsbasis ist damit ebenfalls bewiesen. Die Induktionsbehauptung

(3) Wenn es mindestens n Wahrheiten an sich gibt, dann gibt es mindestens $n+1$ Wahrheiten an sich

wird u. a. in RW I, S. 35 f. und in WL § 32 bewiesen. Es seien $S_1, S_2, \ldots, S_n$ genau die wahren Sätze an sich. Dann ist auch folgender Satz S_{n+1} wahr: Es gibt keinen Satz S derart, daß S wahr und verschieden von S_1,

$S_2, \ldots, S_n$ ist. Aber S_{n+1} ist selbst verschieden von $S_1, S_2, \ldots, S_n$, denn kein S_i ($1 \leq i \leq n$) hat dieselben Bestandteile wie S_{n+1}. Wenn es also genau n wahre Sätze an sich gibt, dann gibt es mindestens $n+1$ wahre Sätze an sich, d.h., es gibt dann nicht genau n Wahrheiten an sich. Also gibt es nicht genau n Wahrheiten an sich. Und daraus folgt (3).

Bolzano ist sich dabei des folgenden satzlogischen Gesetzes klar bewußt: Wenn, falls nicht-S wahr ist, auch S wahr ist, dann ist S wahr. (Vgl. WL IV, S. 280). Und er ist sich auch darüber im klaren, daß sein Beweis der Induktionsbehauptung auf diesem Gesetz basiert.

Das zweite Argument für (1) beruht auf der Erzeugung einer Reihe. Es wird in PU § 13 verwendet. Es bezeichne „W" das Prädikat „ist wahr"; „WS" drückt also die Behauptung aus, daß S wahr ist. Ferner sollen hochgestellte Indizes die entsprechende Iteration des Symbols „W" angeben. Wir benötigen zunächst folgenden Hilfssatz:

> Alle Glieder der Reihe S^*, WS^*, $W^2S^*, \ldots$ sind verschieden und daher unendlich an der Zahl.

Es genügt zu beweisen, daß, wenn m größer als k ist, W^mS^* mit W^kS^* nicht identisch sein kann (wobei $k \geq 0$). Angenommen, $m > k$ und $W^mS^* = W^kS^*$. Dann gibt es ein n derart, daß $W^mS^* = W^nW^kS^* = W^nW^mS^*$. Aber W^mS^* ist nicht identisch mit $W^nW^mS^*$, da für alle Sätze an sich S gilt:

(α) S ist nicht identisch mit ---S---,

wobei „---S---" einen Kontext bezeichnet, in dem S vorkommt.

Bolzano verwendet nur einen Spezialfall der Voraussetzung (α). Er schreibt nämlich, daß S mit WS nicht identisch ist, da diese beiden Sätze an sich verschiedene logische Subjekte haben. Dies genügt jedoch nicht, um den Hilfssatz zu beweisen.

Bolzano setzt nun voraus, daß

(β) für alle S gilt: wenn S wahr ist, dann ist auch WS wahr.

Ferner sei der Satz an sich S^* des Hilfssatzes wahr. (Die Wahrheit eines solchen Satzes wurde in der Induktionsbasis erwiesen.) Aus dem Hilfssatz in Verbindung mit (α) und (β) folgt nun die Induktionsbehauptung (3).

Ein Nebenergebnis der Bolzanoschen Widerlegung des ontologischen Skeptizismus ist die Existenz unendlicher Mengen. Dieser Unendlichkeitsbegriff ist der Gegenstand einer besonderen Theorie des Bolzanoschen Spätwerks, in dem auch andere, mit dem Unendlichkeitsbegriff verwandte mathematische Begriffe eingeführt werden. Wir kommen auf diese Zusammenhänge noch später zurück (vgl. 5.1–5.3).

3.3 Die Widerlegung der epistemologischen Form des Skeptizismus

Beim Beweis der Existenz unendlicher Mengen verwendet Bolzano den Begriff des „aktual“ Unendlichen. Dagegen enthält seine Widerlegung der epistemologischen Version des radikalen Skeptizismus nur einen Beweis für die „potentielle“ Unendlichkeit der Menge der wahren Urteile (WL §§ 40–41). Seine diesbezüglichen Argumente basieren auf einem bestimmten Urteilsbegriff, der später erörtert wird (in 6.1 unten). Bolzano gibt einen finitistischen Induktionsbeweis für folgenden Satz:

(1) Es gibt eine potentiell unendliche Menge von wahren Urteilen.

Zunächst beweist Bolzano folgende Induktionsbasis:

(2) Es gibt mindestens ein wahres Urteil.

Um den radikalen Skeptiker zu widerlegen, brauchen wir ihn nur dazu zu bringen, mindestens ein wahres Urteil zu akzeptieren. Allerdings sollten wir nicht versuchen, ihn dazu zu bringen, das Urteil

(a) Alle Sätze an sich sind zweifelhaft

zu akzeptieren. Denn falls er einsehen würde, daß er daraus eigentlich die Konsequenz ziehen müßte, auch den von (a) ausgedrückten Satz an sich zu bezweifeln, würde sich seine skeptische Einstellung wahrscheinlich verstärken. Wir könnten aber den Skeptiker auf folgendes hinweisen: Die Tatsache, daß er überhaupt Zweifel hegt, impliziert, daß er Vorstellungen hat, d.h., daß er denkt. Dann muß er auch folgendes wahre Urteil akzeptieren: Ich habe Vorstellungen.

Damit ist die Induktionsbasis abgeschlossen. Im weiteren gibt Bolzano zwei Beweise für die finitistische Induktionsbehauptung:

(3) Jede endliche Menge von wahren Urteilen ist eine echte Teilmenge einer endlichen Menge von wahren Urteilen.

Angenommen, jemand erkennt die Wahrheit der Urteile $U_1, \ldots, U_n$. Dann kann er gewiß dazu gebracht werden, folgendem wahren Urteil zuzustimmen: Ich erkenne die Wahrheit der Urteile $U_1, \ldots, U_n$. Und dies ist eine neue Erkenntnis. – Ein dazu alternatives Argument ist folgendes: Wenn jemand ein wahres Urteil U akzeptiert, dann kann er bestimmt dazu gebracht werden, das wahre Urteil „U ist wahr“ zu akzeptieren, was eine neue Erkenntnis darstellt.

Aus (2) und (3) folgt nun (1), d.h. die Aussage, daß die Menge der wahren Urteile „potentiell unendlich“ in dem bereits von Aristoteles beschriebenen Sinne ist. Es gibt selbstverständlich viele wichtige Wahrheiten, die durch diese finitistische Methode nicht gewonnen werden können. Der Beweis soll jedoch nach Bolzano nur dazu beitragen, den radikalen Skeptiker von seinem Zweifel bezüglich der Möglichkeit der menschlichen Erkenntnis zu befreien (vgl. WL I S. 179).

Bolzanos Argumente haben keine wesentliche Ähnlichkeit mit den klassischen Existenzbeweisen von Augustinus, Thomas von Aquin und Descartes. Bolzano erwähnt selbst nebenbei, daß ein Argument vom Typ eines *cogito ergo sum* seinen Anfang in dem Beweis des Satzes (2) nehmen könnte (WL I S. 176).

4. Logische und semantische Grundbegriffe der Philosophie Bolzanos: A) Wahrheiten an sich

4.1 Sätze und Vorstellungen an sich

Bolzanos Konzeption der Sätze an sich läßt sich durch die folgenden Annahmen (1)–(15) charakterisieren (bezüglich (13)–(15) vgl. 4.2). Diese Annahmen geben auch Aufschluß über die Beziehungen zwischen Sätzen an sich und anderen Bedeutungen des Wortes „Satz" bei Bolzano. Die erste dieser Annahmen lautet:

(1) Es gibt Gegenstände, genannt „Sätze an sich", welche die Bedingungen (2)–(15) erfüllen (vgl. WL §§ 30ff.).

Damit besitzen Sätze an sich jene Art logischer Existenz, auf die in der modernen Quantorenlogik mit Hilfe der Existenzquantifikation Bezug genommen wird. Darüber hinaus gilt (WL § 19):

(2) Ein Satz an sich existiert nicht konkret (in Raum und Zeit).

Nach Bolzano sind sprachliche Ausdrücke und psychische Gegenstände wie Gedanken und Urteile (vgl. 6.1 unten) konkrete Entitäten. Deshalb können Sätze an sich nicht mit konkreten sprachlichen oder psychischen Gegenständen identifiziert werden. Ferner gilt (WL § 19):

(3) Sätze an sich existieren unabhängig von psychischen Gegenständen aller Art.

Somit kann die manchmal im mittelalterlichen Nominalismus vorgenommene Identifizierung von Propositionen mit psychischen Dispositionen nicht auf Sätze an sich im Sinne Bolzanos übertragen werden. Die folgenden zwei Bedingungen sind für Bolzanos Denken besonders charakteristisch:

(4) Nicht alle Sätze an sich sind einfach. Ein zusammengesetzter Satz an sich ist mit Hilfe logischer Operationen aus einfachen Teilen rekursiv aufgebaut (WL § 558).

(5) Zwei Sätze an sich sind genau dann identisch, wenn sie aus denselben einfachen Teilen in derselben Weise erzeugt werden. (Vgl. auch (5′) unten.) Über die Art, wie ein zusammengesetzter Teil eines Sat-

zes an sich aus einfachen Teilen aufgebaut ist, geben Definitionsketten Aufschluß (WL §§ 32, 92, 116, 557, 558, PU § 13).

Wir dürfen annehmen, daß wir eine Sprache von mehr oder weniger spezifischer Struktur vor uns haben und daß wir wissen, was eine abstrakte Satzgestalt in dieser Sprache ist. Bolzano identifiziert offenbar alles Sprachliche mit konkreten sprachlichen Vorkommnissen (WL I S. 220, III S. 350ff.; GA II A 7, S. 47, 77); jedenfalls sagt er nichts Ausdrückliches über den abstrakten Begriff der Satzgestalt. Es ist jedoch möglich, aus seinen Ausführungen einen Begriff herauszulesen, der genau auf die moderne Konzeption der Satzgestalt abzielt und dem nur Begriffe der Philosophie Bolzanos zugrunde liegen. Aus den Postulaten (4) und (5) folgt nun, daß sich Sätze an sich im Sinne Bolzanos ähnlich verhalten wie die geschlossenen Formeln (d.h. Formeln ohne freie Variablen) eines logischen Kalküls. Andererseits scheint die folgende Annahme mit Bolzanos Absichten übereinzustimmen:

(6) Kein sprachlicher Gegenstand ist notwendigerweise eine Komponente eines Satzes an sich.

Daher ist es nicht möglich, Sätze an sich mit abstrakten Satzgestalten oder überhaupt mit Gegenständen zu identifizieren, in denen Satzgestalten oder Satzvorkommnisse wesentlich involviert sind, wie z.B. mit geordneten Paaren von Satzgestalten und den Interpretationen einer Sprache.

Wäre Bolzano mit dem Begriff der abstrakten sprachlichen Gestalt konfrontiert worden, so hätte er wahrscheinlich die folgende Annahme über Sätze (ob Gestalten oder konkrete Vorkommnisse) akzeptiert (vgl. WL § 410):

(7) Es gibt mehr Sätze an sich als konkrete sprachliche Sätze.

Für eine moderne Darstellung eines Systems nichtsprachlicher Bolzanoscher Sätze an sich ist deren Überabzählbarkeit vorauszusetzen. Betrachten wir etwa einen abzählbar unendlichen Gegenstandsbereich und die überabzählbare Klasse seiner Teilmengen. Ist M eine beliebige Teilmenge und x ein beliebiger Gegenstand dieses Bereiches, dann können wir die (wahre oder falsche) Aussage bilden, daß x zu M gehört. Der Unterschied zwischen abzählbar und überabzählbar unendlich war Bolzano allerdings noch nicht ganz deutlich bewußt, obwohl er einen Kontinuumsbegriff besaß, der auf die Menge der reellen (also überabzählbar vielen) Zahlen, nicht aber auf die Menge der rationalen (abzählbar vielen) Zahlen zutrifft, und obwohl er sehr nahe an die Auffassung herankam, daß die Existenz einer Bijektion (d.h. einer umkehrbar eindeutigen Funktion) eine hinreichende Bedingung für die Gleichmächtigkeit unendlicher Mengen ist (vgl. 5.1 unten).

Wir nennen einen Wahrheitsbegriff für sprachliche oder nichtsprachliche semantische Gegenstände Y (wie Satzvorkommnisse, Satzgestalten oder Propositionen) „inhaltlich adäquat", wenn seine Definition die klassische Aristotelische Bedingung

X ist wahr genau dann, wenn Y

impliziert, wobei „X" für einen Namen oder eine Beschreibung des jeweiligen Substituenden von „Y" steht. Bolzano fordert nun (WL § 19):

(8) Für Sätze an sich ist ein inhaltlich adäquater Wahrheitsbegriff definierbar.

Bezüglich der Beziehungen zwischen Sätzen an sich und sprachlichen Sätzen gelten folgende vier Postulate:

(9) Was ein sprachlicher Behauptungssatz (Gestalt oder Vorkommnis) ausdrückt, ist ein Satz an sich (WL §§ 19, 28).

(10) Zwei sprachliche Sätze können denselben Satz an sich ausdrücken und dennoch von verschiedener Struktur sein (WL § 127).

(11) Wenn die sprachlichen Sätze S_1 und S_2 denselben Satz an sich ausdrücken, dann ist S_1 logisch äquivalent mit S_2.

Die letzte Annahme liegt Bolzanos Theorie der Reduktion sprachlicher Sätze auf eine bestimmte kanonische Form zugrunde (vgl. 4.2). Jedoch gilt die Umkehrung dessen in Bolzanos System nicht, d.h. (WL § 32 Anm., PU § 13):

(12) Wenn die Sätze an sich A und B durch S_1 bzw. S_2 ausgedrückt werden, und wenn S_1 logisch äquivalent mit S_2 ist, dann braucht A nicht identisch mit B zu sein.

Infolgedessen können Sätze an sich beispielsweise nicht mit Klassen von logisch äquivalenten sprachlichen Sätzen identifiziert werden.

Ein Satz an sich im Sinne Bolzanos ist eine Folge von sog. Vorstellungen an sich. Daher ist eine Vorstellung an sich ein Teil eines Satzes an sich, der selbst kein Satz an sich ist (WL I S. 216). Um jedoch auf diesem Weg die Sätze an sich abgrenzen zu können, müßte man Vorstellungen an sich unabhängig von Sätzen an sich charakterisieren. In der Tat macht Bolzano implizit diese Annahme. Er arbeitet weitgehend mit der Beziehung (im folgenden durch „Σ" symbolisiert), Gegenstand einer Vorstellung an sich zu sein. Dieser Beziehung entspricht in der modernen Logik die Relation, Element der Extension eines Begriffes zu sein. Hinsichtlich dieser von Bolzano als grundlegend betrachteten Relation Σ können seinen Schriften gewisse Bedingungen entnommen werden, welche die Vorstellungen an sich unabhängig von den Sätzen an sich charakterisieren.

Bezeichnen wir mit dem Ausdruck „$x\Sigma f$" die Aussage, daß x unter die Vorstellung an sich f fällt, so können wir die Extension von f mit der

Menge M aller x identifizieren, für die $x\Sigma f$ gilt. Wenn die Menge M nichtleer ist, nennt sie Bolzano den „*Umfang*" von f (WL § 66). Aufgrund gewisser Andeutungen Bolzanos (WL I S. 218, 312) gelangt man zu folgendem fundamentalen Postulatenschema:

(a) Es gibt eine Vorstellung an sich f derart, daß für alle x gilt: $x\Sigma f$ genau dann, wenn φx

wobei „φ" für ein (innerhalb gewisser Grenzen) willkürlich gewähltes Prädikat eines vorausgesetzten Sprachsystems steht. Dies entspricht dem Abstraktionsprinzip der Mengenlehre und besagt, daß ein Prädikat im allgemeinen eine Vorstellung an sich ausdrückt. Zwei weitere Annahmen Bolzanos lauten:

(b) Eine Vorstellung an sich f darf im allgemeinen nicht mit einem Gegenstand x identifiziert werden, für den $x\Sigma f$ gilt (WL I S. 218 f.).

(c) Die Bedingung der Koextensivität:

für alle x gilt: $x\Sigma f$ genau dann, wenn $x\Sigma g$,

ist nicht hinreichend für die Identität von f und g (WL I S. 114, 272, 446).

Mit Hilfe der Relation Σ können Vorstellungen an sich als (i) *gegenstandslos* und (ii) *gegenständlich* klassifiziert werden, wobei die gegenständlichen ihrerseits unterteilt sind in *Einzelvorstellungen* und *Gemeinvorstellungen* (WL § 68).

Ferner existieren gewisse absolut *einfache* Vorstellungen an sich, die verschieden vom menschlichen Geist und von sprachlichen Ausdrücken sind. Als Beispiel führt Bolzano die logischen Konstanten an, die durch die Wörter „nicht", „und", „etwas", „haben", „sein" repräsentiert werden (WL I S. 354; GA II A 7, S. 49). Er gesteht jedoch, außerstande zu sein, eine umfassendere Liste einfacher Vorstellungen anzugeben. Offenbar meint er, daß jede zusammengesetzte Vorstellung f in eine Folge G(f) von einfachen Vorstellungen zerlegt werden kann, die gewisse logische Konstanten als Glieder enthält. Diese Folge G(f) wird im folgenden die „Grundform" von f genannt. Die Art, in welcher eine zusammengesetzte Vorstellung an sich aus einfachen aufgebaut ist, kann durch eine Definitionskette ausgedrückt werden. Manche zusammengesetzte Vorstellungen an sich verhalten sich daher ähnlich wie die offenen Formeln (d. h. Formeln mit freien Variablen) eines logischen Kalküls. Nun nimmt Bolzano sinngemäß das folgende *Identitätsprinzip für Vorstellungen an sich* an (WL I S. 434, 567, § 557):

(d) Zwei Vorstellungen an sich sind genau dann identisch, wenn sie dieselbe Grundform besitzen.

Analog dazu entspricht jedem Satz an sich A ein Satz an sich G(A), der nur einfache Vorstellungen an sich enthält. Solch ein G(A) wird im folgenden die „Grundform von A" genannt. Sie kann durch Reduktion aller zusammengesetzten Vorstellungen von A auf einfache Vorstellungen von A mit Hilfe von Definitionsketten gefunden werden. Damit kann Bolzanos *verallgemeinertes Identitätsprinzip für Sätze an sich* so ausgedrückt werden (vgl. (5) oben):

(5′) Zwei Sätze an sich sind genau dann identisch, wenn sie dieselbe Grundform besitzen (WL I S. 147, § 558).

Wenn xΣf gilt, dann kann x ein physikalischer Gegenstand sein. Ist x eine Vorstellung an sich oder ein sprachlicher Ausdruck, so wird f eine „*symbolische*" Vorstellung genannt (WL § 90). Wenn xΣf gilt und x ein sprachlicher Ausdruck im Sinne Bolzanos ist, dann kann f in Bolzanos Theorie als Gegenstück zu unserem Begriff der abstrakten sprachlichen Gestalt aufgefaßt werden. Insbesondere kann, wenn x ein Satzvorkommnis ist und xΣf gilt, f auch eine abstrakte Satzgestalt sein. Während eine Gestalt in der modernen logischen Syntax gewöhnlich als eine Klasse angesehen wird, kann Bolzanos Begriff als eine entsprechende intensionale Eigenschaft gedeutet werden.

4.2 *Bolzanos Reduktionstheorie*

Bolzano hat eine spezielle Theorie für eine große Anzahl von Fällen ausgearbeitet, in denen eine Vorstellung an sich unter eine andere Vorstellung zweiter Ordnung fällt. Beispielsweise wäre nach Bolzano ein sprachlicher Satz, den man durch Einsetzung der Bezeichnung einer speziellen Vorstellung an sich f für „X" in

(i) „X ist allwissend"

erhält, bei einer Reduktion zur kanonischen Form (vgl. unten) eine elliptische Formulierung eines Satzes der folgenden Form:

(ii) „X ist etwas, das Allwissenheit hat".

Hier ist die durch die Worte „etwas, das Allwissenheit hat" ausgedrückte Vorstellung an sich eine sog. „*konkrete*" Vorstellung (WL § 60). Aus dieser kann man die entsprechende *abstrakte* Vorstellung gewinnen und erhält dabei die Satzform

(iii) „X hat Allwissenheit"

sowie den entsprechenden Satz an sich

(iv) Die Vorstellung von f hat Allwissenheit.

Die durch das Wort „Allwissenheit" ausgedrückte Vorstellung an sich ist eine Einzelvorstellung der Beschaffenheit (WL § 80), allwissend zu sein, die in der Relation Σ zu der Vorstellung zweiter Ordnung der Allwissenheit steht. Eine Beschaffenheit ist ihrerseits manchmal in verschiedene andere Beschaffenheiten zerlegbar. Zu jeder abstrakten Vorstellung b einer Beschaffenheit B, die zu b in der Relation Σ steht, gibt es eine konkrete Vorstellung B′ bezüglich b, die mit B koextensiv ist. (Es wird hier vorausgesetzt, daß auch Beschaffenheiten eine Extension haben.) Diese Situation kann folgendermaßen dargestellt werden: B′ → b (Abstraktionsfunktion), B → b (Relation Σ), B′ ↔ B (Koextensivität). Als Spezialfall dieses Schemas führt Bolzano die *symbolischen* Vorstellungen ein, wobei die Extension von B′ aus Vorstellungen an sich oder aus Zeichen besteht. Bolzanos Schema trifft jedoch auf logische Konstanten wie „nichts" und „etwas" nicht zu. Einerseits kann die Vorstellung *Etwas* nicht als identisch mit etwas, das eine gewisse Beschaffenheit hat, aufgefaßt werden, und andererseits ist sie nicht eine abstrakte Vorstellung. Bolzano war sogar der Meinung, Einzelvorstellungen wie die Vorstellung von Sokrates seien weder abstrakt noch konkret.

In der „Wissenschaftslehre" verwendet Bolzano eine zum Teil formalisierte Sprache, die eine durch Konstanten, Variablen und gewisse technische Ausdrücke ergänzte Umgangssprache darstellt. Er untersucht auch die Beziehungen dieser halbformalisierten philosophischen Sprache zur deutschen Umgangssprache (WL §§ 127–146, 169–184), wobei er davon ausgeht, daß sich die meisten Sätze der Umgangssprache auf gewisse kanonische Sätze reduzieren lassen, die in der philosophischen Sprache formulierbar sind.

Wenn Bolzano über Reduzierbarkeit spricht, gebraucht er Redewendungen wie „heißt wesentlich nichts anderes als" (WL II S. 214). Das Kriterium der Angemessenheit solcher Reduktionen scheint folglich darin zu bestehen, daß die fraglichen Sätze denselben Satz an sich ausdrücken (WL II S. 9). In Bolzanos sprachphilosophischer Reduktionstheorie sind die meisten Sätze der Umgangssprache auf Sätze reduzierbar, die man dadurch erhält, daß man in einer der beiden folgenden, von Bolzano stammenden Formulierungen

(v) „f hat b",

d. h., die Vorstellung von f hat die Beschaffenheit b,

(vi) „f hat Mangel an b",

d. h., die Vorstellung von f hat nicht die Beschaffenheit b, für „f" die Bezeichnung einer speziellen abstrakten Vorstellung zweiter Ordnung, deren Extension genau eine Beschaffenheit umfaßt, einsetzt (WL §§ 127, 136). Hier ist der Substituend für „b" auch einer anderen, konkreten Vorstellung zugeordnet.

In einer Formalisierung von Bolzanos philosophischer Sprache würde das Vokabular an Prädikaten sowohl Substituenden für „b" als auch

entsprechende Substituenden von „Mangel an b" in (v) und (vi) umfassen. Daher ist die Negation eines Satzes der Form (v) ein anderer Satz der Form (v), nämlich:
(vii) „S(v) hat Falschheit",
wobei S(v) der Satz an sich ist, der durch die spezielle Einsetzungsinstanz von (v) ausgedrückt wird (WL II S. 269). Als Beispiel dafür, wie Bolzano seine Reduktionstheorie auf die Umgangssprache anwendet, könnten diejenigen Sätze angeführt werden, die man durch Einsetzung eines einzelnen Vorstellungsnamens für „f" in „Es gibt ein f" und „Nichts ist ein f" erhält. Diese Sätze sind reduzierbar auf die kanonischen Sätze „Die Vorstellung von f hat Gegenständlichkeit" bzw. „Die Vorstellung von f hat Mangel an Gegenständlichkeit" (WL §§ 137, 170). Ein Satz der Form „Alle f sind g" ist reduzierbar auf einen kanonischen Satz der Form (v), wobei der Substituend für „b" die abstrakte Vorstellung angibt, die dem Substituenden für „g" zugeordnet ist (WL § 225 Anm.).
Hätte Bolzano seine Reduktionstheorie vollständig entwickelt, so wäre dies der Konstruktion einer Idealsprache für die philosophische Analyse gleichgekommen. In dieser Idealsprache würden Sätze von der kanonischen Form (v) bzw. (vi) allerdings nicht dieselbe Rolle spielen wie die atomaren Formeln der modernen Logik, aus denen komplexere Formen aufgebaut werden. Vielmehr scheint Bolzano im Gegenteil angenommen zu haben, daß auch die kompliziertesten Sätze kanonische Form haben oder auf eine solche Form gebracht werden können. Bolzanos Reduktionstheorie ist aber insofern vage, als er an keiner Stelle seines Werks irgendwelche systematische Regeln zur Konstruktion der sehr komplizierten Termini, die als Substituenden für die Variablen „f" und „b" auftreten müssen, angibt.
Der interessante Punkt für die Erörterung der Sätze an sich ist nun Bolzanos implizite Behauptung:
(13) Sprachliche Sätze der kanonischen Formen (v) und (vi) spiegeln ihre entsprechenden Sätze an sich in schärfster Weise wider.
Deshalb haben wir noch vorauszusetzen:
(14) Für alle f und b innerhalb der jeweiligen Bereiche muß der Übergang von f und b zu den (v) und (vi) entsprechenden Sätzen an sich expliziert werden.
Mit anderen Worten: man muß erklären, wie zwei Begriffe zusammengefügt werden können, damit eine Aussage zustande kommt.
Der Wahrheitsbegriff wird dann für diejenigen Sätze an sich, die den Sätzen der kanonischen Formen (v) und (vi) entsprechen, im wesentlichen auf folgende Weise definiert (WL I S. 108 ff.):

(v*) S(v) ist *wahr* genau dann, wenn jedem Gegenstand von f die Beschaffenheit, welche Gegenstand von b ist, zukommt.

(vi*) S(vi) ist *wahr* genau dann, wenn jedem Gegenstand von f die Beschaffenheit, welche Gegenstand von b ist, nicht zukommt.

Dabei werden f und b durch die Substituenden für „f" und „b" bezeichnet. Einen wahren Satz an sich nennt Bolzano eine „*Wahrheit an sich*". Er nahm offensichtlich an, daß die Menge der Sätze der Umgangssprache und seiner eigenen philosophischen Sprache auf die Menge der Sätze an sich abgebildet werden könne, so daß eine indirekte Definition der Wahrheit für diese sprachlichen Sätze möglich wäre.

Bolzano entwickelte seine Reduktionstheorie weiter, indem er eine notwendige Bedingung für die Wahrheit der Sätze der Formen (v) und (vi) angibt. Wenn f gegenständlich ist, d.h., wenn es mindestens einen Gegenstand von f gibt, dann, so sagt Bolzano, sind auch die entsprechenden Sätze an sich S(v) und S(vi) gegenständlich. Und wenn f gegenstandslos ist, d.h., wenn es keinen Gegenstand von f gibt, dann sind nach Bolzano auch S(v) und S(vi) gegenstandslos (WL § 146). Nun ist aber, wenn S(v) oder S(vi) wahr ist, auch f gegenständlich (WL § 225.4). Daher gilt (WL § 234.3):

(15) Wenn f gegenstandslos ist, dann ist sowohl S(v) als auch S(vi) falsch.

Da der Gegenstand, der durch den Substituenden für „f" in (v) und (vi) bezeichnet wird, die Vorstellung einer Klasse sein kann, beinhaltet Bolzanos Bedingung eine Existenzinterpretation der klassischen Syllogistik. Außerdem zeigt diese Bedingung, daß Bolzano im wesentlichen auf eine philosophische Sprache ohne Existenzvoraussetzungen zielte, bei der auch leere Gegenstandsbereiche zugelassen werden.

Jeder Satz an sich ist demnach entweder wahr oder falsch. Ferner ist die folgende Form des Gesetzes vom ausgeschlossenen Dritten

S(v) und S(vii) sind nicht beide falsch

auch für gegenstandslose Sätze an sich gültig (vgl. (vii) oben). Gewisse Sätze an sich, die Vorstellungen Eigenschaften wie Gegenstandslosigkeit oder Einfachheit zuschreiben, werden auf andere Weise in den Geltungsbereich des Gesetzes vom ausgeschlossenen Dritten einbezogen (WL II S. 329, 404; GA II A 7, S. 53).

4.3 *Anschauungen und Begriffe*

Den *Inhalt* einer Vorstellung an sich f definiert Bolzano als die Menge der Vorstellungen in der Grundform von f (vgl. 4.1) und nicht, wie in der traditionellen Logik, als eine Konjunktion von Beschaffenheiten. In

Bolzanos Logik folgt dann, daß der traditionelle Lehrsatz über die Reziprozität zwischen Umfang und Inhalt einer Vorstellung („Je größer der Umfang, desto kleiner der Inhalt; und je kleiner der Umfang, desto größer der Inhalt") falsch ist (WL § 120). Daher kann man Vorstellungen an sich finden, die sowohl Einzelvorstellungen sind als auch einen absolut einfachen Inhalt besitzen, obwohl ihre sprachlichen Ausdrücke komplex sind, wie z.B.: „Dies (was ich eben erfahre)". Solche Vorstellungen nennt Bolzano „Anschauungen" (WL § 72): f ist eine *Anschauung* genau dann, wenn f eine einfache Vorstellung an sich ist, deren Extension einen einzigen Gegenstand umfaßt.

Der Begriff des Begriffs wird nun wie folgt definiert (WL § 73): f ist ein *Begriff* genau dann, wenn f eine Vorstellung an sich ist, die keine Anschauung ist, und wenn kein Element des Inhalts von f eine Anschauung ist. Daher können Begriffe einfache (leere oder generelle) oder komplexe (leere, singuläre oder generelle) Vorstellungen an sich sein, deren Inhalt keine einfache Einzelvorstellung umfaßt. Wenn der Inhalt einer komplexen Vorstellung an sich f eine Anschauung umfaßt, wird f eine *„gemischte Vorstellung"* genannt. Bolzanos *Anschauungen* unterscheiden sich von ähnlichen Konstruktionen früherer Philosophen durch ihre Abstraktheit und absolute Einfachheit (WL I S. 342). Eine Einzelvorstellung eines physikalischen Gegenstandes kann nicht lediglich aus Begriffen konstruiert werden. Die zusammengesetzte Vorstellung an sich, die den Gegenstand repräsentiert, muß ihren Grund in irgendeinem physikalischen Gegenstand haben (WL § 74). Bolzanos *Begriffe* entsprechen demnach den sog. „universellen" Eigenschaften, auf die sich die moderne Diskussion um das Problem der irrealen Konditionalsätze bezieht. Bolzanos gemischte Vorstellungen entsprechen somit nichtuniversellen Eigenschaften, die nur unter Bezugnahme auf irgendeine Raum-Zeit-Stelle definierbar sind.

Bolzanos Auffassung der kausalen Vorgänge, die bei den meisten wirklichen, subjektiven Anschauungen vorkommen, scheint die folgende zu sein: Ein physikalischer Gegenstand oder eine wirkliche, subjektive Vorstellung verursacht eine „Veränderung in der Seele", und diese Veränderung verursacht ihrerseits die subjektive Anschauung, in der eine objektive Anschauung „an sich" enthalten ist, wobei die Veränderung selbst Gegenstand dieser Anschauung ist. Gegenstände, die nicht in Raum oder Zeit existieren, können nicht subjektive Anschauungen verursachen.

Den *Inhalt* eines Satzes an sich definiert Bolzano analog zum Inhalt einer Vorstellung an sich (WL § 123). Die Sätze an sich werden nun in Begriffssätze und Anschauungssätze eingeteilt (WL § 133). Ein Satz an sich A ist ein *Begriffssatz* genau dann, wenn der Inhalt von A nur Begriffe umfaßt. A ist ein *Anschauungssatz* genau dann, wenn A kein Begriffssatz ist. Beispielsweise sind die Lehrsätze der mathematischen Analysis und Newtons Gravitationsgesetz wahre Begriffssätze, obwohl unsere Erkenntnis des letzten Satzes zufälligerweise von der Erfahrung abhängt (GA II A 7, S. 61).

Eine merkwürdige Konsequenz dieser Klassifikation ist aber, daß eine Einsetzungsinstanz eines logischen Gesetzes ein Anschauungssatz sein kann. Ein Beispiel hierfür wäre der logisch wahre Satz an sich

Bolzano ist Philosoph oder Bolzano ist nicht Philosoph,

in dem die Vorstellung *Bolzano* nicht wesentlich vorkommt. Deshalb wäre es angebracht, die Definition des Begriffssatzes folgendermaßen umzuformulieren: A ist ein *Begriffssatz* genau dann, wenn die Grundform von A kein wesentliches Vorkommen einer Anschauung aufweist. Daß dies Bolzanos Absichten besser entspricht, ist in Anbetracht der Tatsache, daß er in seiner Reduktionstheorie die Modalität der Notwendigkeit auf wahre Begriffssätze zurückführt, wahrscheinlich: Ein Satz an sich von kanonischer Form ist nach Bolzano *notwendig* genau dann, wenn er die Beschaffenheit hat, eine Begriffswahrheit zu sein (WL § 182). In diesem Zusammenhang werden übrigens auch die Begriffe der Unmöglichkeit und der Möglichkeit definiert. Ein Satz an sich der Form

f hat b

ist genau dann *unmöglich*, wenn der Satz an sich

f hat Mangel an b

notwendig ist. Ein kanonischer Satz an sich ist *möglich* genau dann, wenn er nicht unmöglich ist.

Die Vermutung, daß die obige revidierte Definition eines Begriffssatzes Bolzanos Absichten besser entspricht, wird auch durch die Tatsache bestärkt, daß Bolzano die Einteilung in Begriffs- und Anschauungssätze als eine partielle Rekonstruktion von Kants Unterscheidung zwischen Erkenntnis a priori und Erkenntnis a posteriori einführt (WL II S. 36, III S. 101). Eine *Wahrheit a priori* ist ein Satz an sich, dessen Wahrheit unabhängig von der Erfahrung eingesehen werden kann. Eine *Wahrheit a posteriori* ist ein Satz an sich, dessen Wahrheit nicht unabhängig von der Erfahrung eingesehen werden kann. Die Begriffe a priori und a posteriori können nach Bolzano in einem objektiven Sinn im Zusammenhang mit Sätzen an sich und in einem subjektiven Sinn im Zusammenhang mit Urteilen gefaßt werden. Im objektiven Sinn sind Begriffssätze a priori und Anschauungssätze a posteriori. Daher gibt es im objektiven Sinn sowohl unbekannte Wahrheiten a priori als auch unbekannte Wahrheiten a posteriori. Dieser objektive Sinn schwebt Kant möglicherweise dort vor, wo er alle mathematischen Sätze als Urteile a priori erklärt (WL II S. 37). Wahre Urteile, die apriorische Sätze an sich enthalten, können aber subjektiv gesehen a posteriori sein. Dieser subjektive Sinn wird von Bolzano mit Hilfe der Vermittlungsrelation (vgl. 6.2 unten) definiert (WL III S. 202): Ein Urteil W ist ein *Urteil a priori* im System X genau dann, wenn für alle Folgen $\langle U_i \rangle$, die in einer Vermittlungskette zu W in X stehen, gilt, daß die Glieder von $\langle U_i \rangle$ nur Begriffssätze enthalten. Ferner ist W ein *Urteil a posteriori* im System X genau dann, wenn W nicht ein Urteil a priori in X ist. Die Beseitigung des Ausdrucks „Begriffssätze" in der Definition eines Urteils a priori mit Hilfe der zweiten Definition eines Begriffssatzes entspricht wohl Bolzanos Absichten am besten.

B) Logische Wahrheit

4.4 Bolzanos Variationslogik

Bolzano erkannte, daß sich der Wahrheitswert eines Satzes an sich bei Variation gewisser Komponenten ändern kann. Beispielsweise kann der wahre Satz an sich
(i) Bolzano ist sterblich
durch Änderung der Prädikatvorstellung in den falschen Satz an sich
(ii) Bolzano ist allwissend
übergeführt werden. Hingegen kann der Satz an sich (i) nicht in einen falschen Satz an sich übergeführt werden, wenn die Subjektvorstellung *Bolzano* durch eine andere Vorstellung innerhalb ihres (gewöhnlich explizit vorausgesetzten) Variationsbereiches ersetzt wird. Wenn aber der Variationsbereich der Vorstellung *Bolzano* erweitert wird, indem er auch nichtmenschliche Wesen einschließt, könnte sich nach Bolzano aus (ii) die folgende Wahrheit ergeben:
(iii) Gott ist allwissend.
Wir sehen also, daß Bolzano eine Ersetzungsoperation benützt, die einen Satz an sich A auf den Satz an sich A(f/g) abbildet, wobei A(f/g) sich von A nur dadurch unterscheidet, daß die Vorstellung g an genau denjenigen Stellen auftritt, an denen A die Vorstellung f enthält. Diese Operation kann erweitert werden zu einer simultanen Ersetzung der Vorstellungen $f_1, \ldots, f_n$ durch $g_1, \ldots, g_n$, bei der A auf $A(f_1, \ldots, f_n/g_1, \ldots, g_n)$ abgebildet wird. (Die ersetzten Vorstellungen $f_1, \ldots, f_n$ müssen paarweise verschieden sein, denn sonst wäre es keine Ersetzungsopera-

tion, während die ersetzenden Vorstellungen $g_1, \ldots, g_n$ nicht verschieden zu sein brauchen). Bolzano verwendet auch eine Ersetzungsoperation auf Mengen von Sätzen an sich, wobei die Menge $\{A_1, A_2, \ldots\}$ auf die Menge $\{A_1, A_2, \ldots\}(f_1, \ldots, f_n/g_1, \ldots, g_n)$, d.h. $\{A_1(f_1, \ldots, f_n/g_1, \ldots, g_n), A_2(f_1, \ldots, f_n/g_1, \ldots, g_n), \ldots\}$, abgebildet wird.

Jede in einem Satz an sich enthaltene Vorstellung hat ihren entsprechenden Variationsbereich. Beispielsweise gehören in den obigen Sätzen an sich (i) und (ii) Vorstellungen menschlicher Wesen zum Variationsbereich der Vorstellung *Bolzano*, während Vorstellungen abstrakter Begriffe nicht dazu gehören. In gewissen Fällen kann der Variationsbereich durch einen äquivalenten Satz an sich angegeben werden, der eine mit der Subjektvorstellung des ursprünglichen Satzes verknüpfte Beschreibung enthält. Beispielsweise ist der Satz an sich

(iv) Das menschliche Wesen Bolzano ist sterblich

ein explizites Gegenstück zu dem obigen Satz (i).

Die Variation der Vorstellungen von Sätzen an sich stellt eine originelle und sehr fruchtbare Idee dar. Bolzano baut seine Neuerung mit außerordentlicher Gründlichkeit und Genauigkeit zu einer logischen Theorie aus, die an entscheidenden Punkten Begriffe vorwegnimmt, welche in der modernen logischen Semantik und Axiomatik vorkommen.

Zunächst führt Bolzano einen Begriff der Allgemeingültigkeit von Sätzen an sich ein, wobei er im wesentlichen folgendermaßen vorgeht (WL II S. 82): Ein Satz an sich A ist *allgemeingültig* bezüglich der Vorstellungen $f_1, \ldots, f_n$ in A genau dann, wenn $A(f_1, \ldots, f_n/g_1, \ldots, g_n)$ wahr ist für alle Folgen $g_1, \ldots, g_n$, wobei jedes g_i zum Variationsbereich von f_i gehört ($1 \leq i \leq n$). Hier muß selbstverständlich vorausgesetzt werden, daß A keine definierten Vorstellungen an sich enthält; denn sonst könnte ein nicht abgekürzter Satz an sich allgemeingültig sein, während ein entsprechender Satz an sich, den man durch definitorische Abkürzung erhält, nicht allgemeingültig sein könnte. Ist beispielsweise A der Satz an sich $7+5<7+6$ und B der Satz an sich $7+5<13$, den wir aus A durch die Definition $13 = \text{def. } 7+6$ erhalten, dann ist $A(7/n)$ wahr für alle Vorstellungen n von natürlichen Zahlen, während $B(7/8)$ falsch ist; daher ist A, aber nicht B, allgemeingültig bezüglich der Vorstellung 7. Die Idee jedoch, daß ein nicht abgekürzter Satz an sich für jeden vorgegebenen Begriffssatz gefunden werden kann, durchdringt Bolzanos gesamte Philosophie.

Analog zum Begriff des allgemeingültigen Satzes an sich läßt sich der Begriff des allgemein ungültigen Satzes an sich definieren: A ist *allgemein ungültig* bezüglich $f_1, \ldots, f_n$ genau dann, wenn $A(f_1, \ldots, f_n/g_1, \ldots, g_n)$ falsch ist für alle Folgen $g_1, \ldots, g_n$.

Im Hinblick auf gewisse Eigenschaften von Sätzen an sich und Beziehungen zwischen diesen unterscheidet Bolzano den speziellen Fall, daß die ersetzten Vorstellungen genau die nichtlogischen Vorstellungen des betreffenden Satzes an sich sind. Diese Unterscheidung wird z.B. für den Begriff des analytischen Satzes an sich durchgeführt. Es ist naheliegend, diese Unterscheidung auf Bolzanos fundamentalen Begriff der Variation auszudehnen. Wir stellen daher zunächst folgende Definition auf: A ist *logisch allgemeingültig* genau dann, wenn A allgemeingültig ist bezüglich der Folge aller nichtlogischen Vorstellungen in A.

Mit Hilfe des Begriffes der Allgemeingültigkeit vollzieht Bolzano nun eine logische Analyse der (auf Sätze an sich angewandten) Kantischen Dichotomie analytisch-synthetisch. Zunächst schlägt er folgende Explikation vor (WL II S. 83):

(1) A ist *analytisch* genau dann, wenn es eine in A vorkommende Vorstellung f gibt derart, daß A bezüglich f allgemeingültig oder allgemein ungültig ist.

(2) A ist *synthetisch* genau dann, wenn A nicht analytisch ist.

Die Definition (1) enthält jedoch eine störende Eigenschaft, obwohl Bolzano selbst darin vermutlich nichts Bedenkliches gesehen hätte. Sei fx ein beliebiger empirischer Satz an sich des Inhalts, daß der Gegenstand x die Eigenschaft f besitzt. Dieser Satz an sich kann leicht in einen logisch äquivalenten analytischen Satz an sich im Sinne von (1) überführt werden, indem er mit dem Satz an sich

gx oder nicht gx

konjugiert wird, der allgemeingültig ist und die Eigenschaft g leer enthält.

Bolzano befaßt sich auch mit einer Teilklasse der Menge der analytischen Sätze an sich, die vom modernen Standpunkt aus noch interessanter ist, nämlich mit der Klasse der sog. logisch analytischen Sätze an sich (WL II S. 84): A ist *logisch analytisch* genau dann, wenn A logisch allgemeingültig oder logisch allgemein ungültig ist. Analog dazu können wir auch den folgenden Begriff einführen, der aber von Bolzano nie definiert wurde: A ist *logisch synthetisch* genau dann, wenn A nicht logisch analytisch ist.

Wir unterscheiden nun die folgenden Klassen von Sätzen an sich: (I) logisch analytische, (II) analytische und logisch synthetische, (III) synthetische. Diese Klassifikation ist auch auf die entsprechenden sprachlichen Sätze anwendbar, und jede dieser Klassen kann weiter unterteilt werden in: (a) explizite und (b) implizite Sätze. Wir geben einige von Bolzano selbst stammende Beispiele für Sätze dieser Art an (WL § 148): (I.a) „A ist A", „Jeder Gegenstand ist entweder B oder nicht B", (I.b)

„Jede Wirkung hat ihre Ursache", (II.a) „Auch ein gelehrter Mensch ist fehlbar", (II.b) „Auch ein gelehrter Mensch ist ein Mensch", (III.a) „Der Vater Alexanders, des Königs von Makedonien, war König von Makedonien", (III.b) „Was ich geschrieben habe, habe ich geschrieben".

Kants Definition der analytischen Urteile als derjenigen, in denen das Prädikat im Subjekt enthalten ist, würde nach Bolzano der Intuition zuwiderlaufen, wenn sie auf Sätze an sich angewendet würde. Denn sie wäre einerseits zu eng, da sie den durch das zweite Beispiel von (I.a) ausgedrückten Satz an sich ausschließt; andererseits wäre sie zu weit, da sie den durch das Beispiel von (III.a) ausgedrückten Satz an sich einschließt. Das Beispiel von (I.b) ist eine Folgerung aus der Definition des Prädikats „Wirkung". In dem Satz an sich, der unter (II.a) angegeben wurde, ist die dem Prädikat „gelehrter" entsprechende Vorstellung leer enthalten, was von Bolzano vermutlich erkannt wurde (obwohl er sich an dieser Stelle ziemlich dunkel ausdrückt). Der Sinn des unter (III.b) angeführten Satzes läßt sich durch den sprachlichen Satz „Was ich geschrieben habe, will ich nicht abändern" wiedergeben, der nicht einmal analytisch im weiteren Sinne ist.

In der modernen logischen Semantik wird die Analytizität häufig als eine Relation zwischen einem Satz S, einer Menge M von Definitionen und einer Sprache L von bestimmter Struktur betrachtet. Beispielsweise kann man sagen, daß S in L bezüglich M analytisch ist, wenn S eine logische Folgerung von M ist und L den Satz S und die Elemente von M enthält. Analytische Sätze in diesem Sinn haben eine genaue Parallele in Bolzanos wahren, logisch analytischen Sätzen an sich.

Daß eine Menge M von Sätzen an sich wahr ist, bedeutet selbstverständlich, daß jedes Element von M wahr ist. Wir können nun Bolzanos Definition der Allgemeingültigkeit wie folgt erweitern: Die Menge von Sätzen an sich $\{A_1, A_2, \ldots\}$ ist *allgemeingültig* bezüglich $f_1, \ldots, f_n$ genau dann, wenn $\{A_1, A_2, \ldots\}$ $(f_1, \ldots, f_n/g_1, \ldots, g_n)$ wahr ist für alle Folgen $g_1, \ldots, g_n$, wobei jedes g_i zum Variationsbereich von f_i gehört $(1 \leq i \leq n)$.

Bolzanos Begriff der Verträglichkeit ist eine Erweiterung dieser Relation der Allgemeingültigkeit (WL II S. 100): $\{A_i\}$ $(i \geq 1)$ ist *verträglich* bezüglich $f_1, \ldots, f_n$ genau dann, wenn $\{A_i\}$ $(f_1, \ldots, f_n/g_1, \ldots, g_n)$ wahr ist für wenigstens eine Folge $g_1, \ldots, g_n$. Eine entsprechende Relation zwischen Mengen von Sätzen an sich kann nun folgendermaßen eingeführt werden: $\{A_i\}$ und $\{B_j\}$ $(i, j \geq 1)$ sind *verträglich* bezüglich $f_1, \ldots, f_n$ genau dann, wenn $\{A_1, B_1, A_2, B_2, \ldots\}$ verträglich ist bezüglich $f_1, \ldots, f_n$.

Als Spezialfall der Verträglichkeit im letzteren Sinne führt Bolzano die Relation der *Ableitbarkeit* zwischen Mengen von Sätzen an sich ein (WL II S. 113): $\{B_j\}$ ist *ableitbar* aus $\{A_i\}$ $(i, j \geq 1)$ bezüglich $f_1, \ldots, f_n$ genau dann, wenn $\{A_i\}$ und $\{B_j\}$ verträglich sind bezüglich $f_1, \ldots, f_n$ und wenn $\{B_j\}$ $(f_1, \ldots, f_n/g_1, \ldots, g_n)$ wahr ist für jede Folge $g_1, \ldots, g_n$, bei der $\{A_i\}$ $(f_1, \ldots, f_n/g_1, \ldots, g_n)$ wahr ist. Bolzano verwendet auch einen speziellen logischen Fall von Ableitbarkeit, der im wesentlichen wie folgt definiert wird (WL § 223; GA II A 7, S. 64): $\{B_j\}$ ist *logisch ableitbar* aus $\{A_i\}$ genau dann, wenn $\{B_j\}$ ableitbar ist aus $\{A_i\}$ bezüglich der Folge aller nichtlogischen Vorstellungen der Sätze an sich A_i und B_j $(i, j \geq 1)$.

Bolzanos Relation der logischen Ableitbarkeit ist ein interessantes Gegenstück zu dem modernen, von Tarski eingeführten Begriff der logischen Folgerung. Dieser moderne Begriff ist für Sätze einer formalen Sprache definiert, während sich Bolzanos Ableitbarkeitsrelation auf abstrakte, nichtsprachliche Sätze an sich bezieht, die in einer natürlichen (durch Variablen und gewisse Konstanten ergänzten) Sprache formuliert sind. Dieser Unterschied ist selbstverständlich für die Beziehungen zwischen dem Begriff der logischen Folgerung und anderen logischen Begriffen wie etwa dem der syntaktischen Beweisbarkeit von wesentlicher Bedeutung. Wie wir bereits gesehen haben, betrachtete Bolzano jedoch zusammengesetzte Sätze an sich als aus einfachen Bestandteilen rekursiv aufgebaut – analog zu den Formeln einer formalen Sprache. Im folgenden werde ich daher Bolzanos logische Ableitbarkeit und damit verwandte Begriffe auf formale Sprachen beziehen.

Ein trivialer Unterschied zwischen Bolzanos Begriff der logischen Ableitbarkeit und dem modernen Folgerungsbegriff ist Bolzanos Bedingung, daß die Mengen $\{A_i\}$ und $\{B_j\}$ verträglich bezüglich der Folge aller nichtlogischen Vorstellungen in jedem A_i und B_j sein müssen. Ein Ergebnis dieser Verträglichkeitsklausel ist, daß Bolzanos Theorie weniger allgemein und auch komplizierter als die moderne Theorie der logischen Folgerung ist. Beispielsweise müssen Folgerungsbeziehungen mit Kontradiktionen vom Typ

A und nicht A

als Prämisse in Bolzanos Theorie durch die Behauptung repräsentiert werden, daß der disjunktive Satz

A oder B

aus A logisch ableitbar ist, wobei B die ursprüngliche Konklusion ist. Ferner können Folgerungsbeziehungen mit Sätzen an sich des Typs

x ist nicht identisch mit x

als Prämisse überhaupt nicht in Bolzanos System repräsentiert werden.

Im folgenden werde ich allerdings diese unnötige Komplikation in Bolzanos Theorie der logischen Ableitbarkeit ignorieren.
Es gibt jedoch einen fundamentalen Unterschied zwischen Tarskis und Bolzanos Semantik. Wir stoßen hier auf Begriffsbildungen, die für die Formulierung der Basis einer im Sinne der Bolzanoschen Variationslogik aufgebauten wissenschaftlichen Theorie von großer Bedeutung sind.
Im Anschluß an Tarski sagen wir, daß eine Formel A genau dann eine logische Folgerung aus der Formelmenge Γ ist, wenn A bei jeder Interpretation über jedem nichtleeren Gegenstandsbereich wahr ist, bei der alle Elemente von Γ wahr sind. Hier wird sowohl über Interpretationen als auch Gegenstandsbereiche universell generalisiert. Eine Interpretation über einem Bereich D ist eine Funktion, die Gegenstandssymbole in die Menge D und Prädikatsymbole auf Mengen von *n*-Tupeln von Elementen aus D abbildet. Eine Semantik, die auf solchen Funktionen basiert, nennen wir „Interpretationssemantik".
Es ist jedoch möglich, eine logische Semantik ausschließlich auf Bewertungsfunktionen, welche die Atomformeln einer formalen Sprache in eine Menge von Wahrheitswerten abbilden, aufzubauen. Man erhält dann eine sog. „Bewertungssemantik". Es gibt verschiedene Möglichkeiten, den Begriff der bewertungssemantischen Folgerung einzuführen. Der entscheidende Punkt betrifft Folgerungsbeziehungen mit einer unendlichen Anzahl von Prämissen. Ich möchte hier die folgende Version wählen: A sei genau dann eine bewertungssemantische Folgerung aus einer (möglicherweise unendlichen) Formelmenge Γ, wenn es eine endliche Teilmenge Δ von Γ gibt derart, daß A wahr ist bei jeder Bewertung, bei der alle Elemente von Δ wahr sind (vgl. Kleinknecht, R./Wüst, E.: Lehrbuch der elementaren Logik, München 1976, S. 476f.).
Der Hauptunterschied zwischen Interpretationssemantik und Bewertungssemantik besteht in der verschiedenen Behandlung der Atomformeln. Dies führt zu einem Unterschied in der Behandlung der Quantoren. Beispielsweise ist eine Formel ΛxA genau dann interpretationssemantisch wahr bei einer Interpretation $\mathcal{J}$ über D, wenn A wahr ist bei allen Interpretationen über D, die höchstens x einen anderen Wert als $\mathcal{J}$ zuordnen. Hinsichtlich einer Bewertungssemantik jedoch ist ΛxA wahr bei der Bewertung $\mathcal{B}$ genau dann, wenn A(x/y) wahr ist bei $\mathcal{B}$ für alle Substituenden y der Variable x. Es kann zwar gezeigt werden, daß, wenn ΛxA wahr ist bei der Interpretation $\mathcal{J}$ (über D), auch A(x/y) wahr ist bei $\mathcal{J}$ für alle Gegenstandsvariablen y. Das umgekehrte gilt aber nur für eine besondere Klasse von Interpretationen, welche die Bedingung erfüllen, daß ΛxA wahr ist bei $\mathcal{J}$, wenn A(x/y) wahr ist bei $\mathcal{J}$ für alle Ge-

genstandsvariablen y. Trotz des ontologischen Unterschiedes zwischen beiden Arten von Semantik sind die entsprechenden Folgerungsbegriffe auf der Ebene der elementaren Logik äquivalent – auch im Falle von unendlich vielen Prämissen.

Bolzano dachte niemals an eine kombinierte Quantifikation über Bereiche und Vorstellungen. Nichtsdestoweniger besteht zwischen seiner Quantifikation über Folgen von Vorstellungen, angewandt auf eine formale Sprache, und der bewertungssemantischen Auffassung der Quantifikation eine sehr große Ähnlichkeit. Bolzano kann daher als der erste Philosoph angesehen werden, der einen *bewertungssemantischen Folgerungsbegriff* mit endlich vielen Vordersätzen charakterisierte.

Im Zusammenhang mit seiner Definition der Allgemeingültigkeit führt Bolzano auch die Funktion *Grad der Gültigkeit* ein. Wir bezeichnen den Wert dieser Funktion für den Satz an sich A bei Variation über die Vorstellungen $f_1, \ldots, f$ mit „γ (A, $f_1, \ldots, f_n$)“. Um die folgenden Definitionen zu vereinfachen, nennen wir B eine „Variante“ von A bezüglich $f_1, \ldots, f_n$, wenn B gleich $A(f_1, \ldots, f_n/g_1, \ldots, g_n)$ ist für mindestens eine Folge von Vorstellungen an sich $g_1, \ldots, g_n$. Bolzanos Definition der Funktion γ kann nun folgendermaßen ausgedrückt werden (WL II S. 81):

(3) $\gamma(A, f_1, \ldots, f_n)$ ist das Verhältnis der Anzahl der wahren Varianten zur Anzahl aller Varianten von A bezüglich $f_1, \ldots, f_n$.

Der Bereich der logischen Maßfunktion γ ist beschränkt auf Sätze an sich mit einer endlichen Zahl von Varianten. Um den Bereich von γ zu erweitern, fügt Bolzano die weitere Bestimmung hinzu, daß Varianten, die sich nur in Vorstellungen mit derselben Extension unterscheiden, zu identifizieren sind. Beispielsweise erhalten wir bei Variation der Vorstellung von 8 und Zulassung von Varianten mit koextensiven Vorstellungen im Satz an sich:

> Bei der nächsten Ziehung aus dieser Schachtel, die 90 Kugeln enthält, wird die Kugel mit Nummer 8 gezogen

eine unendliche Klasse wahrer Varianten, da jeder Term der Folge 1,2,...,90 unendlich viele Äquivalente besitzt. (Die Vorstellung 8 etwa ist koextensiv mit den Vorstellungen 2^3, $3^2–1$, etc.)

Hinsichtlich des Bereiches von γ gilt offenbar, daß A allgemeingültig ist bezüglich $f_1, \ldots, f_n$ genau dann, wenn $\gamma(A, f_1, \ldots, f_n) = 1$. Ferner ist A allgemein ungültig bezüglich $f_1, \ldots, f_n$, falls $\gamma(A, f_1, \ldots, f_n) = 0$. Nun ist es möglich, die Relation der Ableitbarkeit innerhalb des Bereiches von γ zu verallgemeinern. Zu sagen, daß A aus $\{B_i\}$ ableitbar ist bezüglich $f_1, \ldots, f_n$, ist gleichwertig mit der Aussage, daß der hypothetische Satz an sich

Wenn $\{B_i\}$ wahr ist, dann ist A wahr

allgemeingültig ist bezüglich $f_1, \ldots, f_n$ – mit der Aussage also, daß der Gültigkeitsgrad dieses Satzes bezüglich $f_1, \ldots, f_n$ gleich 1 ist. Es ist dann naheliegend, schwächere Fälle von Ableitbarkeit zu betrachten, bei denen der Gültigkeitsgrad einen kleineren Wert besitzt. Im Prinzip wurde Bolzano so auf seinen Begriff der *Wahrscheinlichkeit* geführt. Durch „$w(A,\{B_i\}, f_1, \ldots, f_n)$" sei die Wahrscheinlichkeit der Hypothese A bezüglich der Menge von Sätzen an sich $\{B_i\}$ und der Folge von Vorstellungen $f_1, \ldots, f_n$ bezeichnet. Dann kann Bolzanos partielle Definition des Wahrscheinlichkeitsbegriffs wie folgt ausgedrückt werden (WL II S. 171f.):

(4) Wenn $\{B_i\}$ $(1 \leq i \leq m)$ verträglich ist bezüglich $f_1, \ldots, f_n$, dann ist $w(A,\{B_i\}, f_1, \ldots, f_n)$ das Verhältnis der Anzahl der wahren Varianten von $\{A, B_1, \ldots, B_m\}$ zur Anzahl der wahren Varianten von $\{B_i\}$ bezüglich $f_1, \ldots, f_n$.

In Analogie zu Bolzanos Behandlung der Begriffe Allgemeingültigkeit und Ableitbarkeit können wir auch den speziellen *logischen* Typ der Wahrscheinlichkeit, w^*, von A bezüglich $\{B_i\}$ festlegen:

(5) $w^*(A, \{B_i\}) = w(A, \{B_i\}, f_1, \ldots, f_n)$, wobei $f_1, \ldots, f_n$ genau die nichtlogischen Vorstellungen in A und $\{B_i\}$ sind.

Bolzanos Begriff der Wahrscheinlichkeit ist ausdrücklich als eine Relation zwischen Sätzen an sich und ihren Bestandteilen konstruiert. Der in Bolzanos System sehr leicht rekonstruierbare Begriff der logischen Wahrscheinlichkeit besteht in der logischen Relation einer Hypothese zu ihrer Evidenz. In dieser Hinsicht ebenso wie hinsichtlich der Bolzanoschen Charakterisierung des Wahrscheinlichkeitsmaßes mit Hilfe der Technik der Variation besteht eine starke Ähnlichkeit zu Carnaps Theorie der regulären Bestätigungsfunktionen. Somit war Bolzano wohl der erste Philosoph, der den Begriff der *induktiven Wahrscheinlichkeit* beschrieb.

4.5 Weiterführung der Ideen Bolzanos

Bislang haben wir bei der Analyse der Bolzanoschen Variationslogik nur die elementare Logik, d. h. die Logik der ersten Stufe, in Betracht gezogen. Dadurch ist der Bolzanoschen Quantifikation über Individualbegriffe Rechnung getragen worden. Bolzano quantifizierte aber auch über Allgemeinbegriffe, die durch Prädikate ausgedrückt werden. Dies entspricht der Einführung einer nichtelementaren Logik der untersten Stufe, die eine Theorie der quantifizierten Prädikatenvariablen enthält, aber keine spezifisch mengentheoretischen Axiome (wie etwa Aussonderungs- und Auswahlaxiom).

Um Bolzanos Begriffsbildung zu rekonstruieren, erweitern wir die Sprache der elementaren Logik durch einen Allquantor, der sich auf Prädikatenvariablen bezieht. Ich werde diese erweiterte Sprache mit „L“ bezeichnen. Das Vokabular von L umfaßt abzählbar viele Gegenstandsvariablen x, y, x_1, x_2, ...; abzählbar viele Prädikatenvariablen f, g, f_1, g_1, f_2, g_2, ... des Grades *n* ($n \geq 1$); die logischen Konstanten $\neg$, (für Negation), $\rightarrow$ (für materiale Implikation), Λ (für Allquantifikation) und die Hilfszeichen (,). Die Formeln von L sind entweder von der Form $fx_1 \ldots x_n$, wobei f eine *n*-stellige Prädikatenvariable von L ist und $x_1, \ldots, x_n$ Gegenstandsvariablen von L sind, oder von der Form $\neg$ A, (A $\rightarrow$ B), ΛxA oder ΛfA, wobei A und B Formeln von L sind und x eine Gegenstandsvariable von L ist.

Als nichtelementare logische Axiome von L wählen wir alle Einsetzungsinstanzen der folgenden Schemata: (ΛfA $\rightarrow$ A(f/g)) und (Λf(A $\rightarrow$ B(f/g)) $\rightarrow$ (A $\rightarrow$ ΛfB)), wobei f in B nicht frei vorkommt und g denselben Grad wie f hat. Als zusätzliche Schlußregel verwenden wir die folgende: Wenn A beweisbar ist, dann ist ΛfA beweisbar.

Eine *Bewertung* von L ist eine Funktion, die Atomformeln von L in die Menge der Wahrheitswerte {1,0} abbildet. Der Begriff der *Wahrheit* in L ist diejenige Relation zwischen Formeln von L und Bewertungen von L, welche die folgenden rekursiven Bedingungen erfüllt:

(1) $fx_1 \ldots x_n$ ist wahr bei $\mathcal{B}$ genau dann, wenn $\mathcal{B}(fx_1 \ldots x_n) = 1$ ist;

(2) $\neg$ A ist wahr bei $\mathcal{B}$ genau dann, wenn A nicht wahr ist bei $\mathcal{B}$;

(3) (A $\rightarrow$ B) ist wahr bei $\mathcal{B}$ genau dann, wenn entweder A nicht wahr bei $\mathcal{B}$ oder B wahr bei $\mathcal{B}$ ist;

(4) ΛxA ist wahr bei $\mathcal{B}$ genau dann, wenn A(x/y) wahr ist bei $\mathcal{B}$ für jede Gegenstandsvariable y;

(5) ΛfA ist wahr bei $\mathcal{B}$ genau dann, wenn A(f/g) wahr ist bei $\mathcal{B}$ für jede Prädikatenvariable g vom selben Grad wie f.

Wir sagen, daß eine Formel A von L eine bewertungssemantische *Folgerung* aus der Menge Γ von L-Formeln ist genau dann, wenn A wahr ist bei jeder Bewertung von L, für die alle Elemente wenigstens einer endlichen Teilmenge von Γ wahr sind. Wenn A eine Folgerung aus der Nullmenge ist, dann sei A *gültig*.

Somit ist eine Formel von L der Form ΛfA genau dann wahr bei einer Bewertung $\mathcal{B}$ von L, wenn alle Formeln, die sich aus A dadurch ergeben, indem man für f eine beliebige Prädikatenvariable vom selben Grad einsetzt, bei $\mathcal{B}$ wahr sind. Daher entspricht die Aufnahme der Formel ΛfA in eine auf L basierende, semantisch interpretierte Theorie T der Bolzanoschen Auffassung hinsichtlich der Allgemeingültigkeit eines Satzes an sich bzgl. einer Allgemeinvorstellung. Ferner entspricht die Aufnahme der Formel $\Lambda f_1 \ldots \Lambda f_n A$ in T (wobei $f_1, \ldots, f_n$ genau diejenigen Prädikatenvariablen sind, die in A vorkommen) seiner Auffassung hinsichtlich der logischen Allgemeingültigkeit eines Satzes an sich.

Daher können wir Bolzanos Theorie der logischen Allgemeingültigkeit untersuchen, indem wir uns auf die Betrachtung einer bestimmten Teilsprache von L beschränken. In dieser Teilsprache kommen nur Formeln vor, deren sämtliche Prädikatenvariablen gebunden sind. Wenn A genau die (voneinander verschiedenen) Prädikatenvariablen $f_1, \ldots, f_n$ enthält, dann bezeichne „ΠA" die Formel $\Lambda f_1 \ldots \Lambda f_n A$. Die Teilsprache L_π von L sei nun diejenige Sprache, deren Atomformeln dieselben sind wie von L und deren Molekularformeln die Ausdrücke der Form $\neg A$, $(A \rightarrow B)$, $\Lambda x A$ oder ΠA umfaßt, wobei A und B Formeln von L_π sind und x eine Gegenstandsvariable von L ist.

Der Ausdruck „$A(f_1, \ldots, f_n//g_1, \ldots, g_n)$" soll bedeuten, daß A genau die paarweise verschiedenen Prädikatenvariablen $f_1, \ldots, f_n$ enthält, daß die Prädikatenvariablen $g_1, \ldots, g_n$ paarweise verschieden sind, und daß jedes g_i vom selben Grad wie f_i ist $(1 \leq i \leq n)$. Die Begriffe der Wahrheit in L_π und in L seien in derselben Weise definiert. Dann folgt:

(5′) A ist wahr bei $\mathscr{B}$ genau dann, wenn $A(f_1, \ldots, f_n//g_1, \ldots, g_n)$ wahr ist bei $\mathscr{B}$ für alle Folgen $g_1, \ldots, g_n$.

Man kann beweisen, daß alle L_π-Formeln der Form $(\Pi A \rightarrow A(f_1, \ldots, f_n//g_1, \ldots, g_n))$ gültig sind. Ferner gilt: Wenn $(A \rightarrow B(f_1, \ldots, f_n//g_1, \ldots, g_n))$ gültig ist, dann ist $(A \rightarrow B)$ gültig, wobei A und B Formeln von L_π sind und kein g_i $(1 \leq i \leq n)$ in A vorkommt. Daher verwenden wir in L_π das Axiomenschema

(L1) $(\Pi A \rightarrow A(f_1, \ldots, f_n//g_1, \ldots, g_n))$

und die Schlußregel

(L2) Wenn $(A \rightarrow B(f_1, \ldots, f_n//g_1, \ldots, g_n))$ beweisbar ist, dann ist $(A \rightarrow \Pi B)$ beweisbar.

Eine Formel von L_π ist genau dann gültig, wenn ΠA gültig ist. Und per definitionem ist ΠA genau dann gültig, wenn $A(f_1, \ldots, f_n//g_1, \ldots, g_n)$ wahr ist bei allen Bewertungen von L_π für alle Folgen $g_1, \ldots, g_n$. Angenommen nun, A enthalte genau die Gegenstandsvariablen $x_1, \ldots, x_p$; dann ist ΠA gültig genau dann, wenn $\Pi \Lambda x_1 \ldots \Lambda x_p A$ gültig ist. Denn die folgenden beiden L_π-Formeln sind gültig: $(\Lambda x \Pi A \rightarrow \Pi \Lambda x A)$ und $(\Pi \Lambda x A \rightarrow \Lambda x \Pi A)$. Ferner gilt, daß, wenn A eine gültige Formel der elementaren Logik ist, auch die nichtelementare Formel ΠA gültig ist. Daher kann ein wesentlicher Teil der informalen Metatheorie der ele-

mentaren Logik in einer Erweiterung der elementaren Logik formal repräsentiert werden.
Man kann zeigen, daß das System ⟨L1, L2⟩, das auf den Postulaten (L1) und (L2) basiert, korrekt („alle beweisbaren Formeln sind gültig") und vollständig („alle gültigen Formeln sind beweisbar") ist. Ferner sind die folgenden L_π-Formeln gültig: $(\Pi A \rightarrow A)$, $(\Pi(A \rightarrow B) \rightarrow (\Pi A \rightarrow \Pi B))$, $(\neg \Pi \neg A \rightarrow \Pi \neg \Pi \neg A)$. Daher sind diese Formeln in ⟨L1,L2⟩ beweisbar. Darüber hinaus ist ΠA beweisbar, wenn A beweisbar in ⟨L1,L2⟩ ist. Wenn also „Π" als Modaloperator □ der logischen Notwendigkeit interpretiert wird, dann sind alle Theoreme der gewöhnlichen prädikatenlogischen Version des modallogischen Systems S5 von Lewis in ⟨L1,L2⟩ beweisbar. Eine Konsequenz aus dem bewertungssemantischen Ansatz ist jedoch, daß $(\Pi A \rightarrow B)$ gültig ist, wenn A und B Atomformeln sind; und eine Formel der entsprechenden Form $(\Box A \rightarrow B)$ ist natürlich nicht ein Theorem von S5. Daher ist ⟨L1,L2⟩ eine echte Erweiterung der elementarlogischen Version von S5, falls Π mit □ identifiziert wird. (Vgl. Kleinknecht, R.: Modallogik ohne mögliche Welten, Conceptus 15 (1981), S. 58–65.)
Wir haben gesehen, daß die in Bolzanos Variationslogik enthaltene Theorie der logischen Allgemeingültigkeit in einem Teilsystem der engeren nichtelementaren Logik repräsentiert werden kann, das auf einer minimalen Menge ganz natürlicher Postulate sowie einer einfachen und ontologisch sparsamen Bewertungssemantik basiert. Bolzanos implizite Forderung an die semantische Basis einer wissenschaftlichen Theorie zusammen mit seiner Konzeption der logischen Allgemeingültigkeit führen direkt zu einer semantisch adäquaten Erweiterung einer gewöhnlichen Modallogik der ersten Stufe.

4.6 Bolzanos Beweistheorie

In der modernen Logik werden folgende drei Fragen untersucht: (i) Ist die Formel B eine logische Folgerung aus der Formel A? (ii) Ist B innerhalb der Theorie T formal aus A deduzierbar? (iii) Ist die Formelfolge ϕ eine Deduktion von B aus A innerhalb von T? Die Theorie der Ableitbarkeit, die in Bolzanos Variationslogik enthalten ist, liefert eine Methode, die erste Frage zu behandeln. Wie in 4.4 hervorgehoben wurde, hatte Bolzano jedoch keine präzise Methode, Fragen der zweiten Art zu beantworten. Stattdessen entwickelte er eine Theorie, die den Zweck hat, gewisse sehr spezielle Fragen der dritten Art, übertragen auf die nichtsprachliche Ebene der Sätze an sich, zu beantworten.
Bolzanos *Abfolge*-Relation involviert den Begriff des unmittelbaren

Beweisschrittes in einem vorgegebenen System wahrer Sätze an sich, wobei die Bedeutung von „Beweis“ nicht auf rein logische Relationen beschränkt ist, sondern auch direkte Schlußfolgerungen umfaßt, die auf kausalen und deontischen Implikationen beruhen. Wenn der Satz an sich A in der Abfolgerelation zum Satz an sich B steht, sagt Bolzano auch manchmal, daß A der *Grund* von B und daß B die *Folge* von A ist. Ein Beispiel Bolzanos für die Abfolgerelation ergibt sich aus folgendem Zitat (WL II S. 191f.): „So sind die beiden Wahrheiten, daß die drei Winkel eines Dreiecks zusammen zwei rechte betragen, und daß ein jedes Viereck in zwei Dreiecke zerlegt werden kann, deren sämtliche Winkel die Winkel des Viereckes bilden, der Grund von der Wahrheit, daß die vier Winkel eines jeden Viereckes zusammen vier rechten gleichkommen.“ Als weiteres Beispiel erwähnt Bolzano (WL II S. 340), daß die beiden Sätze „Wenn das Thermometer höher steht, so ist es wärmer“ und „Im Sommer pflegt das Thermometer höher zu stehen als im Winter“ im Abfolgeverhältnis zu folgendem Satz stehen: „Im Sommer pflegt es wärmer zu sein als im Winter“.

Die Abfolge ist eine asymmetrische und intransitive Relation zwischen einer Menge wahrer Sätze an sich und einem wahren Satz an sich (WL §§ 203, 204, 213). Wir verwenden die Bezeichnung „$\{B_i\} \Rightarrow A$“ um anzugeben, daß $\{B_i\}$ in der Abfolgerelation zu A steht. Bolzano nimmt ferner u.a. an, daß $\{B_i\} \Rightarrow A$ und $\{C_i\} \Rightarrow A$ die Identität von $\{B_i\}$ mit $\{C_i\}$ impliziert (WL § 206) und daß A niemals Element von $\{B_i\}$ ist, wenn $\{B_i\} \Rightarrow A$ gilt (WL § 204). Falls $\{B_i\} \Rightarrow A$ gilt, können die Elemente von $\{B_i\}$ als unmittelbare Hilfswahrheiten von A aufgefaßt werden, und für jedes dieser Elemente können wir umgekehrt dessen unmittelbare Hilfswahrheiten ermitteln. So kann man fortfahren, bis man das erreicht, was Bolzano eine „*Grundwahrheit*“ nennt, d.h. einen wahren Satz an sich A, für den es keine Menge $\{B_i\}$ gibt derart, daß $\{B_i\} \Rightarrow A$ (WL § 214). Auf diese Weise kann man eine vorgegebene Abfolge-Hierarchie beschreiben oder – mit anderen Worten – einen „Beweisbaum“ für A aufstellen (WL §§ 216, 220). Der allgemeine Begriff der *Hilfswahrheit* von A erscheint nun als eine Darstellung aller von A verschiedenen Wahrheiten, die in einem Beweisbaum von A enthalten sind (WL § 217). Wenn der Satz an sich

x existiert (in Raum und Zeit)

eine Hilfswahrheit des Satzes an sich

y existiert

ist, dann sagt Bolzano, daß x die *Ursache* von y ist (WL § 168). Nun würde die kausale Erklärung des Zustands eines physikalischen Objektes einen unendlichen Beweisbaum darstellen, d.h. einen Beweisbaum mit wenigstens einem unendlichen „Ast" (WL § 216). Bolzano scheint jedoch zu fordern, daß auch unendliche Äste in Grundwahrheiten enden. Aus gewissen von Bolzano gemachten Annahmen folgt andererseits, daß alle Begriffssätze (vgl. 4.3) endliche Beweisbäume besitzen (WL § 221).

In seiner Variationslogik verwendet Bolzano eine Beweisregel, die in etwa der sog. „Schnittregel" Gentzens entspricht: Daraus, daß A_2 aus A_1 und A_4 aus A_2 und A_3 ableitbar ist, kann man schließen, daß A_4 aus A_1 und A_3 ableitbar ist (WL II S. 122). Gentzens berühmter Hauptsatz besagt, daß unter gewissen Bedingungen jeder Beweis in der elementaren Logik durch Beseitigung aller Schnitte auf eine Normalform zurückgeführt werden kann. Bolzano betrachtet in seiner Variationslogik eine ähnliche Art von normierten Beweisen. Diese Betrachtung wird in der Theorie der Abfolge-Hierarchie vorgenommen. Hier wird gezeigt, daß die Zahl der einfachen Vorstellungen, die in den Sätzen an sich eines Zweiges eines Beweisbaumes enthalten sind, im allgemeinen nach unten zunehmen (WL § 221). Es folgt weiterhin aus den Voraussetzungen dieser Theorie, daß keine überflüssigen Vorstellungen in den Zweigen der deduktiven Hierarchie der Sätze an sich vorkommen.

Ein Satz an sich A kann gewöhnlich in verschiedener Weise geprüft werden. Der Beweis von A, der die Abfolgeregeln erfüllt und dessen Zweigspitzen Grundwahrheiten sind, heißt „*Begründung*" von A. Jeder andere Beweis von A heißt „*bloße Gewißmachung*" von A (WL IV S. 261). Eine Umformung der Beweise einer Begriffswissenschaft, bei der bloße Gewißmachungen durch Begründungen ersetzt werden, ist theoretisch stets möglich, weil die Beweisbäume der Begriffssätze endlich sind. Als Bolzano seine Theorie der Abfolge-Hierarchie der Sätze an sich entwickelte, stand er unter dem Einfluß der von Aristoteles in den zweiten Analytiken dargestellten Methodologie der deduktiven Wissenschaften. Nach Aristoteles müssen jedoch alle deduktiven Wissenschaften sehr strenge Forderungen erfüllen. Dem stimmt Bolzano nur insofern zu, als er glaubt, daß zwischen den Aussagen einer wissenschaftlichen Darstellung ein objektiver Zusammenhang, d.h. eine Abfolgebeziehung, aufweisbar sein müsse (WL IV S. 15). Die Aussagen einer strengen Wissenschaft sind dann dadurch begründet, daß die ihnen zugeordneten Sätze an sich im Sinne der vorgegebenen Abfolge-Hierarchie begründet sind. Dieses Ideal braucht nach Bolzano allerdings bei der Abfassung eines wissenschaftlichen Lehrbuchs aus didaktischen Gründen nicht immer angestrebt zu werden.

5. Mathematische Begriffe auf der Grundlage der Bolzanoschen Logik

5.1 *Unendliche Mengen*

Schon seit seiner frühen Studienzeit hatte Bolzano ein starkes Interesse an den philosophischen Grundlagen der Mathematik. In diesem Teil werde ich einige von Bolzano vorgenommene mengen- und zahlentheoretische Begriffsbildungen erörtern. Zusammen mit seiner Definition des Begriffs der stetigen Funktion (Bolzano, Beweis, S. 11f.; Functionenlehre, S. 14) handelt es sich hierbei um einen wichtigen Schritt auf dem Weg zur Arithmetisierung der Analysis.
Zunächst definiert Bolzano einen *Inbegriff* als einen zusammengesetzten Gegenstand, der aus mindestens zwei beliebigen (abstrakten oder konkreten) Teilen oder Elementen besteht, wobei dasselbe Element nicht mehrfach vorkommen kann (WL § 82). Ein Inbegriff M kann unter Verwendung der in der folgenden Zusammenstellung enthaltenen Eigenschaften bestimmt werden: (1) wenn M den Teil x enthält, dann enthält M auch die Teile von x als Teile; (2) wenn M den Teil x enthält, dann enthält M keine Teile von x; (3) M ist invariant hinsichtlich der Permutation seiner Teile; (4) M ist nicht invariant hinsichtlich der Permutation seiner Teile; (5) zu jedem Element von M gibt es einen unmittelbaren Vorgänger oder Nachfolger in M; (6) für alle x und y in M gibt es ein z in M zwischen x und y.
Inbegriffe werden nun in Summen, Mengen, Reihen und stetige Reihen gegliedert. Eine *Summe* ist ein Inbegriff, der (1) und (3) genügt (WL § 84). Eine *Menge* ist ein Inbegriff, der (2) und (3) genügt (ebd.). Aus der Definition eines Inbegriffs folgt, daß eine Menge wenigstens zwei Elemente hat. Eine weitere – allerdings seltsame – Konsequenz ist, daß {{x,y},z} eine Menge im Sinne Bolzanos ist, {{x,y},x} hingegen nicht. Bolzano betrachtet auch „homogene" Mengen oder *Vielheiten*, in denen alle Elemente von derselben „Art" sind (WL § 86). Der Begriff solch einer „Art" ist zwar vage, könnte aber als Hinweis auf eine Unterscheidung von logischen Typen aufgefaßt werden, mit der „inhomogene" Mengen wie {{x,y},z} ausgeschlossen werden sollen.
Eine *Reihe* ist ein Inbegriff, der (2), (4) und (5) genügt (WL § 85). Eine *stetige Reihe* ist ein Inbegriff, der (2), (4) und (6) genügt (WL § 85 Anm.; GA II A 7, S. 189f.). Dieser von Bolzano eingeführte Stetigkeitsbegriff entspricht dem in der modernen Mathematik verwendeten Begriff der dichten Anordnung einer Menge. Beispielsweise wäre die Menge der rationalen Zahlen nach Bolzanos Definition als eine stetige Reihe zu betrachten. Bolzano definiert auch einen Begriff des *Kontinu-*

ums (WL III S. 252, PU § 38) in der Weise, daß die Menge der rationalen Zahlen kein Kontinuum ist. In moderner Terminologie könnte Bolzanos Definition folgendermaßen rekonstruiert werden: In einem topologischen Raum R, in dem D ein Bereich und H eine Menge von Hausdorffschen Umgebungen ist, heißt eine Teilmenge M von D ein *Kontinuum* im Sinne Bolzanos bzgl. R genau dann, wenn es für jedes x in M und für jede Umgebung N von x in H mindestens ein von x verschiedenes Element von M im Rand von N gibt. Ein Kontinuum im modernen Sinne, d.h. eine abgeschlossene und zusammenhängende Menge, ist auch ein Kontinuum im Sinne Bolzanos, aber nicht umgekehrt. Nach Bolzanos Definition ist z.B. eine Hyperbel mit zwei Zweigen ein einziges Kontinuum. (Vgl. PU § 48.1.)

Bolzano definiert sinngemäß eine Vielheit als *endlich*, wenn sie unter den Begriff einer natürlichen Zahl fällt (WL § 87.3). Wir werden sehen, daß Bolzanos Begriff der natürlichen Zahl implizit der Begriff der Bijektion zugrunde liegt (vgl. 5.2 unten). Er beschreibt das, was man heute „Bijektion“ zwischen zwei Mengen M_1 und M_2 nennt, folgendermaßen: Jedes Element von M_1 kann einem Element von M_2 derart zugeordnet werden, daß jedes Element von M_1 oder M_2 Glied eines Paares $\langle x,y \rangle$ derart ist, daß x zu M_1 und y zu M_2 gehört, und ferner kein Element von M_1 oder M_2 Glied von mehr als einem solchen Paar ist (PU § 20). Bolzano weist nun darauf hin, daß eine unendliche Menge mit einer ihrer echten Teilmengen bijektiv sein kann, und er behauptet, daß alle *unendlichen* Mengen dieses Merkmal haben. Nennen wir eine Menge „reflexiv“, wenn sie mit einer ihrer echten Teilmengen bijektiv ist, so behauptet Bolzano im Prinzip, daß alle unendlichen Mengen reflexiv sind. Und er ist sich auch darüber klar, daß alle endlichen Mengen nichtreflexiv sind (PU § 22). Trotzdem faßt er die Reflexivität nicht, wie später Dedekind, als definierende Eigenschaft der unendlichen Mengen auf. Die Behauptung der Äquivalenz der Reflexivität und der Unendlichkeit von Mengen ist jedoch eine wichtige Leistung Bolzanos. Einzelne Typen von mengentheoretischer Reflexivität waren jedoch schon vorher mehrmals entdeckt worden.

In den „Paradoxien des Unendlichen“ und auch implizit in der „Wissenschaftslehre“ betrachtet Bolzano die Existenz einer Bijektion als eine nicht hinreichende Bedingung für die Gleichmächtigkeit unendlicher Mengen. Stattdessen wendet er das euklidische Prinzip, daß das Ganze größer als jedes seiner Teile ist, auch auf unendliche Mengen an. Daher sind endliche bijektive Mengen gleichmächtig (WL § 87.2, PU § 22), während die Existenz einer Bijektion zwischen unendlichen Mengen nicht deren Gleichmächtigkeit impliziert (WL § 93 Anm., PU § 21).

Deshalb ergeben sich in den „Paradoxien des Unendlichen“ eine Reihe von Aussagen, die mit Cantors Mengenlehre nicht übereinstimmen. In § 102 der „Wissenschaftslehre“ betrachtet Bolzano die unendlichen Zahlenfolgen R_k: $\langle n^k \rangle, n = 1,2,3,4,5,\ldots, k = 1,2,4,8,\ldots$ Er bemerkt, daß die Glieder von R_j sich unter den Gliedern von R_{j-1} finden. Hieraus folgert er, daß die Anzahl der Glieder von R_j die Anzahl der Glieder von R_{j-1} „unendliche Male übertrifft“. An einer Stelle der „Paradoxien des Unendlichen“ (§ 33) und in einem Brief an seinen Schüler Robert Zimmermann vom 9. März 1848 (GA II A 12,2, S. 187–188) ist er sich jedoch darüber klar geworden, daß die Folgen R_k dieselbe Anzahl von Gliedern haben: „Die *Menge* der Gegenstände, welche das n vorstellt, ist genau immer noch dieselbe wie vorhin, obgleich die *Gegenstände selbst*, die n^2 vorstellt, nicht eben die nämlichen sind, welche n vorstellt. Das falsche Ergebnis wurde nur durch den unberechtigten Schluß von einer *endlichen* Menge Zahlen, nämlich der die Zahl N nicht übersteigenden, *auf alle* herbeigeführt.“ In den „Paradoxien des Unendlichen“ sind nämlich die Existenz einer Bijektion und „ganz gleiche Entstehungsart“ zusammengenommen hinreichend für die Gleichmächtigkeit unendlicher Mengen (PU §§ 21, 23). Dieser Satz steht jedoch im Widerspruch zur uneingeschränkten Anwendung des euklidischen Prinzips. In seinem Brief an Robert Zimmermann gibt er zu, daß der Irrtum nicht an einer fehlenden Bedingung, sondern an der Anwendung des euklidischen Prinzips auf unendliche Mengen liegt. Von der Beschränkung dieses Prinzips auf die endlichen Fälle ist der Schritt nicht weit zu Cantors Auffassung, daß die Existenz einer Bijektion eine hinreichende Bedingung für Gleichmächtigkeit ist.

5.2 Natürliche Zahlen

In der „Wissenschaftslehre“ finden sich beiläufige Bemerkungen, die darauf hinweisen, daß Bolzano der Ansicht war, eine natürliche Zahl sei eine Beschaffenheit, die Mengen von Gegenständen charakterisiere (WL II S. 205, 263, 466) oder sie sei ein Maß für die „Weite“ einer Menge (WL I S. 449, 433). Die Darstellung einer ausführlichen Theorie der natürlichen Zahlen ist in der „Reinen Zahlenlehre“ (GA II A 8) enthalten. Bolzano macht hier einen doppelten Unterschied einerseits zwischen konkreten und abstrakten Zahlen und andererseits zwischen relativen („benannten“) und absoluten („unbenannten“) Zahlen. Diese zwei Unterscheidungen überschneiden sich. Eine *konkrete* Zahl bzgl. einer bestimmten Art A (kurz: eine „A-Zahl“) ist ein Glied einer Reihe, die auf folgende Weise zu bilden ist: Als erstes Glied wählt man einen beliebigen Gegenstand der Art A; jedes folgende Glied ist eine Menge, die aus ihrem Vorgänger durch Hinzufügung eines neuen Gliedes der Art gebildet wird. Die *abstrakte* A-Zahl einer konkreten A-Zahl M ist eine Beschaffenheit, deren Extension die Menge aller konkreten, mit M bijektiven A-Zahlen ist. Bolzano sagt wörtlich: „Die Beschaffenheit, vermöge deren ein jedes dieser Glieder zu einer Zahl wird (die es somit behält, wie auch die Gegenstände selbst, die man zu Einheiten annimmt, gewechselt werden mögen) nenne ich eine *Zahl* in der *abstrakten Bedeutung* des Wortes, oder eine *abstrakte Zahl*; und im Gegensatze mit solchen abstrakten Zahlen (d.h. den bloßen Beschaffenheiten) nenne ich die Glieder selbst *konkrete* Zahlen" (GA II A 8, S. 15). Die Null ist nicht eine konkrete A-Zahl für irgendein A. Sie kann als eine leere abstrakte Zahl bzgl. jedes A betrachtet werden (ebd. S. 22). Eine auf irgendein A bezogene Zahl nennt Bolzano „benannte Zahl". Die Abstraktion von der Art A einer benannten Zahl ergibt die entsprechende unbenannte Zahl (ebd. S. 22f.). Daher ist die abstrakte unbenannte Zahl einer konkreten unbenannten Zahl M eine Beschaffenheit, deren Extension die Menge aller konkreten unbenannten, zu M bijektiven Zahlen umfaßt. Abstrakte Zahlen existieren nicht in Raum oder Zeit und beruhen nicht auf einer Anschauung der Zeit, wie Kant glaubte (ebd. S. 26–29).

In der Arithmetik betrachtet man hauptsächlich unbenannte Zahlen. Falls benannte Zahlen verwendet werden, beziehen sie sich auf Mengen von unbenannten Zahlen (ebd. S. 26). Die Sätze der Arithmetik drücken Beziehungen zwischen konkreten unbenannten Zahlen aus (ebd. S. 23). Die Sätze der Arithmetik und der Zahlenlehre im Sinne Bolzanos (d.h. der mathematischen Analysis) sind a priori im objektiven Sinne (vgl. 4.4 oben), denn alle entsprechenden Vorstellungen an sich sind Begriffe (ebd. S. 29). Die meisten Sätze der Mathematik sind analytisch (WL III S. 241), und Bolzano scheint die Arithmetik als ein System (logisch) analytischer Sätze an sich zu betrachten (WL III S. 186). Beispielsweise folgt der Satz $7+5 = 12$ logisch aus dem Gesetz der Assoziativität der Addition zusammen mit den Definitionen der in dem Satz enthaltenen Begriffe. In seinen mathematischen Tagebüchern „Miscellanea mathematica" (vgl. GA IIB 2/1–2) sagt Bolzano, daß alle aus dem Assoziativitätsgesetz der Addition abgeleiteten Gleichungen analytisch sind (S. 1682 in Bolzanos Paginierung).

Bolzano zitiert die zweite Definition in Euklid VII, die besagt: „Zahl ist die aus Einheiten zusammengesetzte Menge". Sofern Euklids Definition eine Bestimmung der natürlichen Zahlen beinhalten soll, könnte sie nach Bolzano zumindest in zweierlei Hinsicht kritisiert werden: (a) 1 ist eine natürliche Zahl; falls aber Zahlen Mengen sind, kann 1 keine Zahl sein, weil Mengen mindestens zwei Elemente haben (ebd. S. 18f.). (b) Natürliche Zahlen sind endlich; es gibt aber Mengen mit unendlich vielen Elementen (ebd. S. 19). Eine endliche euklidische Zahl kann nun mit einer konkreten (benannten oder unbenannten) Zahl im Sinne Bolzanos identifiziert werden.

Euklids Konzeption der natürlichen Zahlen wurde noch von den Mathematikern des 18. Jahrhunderts, z.B. von Wolff und Kästner, verwendet. Während des 18. und zu Anfang des 19. Jahrhunderts finden sich Anklänge an Bolzanos Begriffsbildung bei Newton, Klügel u.a. Die Werke dieser Verfasser waren Bolzano wohlbekannt und haben ihn vermutlich bei seiner Konstruktion der natürlichen Zahlen direkt beeinflußt. Gegen Ende des 19. Jahrhunderts wurde Freges Definition der natürlichen Zahlen als Mengen von Begriffen mit bijektiven Extensionen publiziert, und einige Jahre später definierte Russell unabhängig von Frege die natürlichen Zahlen als Mengen von bijektiven Mengen. Aber schon ein halbes Jahrzehnt vor Frege führte Bolzano seine abstrakten unbenannten Zahlen als Beschaffenheiten von bijektiven Mengen ein. In der „Wissenschaftslehre" findet sich eine Konzeption der natürlichen Zahlen, nach der die einzelnen Zahlen konstruiert werden können. Diese Konzeption ist das Ergebnis der Analyse gewisser Anzahlaussagen. Daß f eine Einzelvorstellung ist, d.h., daß genau ein Gegenstand unter f fällt, wird folgendermaßen definiert (WL § 139.3): f ist gegenständlich, und die Vorstellung einer „Mehrheit" von f ist gegenstandslos, d.h., es gibt mindestens einen Gegenstand, der unter f fällt, und es gibt kein x und kein davon verschiedenes y, die unter f fallen. Bolzano analysiert auch analoge Sätze über höhere Zahlen (WL § 243). Daß genau zwei Gegenstände unter f fallen, wird sinngemäß wie folgt definiert: es gibt ein x und ein davon verschiedenes y, die unter f fallen, und es gibt kein x, y und z derart, daß x, y und z voneinander verschieden sind und unter f fallen. Dieses Definitionsverfahren kann offensichtlich unbegrenzt fortgesetzt werden. Die Aussage, daß es genau *n* unter f fallende Gegenstände gibt, sei nun durch „ ϕ (f)" definiert. Dann könnte man die abstrakte Zahl *n* im Sinne Bolzanos als die Beschaffenheit aller f mit ϕ (f) definieren. Bolzanos Betrachtungsweise und ihre naheliegende Konsequenz erinnern stark an Freges und Russells Analysen von Anzahlaussagen.

5.3 Reelle Zahlen und Infinitesimalzahlen

In einer der Frühschriften Bolzanos über mathematische Analysis findet sich ein Beweis, der offensichtlich wegen des Fehlens einer Theorie der reellen Zahlen unzulänglich ist. Es handelt sich um den mißlungenen Versuch nachzuweisen, daß die übliche Bolzano-Cauchy-Bedingung eine hinreichende Bedingung für die Konvergenz einer Zahlenfolge ist (Bolzano, Beweis, S. 35 ff.). In seinem Manuskript „Unendliche Größenbegriffe" (GA II A 8, S. 100–168) versucht Bolzano, diese Lücke zu schließen. In der zweiten Hälfte des 19. Jahrhunderts wurden Theorien der reellen Zahlen von Dedekind, Weierstraß, Méray und Cantor entwickelt. Der in „Unendliche Größenbegriffe" unternommene Versuch, das System der reellen Zahlen auf eine rein arithmetische Grundlage zurückzuführen, zeigt, daß Bolzano als ein Vorläufer dieser Mathematiker betrachtet werden kann.
Nach Bolzano ist eine rationale Zahl definierbar durch eine endliche Anzahl von Anwendungen der rationalen Operationen (Addition, Subtraktion, Multiplikation, Division mit Nenner $\neq 0$) auf natürliche Zahlen (ebd., S. 100). Darüber hinaus betrachtet er diejenigen Fälle, bei denen die Anzahl der Anwendungen der rationalen Operationen unendlich ist. Unter den Beispielen Bolzanos finden sich folgende: $1+2+3+\ldots$ in inf. und $b/(1+1+\ldots$ in inf.). Solche Konstruktionen nennt Bolzano „*unendliche Größenbegriffe*"; sprachliche Ausdrücke, welche unendliche Größenbegriffe bezeichnen, nennt er dementsprechend „*unendliche Größenausdrücke*". Bolzano berechnet in seinen Beweisen manchmal unendliche Größenbegriffe durch Anwendung formaler arithmetischer Operatoren auf unendliche Größenausdrücke. Beispielsweise subtrahiert er den Ausdruck „$b/(1+1+\ldots$ in inf.)" von „$1/q$" und transformiert das Ergebnis in „$((1+1+\ldots$ in inf.) $-$ $qb)/q(1+1+\ldots.$ in inf.)". Ein solches Verfahren ist zulässig, wenn die unendlichen Größenausdrücke als Bezeichnungen für Folgen von rationalen Zahlen aufgefaßt und die arithmetischen Operationen auf die Glieder dieser Folgen angewendet werden. Bei dieser Interpretation entsprechen den beiden unendlichen Größenausdrücken „$1+2+3+\ldots$ in inf" und „$b/(1+1+\ldots$ in inf.)" die Folgen $\langle {}^1/_2 n(n+1)\rangle$ und $\langle b/n\rangle$. In den nun folgenden Definitionen verwendet Bolzano die Bezeichnungen „Zahlenbegriff" oder „Zahl" statt „Größenbegriff" und „Zahlenausdruck" statt „Größenausdruck".
Die Folge $\langle 1/q - b/n\rangle$, deren sämtliche Glieder > 0 sind, wenn $n > bq$, entspricht dem Ausdruck der obenerwähnten Subtraktion. Solche Ausdrücke nennt Bolzano „rein positive Zahlenausdrücke" (ebd. S. 103).

Ein *rein positiver Zahlenausdruck* kann daher als eine Folge $\langle s_n \rangle$ von rationalen Zahlen aufgefaßt werden, für die es ein n_0 gibt derart, daß $s_n > 0$ für alle $n > n_0$. Eine solche Folge wird im folgenden eine „rein positive Folge" genannt.

Bolzano betrachtet nun diejenigen unendlichen Größenbegriffe S derart, daß es für jede natürliche Zahl q eine ganze Zahl p gibt, so daß die beiden Gleichungen „$S = p/q + P$" und „$S = (p+1)/q - P'$" gelten. Dabei sind „P" und „P'" entweder rein positive Zahlenausdrücke, oder aber „P" bezeichnet die Zahl 0. Bezeichnungen solcher unendlicher Größenbegriffe nennt Bolzano „meßbare Zahlenausdrücke" (ebd. S. 104).

Bei der oben angegebenen Interpretation handelt es sich bei Bolzanos Gleichungen um Gleichsetzungen von Folgen. Der mit „p" bezeichnete Zähler hängt vom Nenner und von der Folge eindeutig ab. Um dies explizit darzustellen, müßte der Zähler eigentlich mit „p(q,S)" bezeichnet werden. Ferner beruhen die mit „P" und „P'" bezeichneten Folgen auf der Folge S, und aus späteren Beweisen Bolzanos ergibt sich, daß sie auch vom Nenner „q" abhängig sind. Um dies explizit darzustellen, kann man „P(q,S)" und „P'(q,S)" schreiben. Sei nun S die Folge $\langle s_n \rangle$ und seien $\langle P_n(q,S) \rangle$ sowie $\langle P'_n(q,S) \rangle$ die entsprechenden rein positiven Folgen. Die beiden Gleichungen Bolzanos können dann folgendermaßen umgeschrieben werden: Für alle q und alle n gilt, daß $s_n = p(q,S)/q + P_n(q,S)$ und $s_n = (p(q,S)+1)/q - P'_n(q,S)$. Bolzanos meßbare Zahlenausdrücke entsprechen somit Folgen S (d.h. $\langle s_n \rangle$) von rationalen Zahlen derart, daß es für jede natürliche Zahl q eine ganze Zahl p(q,S) gibt, so daß für alle n die beiden obigen Gleichungen gelten. Dabei ist entweder $P_n(q,S) = 0$ für alle n oder $\langle P_n(q,S) \rangle$ ist eine rein positive Folge; ferner ist $\langle P'_n(q,S) \rangle$ eine rein positive Folge. Eine solche Folge wird im folgenden eine „meßbare Folge" genannt.

In der ersten Version von „Unendliche Größenbegriffe" nennt Bolzano einen meßbaren Zahlenbegriff S mit $p(q,S) = 0$ für alle q eine „unendlich kleine positive Zahl" (ebd. S. 111–113). Eine *unendlich kleine positive Zahl* in Bolzanos Sinn kann daher mit einer Nullfolge von positiven Gliedern identifiziert werden. Eine *unendlich kleine negative Zahl* ist das Gegenteil einer unendlich kleinen positiven Zahl, d.h. eine Nullfolge mit negativen Gliedern.

In der ersten Version von „Unendliche Größenbegriffe" hat Bolzano die Nullfolgen mit Gliedern wechselnder Vorzeichen vernachlässigt. Dies hatte verheerende Konsequenzen für seine ursprüngliche Theorie; denn mit Hilfe solcher Nullfolgen ist es möglich, gegen viele seiner aufgestellten Lehrsätze Gegenbeispiele anzugeben. Beispielsweise ist es bei Bolzanos ursprünglicher Definition des Begriffes einer unendlich kleinen Zahl nicht wahr, daß der Unterschied zwischen zwei beliebigen unendlich kleinen Zahlen entweder gleich Null oder gleich einer unendlich kleinen Zahl ist.

Diese Lücke in seiner Theorie hat Bolzano jedoch in einer späteren Ergänzung zu seinem Manuskript im Zusammenhang mit der Definition der Gleichheit zwischen meßbaren Zahlen selbst bemerkt. In der ersten Version des Manuskripts definiert Bolzano (ebd. S. 134) die beiden meßbaren Zahlen A und B als *gleich* genau dann, wenn für alle q gilt, daß p(q,A) = p(q,B). Aus den Eigenschaften der elementarlogischen Identitätsrelation und des Allquantors folgt zwar, daß diese Gleichheitsrelation Bolzanos eine Äquivalenzrelation ist. Sie genügt jedoch nicht dem Gesetz der Trichotomie (A > B genau dann, wenn A – B positiv und nicht unendlich klein ist). Ein Gegenbeispiel ergibt sich aus Bolzanos eigenem Text (ebd. S. 136): Man betrachte A = 1 – 1/(1 + 1 + ... in inf.) und B = 1; dann gilt weder A > B noch B > A, und weil für alle q gilt, daß p(q,A) = q – 1 und p(q,B) = q, ist A nicht gleich B. In einer nachträglichen Bemerkung zu seinem Manuskript (ebd. S. 130) schlägt Bolzano dementsprechend eine neue Definition vor: A ist *gleich* B genau dann, wenn der absolute Betrag /A – B/ unendlich klein ist. Diese Gleichheitsrelation ist eine Äquivalenzrelation, die dem Trichotomiegesetz genügt. Außerdem erweisen sich viele andere Sätze in Bolzanos Theorie, die bei der ersten Definition der Gleichheit falsch waren, bei der zweiten Definition als richtig. Die zweite Definition zeigt auch, daß Bolzano einen weiteren Begriff der unendlich kleinen Zahl kannte, der mit dem allgemeineren Begriff einer Nullfolge identifizierbar ist.

Der verallgemeinerte Begriff einer unendlich kleinen Zahl erfordert eine Modifizierung des Begriffs der meßbaren Zahl. Eine solche hat Bolzano denn auch tatsächlich vorgenommen. Nach einem späten Zusatz zum Manuskript (ebd. S. 168) entspricht einem meßbaren Zahlenausdruck eine Folge S (d. h. $\langle s_n \rangle$) von rationalen Zahlen derart, daß es für jede natürliche Zahl q eine ganze Zahl p(q,S) gibt, so daß für alle n gilt $s_n = p(q,S)/q + P_n(q,S) = (p(q,S)+m)/q - P_n(q,S)$, wobei m ein Parameter für eine natürliche Zahl und $\langle P_n(q,S) \rangle$ eine rein positive Folge ist. Hier kann man m = 1 setzen für alle Zahlenausdrücke, die solchen Folgen entsprechen, welche (im Sinne Bolzanos) gegen eine irrationale Zahl konvergieren. Für Zahlenausdrücke, die Folgen entsprechen, welche gegen eine rationale Zahl konvergieren, genügt es, m = 2 zu setzen. Während Bolzano in seiner Theorie der natürlichen Zahlen zwischen konkreten und abstrakten Zahlen unterscheidet, behandelt er in seiner Theorie der reellen Zahlen explizit nur konkrete Zahlen. Einen entspre-

chenden abstrakten Zahlenbegriff findet man jedoch in Redewendungen wie der folgenden angedeutet: „Die Zahlenausdrücke, die wir hier gleich oder gleichgeltend nennen, sollen zum Maße von Größen gebraucht werden können, die man als gleiche Größe betrachtet" (ebd. S. 135). In Bolzanos Theorie könnten die abstrakten reellen Zahlen mit Beschaffenheiten oder Mengen von gleichen meßbaren unendlichen Zahlenbegriffen identifiziert werden.
In seinen früheren mathematischen Schriften (bis 1817) zielte Bolzano auf eine Rekonstruktion der Analysis ohne Anwendung der Infinitesimalzahlen. Hier hat er denselben Weg wie später Weierstraß eingeschlagen. Als Bolzano seine neue Grundlegung der Analysis durch eine Theorie über reelle Zahlen in seinem unvollendeten Werk „Reine Zahlenlehre" (GA II A 8) ergänzen wollte, gelangte er nebenbei zu einer erstmaligen Präzisierung des Begriffes der unendlich kleinen (und damit auch der unendlich großen) Zahl. Dies kann in gewisser Hinsicht als Vorwegnahme einer für die moderne Nichtstandard-Analysis charakteristischen Begriffsbildung angesehen werden. Es ist daher nicht übertrieben zu sagen, daß Bolzano einer der Begründer der Nichtstandard-Analysis ist.

6. Epistemologische Begriffe im Zusammenhang mit der Bolzanoschen Logik

6.1 *Urteil und Erkenntnis*

Jedes *Urteil* im Sinne Bolzanos enthält einen Satz an sich A als „Stoff" und hat konkrete Existenz im Geist einer Person, die A für wahr hält (WL §§ 34, 291). Ein Urteil ist daher das Fürwahrhalten eines Satzes an sich. Zwei Urteile sind gleich, wenn sie denselben Satz an sich enthalten (WL § 292). Ein Satz an sich darf aber nicht als ein vom psychologischen Zusammenhang abstrahiertes Urteil angesehen werden (Bolzano, Briefwechsel, S. 30). Ferner besteht nach Bolzano ein Unterschied zwischen dem Fürwahrhalten eines Satzes an sich A und dem bloßen Denken oder subjektiven Vorstellen von A. Analog dazu könnte man dann sagen, daß ein *Gedanke* die Vorstellung eines Satzes an sich A als „Stoff" enthält und konkrete Existenz im Geist einer Person hat, die sich A vorstellt. Ähnlich definiert Kant in seiner *Logik* den Terminus „Urteil", was jedoch von Bolzano kritisiert wird (WL § 35.6).
Zwei wichtige Arten von Urteilen sind die Wahrnehmungen und die Erkenntnisse. Bolzanos Definition des Wahrnehmungsbegriffes wird in

6.2 angegeben. Sein Erkenntnisbegriff läßt sich im wesentlichen wie folgt definieren (WL § 36): U ist eine *Erkenntnis* genau dann, wenn U ein Urteil ist und U einen wahren Satz an sich enthält.
Wenn die Person X zur Zeit t zu der Erkenntnis U gelangt und U für wahr hält, dann ist es häufig der Fall, daß X dazu imstande ist, U auch zu späteren Zeitpunkten zu bilden und für wahr zu halten. Damit kann der Begriff der *Kenntnis* im Sinne Bolzanos definiert werden (WL § 307): „X kennt U zum Zeitpunkt t" bedeutet dasselbe wie „Es gibt einen vor t liegenden Zeitpunkt, zu dem X tatsächlich U für wahr gehalten hat, und X ist zu t imstande, die Erkenntnis U zu bilden und auch bereit, U für wahr zu halten".

6.2 *Der Begriff der Vermittlung*

Bolzano betrachtet den Menschen im großen und ganzen als einen Mechanismus, der aufgrund gewisser Begriffswahrheiten (vgl. oben 4.3) und Urteile über Sinnesdaten in einer bestimmten Reihenfolge Urteile liefert. Von diesen Eingaben ausgehend läuft der Mechanismus mit Hilfe unmittelbarer Schlüsse nach psychologischen Gesetzen ab. Das Ergebnis dieser Tätigkeit ist eine Art lebendiges Lehrbuch, in dem die Urteile aufeinander folgen wie die Sätze und Diagramme in einer wissenschaftlichen Abhandlung. Die Beziehung, welche Urteile in dieser Form anordnet, wird „*Vermittlung*" genannt. Daß die Urteilsfolge $\langle U_i \rangle$ $(1 \leq i \leq n)$ ein Urteil W im System X *vermittelt*, besagt nach Bolzano, daß das Fürwahrhalten von $\langle U_i \rangle$ in X zusammen mit gewissen anderen psychischen Tätigkeiten von X das Fürwahrhalten von W in X impliziert (WL § 300.2).
Zwischen der Vermittlungsrelation und anderen von Bolzano eingeführten Implikationsbeziehungen besteht nun folgendes Verhältnis. Es mögen dabei die Urteile U_i $(1 \leq i \leq n)$ und W den Sätzen an sich A_i und B entsprechen (WL § 300.7):

(1) Wenn W durch $\langle U_i \rangle$ vermittelt wird, so ist B eine Abfolge von $\{A_i\}$ (vgl. 4.6), oder es gibt eine Folge von Vorstellungen an sich $f_1, \ldots, f_m$ derart, daß entweder B aus $\{A_i\}$ bzgl. $f_1, \ldots, f_m$ ableitbar ist (vgl. 4.4), oder die Wahrscheinlichkeit von B bzgl. $\{A_i\}$ und $f_1, \ldots, f_m$ ist größer als $^1/_2$ (vgl. 4.4).

Dieses Prinzip versucht Bolzano folgendermaßen zu begründen (WL §§ 300, 309). Es gibt zwei Formen der Vermittlung zwischen $\langle U_i \rangle$ und W in einem System. Die jeweilige Vermittlungsform hängt davon ab, ob die spezifischen Eigenschaften von W für die Vermittlung (α) wesentlich oder (β) nicht wesentlich sind. In Fall (β) enthält $\langle U_i \rangle$ ein logisches oder empirisches Gesetz der Form „Wenn Y, dann W", wobei Y eine Teilfolge von $\langle U_i \rangle$ ist. Dies ist also ein Beispiel der zweiten Möglichkeit in (1). Nicht alle Fälle der Vermittlung können jedoch vom Typ (β) sein, weil man sonst in einen unendlichen Regreß gelangen würde (WL III S. 128). Jede Vermittlung vom Typ (α) geschieht aber durch Abfolge, Ableitbarkeit oder durch Wahrscheinlichkeit größer als $^1/_2$. Denn andernfalls wäre der Geist ein fehlerhafter Mechanismus. Und um zu beweisen, daß der Geist derartige Fehler macht, müßte man nachweisen, daß eine Folge $\langle U_i \rangle$ von wahren Urteilen in irgendeinem System trotz aller Vorsicht ein falsches Urteil vermittelt. Die Unmöglichkeit eines solchen Nachweises ist eine fundamentale Annahme Bolzanos. Unter dieser Annahme sind bei der erkenntnistheoretischen Vermittlung nur zwei Formen menschlicher Fehlbarkeit möglich, nämlich (i) fehlerhafte Vermittlungen vom Typ (α), die der dritten Möglichkeit in (1) entsprechen, und (ii) fehlerhafte Vermittlungen vom Typ (β), die auf einem falschen Gesetz basieren.

Einige Urteile sind bezüglich der Vermittlungsrelation die ersten und werden daher „unmittelbar" genannt (WL III S. 123): W ist *unmittelbar* im System X genau dann, wenn es keine Folge $\langle U_i \rangle$ gibt derart, daß W durch $\langle U_i \rangle$ in X vermittelt wird. Gewisse Aussagen von einer der beiden folgenden Urteilsformen sind in manchen Systemen unmittelbar (WL III S. 131):

(a) „Ich habe die Erscheinung f",

wobei f eine subjektive, tatsächliche Vorstellung ist, deren Extension aus einer subjektiven Vorstellung, einem Urteil oder einem Gefühl bestehen kann;

(b) „Dies (was ich eben erfahre) ist f",

wobei f eine subjektive Vorstellung und kein physikalischer Gegenstand ist.

Unter den unmittelbaren Urteilen gibt es auch einige, die Begriffssätzen entsprechen (vgl. 4.3). Mittelbare Urteile hingegen, die einen sog. Anschauungssatz enthalten, werden „*Erfahrungsurteile*" genannt. Nun kann Bolzano auch eine präzise Definition des Wahrnehmungsbegriffs geben: U ist eine *Wahrnehmung* genau dann, wenn U ein unmittelbares Urteil vom Typ (a) oder (b) in irgendeinem System ist.

Eine weitere fundamentale Annahme Bolzanos bezüglich der Vermittlungsrelation besteht darin, daß unmittelbare Urteile unfehlbar sind (WL III S. 212):

(2) Wenn das Urteil U im System X zur Zeit t unmittelbar ist, dann kennt X U zur Zeit t.

Denn Zweifel an einem bestimmten unmittelbaren Urteil würde Zweifel an allen unmittelbaren Urteilen herbeiführen, weil sie alle auf dieselbe Weise begründet sind. Und das würde Zweifel an allen mittelbaren Urteilen implizieren. Deshalb gibt es nur die beiden oben erwähnten Formen der menschlichen Fehlbarkeit. Natürlich kann man aber nicht immer sicher sein, daß ein Urteil U in X unmittelbar ist – d. h., das Urteil, daß U in X unmittelbar ist, ist fehlbar. Eine merkwürdige Konsequenz aus (2) besteht jedoch darin, daß kein Urteil, das ein falsches Gesetz enthält, unmittelbar ist. Daher käme man vermutlich Bolzanos Absicht näher, wenn man Urteile, die Begriffssätze enthalten, nicht zum Bereich der Variable „U" in (2) rechnen würde.

6.3 Die Grenzen der Erkenntnis

Nach Bolzano gibt es eine „aktuale" Unendlichkeit wahrer Sätze an sich (WL §§ 30–33, PU § 13). Angesichts der endlichen Kapazität des menschlichen Geistes ist jedoch nur eine „potentielle" Unendlichkeit für wahr gehaltener Sätze an sich erfaßbar. Es fragt sich nun, ob es irgendwelche wahren Sätze an sich gibt, die sich in keinem Urteil widerspiegeln. Mit anderen Worten: Gibt es nachweisbar unüberwindliche Grenzen unserer Erkenntnis? Dieses Problem erörtert Bolzano im § 314 der „Wissenschaftslehre."

Ein Versuch, alle unerkennbaren Wahrheiten aufzuzählen, würde sich natürlich selbst widerlegen. Man könnte aber versuchen, gewisse Mengen von Gegenständen anzugeben, auf die in wahren Urteilen nicht Bezug genommen werden kann. Möglicherweise kann man eine Vorstellung an sich f finden derart, daß jeder Gegenstand der Extension von f unerkennbar ist. Das würde bedeuten:

(a) Keine Wahrheit der Form „Alle f sind g" ist erkennbar,
wobei g eine beliebige, von f verschiedene Vorstellung an sich ist.

Nach Bolzano hat nun der Satz (a) die Form „Alle f sind h", wobei h vom entsprechenden g verschieden ist. Daher wäre ein Urteil, das (a) enthielte, ein Gegenbeispiel zu (a) (WL III S. 235; vgl. auch Bolzano, Athanasia, S. 5). Folglich gibt es für das menschliche Erkenntnisvermögen keine Grenzen grundsätzlicher Art. Bolzanos Argument ist offensichtlich gegen Kant gerichtet, der gemäß (a) die Erkennbarkeit gewisser Wahrheiten der Form „Alle übersinnlichen Gegenstände sind g" leugnete.

7. Die philosophische Synthese Bolzanos

7.1 *Bolzanos Wissenschaftslehre*

Eine Menge von wahren Sätzen, die sich auf einen bestimmten Bereich von Gegenständen beziehen, nennen wir eine „*Theorie*", wenn sie alle den Bereich betreffenden Folgerungen enthält. Bolzano arbeitet stillschweigend mit einem solchen Theoriebegriff. Zu diesem Begriff gehört die Abgeschlossenheit bzgl. der Abfolgerelation und die (allerdings unklare) Bedingung der Homogenität. (Bolzano spricht von „Wahrheiten einer gewissen Art".) Eine unmittelbare Konsequenz aus Bolzanos Unterscheidung zwischen wirklichen Gedanken und Ausdrücken einerseits und abstrakten Sätzen an sich andererseits ist die Unterscheidung zwischen einer Theorie und ihrer sprachlichen Darstellung. Die *Logik* im Sinne Bolzanos ist eine Theorie der Wissenschaft, also eine Art Metatheorie, deren Gegenstände die einzelnen Wissenschaften und deren sprachliche Darstellungen sind. Diese Theorie wird in der „Wissenschaftslehre" entwickelt.

Ein *Lehrbuch* einer Theorie T ist nach Bolzano ein Buch, das mit der Absicht geschrieben ist, einer bestimmten Klasse von Lesern die verständlichste und überzeugendste Darstellung von T zu vermitteln (WL I S. 4). Daher ist L genau dann ein Lehrbuch, wenn es eine Theorie T und eine entsprechende Klasse intendierter Leser gibt, so daß L ein Lehrbuch von T für diese Leserklasse ist. Und L ist ein *wissenschaftliches Lehrbuch*, wenn T eine Wissenschaft ist. Nun ist eine Theorie T genau dann eine *Wissenschaft* im Sinne Bolzanos, wenn T eine nichtleere Menge wahrer Sätze an sich ist und gewisse Menschen zu einer bestimmten Zeit einen nichttrivialen Teil von T kennen, der es wert ist, in einem Lehrbuch dargestellt zu werden. Ob der bekannte Teil von T eine Behandlung im Lehrbuch verdient, ist nach Bolzano eine ethische Frage, die aufgrund utilitaristischer Prinzipien objektiv entschieden werden kann. An manchen Stellen impliziert Bolzanos Wissenschaftsbegriff, daß eine Wissenschaft eine geordnete Menge wahrer Sätze an sich ist, und eine solche Konzeption würde auch zu seiner Vorstellung einer abstrakten Welt wahrer und durch die Abfolgerelation geordneter Sätze an sich passen. Eine Menge von Vorschriften, die notwendig und hinreichend dafür sind, daß eine Darstellung gewisse Kriterien bzgl. wissenschaftlicher Lehrbücher erfüllt, nennt Bolzano eine *Wissenschaftslehre* (WL I S. 7).

Eine Wissenschaftslehre im Sinne Bolzanos muß sorgfältig unterschieden werden von einer didaktischen Theorie des Unterrichts mit Lehrbüchern. Aus der Definition einer Wissenschaft folgt, daß eine Wissenschaftslehre selbst eine Wissenschaft sein kann. Bolzanos „Wissenschaftslehre" ist nur eine der möglichen Darstellungen solch einer Wissenschaft. Wie kann aber eine wissenschaftliche Theorie T der Wissenschaft aufgestellt werden, bevor eine Wissenschaftstheorie zur Verfügung steht, die lehrt, wie T aufgestellt werden soll? Diesem möglichen Einwand einer Zirkularität entgeht Bolzano durch die Bemerkung, daß sich der Aufbau eines Lehrbuches der Theorie T nach den Vorschriften von T richten kann, ohne daß eine strenge Darstellung dieser Vorschriften zur Verfügung steht (WL I S. 8).

Bolzanos sehr breite Konzeption der Logik und seine starke Betonung methodologischer Aspekte haben sich ohne Zweifel auf die Art der von ihm auf dem Gebiet der Logik erzielten Ergebnisse ausgewirkt. Die Details seiner eigentlichen Wissenschaftslehre sind im vierten Band der „Wissenschaftslehre" enthalten. Wie wir jedoch gesehen haben, zeitigte Bolzanos Suche nach einer soliden Grundlage für seine Wissenschaftslehre äußerst wertvolle Nebenergebnisse auf dem Gebiet der logischen Semantik und der Axiomatik.

7.2 *Die ethischen Grundlagen der Wissenschaftslehre*

In ethischer Hinsicht war Bolzano ein Anhänger des Utilitarismus. Er formulierte die Hauptthese des Handlungsutilitarismus sinngemäß folgendermaßen: Eine Person x soll eine Handlung H genau dann ausführen, wenn es für x möglich ist, H auszuführen, und wenn die Folgen von H besser sind als die Folgen jeder Handlung, die eine Alternative zu H ist und die x ausführen könnte. Bolzano war ein Vertreter des universalistischen Utilitarismus, demzufolge die zu berücksichtigenden Folgen einer Handlung auf das Wohl der Menschen in ihrer Gesamtheit bezogen sind (RW Bd. I, S. 236, Bd. IV, S. 216, 218, 221; GA II B 17, S. 27). Der Utilitarismus kann als ein Versuch betrachtet werden, ethische Begriffe wie Pflicht und Recht auf Wertbegriffe zurückzuführen. Der Utilitarist setzt daher eine Werttheorie voraus, nämlich eine Theorie darüber, was wertvoll bzw. wertlos sei. Um zu entscheiden, ob eine Handlung utilitaristisch geboten ist, muß es zumindest möglich sein, die einschlägigen Dinge oder Zustände bezüglich ihres Wertes in eine komparative Ordnung zu bringen. Bei Bolzano, ebenso wie bei Bentham, sind Lust (oder Glück) und Schmerz die Extrema einer Anordnung der psychischen Zustände in einem mehrdimensionalen Raum, der u. a. durch die Faktoren Intensität und Quantität konstruiert ist. Aufgrund einer solchen Präferenzordnung und einer utilitaristischen Reduktion können dann andere Reihenordnungen konstruiert werden, die auf mittelbaren Werten basieren. Beispielsweise ist das Lebewesen x in diesem Sinne besser als das Lebewesen y, wenn x „höherer" Empfindungen fähig ist als y. Ferner ist eine Person x, die im utilitaristischen Sinne pflichtgemäß handelt, besser als eine Person y, die gegen die Pflicht verstößt, weil x mehr gebotene Handlungen als y ausführt und dadurch zum Wohl des Ganzen mehr beiträgt (GA II B 17, S. 119).

Bolzano beschäftigt sich auch mit einigen anderen grundlegenden Problemen der Ethik. Er fragt etwa, ob das Sollen ein Können impliziere (GA II B 16,1, S. 19f.). Wenn der Satz „Die Person x soll die Handlung H ausführen" uneingeschränkt gilt, dann muß dieser Satz die Behauptung enthalten, daß x H ausführen kann. Dies bedeutet aber, daß wir erkennen, wo und wie H ausgeführt werden kann. Eine Handlung ist also nach dieser Analyse Bolzanos sinngemäß eine Funktion von zumindest vier Variablen: h(α,β,t,p), wobei α eine Veränderung der Wirklichkeit, β eine ethisch relevante Ausführungsweise (z. B. mit oder ohne Absicht), t ein Zeitpunkt und p ein Ort ist. Das Prinzip, daß Sollen ein Können impliziert, gilt demnach nur für einen solchen Handlungsbegriff.

Eine Veränderung α in der Weise β durch die Person x zur Zeit t am Ort p bestimmt eindeutig eine Tatsache T(x,α,β,t,p), und jede ethisch relevante Ausführung einer Handlung ist eindeutig durch x,α,β,t und p bestimmt. Der Ausdruck „T(x,α,β,t,p)" bedeutet daher, daß x zur Zeit t am Ort p α in der Weise β herbeiführt. Die Ausführung einer Handlung H durch x können wir nun so definieren: es gibt α,β,t,p derart, daß H = h(α,β,t,p) und T(x,α,β,t,p) gilt. Damit kann dann die Unterlassung und die Nicht-Ausführung einer Handlung sowie die Ausführung einer Kombination von Handlungen leicht definiert werden. Auch für diesen erweiterten Handlungsbegriff gilt Bolzanos handlungsutilitaristisches Prinzip.

Wenn zwei Handlungen H_1 und H_2 voraussichtlich gleich gute Folgen haben, dann muß der subjektive Nutzen bei der Entscheidung herangezogen werden (GA II B 16,1, S. 20). Angenommen, es würde sich dabei herausstellen, daß H_1 nützlicher ist als H_2, daß es aber in dieser Situation eine weitere Handlung H_3 gibt, die subjektiv gesehen noch nützlicher als H_1 ist, aber vom Standpunkt des universalistischen Utilitarismus unterbleiben soll. Dann kann subjektiv frei gewählt werden zwischen H_1 und H_3. Genau unter diesen Umständen kann behauptet werden, daß H_1 erlaubt ist. Gewisse Systeme der deontischen Logik enthalten das Theorem, daß alles, was geboten ist, auch erlaubt ist. Nach Bolzano gilt dies also nur für Handlungen von der Art H_1.

Die Freiheit des menschlichen Willens ist nach Bolzano nichts anderes als die Möglichkeit, zwischen Erfüllung der Pflicht und Befriedigung eines Wunsches zu entscheiden (GA II B 16,1, S. 120–122). Durch vertiefte Einsicht in den Pflichtbegriff des universalistischen Utilitarismus wird nach Bolzano allerdings der Unterschied zwischen Pflicht und Neigung allmählich aufgehoben: derjenige, der über diese Einsicht verfügt, wird Handlungen immer seltener in Freiheit ausführen. Die ursprünglich auf wenige Fälle beschränkte Willensfreiheit geht damit in einen spinozistisch gefärbten ethischen Rationalismus und Determinismus über.

7.3 Bolzanos Stellung in der Geschichte der Philosophie

Bolzanos philosophisches Hauptwerk, die „Wissenschaftslehre", war lediglich als Einleitung zu seinem geplanten Werk über die Mathematik, die „Größenlehre", gedacht. Sein Hauptstreben bestand darin, die gesamte Mathematik seiner Zeit in Übereinstimmung mit seiner Vision einer abstrakten Hierarchie wahrer Sätze an sich zu bringen. Für Bolzano beinhaltete diese Aufgabe die Schaffung völlig neuer Grundlagen für gewisse Zweige der Mathematik, wie man an seinen interessanten Versuchen zur Begründung der Geometrie durch topologische Begriffe sehen kann. Bei der Durchführung dieses Programms verfügte er im Prinzip schon über fast alle Ausdrucksmittel der modernen Quantorenlogik. Dabei kam er sehr nahe an die modernen Begriffe der Erfüllbarkeit, logischen Wahrheit, Widerspruchsfreiheit und logischen Folgerung heran. Jedoch fehlt in Bolzanos Untersuchungen ein formaler deduktiver Apparat der Quantorentheorie fast völlig. Dieser syntaktische Apparat erscheint erst bei Frege, der am Ende des 19. Jahrhunderts die ersten streng formallogischen Systeme geschaffen hat. Bolzanos mangelndes Interesse an der Entwicklung besonderer logischer Kalküle war vermutlich durch seine manchmal fast übertriebene Beschäftigung mit den inhaltlich-methodologischen und semantischen Aspekten der Logik und Mathematik sowie der Wissenschaft im allgemeinen bedingt. Der Begriff eines Kalküls im modernen logistischen Sinne wurde erstmalig durch Leibniz klar erfaßt. Leibniz konzipierte den Begriff eines effektiv entscheidbaren, interpretierten Kalküls, in dem alle „ewigen" Wahrheiten ausdrückbar sind. Bolzano verhielt sich diesem überambitiösen Programm gegenüber jedoch mit Recht skeptisch und präsentierte stattdessen seine eigene Theorie der Abfolgestruktur nichtsprachlicher Sätze an sich. Dadurch bezog er eine Stellung, die abseits von derjenigen Entwicklungslinie der Logik liegt, die zur modernen syntaktischen Begriffsbildung führte. Ein Grund für Bolzanos allgemeines Des-

interesse an Fragen der logischen Syntax war ohne Zweifel sein zutiefst intensionaler, nichtsprachlicher Zugang zur Logik.
Bolzanos zentrale These, daß es Gegenstände gibt, die sowohl von den psychischen Vorgängen als auch von sprachlichen Ausdrücken verschieden sind, ist auch von späteren Philosophen des deutschen Sprachbereichs vertreten worden, u. a. von Lotze, Rickert, dem frühen Brentano, Meinong und Frege. Lotze und Frege verweisen jedoch nie auf Bolzanos Schriften, und die anderen erwähnten Philosophen haben immer wieder ihre Unabhängigkeit von Bolzano beteuert. Frege war wohl seit seiner Diskussion mit Korselt ab 1903 über die Grundlage der Geometrie mit den diesbezüglichen Thesen der „Wissenschaftslehre" bekannt. Es gibt aber keinen Beweis dafür, daß er seine in dem Aufsatz „Über Sinn und Bedeutung" (1892) dargestellte semantische Theorie nicht völlig selbständig entwickelt hätte.
Husserl gesteht, daß er von Bolzano entscheidende Einflüsse empfangen hat, obwohl er dessen extrem empiristische Einstellung in Fragen der Erkenntnistheorie und die überall zutagetretende „phänomenologische Naivität" ablehnt. Husserls Begriff des „idealen" Gegenstandes stammt jedoch nicht aus Bolzanos Logik, sondern aus der Logik Lotzes. Erst nach der Ausarbeitung seiner eigenen Lehren war Husserl, wie er selbst schreibt, dazu imstande, die Grundbegriffe der Wissenschaftslehre Bolzanos zu verstehen.
Unter den ganz großen Philosophen des Abendlandes ist Bolzano vermutlich derjenige mit dem geringsten Einfluß. Seine ethischen und sozialphilosophischen Auffassungen hatten allerdings eine gewisse Wirkung auf bedeutende Gestalter des böhmischen Kulturlebens wie Palacký, Havlíček und Čelakovský, und durch seine Schüler und Freunde hatte er einen ziemlich großen Einfluß auf die Entwicklung des Schulwesens seines Landes nach 1848. Hinsichtlich der theoretischen Philosophie und der reinen Logik waren seine nächsten Schüler jedoch nicht fähig, seine Ideen mit hinreichender Kraft durchzusetzen. Seine scharfsinnige Kritik der deutschen idealistischen Philosophie und seine wichtigen Entdeckungen auf dem Gebiet der Logik und Semantik verhallten wirkungslos. Eine weitere Ursache für Bolzanos geringen Einfluß auf die Entwicklung der Philosophie ist natürlich auch die Tatsache, daß seine philosophischen Schriften anonym und in schwer zugänglichen Ausgaben publiziert wurden. Hinsichtlich der Philosophie der Mathematik wissen wir, daß Bolzano den Ordinarien für Mathematik an der Prager Karls-Universität Teile des Manuskripts der „Größenlehre" zur Ansicht schickte. Bolzanos grundlegende Ideen zur mathematischen Analysis wurden aber von den damaligen Prager Mathema-

tikern mißverstanden und abgelehnt. Diese Tatsachen mögen zum Teil den bedauerlichen Umstand erklären, daß Bolzanos große Leistungen ein einsames Kapitel in der Ideengeschichte darstellen.

Literaturverzeichnis

Schriften Bolzanos

Die Bernard Bolzano-Gesamtausgabe (GA), hrsg. von Eduard Winter †, Jan Berg, Friedrich Kambartel, Jaromír Loužil und Bob van Rootselaar, erscheint seit 1969 im Verlag Frommann-Holzboog, Stuttgart-Bad Cannstatt. Sie umfaßt – neben den Einleitungsbänden – 4 Reihen: I. Schriften, die zu Lebzeiten Bolzanos erschienen sind; II. Nachlaß; III. Briefwechsel; IV. Dokumente.

Die bisher umfangreichste *Bibliographie* der veröffentlichten Schriften Bolzanos und der Literatur über ihn liegt im zweiten Einleitungsband der Gesamtausgabe und im Supplement I (hrsg. v. Jan Berg und Edgar Morscher, Stuttgart 1982) vor.

Neben den auf S. 47 (Fußnote) genannten Werken sind in der vorliegenden Darstellung folgende Schriften Bolzanos mit Kurztiteln bezeichnet:

Erbauungsreden für Akademiker. Prag 1913.

Rein analytischer *Beweis* des Lehrsatzes, daß zwischen je zwey Werthen, die ein entgegengesetztes Resultat gewähren, wenigstens eine reelle Wurzel der Gleichung liege. Prag 1817.

Athanasia oder Gründe für die Unsterblichkeit der Seele. Sulzbach 1827.

Lebensbeschreibung des Dr. B. Bolzano. Sulzbach 1836.

Dr. B. Bolzanos *Wissenschaftslehre*. Sulzbach 1834 (4 Bände).

Functionenlehre. In: Bernard Bolzano's Schriften 1, Prag 1930.

Der *Briefwechsel* B. Bolzano's mit F. Exner. In: Bernard Bolzano's Schriften 4, Prag 1935.

Sekundärliteratur

Eine umfangreiche, mit Sachregister versehene *Bibliographie der Sekundärliteratur* erscheint im zweiten Einleitungsband der Gesamtausgabe (GA 2, 1). – Nachstehend wird eine kleine Auswahl der Bolzano-Literatur gegeben:

1. Gesamtdarstellungen

Bauer, R.: Der Idealismus und seine Gegner in Österreich. Heidelberg 1966, 37–60.

Bergmann, H.: Das philosophische Werk Bernard Bolzanos. Halle 1909

2. Biographien

Winter, E.: Bernard Bolzano. Ein Lebensbild. Stuttgart-Bad Cannstatt 1969.

– Leben und geistige Entwicklung des Sozialethikers und Mathematikers Bernard Bolzano 1781–1848. Halle 1949 (Hallische Monographien 14).

3. Logik

Buhl, G.: Ableitbarkeit und Abfolge in der Wissenschaftstheorie Bolzanos. Köln 1961 (Kantstudien, Ergänzungshefte 83).

Kambartel, F.: Einleitung zu „Bernard Bolzano's Grundlegung der Logik". Hamburg 1963 (Philos. Bibl. 259).

Morscher, E.: Von Bolzano zu Meinong: Zur Geschichte des logischen Realismus. In: Jenseits von Sein und Nichtsein. Beiträge zur Meinong-Forschung. Graz 1972.

– Das logische An-sich bei Bernard Bolzano. Salzburg 1973.

– „Philosophische Logik" bei Bolzano. In: Sitzungsber. d. Österr. Akad. d. Wiss., phil.-hist. Kl. 293, Abhandlung 5, Wien 1974, 77–105.

– Bolzanos Wissenschaftslehre. In: Sitzungsber. d. Österr. Akad. d. Wiss., phil.-hist. Kl. 391, Wien 1981, 99–126.

Scholz, H.: Die Wissenschaftslehre Bolzanos. Berlin 1937 (Abhandlungen der Fries'schen Schule, N.F. 6).

4. Mathematik

Jarník, V.: Bolzano and the Foundations of Mathematical Analysis. Prag 1981.

Laugwitz, D.: Bemerkungen zu Bolzanos Größenlehre. In: Archive for History of Exact Sciences 2, Berlin 1962–1966, 398–409.

– Infinitesimalkalkül. Eine elementare Einführung in die Nichtstandard-Analysis. Mannheim 1978.

Rootselaar, B. van: Bolzano's Theory of Real Numbers. In: Archive for History of Exact Sciences 2, Berlin 1962–1966, 168–180.

– Bolzano, Bernard. In: Dictionary of Scientific Biography, hrsg. C. C. Gillispie, 2, New York 1970, 273–279.

– Einleitung und Anmerkungen zu „Paradoxien des Unendlichen". Hamburg 1975 (Philos. Bibl. 99).

Wußing, H.: Bernard Bolzano und die Grundlegung der Infinitesimalrechnung. In: Zs. f. Gesch. d. Naturwissenschaft, Technik und Medizin 1, 3 (1961), 57–73.

5. Physik

Treder, H.-J.: Bolzanos dynamischer Atomismus und seine Raum-Philosophie. In: Dtsch. Zs. f. Philosophie 29 (1981), 800–807.

– Bolzanos Ansichten und Arbeiten zur Physik. In: Bernard Bolzano 1781–1848. Studien und Quellen. Berlin 1981, 161–167.

6. Metaphysik

Huonder, Q.: Das Unsterblichkeitsproblem in der abendländischen Philosophie. Stuttgart 1970, 85–90.

Příhonský, F.: Atomenlehre des sel. Bolzano, insbesondere wie Bolzano die Schwierigkeiten, die dem Denker bei dieser Lehre begegnen, glücklich beseitigt hat. Dargestellt aus den Schriften desselben. Bautzen 1857.

Ryschawy, F.: Der Bolzanosche Gottesbeweis und seine philosophischen Voraussetzungen. In: Königsteiner Studien 19, Königstein/Ts. 1973, 19–26.
Stähler, W.: Die Frage nach der Unsterblichkeit der Seele und ihren Voraussetzungen in der Philosophie Bolzanos. In: Philos. Jahrb. 42 (1929), 232–251, 369–383.
Winter, E.: Die Entwicklung der Auffassung B. Bolzanos von der Willensfreiheit. In: Philos. Jahrb. 45 (1932), 483–499.

7. Theologie

Hermann, E.: Der religionsphilosophische Standpunkt Bernard Bolzanos unter Berücksichtigung seiner Semantik, Wissenschaftstheorie und Moralphilosophie. Lund 1977 (Studia philosophiae religionis 6).
Schrödter, H.: Philosophie und Religion. Die „Religionswissenschaft" Bernard Bolzanos. Meisenheim/Glan 1972.
Winter, E.: Religion und Offenbarung in der Religionsphilosophie Bernard Bolzanos, dargestellt mit erstmaliger Heranziehung des handschriftlichen Nachlasses Bolzanos. Breslau 1932 (Breslauer Studien zur historischen Theologie 20).

8. Sozialphilosophie

Horáček, C.: Bernard Bolzano und seine Utopie „Vom besten Staat". In: Arch. f. d. Gesch. d. Sozialismus u.d. Arbeiterbewegung 2 (1912), 68–97.
Salz, A.: Bernard Bolzanos Utopie „Vom besten Staate". In: Arch. f. Sozialwissenschaft u. Sozialpolitik N.F. 13 (1910), 498–519.
Schindler, F.: Bolzano als Sozialpolitiker. In: Deutsche Arbeit 8 (Prag 1908–1909), 683–699.

9. Ästhetik

Gerhardus, D.: Bolzanos methodische Grundlegung einer rezeptionstheoretisch aufgebauten Ästhetik. In: Bernard Bolzano. Untersuchungen zur Grundlegung der Ästhetik. Frankfurt 1972, IX–XXXVI.
Svoboda, K.: Bolzanos Ästhetik. In: Rozpravy Československé akademie věd 64, řada SV, sešit 2, Prag 1954.

Arthur Schopenhauer: Die Welt als Wille*

Von Albert Menne, Bochum

1. Leben

Arthur Schopenhauer wurde als Sohn des Handelsherren Johann Floris Schopenhauer am 22. Februar 1788 in Danzig geboren. Seine Mutter, die Kaufmannstochter Johanna Henrietta Trosiener, war 19 Jahre jünger als ihr Ehemann und wurde nach dessen Tode eine bekannte Schriftstellerin. Als Preußen sich 1793 die damalige freie Hansestadt einverleibte, emigrierte die Familie nach Hamburg. Daß er durch diese Flucht im Morgengrauen als fünfjähriger seine Heimat verlor, konnte Arthur Schopenhauer später nie vergessen. Mit 9 Jahren brachte ihn sein Vater zur Erlernung des Französischen nach Le Havre zu einem Geschäftsfreund, mit dessen Sohn er sich eng befreundete. Das waren die zwei glücklichsten Jahre seines Lebens, wie er später sagte. Weniger gut gefiel ihm der Aufenthalt in dem englischen Internat Wimbledon: die Zeit erfüllt ihn wegen des Zwanges zu gemeinsamem Gebet und Gottesdienst mit lebenslänglichem antireligiösem Ressentiment und Abneigung gegen „englische Heuchelei". Der hochbegabte Junge möchte sich gerne ganz der Wissenschaft widmen. Doch er verspricht dem Vater, Kaufmann zu werden, wofür dieser ihm zuvor eine zweijährige Reise durch alle interessanten Stätten Europas gewährt. Der sensible junge Mann lernt auf dieser Fahrt durch die von Revolution und Krieg verwüsteten Länder sehr viel Not und Leid kennen; vor allem beeindruckt ihn das Elend der 6000 Galeerensklaven im Bagno von Toulon. Als er dann heimkehrt und die Kaufmannslehre beginnt, stürzt schon bald der von ihm hoch verehrte Vater aus einer Speicherluke in den Tod. Daß seiner Mutter das weniger nahe geht, verstimmt ihn sehr. Diese zieht mit der jüngeren Tochter nach Weimar. Arthur fühlt sich nicht mehr an sein Versprechen gebunden und erreicht nach langen Kämpfen mit der Mutter, daß er, inzwischen 19 Jahre alt, aufs Gymnasium darf, dessen Stoff er in gut 2 Jahren durcheilt, um dann in Göttingen das Studium der Medizin zu beginnen. Doch bald wendet er sich der Philosophie zu, setzt das Studium in Berlin fort, und als die Befreiungskriege beginnen, begibt er sich nach Weimar und schreibt dort seine Doktor-Arbeit „Über die vierfache Wurzel des Satzes vom zureichenden Grunde", mit der er in Jena 1813 promoviert wird. Goethe liest diese Dissertation mit großem Interesse und lädt den jungen Doktor ein, um mit ihm über Probleme der Farbenlehre zu diskutieren.
Doch wegen ihres Hausfreundes kommt es bald zum endgültigen Bruch mit seiner Mutter, Arthur zieht nach Dresden und schreibt dort sein Hauptwerk „Die

---

* Dieser Text basiert im wesentlichen auf dem Schopenhauer-Beitrag des gleichen Verfassers in dem Band 2 der „Klassiker des philosophischen Denkens", hrsg. von N. Hoerster (1982, dtv 4387, Seite 194ff.; abgedruckt mit freundlicher Genehmigung des Deutschen Taschenbuchverlags München).

Welt als Wille und Vorstellung". Seine Affären mit leichten Mädchen dort und auf einer Italienreise steigern seine Geringschätzung der „Weiber". 1820 habilitiert er sich in Berlin, hat dort aber kaum Zuhörer, da er zur gleichen Zeit seine Vorlesungen hält wie der bereits hoch berühmte Hegel. Nach einer erneuten Italienreise muß er feststellen, daß seine Freundin Caroline Medon von einem anderen ein Kind bekommen hat und daß er in Abwesenheit verurteilt wurde, einer Näherin eine lebenslängliche Rente zu zahlen, die er angeblich die Treppe hinabgeworfen haben sollte. Als sich 1830 die Cholera Berlin nähert, reist er rechtzeitig ab. Hegel bleibt und erliegt der Seuche. Schopenhauer läßt sich schließlich in Frankfurt nieder, wo er immer mehr vereinsamt und verbittert. Seine Bücher will niemand lesen – sie werden als Altpapier eingestampft. Zwar gewinnt er einen Preis der Norwegischen Akademie der Wissenschaften, doch die Dänische Akademie lehnt seine Arbeit über „Das Fundament der Moral" ab.
Erst in den letzten 6 Jahren seines Lebens, mit 66, wird er plötzlich berühmt: Künstler wie Richard Wagner und Friedrich Hebbel wenden sich ihm zu, Dissertationen und Preisschriften werden über ihn verfaßt, seine Schriften werden neu aufgelegt. Am 21. September 1860 stirbt er an einer Lungenentzündung.

2. Ideengeschichtlicher Standort

Heinz Heimsoeth hat in seinem Buche „Die sechs großen Themen der abendländischen Metaphysik" darauf hingewiesen, daß in der klassischen antiken Philosophie der Wille kaum eine Rolle spielt; er steht dort ganz im Schatten des Intellekts: „Das unbedingte Vorwalten der Einsicht und des Intellekts vor allen Spannungen des Willens und Gemütes bildet, wie das schon oft bemerkt und ausgeführt worden ist, einen hervorstechenden Grundzug der griechischen Lebensauffassung. . . worauf auch immer der Wille geht, es kann nur etwas sein, das ihm die Vorstellung, die Erkenntnis dargeboten hat; und seine Wahl wird ganz bestimmt durch die primäre Leistung des theoretischen Vermögens. Vom Wissen, als dem Ursprünglichsten und Tiefsten im geistigen Leben, ist alles Wollen und das Handeln also auch ganz und gar abhängig. Gute und schlechte Handlungen sind das Ergebnis von wahrer und falscher Einsicht." (Heimsoeth, 249f.).
Erst durch die Reflexion der Lehren des Christentums rückte der Wille in das Zentrum des Interesses der Philosophie. Für Augustinus ist er für die Entstehung des Bösen verantwortlich, für das Handeln des Menschen entscheidend, grundlegend für die Ethik. In der Scholastik tritt für die franziskanische Schule, die stärker von Augustinus beeinflußt war, der Wille als gleichgewichtig neben den Intellekt. Hier wären besonders Johannes Duns Scotus und Wilhelm von Ockham zu nennen. Der letzte Grund der Welt ist nun der allmächtige Wille Gottes: „Wohl ist seine

Wahl gebunden an die Möglichkeiten, die innerhalb der logischen Gesetze liegen; was in sich widersprechend ist, kann Gott nicht wollen. Aber innerhalb dieser Möglichkeitsgrenzen ist Gottes Wille völlig ungebunden und selbst die einzige Ursache seines Wollens. Die Ordnung der Natur ist gut, weil Gottes Wille sie gewollt; nicht aber hat Gott sie eingesetzt, weil sein Verstand sie ihm als gut zeigte!" (Heimsoeth, 175). Die thomistische Schule hielt dagegen am Vorrang des Intellekts vor dem Willen fest, bei Gott wie beim Menschen. Das gilt auch weitgehend für die Philosophie der Neuzeit zwischen Descartes und Kant. Bei ersterem allerdings spielt der Wille die entscheidende Rolle beim Zustandekommen von Urteilen: „Der Wille ist es danach, der zum Urteil führt und da, wo noch nicht genügend Einsichten vorliegen, um wirklich entscheiden zu können, uns im Irrtum verstrickt. So sind alle Irrtümer der Menschen ihre eigene Schuld, Schuld ihres Willens!" (Heimsoeth, 282f.). „Descartes ist, was Verstand und Willen des Menschen anlangt, niemals hinausgekommen über das Schwanken zwischen den beiden Polen des Willensvorrangs und der Überlegenheit des Intellekts." (Heimsoeth, 183f.).
Es war schließlich Kant, der mit Nachdruck auf die Grenzen der reinen Vernunft hinwies: das theoretische Denken ist unzureichend zur Grundlegung jeglicher Metaphysik. Erst die praktische Vernunft, d.h. das vernünftige Handeln, verlangt als Postulate bestimmte metaphysische Prinzipien. Fichte zieht daraus die Konsequenz und macht den Willen zum alleinigen Prinzip der Welt, sieht das Wesen des Menschen in seinem Wollen und Wirken.
Schopenhauer fühlte sich selber als Vollender der kantischen Philosophie, indem er dessen „Ding an sich" als „Wille" erklärt. Bei Fichte hatte er in Berlin Vorlesungen gehört. Die Methoden seines Philosophierens lehnt er zwar mit Nachdruck ab, aber der Inhalt seiner Lehren scheint ihn doch stark beeindruckt zu haben,wohl stärker, als er selber je bereit war, das zuzugeben. Ideengeschichtlich betrachtet scheint die Schopenhauer'sche Willens-Metaphysik, die die Welt als Wille erklärt, sie zugleich aber auch als Vorstellung gelten läßt, sich als konsequente Synthese aus Grundzügen der bisherigen Entwicklung zu ergeben.

3. Die Welt als Vorstellung

„Die Welt ist meine Vorstellung" beginnt Schopenhauers Hauptwerk. Er betont und erläutert das nachdrücklich: „Keine Wahrheit ist also gewisser, von allen anderen unabhängiger und eines Beweises weniger bedürftig, als diese, daß alles, was für die Erkenntnis da ist, also die ganze Welt, nur Objekt in Beziehung auf das Subjekt ist, Anschauung des Anschauenden, mit einem Wort, Vorstellung. Natürlich gilt dies, wie von der Gegenwart, so auch von jeder Vergangenheit und jeder Zukunft, vom Fernsten wie vom Nahen: denn es gilt von Zeit und Raum selbst, in welchem allein sich dieses alles unterscheidet. Alles, was irgend zur Welt gehört und gehören kann, ist unausweichbar mit diesem Bedingtsein durch das Subjekt behaftet, und ist nur für das Subjekt da." (I,29)* Daß die Welt, insofern sie Objekt der Erkenntnis ist, Objekt für ein Subjekt ist, das ließe sich nun schon aus entsprechenden Definitionen von „Subjekt" und „Objekt" herleiten. Doch daß die Welt *nur* für ein Subjekt da ist, das wäre eine radikal-idealistische Auffassung. Und dieser huldigt Schopenhauer keineswegs, wie so oft unterstellt wird. Er nimmt dieses „nur"alsbald wieder zurück: „Daß jedoch diese Betrachtung, ihrer Wahrheit unbeschadet, eine einseitige, folglich durch eine willkürliche Abstraktion hervorgerufen ist, kündigt jedem das innere Widerstreben an, mit welchem er die Welt als eine bloße Vorstellung annimmt; welcher Annahme er sich andererseits doch nimmermehr entziehen kann. Die Einseitigkeit dieser Betrachtung aber wird das folgende Buch ergänzen durch eine Wahrheit, welche nicht so unmittelbar gewiß ist... daß man auch sagen kann und muß: die Welt ist mein Wille." (I,30f.).

Die Vorstellung aber, unterworfen dem Satz vom Grunde, ist das Objekt von Erfahrung und Wissenschaft. Die Vorstellungen sind zu unterscheiden in intuitive und abstrakte. Letztere sind Begriffe, die unter allen Wesen allein der Mensch hat. Das wird ihm ermöglicht durch die Vernunft, durch die er sich vom Tiere unterscheidet. Die intuitiven Vorstellungen sind bedingt durch die Anschauungsformen von Raum und Zeit, die ihrerseits Manifestationen des Grundes sind: „Sukzession ist die Gestalt des Satzes vom Grunde in der Zeit; Sukzession ist das ganze Wesen der Zeit." (I,35).

Der Satz vom Grunde, insofern er die wechselseitige Bestimmung von Teilen durcheinander bestimmt, was auch Lage heißt, ergibt den Raum. Kausalität kann nur bestehen zwischen den Objekten, jedoch nicht zwischen Objekt und Subjekt. Deshalb ist die Frage gegenstandslos, ob der Realismus oder der Idealismus recht habe: „Der Realismus setzt das

* Schopenhauer wird im folgenden nach der „Zürcher Ausgabe" (s. Lit.-Verz.) zitiert; die römische Zahl gibt den Band, die arabische Zahl die Seite an. Rechtschreibung und Zeichensetzung wurden dabei möglichst dem heutigen Gebrauch angeglichen, um die Lesbarkeit zu erleichtern.

Objekt als Ursache und deren Wirkung ins Subjekt. Der Fichte'sche Idealismus macht das Objekt zur Wirkung des Subjekts. Weil nun aber, was gar nicht genug eingeschärft werden kann, zwischen Subjekt und Objekt gar kein Verhältnis nach dem Satz vom Grunde stattfindet, so konnte auch weder die eine noch die andere der beiden Behauptungen je bewiesen werden, und Skeptizismus machte auf beide siegreiche Angriffe. – Wie nämlich das Gesetz der Kausalität schon als Bedingung der Anschauung und Erfahrung vorhergeht, daher nicht aus diesen (wie Hume meinte) gelernt sein kann, so gehen Objekt und Subjekt, schon als erste Bedingung aller Erkenntnis, daher auch dem Satz vom Grunde überhaupt, vorher, da dieser nur die Form alles Objektes, die durchgängige Form seiner Erscheinung ist." (I,41)

Die Formen von Raum und Zeit können nur wahrgenommen werden, wenn sie einen Inhalt haben – und das ist die Materie: „... diese ist durch und durch nichts als Kausalität, welches jeder unmittelbar einsieht, sobald er sich besinnt. Ihr Sein nämlich ist ihr Wirken: kein anderes Sein derselben ist auch nur zu denken möglich. Nur als wirkend füllt sie den Raum, füllt sie die Zeit: ihre Einwirkung auf das unmittelbare Objekt (das selbst Materie ist) bedingt die Anschauung, in der sie allein existiert... höchst treffend ist daher im Deutschen der Inbegriff alles Materiellen Wirklichkeit genannt." (I,35)

„Objekt für das Subjekt sein, und unsere Vorstellung sein, ist dasselbe. Alle unsere Vorstellungen sind Objekte des Subjekts, und alle Objekte des Subjekts sind unsere Vorstellungen. Nun aber findet sich, daß alle unsere Vorstellungen untereinander in einer gesetzmäßigen und der Form nach a priori bestimmbaren Verbindung stehen, vermöge welcher nichts für sich Bestehendes und Unabhängiges, auch nichts Einzelnes und Abgerissenes, Objekt für uns werden kann. Diese Verbindung ist es, welche der Satz vom Grunde in seiner Allgemeinheit ausdrückt." (V,41) Der Satz vom Grunde ist es, der einerseits den Zusammenhang unserer Vorstellungen bewirkt, der andererseits, insofern die Vorstellungen als ihm unterworfen betrachtet werden, Erfahrung und Wissenschaft ermöglicht. Schopenhauers Analyse des Satzes vom Grunde und seiner vierfachen Wurzel ergibt so gewissermaßen seine Erkenntnistheorie.

Diese geht davon aus, daß es vier verschiedene Klassen von Objekten gebe. Die erste Klasse von Objekten ist der Bereich des Wirklichen, dessen, was aufeinander wirkt, was dadurch verdeutlicht wird, daß es teils auch auf das sinnliche Wahrnehmungsvermögen unseres Leibes wirkt und in einem allgemeinen Wirkungszusammenhang steht. Das Wirkliche wird durch den Verstand erkannt. Da auch Tiere Wirkliches in gewisser Weise erkennen können, kommt auch ihnen in gewisser Weise Verstand zu. Nun gibt es aber eine zweite Klasse von Objekten, „... deren kein Tier teilhaft ist: es sind die Begriffe, also die abstrakten Vorstellungen; im Gegensatz der anschaulichen, aus welchen jedoch jene angezogen sind. Die nächste Folge hiervon ist, daß das Tier weder spricht noch lacht." (V,113) Diese abstrakten Vorstellungen werden durch die Vernunft erkannt, die ein ausschließlich dem Menschen eigenes Erkenntnisvermögen ist.

„Die dritte Klasse der Gegenstände für das Vorstellungsvermögen bildet der formale Teil der vollständigen Vorstellungen, nämlich die a priori gegebenen Anschauungen der Formen des äußeren und inneren Sinnes, des Raumes und der Zeit... Was diese Klasse von Vorstellungen, in welcher Raum und Zeit rein angeschaut werden, von der ersten Klasse, in der sie (und zwar im Verein) wahrgenommen werden, unterscheidet, das ist die Materie, welche ich daher einerseits als die Wahrnehmbarkeit von Raum und Zeit und andererseits als die objektiv gewordene Kausalität erklärt habe." (V,147)

Während in der ersten Klasse der Objekte, der (materiellen) Wirklichkeit, das Werden herrscht, beharren relativ dazu die formalen Objekte der dritten Klasse, so daß Schopenhauer bei ihnen von „Sein" spricht. Die vierte Klasse der Gegenstände „begreift für jeden nur *ein* Objekt, nämlich das unmittelbare Objekt des inneren Sinnes, das Subjekt des Wollens, welches für das erkennende Subjekt Objekt ist und zwar nur dem inneren Sinne gegeben, daher es allein in der Zeit, nicht im Raum erscheint." (V, 157) Das Subjekt kann sich nur als Wollendes, nicht als ein Erkennendes selbst erkennen. Das geschieht im Selbstbewußtsein. Den vier verschiedenen Arten von Vorstellung, deren Objekte auf jeweils vier verschiedene Arten erkannt werden, entsprechen vier verschiedene Arten von Gründen, die Schopenhauer die Wurzeln des Satzes vom zureichenden Grunde nennt.

Für die erste Klasse von Objekten ist das der Werdegrund, die Kausalität, die vom Verstand erfaßt wird. Sie tritt in drei verschiedenen Formen auf: „Die Ursache im engsten Sinne ist die, nach welcher ausschließlich die Veränderungen im unorganischen Reiche erfolgen, also diejenigen Wirkungen, welche das Thema der Mechanik, der Physik und der Chemie sind. Von ihr allein gilt... daß der vorhergehende Zustand (die Ursache) eine Veränderung erfährt, die an Größe der gleichkommt, die er hervorgerufen hat (der Wirkung). Ferner ist nur bei dieser Form der Kausalität der Grad der Wirkung dem Grade der Ursache stets genau angemessen, so daß aus dieser jene sich berechnen läßt, und umgekehrt." (V, 62)

„Die zweite Form der Kausalität ist der Reiz: sie beherrscht das organische Leben als solches, also der Pflanzen und den vegetativen, daher bewußtlosen Teil des tierischen Lebens, der ja eben ein Pflanzenleben ist. Sie charakterisiert sich durch Abwesenheit der Merkmale der ersten Form. Also sind hier Wirkung und Gegenwirkung einander nicht gleich und keineswegs folgt die Intensität der Wirkung durch alle Grade der Intensität der Ursachen: vielmehr kann, durch Verstärkung der Ursache, die Wirkung sogar in ihr Gegenteil umschlagen.“ (V,62)

„Die dritte Form der Kausalität ist das Motiv: unter dieser leitet sie das eigentlich animalische Leben, also das Tun, d.h. die äußeren, mit Bewußtsein geschehenen Aktionen aller tierischen Wesen. ... Die Wirkungsart eines Motivs aber ist von der eines Reizes augenfällig verschieden: die Einwirkung desselben nämlich kann sehr kurz, ja sie braucht nur momentan zu sein: denn ihre Wirksamkeit hat nicht, wie die des Reizes, irgendein Verhältnis zu ihrer Dauer, zur Nähe des Gegenstandes ...“ (V, 62f.).

„Der Unterschied zwischen Ursache, Reiz und Motiv ist offenbar bloß die Folge des Grades der Empfänglichkeit der Wesen: je größer diese, desto leichterer Art kann die Einwirkung sein: der Stein muß gestoßen werden, der Mensch gehorcht einem Blick. Beide werden durch eine zureichende Ursache, also mit gleicher Notwendigkeit bewegt.“ (V, 63) Der Kausalnexus, selbst der Zusammenhang zwischen Ursache und Wirkung, herrscht also auf allen drei Stufen mit gleicher Notwendigkeit – jedoch ist er im anorganischen Bereiche eindeutig determiniert, sogar berechenbar, nicht dagegen im vegetativen und animalischen Bereich. Doch eine Freiheit des menschlichen Willens in dem Sinne, daß bei gegebenen Motiven der Mensch zwischen zwei möglichen Handlungen wählen könne, lehnt Schopenhauer entschieden ab. Das stärkere Motiv bestimmt stets, welche Handlung vollzogen wird: Handlung als Objekt der Erfahrung wird determiniert durch ihre Motive!

Für die zweite Klasse von Objekten gilt der Erkenntnisgrund, der von der Vernunft erfaßt wird. „Aber auch das Denken im engeren Sinne besteht nicht in der bloßen Gegenwart abstrakter Begriffe im Bewußtsein, sondern in einem Verbinden oder Trennen zweier oder mehrerer derselben ... Ein solches deutlich ausgesprochenes Begriffsverhältnis heißt nämlich ein Urteil. In Beziehung auf diese Urteile nun macht sich der Satz vom Grunde abermals geltend ... nämlich als Satz vom Grunde des Erkennens ... als solcher besagt er, daß, wenn ein Urteil eine Erkenntnis ausdrücken soll, es einen zureichenden Grund haben muß: wegen dieser Eigenschaft erhält es sodann das Prädikat wahr. Die

Wahrheit ist also die Beziehung eines Urteils auf etwas von ihm verschiedenes, das sein Grund genannt wird ...“ (V, 121).
Nun gibt es aber vier Arten von Gründen, auf denen die Wahrheit eines Urteils beruhen kann, und entsprechend gibt es vier Arten von Wahrheit. Die erste Art ist die logische Wahrheit: „Ein Urteil kann ein anderes Urteil zum Grunde haben. Dann ist seine Wahrheit eine logische oder formale. Ob es auch materiale Wahrheit habe, bleibt unentschieden und hängt davon ab, ob das Urteil, worauf es sich stützt, materiale Wahrheit habe ...“ (V, 122).
Schopenhauer führt für den Erkenntnisgrund der logischen Wahrheit als Beispiele an, daß ein Urteil sich unmittelbar aus einem anderen ergibt, z.B. durch Konversion (das ist die Vertauschung von Subjekt und Prädikat), oder mittelbar durch einen Syllogismus (das von Aristoteles gelehrte klassische Schlußverfahren, bei dem aus zwei Urteilen ein drittes erschlossen wird).
Die Regeln der formalen Logik beherrscht Schopenhauer übrigens vorzüglich (viel besser als z.B. Kant). Im Manuskript seiner ersten Berliner Vorlesung wird vor allem die Syllogistik gründlich analysiert und durch treffende Beispiele erläutert.
Die zweite Art der Wahrheit ist die empirische. Sie liegt vor, wenn ein Urteil sich auf eine Vorstellung der ersten Klasse, also eine durch die Sinne vermittelte anschauliche Erfahrung, stützt: dann kommt dem Urteil materiale, d.h. auch inhaltliche Wahrheit zu. Das Vermögen, zu erkennen, daß die Begriffe so verbunden sind, wie die anschaulichen Vorstellungen, auf die sich das Urteil gründet, nennt Schopenhauer Urteilskraft.
Die dritte Art der Wahrheit ist die transzendentale. Sie liegt vor, wenn das Urteil sich stützt auf die in uns gelegenen Bedingungen der Möglichkeit aller Erfahrung, auf die reinen Anschauungsformen des Raumes und der Zeit.
Die vierte Art der Wahrheit ist die metalogische. Sie liegt vor, wenn der Grund eines Urteils auf formalen Bedingungen allen Denkens beruht: solche gibt es nach Schopenhauer vier:
1) das Prinzip der Identität;
2) das Prinzip vom Widerspruch;
3) das Prinzip vom ausgeschlossenen Dritten;
4) das Prinzip vom zureichenden Grunde.
Die dritte Art des Grundes ist der Seinsgrund, der für die reinen Anschauungen des Raumes und der Zeit gilt. Im Gegensatz zu den Objekten der ersten Klasse kommt denen dieser dritten Klasse keine Materie zu.

Die Teile des Raumes stehen zueinander in einem Verhältnis, das man ihre Lage nennt. Auf den Beziehungen der Lage aber beruht die Geometrie.

Die Teile der Zeit stehen zueinander in einem Verhältnis, das man ihre Folge nennt. Auf diesem Zusammenhang der Teile der Zeit beruht das Zählen, dessen Worte die Sukzession in ihren einzelnen Schritten markieren; darauf beruht die ganze Arithmetik.

Die vierte Art des Grundes ist der Motivationsgrund. „Bei jedem wahrgenommenen Entschluß sowohl anderer als unserer selbst, halten wir uns berechtigt, zu fragen: Warum? d.h. wir setzen als notwendig voraus, es sei ihm etwas vorhergegangen, daraus er erfolgt ist und welches wir den Grund, genauer das Motiv der jetzt erfolgenden Handlung nennen. Ohne ein solches ist dieselbe uns so undenkbar, wie die Bewegung eines leblosen Körpers ohne Stoß oder Zug." (V, 161)

„Die Motivation ist die Kausalität von innen gesehen." (V, 162)

Aus dem erkenntnistheoretischen Ansatz Schopenhauers ergibt sich ihm eine Fülle von Konsequenzen. Nur auf einige mag hier hingewiesen werden: „Der Satz vom zureichenden Grunde in allen seinen Gestalten ist das alleinige Prinzip und der alleinige Träger aller und jeder Notwendigkeit. Denn Notwendigkeit hat keinen anderen wahren und deutlichen Sinn, als den der Unausbleiblichkeit der Folge, wenn der Grund gesetzt ist. Danach ist jede Notwendigkeit bedingt; absolute, d.h. unbedingte Notwendigkeit wäre also eine contradictio in adjecto (ein Widerspruch in sich). Denn Notwendig-sein kann nie etwas anderes besagen, als aus einem gegebenen Grunde folgen.

Wissen ist nach Schopenhauer das, was auf einem begründeten Urteil beruht. Jede Wissenschaft wird durch ihre jeweiligen Objekte im besonderen und ganz allgemein durch den Satz vom Grunde bestimmt. Während die Logik die allgemeinsten Objekte der Vernunft, Begriffe, Urteile und Schlüsse, zum Gegenstand hat und Mathematik als Objekte die reinen Anschauungsformen Raum (Geometrie) und Zeit (Arithmetik), haben alle anderen Wissenschaften empirische Objekte zum Gegenstand. Entscheidend für die Wissenschaft ist nicht der Grad, bis zu dem ein Satz bewiesen ist, sondern wieweit Sätze aus allgemeinen Prinzipien folgen. Während in der Mathematik alle Sätze aus wenigen Prinzipien folgen, ist die Geschichte kaum noch eine Wissenschaft, da ihre Sätze fast alle nebeneinander stehen, kaum aus gemeinsamen Prinzipien folgen.

Die Vorstellung, dem Satz vom Grunde unterworfen, liefert Erfahrung und Wissenschaft. Schopenhauer aber sieht das nicht als die einzige Art der Erkenntnis an: die Vorstellung, unabhängig davon, dem Satz vom

Grunde unterworfen zu sein, ergibt die Kunst, die in der Darstellung der Ideen besteht. Doch das kann nicht von jedem Individuum geleistet werden: dazu bedarf es einer besonderen Verfassung, die nur das Genie besitzt. „Da wir nun also als Individuen keine andere Erkenntnis haben, als die, die dem Satz vom Grunde unterworfen ist, diese Form aber die Erkenntnis der Ideen ausschließt; so ist gewiß, daß wenn es möglich ist, daß wir uns von der Erkenntnis einzelner Dinge zu der der Ideen erheben, solches nur geschehen kann dadurch, daß im Subjekt eine Veränderung vorgeht, welche jenem großen Wechsel der ganzen Art des Objekts entsprechend und analog ist, und vermöge welcher das Subjekt, sofern es eine Idee erkennt, nicht mehr Individuum ist." (V, 229)

„Wenn man, durch die Kraft des Geistes gehoben, die gewöhnliche Betrachtungsart der Dinge fahren läßt, aufhört, nur ihren Relationen zueinander, deren letztes Ziel immer die Relation zum eigenen Willen ist, am Leitfaden der Gestaltungen des Satzes vom Grunde, nachzugehen, also nicht mehr das Wo, das Wann, das Warum und das Wozu an den Dingen betrachtet; sondern einzig und allein das Was; auch nicht das abstrakte Denken, die Begriffe der Vernunft, das Bewußtsein einnehmen läßt; sondern, statt alles diesem, die ganze Macht seines Geistes der Anschauung hingibt, sich ganz in diese versenkt und das ganze Bewußtsein ausfüllen läßt durch die ruhige Kontemplation des gerade gegenwärtigen natürlichen Gegenstandes, sei es eine Landschaft, ein Baum, ein Fels, ein Gebäude oder was auch immer; indem man, nach einer sinnvollen deutschen Redensart, sich gänzlich in diesen Gegenstand verliert, d.h. eben sein Individuum, seinen Willen, vergibt und nur noch als reines Subjekt, als klarer Spiegel des Objektes bestehen bleibt; so, daß es ist, als ob der Gegenstand allein da wäre, ohne jemanden, der ihn wahrnimmt, und man also nicht mehr den Anschauenden von der Anschauung trennen kann, sondern beide eines geworden sind, indem das ganze Bewußtsein von einem einzigen anschaulichen Bilde gänzlich gefüllt und eingenommen ist; wenn also solchermaßen das Objekt aus aller Relation zu etwas außer ihm, das Subjekt aus aller Relation zum Willen getreten ist: dann ist, was also erkannt wird, nicht mehr das einzelne Ding als solches; sondern es ist die Idee, die ewige Form, die unmittelbare Objektivität des Willens auf dieser Stufe: und eben dadurch ist zugleich der in dieser Anschauung Begriffene nicht mehr Individuum: denn das Individuum hat sich eben in solche Anschauung verloren: sondern es ist reines, willenloses, schmerzloses, zeitloses Skbjekt der Erkenntnis" (I, 231f.).

„Nur durch die oben beschriebene, im Objekt aufgehende, reine Kontemplation werden Ideen aufgefaßt, und das Wesen des Genius besteht

eben in der überwiegenden Fähigkeit zu solcher Kontemplation: da nun diese ein gänzliches Vergessen der eigenen Person und ihrer Beziehung verlangt; so ist Genialität nichts anderes, als die vollkommenste Objektivität, d.h. objektive Richtung des Geistes, entgegengesetzt der subjektiven, auf die eigene Person, d.i. den Willen, gehenden. Demnach ist Genialität die Fähigkeit, sich rein anschauend zu verhalten, sich in die Anschauung zu verlieren und die Erkenntnis, welche ursprünglich nur zum Dienste des Willens da ist, diesem Dienste zu entziehen, d.h. sein Interesse, sein Wollen, seine Zwecke, ganz aus den Augen zu lassen, sonach seiner Persönlichkeit sich auf eine Zeit völlig zu entäußern, um als rein erkennendes Subjekt, klares Weltauge, übrig zu bleiben." (I, 240).
Die ästhetische Betrachtungsweise beruht auf zwei unzertrennlichen Voraussetzungen: der Erkenntnis des Objektes als einer Idee, nicht als eines Einzeldinges; und dem Selbstbewußtsein des Erkennenden nicht als Individuum, sondern als reines, willenloses Subjekt der Erkenntnis. Auf beiden beruht auch, wenngleich jeweils in verschiedenem Maße, das Wohlgefallen, das durch die Betrachtung des Schönen erregt wird. Die Kunst als Werk des Genies wiederholt die durch reine Kontemplation erfaßten Ideen. Je nach Art dieser Ideen ergeben sich nun verschiedene Künste, von der bildenden Kunst über die Dichtkunst bis zur Musik.

Die bloße Materie kann nach Schopenhauer nicht die Darstellung einer Idee werden, denn sie ist durch und durch Kausalität, dem Satz vom Grunde unterworfen. Kunst aber ist ja gerade durch Unabhängigkeit vom Satz vom Grunde charakterisiert.

Die unterste Stufe der Kunst ist die Baukunst. In ihr zeigen sich vor allem die Ideen der Schwere und der Starrheit, aber auch die Ideen der Härte und Festigkeit des Steines. Diese Ideen klingen gewissermaßen als die Grundbaßtöne der Natur hier an. Dazu kommt das Licht hier zur Geltung: „Eine ganz besondere Beziehung haben nun noch die Werke der Baukunst zum Lichte: sie gewinnen doppelte Schönheit im vollen Sonnenschein, den blauen Himmel zum Hintergrund, und zeigen wieder eine ganz andere Wirkung im Mondschein. Daher auch bei Aufführung eines schönen Werkes der Baukunst immer besondere Rücksicht auf die Wirkungen des Lichtes und auf die Himmelsgegenden genommen wird. Dieses alles hat seinen Grund zwar größtenteils darin, daß helle und scharfe Beleuchtung alle Teile und ihre Verhältnisse erst recht sichtbar macht: außerdem aber bin ich der Meinung, daß die Baukunst, so wie Schwere und Starrheit, auch zugleich das diesen ganz entgegengesetzte Wesen des Lichtes zu offenbaren bestimmt ist. Indem nämlich das Licht von den großen, undurchsichtigen, scharf begrenzten und

mannigfach gestalteten Massen aufgefangen, gehemmt, zurückgeworfen wird, entfaltet es seine Natur und Eigenschaften am reinsten und deutlichsten, zum großen Genuß des Beschauers, da das Licht das erfreulichste der Dinge ist, als die Bedingung und das objektive Korrelat der vollkommensten anschaulichen Erkenntnisweise“ (I, 275 f.).
Die Landschaftsmalerei, gemalte Architektur, das Stilleben sind die nächsten Stufen. Um vieles höher stehen die Tiermalerei und die Tierskulptur. Die Idee, in der der Wille einen noch höheren Grad seiner Objektivation erreicht, wird anschaulich dargestellt in Historienmalerei, Portraitmalerei und der menschlichen Skulptur, vor allem dadurch, daß der Mensch hier selbst, indem er Gegenstand ästhetischen Wohlgefallens wird, sich vom Wollen und seiner steten Pein befreit.
Während der Historiker die Menschen in ihren zufälligen Gegebenheiten schildert, zeigt die Poesie *den* Menschen als Idee: „Der Dichter hingegen gleicht dem Mathematiker, welcher jene Verhältnisse a priori konstruiert, in reiner Anschauung, und sie aussagt, nicht wie die gezeichnete Figur sie wirklich hat, sondern wie sie in der Idee sind, welche die Zeichnung versinnlichen soll“ (I, 311).
„Die Darstellung der Idee der Menschheit, welche dem Dichter obliegt, kann er entweder nun so ausführen, daß der Dargestellte zugleich auch der Darstellende ist: dieses geschieht in der lyrischen Poesie, im eigentlichen Liede, wo der Dichtende nur seinen eigenen Zustand lebhaft anschaut und beschreibt, wobei daher, durch den Gegenstand, dieser Gattung eine gewisse Subjektivität wesentlich ist; – oder aber der Darzustellende ist vom Darstellenden ganz verschieden, wie in allen anderen Gattungen, wo mehr oder weniger der Darstellende hinter dem Dargestellten sich verbirgt und zuletzt ganz verschwindet. In der Romanze drückt der Darstellende seinen eigenen Zustand noch durch Ton und Haltung des Ganzen in etwa aus: viel objektiver als das Lied, hat sie aber noch etwas Subjektives, dieses verschwindet schon mehr im Idyll, noch viel mehr im Roman, fast ganz im eigentlichen Epos, und bis auf die letzte Spur endlich im Drama, welches die objektivste und in mehr als einer Hinsicht vollkommenste, auch schwierigste Gattung der Poesie ist.“ (I, 313).
„Als der Gipfel der Dichtkunst, sowohl in Hinsicht auf die Größe der Wirkung, als auf die Schwierigkeit der Leistung, ist das Trauerspiel anzusehen und ist dafür anerkannt. Es ist für das Ganze unserer gesamten Betrachtung sehr bedeutsam und wohl zu beachten, daß der Zweck dieser höchsten poetischen Leistung die Darstellung der schrecklichen Seite des Lebens ist, daß der namenlose Schmerz, der Jammer der Menschheit, der Triumph der Bosheit, die höhnende Herrschaft des Zu-

falls und der rettungslose Fall der Gerechten und Unschuldigen uns hier vorgeführt werden: denn hierin liegt ein bedeutsamer Wink über die Beschaffenheit der Welt und des Daseins. Es ist der Widerstreit des Willens mit sich selbst, welcher hier, auf der höchsten Stufe seiner Objektivität, am vollständigsten entfaltet, fruchtbar hervortritt. Am Leiden der Menschheit wird er sichtbar, welches nun herbeigeführt wird, teils durch Zufall und Irrtum, die als Beherrscher der Welt, und durch ihre bis zum Schein der Absichtlichkeit gehende Tücke als Schicksal personifiziert, auftreten, teils geht er aus der Menschheit selbst hervor, durch die sich kreuzenden Willensbestrebungen der Individuen, durch die Bosheit und Verkehrtheit der meisten. Ein und derselbe Wille ist es, der in ihnen allen lebt und erscheint, dessen Erscheinungen aber sich selbst bekämpfen und sich selbst zerfleischen" (I, 318).
Die höchste aller Künste aber ist die Musik: „Die Musik ist nämlich eine so unmittelbare Objektivation und Abbild des ganzen Willens, wie die Welt selbst es ist, ja wie die Ideen es sind, deren vervielfältigte Erscheinung die Welt der einzelnen Dinge ausmacht. Die Musik ist also keineswegs, gleich den anderen Künsten, das Abbild der Ideen, sondern Abbild des Willens selbst, dessen Objektivität auch die Ideen sind: deshalb eben ist die Wirkung der Musik so sehr viel mächtiger und eindringlicher, als die der andern Künste: denn diese reden nur vom Schatten, sie aber vom Wesen. Da es inzwischen derselbe Wille ist, der sich sowohl in den Ideen, als in der Musik, nur in jedem von beiden auf ganz verschiedene Weise, objektiviert; so muß, zwar durchaus keine unmittelbare Ähnlichkeit, aber doch ein Parallelismus, eine Analogie sein zwischen der Musik und zwischen den Ideen, deren Erscheinung in der Vielheit und Unvollkommenheit die sichtbare Welt ist." (I, 324).

4. Die Welt als Wille

Unter allen Objekten nun, die uns als Subjekten gegeben sind, kommt dem Leib eine besondere Rolle zu: er ist uns einmal als Objekt wie andere Objekte gegeben, doch er ist nicht *nur* unsere Vorstellung. Unsere innere Erfahrung zeigt uns, daß er unabhängig von unseren Vorstellungen etwas ist, das Aktivitäten ausübt. Unser Leib zeigt sich so als Wille. Dieser Wille aber ist nicht nur bloße Vorstellung des Subjekts: das Subjekt erkennt sich als Wille. Dieser Wille ist nicht bloße Erscheinung, er ist Ding an sich. Ob auch den übrigen Objekten darüber hinaus, daß sie Objekt für das Subjekt sind, ein An-sich-sein als Wille zukomme, ist ein Problem, das Schopenhauer sehr ernst nimmt. Wenn nur mir als dem vorstellenden Subjekt dieses An-sich-sein als Wille zukäme, alles andere aber nur meine Vorstellung und nichts außerdem wäre, ergäbe sich ein Solipsismus, ein theoretischer Egoismus: nur ich allein existiere als vorstellendes Subjekt wie als an sich seiender Wille. Schopenhauer meint, daß sich eine solche Auffassung theoretisch nicht widerlegen ließe. Aber wer sie praktisch vertrete, gehöre ins Tollhaus. Schopenhauer schließt, daß nicht nur *mein* Leib, sondern auch alle Objekte, die mir als Vorstellung im Bewußtsein gegeben sind, als An-sich-sein Wille sind; er gelangt durch einen Analogie-Schluß zu dieser Überzeugung: „Wir werden ... die Erkenntnis, welche wir vom Wesen und Wirken unseres eigenen Leibes haben, weiterhin als einen Schlüssel zum Wesen jeder Erscheinung in der Natur gebrauchen und alle Objekte, die nicht unser eigener Leib, daher nicht auf doppelte Weise, sondern allein als Vorstellungen unserm Bewußtsein gegeben sind, eben nach Analogie jenes Leibes beurteilen und daher annehmen, daß wie sie einerseits ganz so wie er Vorstellung und darin mit ihm gleichartig sind, auch andererseits, wenn man ihr Dasein als Vorstellung des Subjekts beiseite setzt, das dann noch übrig bleibende seinem inneren Wesen nach dasselbe sein muß als was wir an uns Wille nennen. Denn welche andere Art von Dasein und Realität sollten wir der übrigen Körperwelt beilegen? Woher die Elemente nehmen, aus denen wir eine solche zusammensetzten? Außer dem Willen und der Vorstellung ist uns gar nichts bekannt noch denkbar. Wenn wir der Körperwelt, welche unmittelbar nur in unserer Vorstellung da steht, die größte uns bekannte Realität beilegen wollen, so geben wir ihr die Realität, welche für jeden sein eigener Leib hat; denn der ist jedem das Realste. Aber wenn wir nun die Realität dieses Leibes und seiner Aktionen analysieren, so treffen wir außer dem, daß er unsere Vorstellung ist, nichts darin an als den Willen: damit ist selbst seine Realität erschöpft. Wir können daher eine anderweitige Realität, um sie der Körperwelt beizulegen, nirgends finden. Wenn also die Körperwelt noch etwas mehr sein soll als bloß unsere Vorstellung, so müssen wir sagen, daß sie außer der Vorstellung, also an sich und ihrem innersten Wesen nach das sei, was wir in uns selbst unmittelbar als Willen finden." (I, 148 f.).

Es muß hier mit Nachdruck vor einem naheliegenden Mißverständnis gewarnt werden: wenn Schopenhauer „Wille" sagt, meint er damit weder ein bewußtes Wollen, noch ein vernünftiges oder zielstrebiges oder freigewähltes Wollen. Für ihn ist Wille der Gegensatz zu Vorstellung: Wille hat mit dieser nichts gemeinsam! Er unterliegt also nicht dem Satz vom Grunde, hat darum weder Verstand noch Vernunft noch Raum noch Zeit. Da die beiden letzteren erst das Prinzip der Individuation sind, ist der Wille nicht in individuelle Einzelwillen aufgespalten: der Wille als Ding an sich ist einer, alogisch, vernunftlos, blind, ein irrationales Streben und Drängen. Auf der untersten Stufe der Natur manifestiert er sich als Kraft, als Gravitation, Schwere, mechanische, magnetische, elektrische, chemische Kraft. Auf der Stufe des Organischen wird der Wille zu Lebensdrang, Lebenskraft, Selbsterhaltungs- und Geschlechtstrieb. Im Menschen wird der Wille sich seiner selbst bewußt. Der Wille als ständiger Drang kann nicht ruhen. Was ihm bei seinem Streben begegnet, ist auch er selbst. So wendet er sich auch gegen sich selbst: daher ist der Wille in sich zerspalten. So erzeugt alles Streben notwendigerweise Leiden. Die Kräfte der Natur widerstreiten einander, die Lebewesen kämpfen miteinander, das eine wird des anderen Beute, der Lebensdrang wird zur Lebensgier, die andere vernichtet, um sich selber auszubreiten, selber zu herrschen.

Indem der Wille vorwärts drängt, setzt er als unmittelbare Objektivationen des Willens die Ideen, allgemeine Leitbilder, aus denen wiederum durch die reinen Anschauungsformen des Raumes und der Zeit als Individuationsprinzip sich die individuellen Seienden ergeben. Die Ideen nehmen eine gewisse Zwischenstellung zwischen Wille und Vorstellung ein. In der Objektivation des Willens durch Ideen schafft der blinde Weltenwille Objekte, die der Erkenntnis, der Logik zugänglich sind. Die Ideen sind zugleich Gegenstand der Kunst.

Die Objektivation des Willens vollzieht sich in verschiedenen Stufen. Darum gibt es eine Stufenfolge der Ideen, wobei jedoch nicht etwa die höheren Stufen aus den niederen entstehen oder aus diesen erklärt werden können: der Wille selbst ist es, der zu immer höheren Stufen der Objektivation drängt. Da es der eine Weltenwille ist, der sich in den verschiedenen Stufen objektiviert, sind diese miteinander verwandt, finden sich Analogien in ihnen, ohne daß dadurch etwa die chemischen Kräfte aus den mechanischen ableitbar wären oder die physiologischen Erscheinungen aus chemischen und physikalischen Kräften erklärt werden könnten. Auch die Abstammungslehre lehnt Schopenhauer konsequent ab.

„Jenachdem dem Organismus die Überwältigung jener, die tieferen Stufen der Objektivität des Willens ausdrückenden Naturkräfte mehr oder weniger gelingt, wird er zum vollkommeneren oder unvollkommeneren Ausdruck der Idee, d. h. steht näher oder ferner dem Ideal, welchem in seiner Gattung die Schönheit zukommt.“ (I, 197).

Beim Menschen unterscheidet Schopenhauer den intelligiblen Charakter, der frei ist, und den empirischen Charakter, der durch Motive determiniert ist: „Der Charakter jedes einzelnen Menschen kann, sofern er durchaus individuell und nicht ganz in dem der Spezies begriffen ist, als eine besondere Idee, entsprechend einem eigentümlichen Objektivationsakt des Willens, angesehen werden. Dieser Akt selbst wäre dann sein intelligibler Charakter, sein empirischer aber die Erscheinung desselben. Der empirische Charakter ist ganz und gar durch den intelligiblen, welcher grundloser, d.h. als Ding an sich dem Satz vom Grund (der Form der Erscheinung) nicht unterworfener Wille ist, bestimmt. Der empirische Charakter muß in einem Lebenslauf das Abbild des intelligiblen liefern, und kann nicht anders ausfallen, als das Wesen dieses es erfordert. Allein die Bestimmung erstreckt sich nur auf das Wesentliche, nicht auf das Unwesentliche des demnach erscheinenden Lebenslaufes. Zu diesem Unwesentlichen gehört die nähere Bestimmung der Begebenheiten und Handlungen, welche der Stoff sind, an dem der empirische Charakter sich zeigt. Diese werden von äußeren Umständen bestimmt, welche die Motive abgeben, auf welche der Charakter seiner Natur gemäß reagiert, und da sie sehr verschieden sein können, so wird sich nach ihrem Einfluß die äußere Gestaltung der Erscheinung des empirischen Charakters, also die bestimmte faktische oder historische Gestaltung des Lebenslaufes, richten müssen. Diese wird sehr verschieden ausfallen können, wenngleich das Wesentliche dieser Erscheinung, ihr Inhalt, derselbe bleibt: so z.B. ist es unwesentlich, ob man um Nüsse oder Kronen spielt: ob man aber beim Spiel betrügt, oder ehrlich zu Werk geht, das ist das Wesentliche: dieses wird durch den intelligiblen Charakter, jenes durch äußeren Einfluß bestimmt." (I, 211f.).

Den Wesenskern, das An-sich jedes Dinges macht ein Streben aus, das dem einen Willen entspricht, der dem menschlichen Wollen voll ins Bewußtsein tritt. Dieser Wille kann niemals ruhen, strebt zu immer neuen Zielen. „Wir nennen dann seine Hemmung durch ein Hindernis, welches sich zwischen ihn und sein einstweiliges Ziel stellt, Leiden; hingegen sein Erreichen des Ziels Befriedigung, Wohlsein, Glück. Wir können diese Benennungen auch auf jene, dem Grade nach schwächeren, dem Wesen nach identischen Erscheinungen der erkenntnislosen Welt übertragen. Diese sehen wir alsdann in stetem Leiden begriffen und ohne bleibendes Glück. Denn alles Streben entspringt aus dem Mangel, aus Unzufriedenheit mit seinem Zustande, ist also Leiden, so lange es nicht befriedigt ist; keine Befriedigung aber ist dauernd, vielmehr ist sie stets nur der Anfangspunkt eines neuen Strebens. Das Streben sehen wir überall vielfach gehemmt, überall kämpfend; so lange also immer als Leiden: kein Ziel des Strebens, also kein Maß und Ziel des Leidens." (II, 387f.).

Alles Leben ist wesentlich Leiden. Der Wille aber ist wesentlich Wille zum Leben, sein Schicksal ist also ständiges Leiden; dessen Unterbrechung ist die Langeweile: „Wollen und Streben ist sein ganzes Wesen, einem unlöschbaren Durst gänzlich zu vergleichen. Die Basis alles Wollens aber ist Bedürftigkeit, Mangel, also Schmerz, dem er folglich schon ursprünglich und durch sein Wesen anheimfällt. Fehlt es ihm hingegen an Objekten des Wollens, indem die zu leichte Befriedigung sie ihm sogleich wieder wegnimmt; so befällt ihn furchtbare Leere und Langeweile: d.h. sein Wesen und sein Dasein selbst wird ihm zur unerträglichen Last. Sein Leben schwingt also, gleich einem Pendel, hin und her, zwischen dem Schmerz und der Langeweile, welche beide in der Tat dessen letzte Bestandteile sind.“ (II, 390).

Glück und Freude sind so schnell vergänglich, werden bald von neuem Leiden verdrängt – oder erzeugen bald Langeweile. Die überwältigende Fülle des Leides in unserem Dasein nötigt Schopenhauer zu dem Schluß, daß es besser sei, nicht zu sein als zu sein. Kann man die nüchterne Registrierung der Fülle des Leidens bei Tier und Mensch durchaus als Realismus bezeichnen, so ist die Schlußfolgerung daraus Pessimismus zu nennen. Das Problem ist nur, ob diese Schlußfolgerung sich zwingend aus dem System Schopenhauers ergeben muß. Radikal wäre dieser Pessimismus zudem nur, wenn es keinerlei Ausweg aus diesem Leiden gäbe. Schopenhauer zeigt aber, wie wir bereits gesehen haben, daß die Hingabe an die Kunst eine Möglichkeit ist, sich der Tyrannei des Willens zu entziehen und damit auch dem Leiden, das er unaufhörlich gebiert. Die Hingabe an die Schau der Ideen im Kunstwerk erzeugt ein Wohlgefallen, das ein „Quietiv“ des Willens ist. Weitere Möglichkeiten dazu weist die Ethik Schopenhauers auf. Der angebliche Pessimismus Schopenhauers wird dadurch, daß er Möglichkeiten aufweist, dem Leid zu entrinnen, als Pessimismus problematisch.

Bevor wir uns der eigentlichen Ethik zuwenden, müssen wir erst einen Blick auf die Handlungstheorie Schopenhauers werfen, zumal diese sich grundlegend von allem bisher dagewesenen unterscheidet. Er betont zwar „Daß der Wille als solcher frei ist, folgt schon daraus, daß er nach unserer Ansicht das Ding an sich, der Gehalt aller Erscheinung ist.“ (II, 361) Aber der Wille als solcher ist nach ihm gerade nicht das, was die Handlung des einzelnen Menschen hervorruft. Denn der einzelne Mensch ist ja nicht Wille als solcher, sondern einer unter vielen Objektivationen des Willens, die bis zur Individuation durch Raum und Zeit gediehen ist. Und hier gilt nun: „Der Mensch ist wie jeder andere Teil der Natur Objektität des Willens: daher gilt alles Gesagte auch von ihm. Wie jedes Ding in der Natur seine Kräfte und Qualitäten hat, die auf bestimmte Einwirkung bestimmt reagieren und seinen Charakter ausmachen, so hat auch er seinen Charakter, aus dem die Motive seine Handlungen mit Notwendigkeit hervorrufen. In dieser Handlungsweise offenbart sich sein empirischer Charakter, in diesem aber wieder sein intelligibler Charakter, der Wille an sich, dessen determinierte Erscheinung er ist.“ (II, 362).

Dem Willen kommt nun der absolute Vorrang zu: der Mensch handelt nicht, indem er das will, was er erkannt hat – so lehren durchweg die bisherigen Handlungstheorien – sondern nach Schopenhauer will er zunächst und erkennt dann, was er will: „Der Wille ist das erste und ursprüngliche, die Erkenntnis bloß hinzugekommen, zur Erscheinung des Willens, als ein Werkzeug derselben, gehörig. Jeder Mensch ist demnach das, was er ist, durch seinen Willen, und sein Charakter ist ursprünglich; da Wollen die Basis seines Wesens ist. Durch die hinzugekommene Erkenntnis erfährt er im Laufe der Erfahrung, was er ist, d. h. er lernt seinen Charakter kennen. Er erkennt sich also in Folge und Gemäßheit der Beschaffenheit seines Willens; statt daß er, nach der alten Ansicht, will in Folge und Gemäßheit seines Erkennens. Nach dieser dürfte er nur überlegen, wie er am liebsten sein möchte, und er wäre es: das ist ihre Willensfreiheit. Sie besteht also eigentlich darin, daß der Mensch sein eigenes Werk ist, am Lichte der Erkenntnis. Ich hingegen sage: er ist sein eigenes Werk vor aller Erkenntnis, diese kommt bloß hinzu, es zu beleuchten. Darum kann er nicht beschließen, ein solcher oder solcher zu sein, noch auch kann er ein anderer werden; sondern er ist, ein für allemal, und erkennt sukzessive, was er ist. Bei jenen will er, was er erkennt; bei mir erkennt er, was er will.“ (II, 368).

Dabei macht Schopenhauer sich unter ausdrücklicher Berufung auf „Kants meisterhafte Darstellungen“ (II, 365) dessen Unterscheidung von intelligiblem und empirischem Charakter zu eigen. Der intelligible Charakter ist das Subjekt als Objektivation des Willens, unabhängig davon, daß es als Objekt der Vorstellung dem Satz vom Grunde unterworfen ist. Dieser intelligible Charakter ist frei. Der empirische Charakter dagegen ist das Subjekt, insofern es als Objekt der Vorstellung dem Satz vom Grunde unterworfen ist. Der empirische Charakter ist durch Gründe bestimmt, unfrei, durch Motive determiniert. Freiheit des Willens gilt also nur transzendental. Durch das Zusammenspiel von unveränderlichem Charakter und wechselnden Motiven werden die Handlungen determiniert: „Da die Motive, welche die Erscheinung des Charakters oder des Handelns bestimmen, durch das Medium der Erkenntnis auf ihn einwirken, die Erkenntnis aber veränderlich ist, zwischen Irrtum und Wahrheit oft hin und her schwankt, in der Regel jedoch im Fortgang des Lebens immer mehr berichtigt wird, freilich in sehr verschiedenen Graden; so kann die Handlungsweise eines Menschen merklich verändert werden, ohne daß man daraus auf eine Veränderung seines Charakters zu schließen berechtigt wäre. Was der Mensch eigentlich und überhaupt will, die Anstrebung seines innersten Wesens und das Ziel, dem er ihr gemäß nachgibt, dies können wir durch äußere Einwirkungen auf ihn, durch Belehrung, nimmermehr ändern: sonst könnten wir ihn umschaffen." (II, 370).

Das Wollen selbst ist nicht erlernbar, betont Schopenhauer immer wieder, nicht durch Belehrung, nur durch Darbietung entsprechender Motive können wir das Handeln des Menschen beeinflussen.

Schopenhauer kennt noch eine dritte Art von Charakter: „Neben dem intelligiblen und dem empirischen Charakter ist noch ein drittes, von beiden Verschiedenes zu erwähnen, der erworbene Charakter, den man erst im Leben, durch den Weltgebrauch erhält, und von dem die Rede ist, wenn man gelobt wird als ein Mensch, der Charakter hat, oder getadelt wird als charakterlos. – Zwar könnte man meinen, daß, da der empirische Charakter, als Erscheinung des intelligiblen, unveränderlich und wie jede Naturerscheinung, in sich konsequent ist, auch der Mensch eben deshalb immer sich selbst gleich und konsequent erscheinen müßte und daher nicht nötig hätte, durch Erfahrung und Nachdenken sich künstlich einen Charakter zu erwerben. Dem ist aber anders, wie wohl man immer derselbe ist, so versteht man jedoch sich selbst nicht jederzeit, sondern verkennt sich oft, bis man die eigentliche Selbsterkenntnis in gewissem Grade erworben hat. Der empirische Charakter ist, als bloßer Naturtrieb, an sich vernünftig: ja seine Äußerungen werden noch dazu durch die Vernunft gestört, und zwar um so mehr, je mehr Besonnenheit und Denkkraft der Mensch hat. Denn dieserhalb nimmt er immer vor, was dem Menschen überhaupt als Gattungscharakter zukommt, und im Wollen wie im Leisten demselben möglich ist." (II, 380)

„Darum ist das bloße Wollen und auch Können an sich noch nicht zureichend, sondern ein Mensch muß auch wissen, was er will, und wissen, was er kann: erst so wird er Charakter zeigen, und erst dann kann er etwas rechtes vollbringen." (II, 381)

„Wir müssen erst aus Erfahrung lernen, was wir wollen und was wir können: bis dahin wissen wir es nicht, sind charakterlos und müssen oft durch harte Stöße von außen auf unseren eigenen Weg zurückgeworfen werden. – Haben wir es aber endlich gelernt, dann haben wir erlangt, was man in der Welt Charakter nennt, den erworbenen Charakter." (II, 382).

Diese Handlungstheorie hat einerseits die Konsequenz, daß nicht in der einzelnen, empirisch feststellbaren Handlung Freiheit obwaltet: Freiheit gibt es nur transzendental, in dem hinter den Erscheinungen liegenden An-sich, im intelligiblen Charakter. Und deshalb hat andererseits der Mensch Verantwortung, kann Schuld auf sich laden. Schopenhauer stellt jedoch, da die empirischen Handlungen determiniert sind, konsequenterweise kein System von ethischen Gesetzen, keinen Pflichtenkatalog auf – er beschreibt stattdessen zunächst die sicher unmoralischen Handlungen. Diese entspringen dem direkten Egoismus oder der reinen Bosheit. Beide verletzen die Gerechtigkeit. Diese postuliert Schopenhauer als erstes für moralisches Handeln. Zur natürlichen Gerechtigkeit gehört der Anspruch auf Leben, Unverletzlichkeit des Leibes und des Eigentums, das jedoch natürlich nur durch Arbeit begründet werden kann. Erst der Staat kann zusätzlich andere Formen der Eigentumsbegründung durch Gesetze schaffen. Auch ein Strafrecht kann erst durch den Staat begründet werden. Während die (abzulehnende) Rache auf die Vergangenheit sieht, zielt die Strafe auf die Zukunft, will zukünftiges Unrecht durch Abschreckung verhindern. Schopenhauer stimmt mit dem Rechtstheoretiker Feuerbach darin überein, daß Abschreckung Sinn der Strafe ist. Nicht nur Gewalttat ist Unrecht, auch Lüge: „Aus dem Gesagten folgt, daß jede Lüge, eben wie jede Gewalttätigkeit, als solche Unrecht ist; weil sie schon als solche zum Zweck hat, die Herrschaft meines Willens auf fremde Individuen auszudehnen, also meinen Willen durch Verneinung des ihrigen zu bejahen, so gut wie die Gewalt. – Die vollkommenste Lüge aber ist der gebrochene Vertrag." (II, 421) Gegen Unrecht darf man sich wehren, hat man ein eigenes Zwangsrecht zur Abwehr, sei es durch Gewalt oder List: „In allen Fällen, wo ich ein Zwangsrecht, ein vollkommenes Recht habe, Gewalt gegen andere zu gebrauchen, kann ich nach Maßgabe der Umstände, eben sowohl der fremden Gewalt auch die List entgegenstellen, ohne Unrecht zu tun, und habe folglich ein wirkliches Recht zur Lüge, gerade so weit, wie ich es zum Zwange habe. Daher handelt jemand, der einem ihn durchsuchenden Straßenräuber versichert, er habe nichts weiter bei sich, vollkommen recht: ebenso auch der, welcher den nächtlich eingedrungenen Räuber durch eine Lüge in einen Keller lockt, wo er ihn einsperrt." (II, 424)

Schopenhauer ist überzeugt, daß insgesamt in der Welt „ewige Gerechtigkeit" herrscht: „In diesem Sinne können wir sagen: die Welt selbst ist das Weltgericht. Könnte man allen Jammer der Welt in eine Waagschale legen, und alle Schuld der Welt in die andere: so würde gewiß die Zunge einstehen." (II, 438) Das aber ist schwer vereinbar mit dem ihm so oft vorgeworfenen Pessimismus.

Das allgemeine Fundament der Moral jedoch ist das Mitleid: da alle Lebewesen, Tiere wie Menschen, dem Willen zum Leben entspringen, sind alle dem Leiden unterworfen. Im Leid des anderen erkenne ich mein eigenes Leid. Indem ich das Leid des anderen mittrage, ertrage ich mein eigenes Leid: „Was daher auch Güte, Liebe und Edelmut für andere tun, ist immer nur Linderung ihrer Leiden, und folglich ist, was sie bewegen kann zu guten Taten und Werken der Liebe, immer nur die Erkenntnis des fremden Leidens, aus dem eigenen unmittelbar verständlich und diesem gleichgesetzt." (II, 465). Schopenhauer weist darauf hin, daß dies Mitleid sich auf alle Lebewesen, nicht nur auf Menschen, sondern auch auf Tiere erstrecken müsse.

Die dritte Stufe der Ethik schließlich ist die auf der Erkenntnis der grundlegenden Bedeutung des Willens beruhende Einstellung zu diesem, die Bejahung des Willens zum Leben oder die Verneinung des Willens zum Leben. Da er diese letztere sehr ausführlich behandelt, wird sie oft allein als die Schopenhauer'sche Lösung des Problems angesehen. Man sollte nicht übersehen, daß die Bejahung des Willens zum Leben als eine gleichwertige Lösung zur Überwindung des Leides daneben steht, wenn Schopenhauer sich auch nur relativ kurz mit dieser Möglichkeit befaßt: „Darum könnte eine philosophische Erkenntnis des Wesens der Welt, die bis zu dem Punkt, auf welchem wir jetzt in unserer Betrachtung stehen, gekommen wäre, aber nicht weiterginge, selbst schon auf diesem Standpunkte die Schrecken des Todes überwinden in dem Maße als im gegebenen Individuum die Reflexion Macht hätte über das unmittelbare Gefühl. Ein Mensch, der die bisher vorgetragenen Wahrheiten seiner Sinnesart fest einverleibt hätte, nicht aber zugleich durch eigene Erfahrung oder durch eine weitergehende Einsicht dahingekommen wäre, in allem Leben dauerndes Leiden als wesentlich zu erkennen, sondern der im Leben Befriedigung fände, dem vollkommen wohl darin wäre, und der bei ruhiger Überlegung, seinen Lebenslauf wie er ihn bisher erfahren, von endloser Dauer oder von immer neuer Wiederkehr wünschte, und dessen Lebensmut so groß wäre, daß er, gegen die Genüsse des Lebens, alle Beschwerde und Pein, der es unterworfen ist, willig und gern mit in Kauf nähme; ein solcher stände „mit festen markigen Knochen auf der wohlgegründeten dauernden Erde" und hätte nichts zu fürchten: gewaffnet mit der Erkenntnis, die wir ihm beilegen, sähe er dem auf den Flügeln der Zeit heraneilenden Tode gleichgültig entgegen, ihn betrachtend als einen falschen Schein, ein ohnmächtiges Gespenst, Schwache zu schrecken, das aber keine Gewalt über den hat, der da weiß, daß er ja selbst jener Wille ist, dessen Objektivation oder Abbild die ganze Welt ist, dem daher das Leben allezeit gewiß bleibt und auch die Gegenwart, die eigentlich alleinige Form der Erscheinung des Willens, den daher keine unendliche Vergangenheit oder Zukunft, in denen er nicht wäre, schrecken kann." (II, 357f.).

Die Verneinung des Willens zum Leben zur Überwindung des Leidens geschieht durch Askese, durch Verzicht auf die Ausübung des Geschlechtstriebes, durch Einschränkung des Nahrungstriebes und aller anderen Triebe. Diese Selbstüberwindung ist die höchste Stufe der Ethik. Hier kommt Schopenhauers Ethik der Ethik buddhistischer Mönche oder christlicher Mönche des Mittelalters nahe. Seine Ethik gleicht hier weitgehend der Ethik der Bergpredigt. Dieser hat man oft Wirklichkeitsferne, praktische Undurchführbarkeit vorgeworfen.

Nun, eine realistischere Ethik bietet Schopenhauer in seinen „Aphorismen zur Lebensweisheit". Als mögliche Güter des Menschen spricht er hier realistisch 1) „von dem, was einer ist", 2) „von dem, was einer hat", 3) „von dem, was einer vorstellt". Die Arten 2) und 3) sind zwar nicht ohne Bedeutung, doch entscheidend ist das, was einer ist: sein innerer Reichtum an Gaben der Einsicht und des Kunstverständnisses. Sie zu pflegen und zu genießen, könne dem Menschen Glück verschaffen, wenn er durch Freiheit von äußeren Sorgen und durch Muße dazu in der Lage ist: „Von diesem Gesichtspunkt aus erscheint nun der, welchen die Natur in intellektueller Hinsicht sehr reich ausgestattet hat, als der Glücklichste". (VIII, 372).

„Ein solcher innerlich Reicher bedarf von außen nichts weiter, als eines negativen Geschenks, nämlich freier Muße, um seine geistigen Fähigkeiten ausbilden und entwickeln und seinen inneren Reichtum genießen zu können, also eigentlich nur der Erlaubnis, sein ganzes Leben hindurch, jeden Tag und jede Stunde, ganz er selbst sein zu dürfen. Wenn einer bestimmt ist, die Spur seines Geistes dem ganzen Menschengeschlechte aufzudrücken, so gibt es für ihn nur ein Glück und Unglück, nämlich seine Anlagen vollkommen ausbilden und seine Werke vollenden zu können, – oder aber hieran verhindert zu sein. Alles andere ist für ihn geringfügig. Demgemäß sehen wir die großen Geister aller Zeiten auf freie Muße den allerhöchsten Wert legen. Die freie Muße eines jeden ist soviel Wert, wie er selbst Wert ist." (VIII, 372f.)

5. Wirkung

Schopenhauers Philosophie stieß zunächst $3^1/_2$ Jahrzehnte hindurch nach dem Erscheinen seines Hauptwerkes auf wenig Verständnis. An den Universitäten herrschte weitgehend die Philosophie von Hegel und Schelling. Auch die philosophisch interessierte Öffentlichkeit interessierte sich nicht für Schopenhauer. Seine Bücher waren unverkäuflich und mußten als Altpapier eingestampft werden. Als 1851, im 63. Lebensjahre Schopenhauers, seine „Parerga und Paralipomena“ erschienen, gab es ganze sechs Personen, von denen Schopenhauer sich so viel Verständnis erhoffte, daß er ihnen Freiexemplare sandte. Vier davon waren interessanterweise Juristen. Die ersten beiden Philosophen, die Anhänger Schopenhauers wurden und seine Lehre propagierten, waren beide keine Universitätsprofessoren: Julius Frauenstädt (1813–1879) war Privatlehrer, Julius Bahnsen (1830–1881) war Gymnasiallehrer. Unter den Universitätsprofessoren wurde erst nach Schopenhauers Tod Paul Deussen (1845–1919), seit 1889 Professor in Kiel, ein entschiedener Anhänger Schopenhauers. Er gründete 1911 die Schopenhauer-Gesellschaft und begann die große kritische Ausgabe der Werke Schopenhauers. Zu Lebzeiten wirkte Schopenhauer vor allem auf Künstler, wie z.B. Richard Wagner, der ihm das Textbuch zum „Ring des Nibelungen“ widmete, und Friedrich Hebbel, der ihn besuchte. Die Bildhauerin Elisabeth Ney, die später zahlreiche prominente Zeitgenossen modellierte, schuf 1859 nach vielen Sitzungen eine Büste Schopenhauers. Auch in der Folgezeit fand er ein lebhaftes Echo bei Schriftstellern wie Leo Tolstoj, Thomas Mann, Wilhelm Busch, Christian Morgenstern, Hermann Hesse, Gottfried Benn, Samuel Beckett. Schopenhauer selbst hatte nie den Glauben an die überragende Bedeutung seiner Einsichten verloren und war fest überzeugt, daß seine Philosophie eines Tages die verdiente Anerkennung finden werde.

Und das geschah ziemlich plötzlich etwa ab 1854, während der letzten sechs Jahre seines Lebens. Schopenhauer wurde sogar ausgesprochener Mode-Philosoph, der an Stammtischen und bei Kaffeekränzchen fleißig zitiert wurde. Dieser zeitweilige Schopenhauer-Rummel machte ihn in breiten Kreisen populär. Abgelöst wurde diese Schopenhauer-Welle nach 1900 durch die Popularität Nietzsches. Doch Schopenhauer wird bald nach seinem Tode, vor allem durch seine Willensmetaphysik, auch mehr oder weniger einflußreich für die Lehren einiger Philosophen, wie z.B. Eduard von Hartmann (1842–1906), Wilhelm Wundt (1832–1920), Henri Bergson (1859–1941). Vor allem aber wurde Friedrich Nietzsche (1844–1900) stark von ihm beeinflußt, der allerdings seinen Pessimismus in einen radikalen Optimismus umstülpte. Dazu vertritt er einseitig die uneingeschränkte Bejahung des Willens zum Leben (Wille zur Macht).

Die gegenwärtige Lage der Philosophie ist dadurch gekennzeichnet, daß innerhalb der kulturell interessierten Öffentlichkeit Philosophie leider nicht im Vordergrund des Interesses steht. Doch zu dem Dutzend Philosophen, deren Namen einer breiteren Öffentlichkeit bekannt sind, gehört – zumindest in Deutschland – ganz sicher auch Schopenhauer, wenn seine Lehre zumeist auch nur in einigen vorurteilsbeladenen Schlagworten kolportiert wird. Andererseits gehört Schopenhauer zu den wenigen Philosophen, die von einer kleinen Minderheit interessierter Laien ernsthaft studiert werden. Das wird schon dadurch dokumentiert, daß in den letzten zehn Jahren eine ganze Reihe Texte von Schopenhauer und Bücher über ihn und seine Philosophie neu im Buchhandel erschienen sind. An vielen deutschen Universitäten werden regelmäßig Lehrveranstaltungen über Schopenhauer durchgeführt. Probleme der Schopenhauer'schen Philosophie werden als Themen für akademische Abschlußprüfungen gewählt. Unter den deutschen Universitätsprofessoren für Philosophie gibt es zwar kaum Schopenhauerianer, wie es ehedem Kantianer und Hegelianer gab, aber es gibt heute viele Philosophen verschiedenster Herkunft, die sich auch für Schopenhauer interessieren und seine philosophischen Verdienste zu würdigen wissen, z.B. Karl Popper, der führende Wissenschaftstheoretiker der Gegenwart, Max Horkheimer, der Mitbegründer der Frankfurter Schule, Arnold Gehlen, einer der führenden Anthropologen, der Hegelforscher Hermann Glockner, der Wertphilosoph Fritz Joachim von Rintelen, der Phänomenologe Gerhard Funke, der Kulturphilosoph Ludwig Marcuse.

6. Würdigung

Schopenhauer selbst hat sich für manche seiner Ergebnisse auch auf vorangehende Denker berufen, wie z.B. auf Platon, Hume, Kant und die Upanishaden. So dürfen wir sicher wiederum fragen, was er zum bleibenden Bestande einer philosophia perennis beigetragen hat. Zwar ist jeder Denker auch ein Kind seiner Zeit, und deshalb fließt auch immer Zeitbedingtes in sein Werk ein, ja vielleicht sogar auch seine ganz persönlichen Erlebnisse. Doch der große, bedeutende Denker, das Genie, zeichnet sich dadurch aus, daß er über seine Zeit hinaus denkt, nicht nur subjektive Eindrücke, sondern Allgemeingültiges zu sagen hat. Schopenhauers bissige Bemerkungen über das weibliche Geschlecht wie über die Universitätsphilosophie beruhen sicher auf persönlichen Enttäuschungen, ergeben sich nicht als Konsequenzen aus seinem philosophischen System.

Wie aber steht es um den Pessimismus Schopenhauers? Wenn man die Fülle von Not und Leid, von ungerechter Unterdrückung, ideologischer Verblendung und Unvernunft in der Gegenwart nüchtern registriert, dann könnte man die Schopenhauer'sche Beschreibung der Welt vielleicht eher realistisch als pessimistisch nennen. Echter Pessimismus läge vor, wenn Schopenhauer lehrte, daß wir hoffnungslos dem Leiden ausgeliefert seien. Aber er hat seine Philosophie ja gerade geschrieben, um zu zeigen, wie sich das Leid überwinden läßt: einmal ist es die Kunst, auf die er als Heilmittel hinweist, zum andern aber lindern wir durch Mitleid das Leid, schließlich ist es nötig, Stellung zu beziehen zu dem „Willen zum Leben". Sowohl die entschiedene Bejahung dieses Willens, das volle, bewußte Anerkennen kann Erlösung bringen, wenn das auch nur sehr kraftvollen Naturen möglich ist. Sehr ausführlich legt er dar, wie die Verneinung des Willens zum Leben durch echte Selbstüberwindung, durch freiwilligen Verzicht, durch Askese Erlösung von der Tyrannei des Willens bringt. Noch stärker zeigen seine „Aphorismen zur Lebensweisheit" (VIII), daß er überzeugt war, daß es Wege gibt, mit den Widrigkeiten dieses Lebens fertig zu werden. Und ihn selbst hat nie der Optimismus verlassen, daß eines Tages seine Philosophie sich durchsetzen werde.

Wenn auch nicht alles, so dürfte doch vieles von bleibender Wirkung für die zukünftige Philosophie sein: von entscheidender Bedeutung für die Metaphysik ist Schopenhauer durch die Herausarbeitung des „Willens" als grundlegendes Prinzip alles Gewordenen. Ob der Wille ein gleichrangiges oder vorrangiges Prinzip ist, darüber wird man vielleicht weiter diskutieren können; aber „Vernunft", „nous" oder „Bewußtsein" als alleiniges Urprinzip zu vertreten, wäre sicherlich ein unverzeihlicher Rückschritt gegenüber Schopenhauer. In der Erkenntnistheorie hat Schopenhauer überzeugend herausgearbeitet, daß jede Erfahrung, jedes Wissen auf einem Begründungszusammenhang beruht. Seine Unterscheidung von Werdegrund, Erkenntnisgrund und Handlungsgrund ist sicherlich ebenfalls von bleibender Bedeutung. Etwas problematisch scheint hier das, was er „Seinsgrund" nennt: die Lehre von Raum und Zeit als apriorischen Formen reiner Anschauung hat er von Kant übernommen, ohne sie, was in anderen Fällen geschehen ist, im Rahmen seines Systems zu modifizieren.

Eindrucksvoll und überzeugend ist seine Kunstphilosophie, wenn auch im Rahmen seines Systems die Rolle des Gefühls nur sehr spärlich ist. Von bleibender Bedeutung für die philosophische Anthropologie dürfte es sein, daß Schopenhauer, indem er auf den Leib rekurriert, den Willen des Menschen entdeckt und das Handeln des Menschen aus dem Zusammenspiel von angeborenem Charakter und sich wandelnden Motiven erklärt. Das Mitleid als Fundament der Moral ist sicherlich ein fruchtbareres und weiterreichendes Prinzip als der rein formale kategorische Imperativ, dürfte aber eine Wertethik nicht überflüssig machen. Die Überwindung des Leides durch Askese mag zwar unbequem klingen, ist aber wieder hochaktuell geworden angesichts der Problematik fortschreitenden Wachstums.

Ein leuchtendes Vorbild für jedes Philosophieren überhaupt ist die Klarheit der Sprache Schopenhauers, die Sorgfalt, mit der er seine Begriffe erläutert, das Verantwortungsbewußtsein, mit dem er seine Thesen begründet. So ist ihm Philosophie bei aller künstlerischen Eleganz der Darstellung keine bloße Spekulation, sondern Wissenschaft. Und da Wissenschaft dem Satz vom Grunde unterworfen ist, muß auch Philosophie ihre Einsichten begründen. Soweit diese sich über den Bereich des Erfahrbaren (Werdegrund) und des begrifflichen Zusammenhanges (Erkenntnisgrund) hinausbewegen, sucht Schopenhauer das durch Analogieschlüsse wenigstens plausibel zu machen.

Aber es ist nicht nur diese Form vorbildlichen Philosophierens, sein Ansatz, „die Welt als Wille" zu interpretieren, bietet daneben eine solche Fülle tiefer Einsichten und weitblickender Perspektiven, ein solch gerüttelt Maß von wegweisenden Antworten auf viele Probleme, daß es sich sicher lohnt, Schopenhauer zu studieren, wenn man wissen will, was Philosophie überhaupt zu bieten hat.

Literaturverzeichnis

Schriften Schopenhauers

Für eine gründliche wissenschaftliche Beschäftigung mit Schopenhauer unentbehrlich sind die folgenden Ausgaben:

Arthur Schopenhauer, Sämtliche Werke, hrsg. von Arthur Hübscher, 7 Bde. Wiesbaden ^{3}1973.

Arthur Schopenhauer, Der handschriftliche Nachlaß, hrsg. von Arthur Hübscher, 5 Bde. Frankfurt 1966/75.

Arthur Schopenhauer, Gesammelte Briefe, hrsg. von Arthur Hübscher, Bonn 1978.

Arthur Schopenhauer, Zürcher Ausgabe, Werke in 10 Bänden, Zürich 1977; diese Ausgabe, nach der hier zitiert wird, ist hilfreich für den Laien wegen der Übersetzung fremdsprachlicher Zitate und Erläuterungen schwieriger Begriffe innerhalb des Textes.

Arthur Schopenhauer, Werke in zwei Bänden, hrsg. von Werner Brede, München 1977 (gute Auswahl).

Arthur Schopenhauer, Über die vierfache Wurzel des Satzes vom zureichenden Grunde. Hamburg 1957 (mit einer Einleitung von Michael Landmann und Erläuterungen von Elfriede Tielsch) (Philosophische Bibliothek)
Arthur Schopenhauer, Welt und Mensch. Eine Auswahl aus dem Gesamtwerk. Stuttgart 1966.

Biographien

Abendroth, Walter: Schopenhauer in Selbstzeugnissen und Bilddokumenten. Hamburg [4]1973 (Rowohlts Monographien).
Hasse, Heinrich: Schopenhauer. München 1926.
Hübscher, Arthur: Schopenhauer, Biographie eines Weltbildes. Stuttgart 1967.
Pisa, Karl: Schopenhauer – Kronzeuge einer unheilen Welt. Wien 1977.
Wolff, Hans: Arthur Schopenhauer, 100 Jahre später. Bern 1960.

Sekundärliteratur

Claus, Hermann: Die Philosophie Schopenhauers. Frankfurt 1968.
Haffmanns, Gerd: Über Arthur Schopenhauer. Zürich 1977.
Heimsoeth, Heinz: Die sechs großen Themen der abendländischen Metaphysik. Darmstadt [7]1981 (bes. Kap. V u. VI).
Pfeiffer, K.: Schopenhauer, Die Persönlichkeit und das Werk. Stuttgart 1943.
Selig, Wolfgang: Wille, Vorstellung und Wirklichkeit. Bonn 1980.

Søren Kierkegaard: Existenzdialektik

Von Hermann Deuser, Wuppertal

1. Einleitung: Leben und Werk

1.1 Zur Biographie

Søren Aabye Kierkegaard wurde am 5. Mai 1813 in Kopenhagen geboren und starb dort am 11. November 1855. Sein Leben fällt, politisch gesehen, in die Zeit der europäischen, bürgerlichen Revolutionen, der verfassunggebenden Nationalversammlungen und der sich organisierenden sozialistischen Bewegungen. Kierkegaard spricht diesbezüglich von „der Katastrophe von 1848"! Geistes- und philosophiegeschichtlich gesehen ist es die Zeit der Kritik der idealistischen Systeme – vor allem Hegels; Kierkegaard ist Zeitgenosse von Schopenhauer, Feuerbach, R. Wagner, Marx – und zuletzt Nietzsche.

In Dänemark gehört Kierkegaards Lebenszeit in das sog. „Goldzeitalter", worin die großen Figuren dänischer Kultur zusammentreffen: der Dichter Adam Oehlenschläger, die Philosophen und Ästhetiker Joh. L. Heiberg und H. Steffens, der für Dänemarks Entwicklung entscheidende Kulturhistoriker, Theologe, Pädagoge und Liederdichter N. F. S. Grundtvig, der Märchendichter H. Chr. Andersen und der Bildhauer B. Thorvaldsen.

Kierkegaard selbst aber ist am stärksten geprägt von der schwermütigen Religiosität seines Vaters, Michael Pedersen Kierkegaard (1756–1838), der, aus armen Verhältnissen Jütlands stammend, als Textilhändler in Kopenhagen zu erheblichem Wohlstand gelangt war. Das aus der Erweckungsbewegung herkommende und alles regierende Sündenbewußtsein in der Frömmigkeit des Vaters (er gehörte in Kopenhagen zur Herrnhuter Brüdergemeine) scheint auf die ganze Familie als erzieherische und religiöse Tyrannei gewirkt zu haben.

Kierkegaard studiert von 1830–1840/41 an der Kopenhagener Universität, entzieht sich dabei zeitweise der übermächtigen Bindung an den Vater durch bewußt freigeistige und romantisch-ästhetisierende Aktivitäten, schließt nach dem Tod des Vaters aber doch mit dem 1. Amtsexamen das Theologiestudium ab (1840) und erwirbt 1841 den Magistergrad mit seiner Dissertation „Über den Begriff der Ironie – mit ständiger Rücksicht auf Sokrates", eine Arbeit, die ganz im Kontext Hegelscher und romantischer Ästhetik und Philosophie argumentiert.

Noch in die Zeit des Studiums fällt die sog. „Bekehrung", die Kierkegaard selbst in einer Tagebuchnotiz als die „unbeschreibliche Freude" kenntlich gemacht und datiert hat (19. Mai 1838; TB 1, 154) und die zu Kierkegaards tiefsten existentiellen Verzweiflungssituationen korrespondiert, über die er nachträglich als

„das große Erdbeben“ berichtet (TB 1, 221), das sich wiederum auf das Jahr 1836 datieren läßt (Gerdes, 28ff; Paulsen, 32ff; Rohde, 37ff).

Diese „Bekehrung“ oder „Wiedergeburt“ bedeutet nicht nur Kierkegaards Rückwendung zum Christentum, sondern vor allem auch das Akzeptieren des Sohn-Vater-Verhältnisses. Kierkegaard übernimmt damit für sich selbst das religiöse Poenitenzbewußtsein des Vaters.

Dem entsprechend scheitert die von Kierkegaard mit höchstem emotionalen Einsatz eingegangene Lebensbeziehung zu seiner Braut – Regine Olsen (1840/41); auf Kierkegaards Betreiben hin kommt es zum Bruch der Verlobung – und damit zum Anlaß seiner ästhetisch-romantischen und pseudonymen Schriftstellerei.

Aus der nun folgenden Zeit der intensivsten literarischen Wirksamkeit (1843–1855) sind noch zwei Ereignisse als markante biographische Daten herauszuheben:

Mit der Jahreswende 1845/46 beginnt Kierkegaard als bewußt christlich und politisch motivierten Opfergang seine Polemik gegen das gesellschaftssatirische Witzblatt „Der Corsar“ – mit dem Erfolg, daß er selbst von nun an Gegenstand einer gemeinen öffentlichen Verspottung wird. Darin ist in Kierkegaards Sicht die Situation des ethisch konsequent handelnden Einzelnen bezeugt, der hilflos der perfiden Massenpresse ausgeliefert ist. In Kierkegaards Gesellschaftskritik 1846/48 nimmt der von ihm subjektiv ins Extrem vergrößerte Konflikt zwischen Menschenwürde und dem modernen System öffentlicher Meinung eine prophetisch das 20. Jahrhundert vorweg analysierende Gestalt an. Kierkegaards tendenzieller Welthaß, aber auch sein rigoroses Nachfolge-Christentum in gesellschafts- und kirchenkritischer Aktion haben hier ihre erste verbindliche Realisierung erfahren.

Das zweite Datum ist dann die entschiedene Konsequenz an Kierkegaards Lebensende: seine Kampfschriften des „Augenblicks“ – eine immanent vorgetragene Kirchenkritik ohne Beispiel, eine Folge aggressiver Satiren auf die Gesellschaft in der von ihm sog. „geographischen Christenheit“ (UN 1, 46f.) des 19. Jahrhunderts. Kierkegaard beginnt diesen Angriff erst nach dem Tod des von ihm persönlich noch geachteten Bischofs Mynster (1854) und genau kalkuliert nach dem Amtsantritt seines Nachfolgers: Prof. Martensen. Dieser Repräsentant des Hegelianismus aus Kierkegaards Studentenzeit wird an seinem Lebensende zum kirchlichen und politischen Gegner: als Repräsentant des „Systems“ (Augenblick, 34. Abtlg., 88). Kierkegaard stirbt, noch während der Angriff der Augenblicksschriften im Gange ist. Diese Aktion, mit der er auch sich selbst Gewalt antut, geht zuletzt über seine ohnedies schon schwachen körperlichen Kräfte; aber der existentielle Lebenseinsatz, der „Augenblick“, war erreicht. Eine geschichtsphilosophische Interpretation kann dies Lebensende in seinen kritischen Zusammenhang mit der System-Philosophie stellen; so verhält sich die Mitte des 19. Jahrhunderts zum Idealismus: „In der bestimmten Negation ist Kierkegaard ... aus der Innerlichkeit herausgetreten. War ihm das Ganze, als Totalität und System, der absolute Trug, so hat er es mit dem Ganzen aufgenommen, in das er eingespannt war wie alle“ (Adorno, Kierkegaard, 319).

1.2 *Zum Gesamtwerk*

Kierkegaard war von seiner Ausbildung her geprägt von den dänischen Philosophen F.C. Sibbern und P.M. Møller, beide waren mehr lebensphilosophisch und psychologisch interessiert (Malantschuk, Kierkegard's Thought, passim; ders., das kollaterale Denken; ders., Frihed og Eksistens, 101–113; Schäfer, 117–120; Thulstrup, Verhältnis zu Hegel, 13 ff.) und standen kritisch zur Philosophie des Hegelianismus, wie er durch Joh. L. Heiberg und die Vorlesungen H.L. Martensens vermittelt wurde. Vor allem aber gehören zu Kierkegaards Bildungsvoraussetzungen die Hauptwerke deutscher Klassik und Romantik in Philosophie, Theologie und Literatur. Im Wintersemester 1841/42 hört Kierkegaard während seines ersten Berlin-Aufenthaltes Schellings späte Vorlesung „Philosophie der Offenbarung" (Pap. XIII, 253–329; vgl. Koktanek), aber die Reaktionen darauf zeigen doch, daß Kierkegaard hier wie auch sonst sehr schnell Distanz nimmt (vgl. TB 1, 273 f. mit den Äußerungen in den Briefen, 35. Abtlg., 102, 104). Die eigene Fragestellung seines Lebens ist noch nirgends aufgenommen, geschweige denn beantwortet; programmatisch heißt es schon in der Anfangszeit der Tagebuchproduktion (1835): „es gilt, eine Wahrheit zu finden, die Wahrheit für mich ist, die Idee zu finden, für die ich leben und sterben will. Und was nützte es mir dazu, wenn ich eine sogenannte objektive Wahrheit ausfindig machte; wenn ich mich durch die Systeme der Philosophen hindurcharbeitete" (TB 1,16). Kierkegaards religiöse Prägung, seine enorme Phantasie- und Reflexionsbegabung werden auf eigene Weise zur Geltung kommen und reagieren in extremer Sensibilität auf die Gegenwart. Dabei wird ihm der philosophische Zeitgeist des Hegelianismus zur Negativfolie, von der er beständig und polemisch die eigenen Interessen abgrenzt (Thulstrup, Verhältnis zu Hegel, 319 f.). Die Systemdialektik im Vermittlungsanspruch des absoluten Geistes soll an sich selbst destruiert werden, indem sie als objektive Fremdbestimmung mit der offen bleibenden subjektiven Realisierung konfrontiert wird. Kierkegaard steht damit zugleich außerhalb und in Abhängigkeit von der Hegelschen Dialektik: Kierkegaards „satirische Dialektik" (Janke, Historische Dialektik, 373 ff.) pointiert den Autoritätszerfall der idealistischen Systemphilosophie im Namen des konkreten menschlichen Lebens; der Gesamtentwurf des literarischen Werkes aber bleibt in seiner gezielt widerspruchsvollen Konstruiertheit einer dialektischen Systematik treu, die ohne die spekulative Philosophie nicht denkbar gewesen wäre (Taylor).

So hat Kierkegaard sein Gesamtwerk selbst als mäeutisch-dialektischen

Prozeß gedeutet, in dem die Wahrheit taktisch vermittelt – über den Gegensatz zur „spekulativen“ Einstellung seiner Zeit und des „Publikums“ – hervorgetrieben werden muß: „das Dialektische ist das Umgekehrte: beim Arbeiten sich selbst entgegenzuarbeiten, eine Verdoppelung, welche der ‚Ernst‘ ist“ (Schriften üb. sich selbst, 33. Abtlg., 8).
Die Einteilung in ein ästhetisch-pseudonymes *Frühwerk* (1843–45), das *Hauptwerk:* „Abschließende unwissenschaftliche Nachschrift“ (1846) und ein nach 1848 folgendes *Spätwerk* geht deshalb auf Kierkegaard selbst zurück und ist sachlich begründet in der Dialektik seiner Stadienlehre: Ästhetik, Ethik, Religion geben einen Dreischritt, der um der letzten Stufe willen konstruiert wurde. Der eigentliche Autor versteht sich als „religiöser Schriftsteller“, aber er wählt den Umweg über Ästhetik und Philosophie, das „Inkognito oder die Täuschung in des Christentums Diensten“ (Schriften über sich selbst, 22).
Die Schriften des *Frühwerks* sind im ästhetischen Bereich echt pseudonym, sie exponieren Kierkegaards Fragestellung nach der Wahrheit der eigenen Existenz mit ästhetisch-literarischen Analysen, fingierten Existenzbeschreibungen im extremen Gegeneinander von ästhetischer und ethischer Lebensauffassung, beides aber gezielt auf eine ebenso extrem als Grenzbestimmung aufleuchtende Religiosität: „Entweder/Oder“ (1843), „Furcht und Zittern“ (1843), „Die Wiederholung“ (1843), „Stadien auf des Lebens Weg“ (1845). Eine Ausnahme bilden hier nicht nur die parallel und bereits in der Taktik des religiösen Schriftstellers gleichzeitig erscheinenden „Erbaulichen Reden“, sondern auch die psychologisch-dogmatische Untersuchung „Der Begriff Angst“ (1844) und die teilpseudonyme Schrift des Joh. Climacus (Kierkegaard selbst zeichnet als Herausgeber) „Philosophische Brocken“ (1844). Beide Schriften sind bereits demonstrativ philosophisch-theologisch als Gegensystem zur Spekulationsphilosophie durchgeführt, wie Joh. Climacus – der mit dem Christentum theoretisch experimentierende Nicht-Christ – ja auch der pseudonyme Autor des anschließenden *Hauptwerkes*, der „Unwissenschaftlichen Nachschrift“ (1846), sein kann. Schon die Buchtitel und das Maskenspiel der Pseudonyme sind die praktizierte Ironie und Satire auf eine Philosophie des objektiven Geistes, die nicht bemerkt, daß sie gemessen an dem in „Leidenschaft unendlichen Interesse“, dem Interesse an der „ewigen Seligkeit“ eines einzelnen Menschen zur Komik erstarren muß: „Um aber zu spekulieren, muß der Mensch gerade den entgegengesetzten Weg gehen, sich selbst aufgeben und sich in der Objektivität verlieren, vor sich selbst verschwinden“ (UN 1, 53). Kierkegaard läßt in einem Anhang sein Pseudonym sogar die Schriften der vorhergehenden pseudonymen Autoren referieren,

noch einmal eine potenzierte Ironie über wissenschaftliche Objektivität, die für die menschliche Existenz wie für den christlichen Glauben gerade unendlich uninteressant ist (UN 1, 245–296).
Kierkegaards *Spätwerk* schließlich ist charakterisiert durch direkteren Einsatz seiner eigenen Person; die wirkliche Existenz des Schriftstellers kommt zum Zuge. Bereits in einem letzten Zusatz zur „Unwissenschaftlichen Nachschrift" (UN 2, 339–344) erklärt sich Kierkegaard als Autor seiner Pseudonyme, er übernimmt Verantwortung für die „doppelt-reflektierte Mitteilung" und sieht sich gleichzeitig mit den Corsarereignissen und den politischen und persönlichen Wirren um 1848 gezwungen, nun strenger und ohne ästhetische Absicherungen für seine Auffassung des wahren Christentums einstehen zu müssen (Deuser, Dialektische Theologie, 79–89). Der letzte Vorhalt ist das nun dezidiert als christliche Existenz vorgestellte Pseudonym des Anti-Climacus als Verfasser der Spätwerke „Die Krankheit zum Tode" (1849) und „Einübung im Christentum" (1850). Mit beiden Schriften wie den in ihrem Umfeld erschienenen Bänden „erbaulicher" und „christlicher Reden" – einschließlich der gesellschaftskritischen Analysen der „Nivellierung" in der 1846 erschienenen „Literarischen Anzeige" (Janke, Historische Dialektik, 383 ff.) – beginnt Kierkegaard bereits die ideologiekritischen Vorbereitungen des Angriffs auf Kirche und Christenheit, der dann in der taktisch noch verzögerten Veröffentlichung der Augenblicksschriften (1854/55) gipfelt.
Kierkegaard war gemäß seiner Selbsteinschätzung sicher ein religiöser Schriftsteller, ein Theologe und Literat ganz eigener Prägung, der sich aber gerade nicht von philosophischer Denkanstrengung dispensierte. Seine polemische Abwehr der Philosophie (Theunissen/Greve, 11 f.) ist nur die Kehrseite des für ihn zwingenden Versuchs, neu die „existierende Subjektivität" denken zu müssen (UN 2, 47). Philosophisches Vorbild bleibt dabei die Antike, vor allem immer wieder Sokrates, während Kierkegaard in seiner Gegenwart nur Zerrbilder von Philosophie zu erkennen glaubt.
Kierkegaards Wirkung im 20. Jahrhundert gibt seiner Zeitkritik und seinem auch philosophischen Neuansatz weitgehend recht, zumindest der Problembeschreibung des Climacus, an dessen Hauptwerk sich die Entfaltung von Kierkegaards Existenzdialektik nun orientieren soll: „die Schwierigkeit liegt gerade darin, dieses bestimmte Etwas (sc. die Existenz) und die Idealität des Denkens zusammen zu setzen" (UN 2, 2).

2. Existenzdialektik

2.1 Existenzmitteilung

Kierkegaards Hauptwerk, die „Abschließende unwissenschaftliche Nachschrift" des Climacus, steht schon insofern an einer Schlüsselstelle des Gesamtwerks, als hier die Pseudonymität noch praktiziert, zugleich aber auch aufgedeckt wird. Zwischen der Selbstvorstellung des Climacus im Vorwort – „Besser gut gehängt – als durch eine unglückliche Heirat mit aller Welt in systematische Schwagerschaft gebracht." (UN 1, 3) – und Kierkegaards „Erklärung" zu seiner Verfasserschaft aller bisherigen pseudonymen Schriften am Schluß (UN 2, 339), zwischen diesen Grenzwerten eines literarischen Versteckspiels hat dessen Theorie Gestalt gewonnen und ist auf den Begriff der „Existenzmitteilung" gebracht. Von der spekulativen Denkabstraktion unterscheidet sich der „subjektive Denker" dadurch, daß er in seinem „Stil" die Wirklichkeit beachtet, die er selbst ist: eine menschliche Existenz; und diese ist nicht im wissenschaftlich-objektiven Zugriff zugänglich, sondern nur indirekt, im Medium der „Möglichkeit" (UN 2, 61 ff.). Die „Dialektik der Mitteilung", wie sie Kierkegaard dann in Vorlesungsentwürfen 1847 konzipierte (TB 2, 111 ff.), besteht darin, daß wegen der Konzentration auf die Wirklichkeit der eigenen Existenz diese nur indirekt vermittelbar sein kann. Jedes unmittelbare Verhältnis wäre ein Irrtum, hier gibt es kein Wissen und kein Verstandenhaben, sondern immer nur die Aufgabe zu existieren – und die läßt sich nur indirekt mitteilen: „In bezug auf eine Lehre ist das Verstehen das Maximum . . .; in bezug auf eine Existenzmitteilung ist das Maximum, darin zu existieren, und das Verstehenwollen eine hinterlistige Ausflucht, die sich um die Aufgabe herumdrücken will" (UN 2, 76 Anm.).

Was Climacus also im Medium der Möglichkeit darzustellen hat, die Dialektik der Existenz zwischen Möglichkeit und Wirklichkeit, das bringt Kierkegaard in seiner „Erklärung" am Schluß auf die Formel der „doppelt-reflektierten Mitteilung" bzw. der „Ferne der Doppelreflexion" (340, 344). Die Sache, um die es geht, ist eben die konkrete Existenz, die des Lesers wie die des Autors, doch beide sind nur indirekt zugänglich; das demonstriert die – durch die Reflexion auf die Sache und die nicht reflexive Existenzwirklichkeit verdoppelte und entfernte – Pseudonymität.

Die Schlüsselfrage dieser Existenzmitteilung – Climacus hatte sie bereits in den „Philosophischen Brocken" in der Spinoza-Anm. als die Unterscheidung zwischen „faktischem" und „ideellem Sein" geltend gemacht

(Phil. Brocken, 10. Abtlg., 39f.) – bedeutet ein prinzipielles Konzentrieren auf „das Sein in concreto als empirisches Sein" (UN 1, 180); und dieses empirische oder faktische Sein der eigenen Existenz ist weder notwendig, noch abgeschlossen oder ideal zu betrachten, sondern in seinem „Werden" lebendig. Auch dieses Werden hatte Climacus bereits in den „Philosophischen Brocken", im „Zwischenspiel" über die Modalitäten, herausgearbeitet (Phil. Brocken, 68–82), in der „Nachschrift" kann er es anwenden: Für die Wahrheit der Existenz ist nicht ein Verstehen oder Denken verantwortlich, sondern der Einstieg in dieses Werden, der „gemacht" wird „kraft eines Entschlusses, wesentlich kraft des Glaubens" (UN 1, 180).

Kierkegaard mußte diese Erkenntnis von seiner ersten großen Schrift an, seit „Entweder/Oder", den Pseudonymen anvertrauen, damit diese als ein in der Möglichkeitsform fingiertes Personal jede lehrhafte Wissensvermittlung verhinderten; um so erst recht auf Existenzmitteilung hin Distanz zum Leser zu provozieren. Daß es Kierkegaard selbst damit ernst war, zeigt letztlich der biographische Zusammenhang: Das religiöse Schuldverhältnis zum Vater, der geradezu dämonisch herbeigezwungene Bruch der Verlobung und schließlich das Selbstopfer für die Wahrheit und Aufrichtigkeit der öffentlichen Verhältnisse im Zusammenhang der Corsarereignisse – diese drei Daten waren Kierkegaards existentielle Realisierung und Einübung in sein Verständnis von Dialektik. Die praktisch verstellte Lebenssituation wird im Risiko der eigenen Existenz und gegen die unmittelbaren Selbstinteressen aufgebrochen und gelebt. Davon berichten zu müssen heißt Existenzmitteilung treiben, und diese machte Kierkegaard zum Schriftsteller, gerade wegen der philosophischen und theologischen Aufgabenstellung, die er mit seiner Lebensfrage verband.

Das die Dialektik produzierende *Verhältnis zum Vater* – Kierkegaard hat es sein Leben lang in den Tagebüchern als seine religiöse Grundbestimmung mit sich getragen und weiter analysiert – ist von seiner sachlichen Wirkung her in die autobiographische Schrift „Johannes Climacus oder De omnibus dubitandum est" eingegangen (1842/43, unveröffentlicht geblieben; vgl. in: Phil. Brocken, 109–164). Climacus wird hier als leidenschaftlich „in das Denken verliebt" vorgestellt (111), und die Erziehung und Übermacht des Vaters kommen dabei unvergleichlich in den fiktiven Spaziergängen zum Ausdruck, die statt draußen in der Welt der Sohn an der Hand des Vaters in der Wohnung zu unternehmen gewöhnt wird. Das Vorstellungsvermögen wird aufs Äußerste angespannt, und des Vaters „unwiderstehliche Dialektik" (115) bringt zugleich die Reflexion in eine unwirkliche Potenzierung, „denn der Vater

vermochte alles“ (113). Solche unaustilgbaren Voraussetzungen, verankert zudem in der Poenitenzerfahrung, die Kierkegaard seit 1838 vom Vater zu übernehmen entschlossen ist, machen das Motto der neueren Philosophie, Descartes’ Satz „De omnibus dubitandum est“ (109), zum Stachel für Kierkegaards existentielles Denken. Einerseits fasziniert die prinzipielle Reflektiertheit dieses Programms, Philosophie und Zweifel werden synonym, und das bohrende Fragen des Climacus in der „Unwissenschaftlichen Nachschrift“ bleibt ja sein Charakteristikum; andererseits – und das will Kierkegaard bereits in der fiktiven existentiellen Identifikation von Person und Philosophieren des Joh. Climacus (1842/43) zeigen – muß der Zweifel als ernstgenommenes Lebens- und Denkprinzip zur Verzweiflung führen (161). Climacus klärt diese Problematik in der „Nachschrift“ dann durch die strikte Trennung von objektiv-abstraktem Wissen und der Leidenschaft der Existenz, deren Wahrheit nur in der Subjektivität – und nicht im allgemeinen Zweifeln – gefunden werden kann. Dazu gehören „Interesse“, „Entscheidung“, „Innerlichkeit“ (UN 1, 184), während die Spruchweisheit der neueren Philosophie: de omnibus dubitandum est, als systembildende „Verrücktheit“ verketzert wird, die nur zeigt, daß der betreffende Philosoph noch gar nicht gezweifelt hat (186).
Kierkegaards Verhältnis zum Vater ist sicher prototypisch für extreme Ablösekonflikte, wie sie die Psychoanalyse später beschrieben hat und wie sie etwa bei Luther oder Kafka ganz ähnlich vor sich gegangen sein werden. Kierkegaard hat diesen Konflikt an sich selbst thematisiert und damit die späteren Analysen in gewissem Sinne vorweggenommen, und vor allem: er hat dies Konfliktpotential als Existenzmitteilung philosophisch auszuarbeiten versucht:
„die Existenz hält dagegen, und wenn die Philosophen heutzutage nicht Schreiberknechte im Dienste der Vielgeschäftigkeit phantastischen Denkens geworden wären, so hätte die Spekulation schon eingesehen, daß Selbstmord die einzige praktische, einigermaßen leidliche Auslegung ihrer Versuche ist. Aber die schreibende moderne Spekulation denkt gering von der Leidenschaft; und doch ist Leidenschaft für den Existierenden gerade das Höchste der Existenz – und Existierende sind wir nun einmal. In der Leidenschaft ist das existierende Subjekt in der Ewigkeit der Phantasie unendlich gemacht, und doch zugleich am allerbestimmtesten es selbst“ (188).
Im *Verhältnis zu seiner Braut* hat Kierkegaard aufgrund der eigenen Schwermut und, wie er meinte, praktischen Lebensuntüchtigkeit einen analogen Konflikt mit noch größerer Entschlossenheit gegen sich selbst durchgeführt. Die ästhetischen Analysen des Frühwerks geben nach-

träglich die unendliche Fülle von Modellen, die in Kierkegaards Reflexionen und Erfahrungen eine Rolle gespielt haben.
Kierkegaard hat, und alle Biographien berichten es ausführlich, um von seiten der Braut den Bruch der Verlobung motiviert sein zu lassen, sich selbst wider besseres Wissen zum Schurken gemacht, ein Rollenspiel als Lebensernst ausgegeben, um dem Lebenspartner Distanz und Selbstachtung zu ermöglichen (vgl. TB 3, 299–317). Die paradoxe Situation geht in ihrer psychologischen Reflektiertheit ganz auf Kosten Kierkegaards selbst, ein überspanntes Opfer wider alle Vernunft und ihm doch unumgänglich. In dieser kaum mehr mitteilbaren Situation und Existenzleidenschaft wird der flammende Protest gegen objektives Systemphilosophieren verständlich, und Kierkegaard hat die gemächliche, bürgerliche Vermittlung im Allgemeinen – der bürgerlichen Ehe – in seinen ästhetischen Schriften an Goethe genau so hart kritisiert (Stadien auf des Lebens Weg, 15. Abtlg., 156–165) wie am philosophischen Zeitgeist. Das Vorwort in Kierkegaards erster großer Programmschrift, „Entweder/Oder", geschrieben von seinem Pseudonym Viktor Eremita, beginnt demgemäß mit dem Satz: „Vielleicht ist es dir doch unterweilen beigekommen, lieber Leser, ein wenig an der Richtigkeit des bekannten philosophischen Satzes zu zweifeln, daß das Äußere das Innere ist, das Innere das Äußere" (Entweder/Oder, 1. Abtlg., 1. Teil, 3). Daß mit diesem ironischen Zitieren Hegel gemeint ist, ist ebenso deutlich wie die Tatsache, daß dieser dialektische Wechsel für Kierkegaards Erfahrungen und Problemstellung geradezu eine Verhöhnung darstellte. Deshalb bestimmt dann Climacus in der „Nachschrift" die Wahrheit als Subjektivität, Leidenschaft, kurzerhand als ein Paradox: „daß die Wahrheit das Paradox wird, ist gerade in ihrem Verhältnis zu einem existierenden Subjekt begründet" (UN 1, 189). An dieser Stelle kann sich Climacus auf das 3. Kapitel der „Philosophischen Brocken" stützen, wo – unter der Überschrift: „Eine metaphysische Grille" – bezogen auf den Gottesgedanken bereits das „absolute Paradox" entwickelt worden war. Dort war es gebunden an den Augenblick der Leidenschaft, das „Unbekannte" denken zu wollen (Phil. Brocken, 34–46). In der „Nachschrift" nun wird dieses Widerspruchsverhältnis des Unbekannten, Unbedingten zur Existenz im Werden breiter entfaltet. Das Verhältnis von „ewiger Wahrheit", die sich „zu einem Existierenden verhält", ist kurzgefaßt als Paradox zu kennzeichnen; doch hinter diesem polemischen Begriff gegen objektives Wissen und „Wahrheit des ganzen Systems" (UN 1, 193) verbirgt sich produktiv der Abstoßeffekt zur Existenzmitteilung: „Objektiv wird akzentuiert: was gesagt wird; subjektiv: wie es gesagt wird" (193).

Wie sehr Kierkegaard an dieser Stelle biographische Erfahrungen und theologische Problemstellungen ineinanderfügt, zeigt im folgenden die christologische Fassung des Absurden und des Paradox, wie es ebenfalls aus den letzten Kapiteln der „Philosophischen Brocken“ vorbereitet ist: Daß schließlich die Wahrheit selbst als Paradox zu denken ist, kommt über den christologischen Gedanken zustande, die absolute Wahrheit sei in der Zeit geworden (UN 1, 200). Dies kann Kierkegaard christologisch gesehen auch als das „Absurde“ bezeichnen (201), dem als Organ seiner Wahrheit der Glaube allein entsprechen kann: „Das Absurde ist gerade durch das objektive Abstoßen der Kraftmesser des Glaubens in Innerlichkeit“ (202). Sich in dieser Weise isoliert und abgestoßen zu wissen und das aus Liebe für einen anderen Menschen sich selbst unter Opfern zugefügt zu haben, ist zugleich ein für Kierkegaard bis zu seinem Lebensende unaufgebbares biographisches Datum und auch die Grundkonstellation der Christologie: der gekreuzigte Gott in der Zeit; beidem adäquat ist allein die „Ferne der Doppelreflexion“, Existenzmitteilung in ihrer widersprüchlichen Konstruktion gegenüber der ihr allein korrespondierenden Wirklichkeit der Existenz.

Kierkegaards drittes Selbstopfer ist das im *Verhältnis zum Corsaren*, zeitlich direkt nach Abschluß der „Nachschrift“ 1845/46 von ihm angezettelt. Die Existenzmitteilung gewinnt hier zum ersten Mal eine konsequente Außenseite, sie ist bezogen auf Gesellschafts- und Kirchenkritik und reagiert auf die politischen Verhältnisse. „Innerlichkeit“, Kierkegaards mißverständlicher Ausdruck für die Wahrheit der Subjektivität und des Paradox, ist eben nicht bloß subjektiv beliebig oder bloß ein inneres, frommes Gefühl. Innerlichkeit steht in der Terminologie des Climacus synonym für das „faktische“ und „empirische Sein“: die Existenz. Daß zu dieser die gesellschaftspolitischen Verhältnisse mit konstitutiv sind, ist Kierkegaard endgültig und negativ in den Corsarereignissen klar geworden. Wo Climacus noch neutral zu formulieren scheint: „Paradox aber und Leidenschaft passen voll und ganz zusammen, und das Paradox voll und ganz für den in den äußersten Punkt der Existenz Gestellten“ (UN 1, 222), da ist nachträglich die faktische Konsequenz aus den Corsarereignissen wie aus den Augenblicksschriften mitzudenken. Leidenschaft wird zu Leiden, Existenz zur bestimmten Situation, in der die Wahrheit paradox unterliegt (Schriften über sich selbst, 63). Erst Anti-Climacus hat das in seinen ideologiekritischen Analysen der „Christenheit“ deutlich ausgesprochen (Einübung im Christentum, 26. Abtlg.), was in den großen Kapiteln des Climacus über das „Pathetische“ in der „Nachschrift“ bereits formal entwickelt worden war. „Existentielles Pathos“ im Verhältnis zum Absoluten be-

deutet eine Umbildung der Existenz (UN 2, 92 f.), genauer: ein Wagnis – „unendlich gemacht wird das Individuum erst durch das Wagnis . . ., durch das Wagnis wird der Mensch selbst ein anderer" (130). Und dies Wagnis der Existenz bedeutet immer den Verlust der Unmittelbarkeit und damit Leiden (138). Dies alles wiederum mitzuteilen ist noch einmal erschwert dadurch, daß es sich um Handlungen, längst nicht mehr um Wissen, Theorien oder Systeme, dreht. Die Existenzmitteilung kommt aus der Konstruiertheit der pseudonymen Verfasser in die Wirklichkeit, von der immer schon die Rede war. Kierkegaard ist den dazu nötigen Umweg mit seinen Pseudonymen konsequent gegangen, hat die eigene Wirklichkeit und Handlung im Pseudonym des Anti-Climacus noch einmal von sich distanziert, um erst am Ende – und das noch unter theologischen Vorbehalten, selbst keine Vollmacht zu haben! – die letzte Pseudonymität auch selbst zu verantworten: im Widerruf des Pseudonyms Anti-Climacus zur zweiten Auflage der Schrift „Einübung im Christentum" (1855; vgl. Einübung 278 ff.).
Seine eigene Funktion hat Kierkegaard dementsprechend indirekt angegeben; er versteht sich als „Korrektiv", dessen Aufgabe es ist, im Bestehenden auf dessen Unwahrheit „aufmerksam zu machen" (vgl. z. B. TB 3, 275; TB 4, 87). Diese Vorbehalte der distanzierten Existenzmitteilung sind nicht zu hintergehen. Der absolute Anspruch Kierkegaards kann niemals unmittelbar zur Geltung kommen. „Existenz" ist deshalb keine schon gewonnene Instanz, sondern ihr Werden impliziert Nichtunmittelbarkeit, Veränderung, Handlung und Lebenssituation; zugänglich werden diese durch indirekte Mitteilung. Das Problem ist „nicht mehr der Aufstieg des Transzendierens, sondern das Wie des Sich-verhaltens der Existenz *in* ihrer Zwiespältigkeit, der man, wenn anders sie das Wesen des Menschen ist, gar nicht entrinnen kann" (Schulz, Kierkegaard, 36).

2.2 *Die Stadien: Ästhetik, Ethik, Religion A + B*

Climacus schiebt in der „Nachschrift" den „Anhang" über die bisherige pseudonyme Literatur ein, nachdem er auf das Problem einer eigenständig nötigen Klärung der „Existenzverhältnisse" genügend hingearbeitet hat (UN 1, 243). Seine These, es sei „vergessen . . . was es heißt, religiös zu existieren", ist damit noch verallgemeinert zu der Frage, „was Menschlich-Existieren heißt" (242). Das Ziel, Christentum und Religion zu bestimmen, wird also angesichts der bestehenden philosophischen, kirchlichen und gesellschaftlichen Verhältnisse über den Umweg angesteuert, die prinzipiellen Existenzmöglichkeiten zu unterscheiden und „in existierender Individualität erstehen“ zu lassen (243). Dazu lag bereits aus dem Frühwerk das typisierte Gegeneinander von Ästhetik und Ethik vor; Climacus ergänzt es jetzt in seiner selbstkritischen Darstellung der früheren pseudonymen Schriften zur vollen Dreiheit von Ästhetik, Ehtik und Religion (243, 290). Er spricht dafür im Anschluß an den Titel der Schrift des Pseudonyms Hilarius Buchbinder („Stadien auf des Lebens Weg“, 1845) von den drei „Stadien“ oder „Sphären“ (UN 2, 211, 242 Anm.).

Wiederum gegen Hegel und die Hegelianer proklamiert Climacus nun am Beginn der Darstellung „wirklicher Subjektivität“ die radikale Trennung von „reinem Denken und dem reinen Sein“ einerseits und dem Widerspruch eines beständig fordernden „Entweder/Oder“ in der Existenz andererseits (5 ff.). Diese Spannung gilt es auszuarbeiten, sie hat ihre begriffliche Fassung als „Existenzdialektik“ (10, 36), und ihre Komplexität gegenüber dem spekulativ-objektiven Wissen besteht darin: „daß es etwas gibt, was sich nicht denken läßt: das Existieren. Aber da ist die Schwierigkeit wiederum, daß die Existenz es dadurch zusammen setzt, daß der Denkende existiert“ (9). Im Spannungsfeld von Ewigkeit und Zeit, Absolutheit und Existenz, Idee und Wirklichkeit besteht die Aufgabe, zu existieren und zu denken, ein Ineinander, dessen dialektischer Struktur Climacus ebenso nachgeht wie vor ihm vor allem Vigilius Haufniensis im „Begriff Angst“ und nach ihm Anti-Climacus in der „Krankheit zum Tode“. Diese Struktur des menschlichen „Selbst“ wird von Climacus hier zunächst in ihrer zeitlichen Bestimmtheit aufgefaßt: „dort, wo die Ewigkeit sich als das Kommende zum Werdenden verhält, dort ist die absolute Disjunktion zu Hause. Wenn ich nämlich Ewigkeit und Werden zusammensetze, bekomme ich nicht Ruhe, sondern das Kommende“ (8). Das Selbst, der existierende Mensch, befindet sich niemals außerhalb dieser Spannungsverhältnisse, hat keinen Standpunkt über sich selbst, sondern ist immer im „dialektischen Moment“ (16), „Wirklichkeit ist ein inter-esse“ (15).

Das weist zurück auf die beiden Thesen des Climacus: „a) ein logisches System kann es geben; b) aber ein System des Daseins kann es nicht geben“ (UN 1, 101). Doch ist diese Abgrenzung der Existenz so nur grundsätzlich formuliert, durchaus noch nicht deren „existierende Individualität“, wie es Climacus sich vorgenommen hatte. Denn das Dasein, die Wirklichkeit des Existierens, verfällt keineswegs dem Irrationalen oder Unsagbaren, sondern die Existenzdialektik will gerade das denken, was sich nicht denken läßt. Climacus will kein System, aber er systematisiert die Existenzmöglichkeiten, und weil diese wegen der ständigen „absoluten Disjunktion“ nicht im Hegelschen Sinn zueinander vermittelt und aufgehoben gedacht werden können, setzt Climacus strenge Unterscheidungen, legt Grenzpunkte fest, um einzelne Lebensformen zu differenzieren und die Schwierigkeiten des Übergangs kenntlich zu machen. Diese Funktion haben seine drei „Stadien" oder Existenzsphären.

2.2.1 *Das Ästhetische* war immer schon Kierkegaards Leidenschaft. Er praktiziert es als Kunstkritik (besonders in den großen ästhetischen Stücken von „Entweder/Oder"), selbst als Schriftsteller in der romantisch virtuos angelegten Vielfalt seiner Literatur von Aphorismen über Tagebuch- und Romanformen bis zu den Flugschriften des „Augenblicks", und er prägt den Begriff des Ästhetischen als Lebensform. Der Ästhetiker mit der Bezeichnung „A" oder Johannes der Verführer in „Entweder/Oder" zusammen mit den verwandten Modellfiguren des Frühwerks – sie alle profilieren das Bild der „ästhetischen" Lebensauffassung, die Kierkegaard entworfen hat, um sie abzulehnen. Die Grenze des Ästhetischen definiert Climacus als die „Existenzbestimmung" der Ironie (UN 2, 213), das „Inkognito" zum eigenen Gegensatz: der Ethik. Das Ästhetische ist also zu verstehen als der von Kierkegaard bewußt gewählte Umweg in der Taktik der Existenzmitteilung (Schriften über sich selbst, 4ff.), ein Durchgangsstadium in der Ausarbeitung des Christentums, doch aber auch unentbehrlich in dieser Funktion. Das Ästhetische wird konstruiert wie die pseudonymen Figuren, aber Kierkegaard selbst scheint darin verliebt zu sein. Seine ästhetischen Analysen wirken teils prophetisch, teils sind sie bewußt konservativ gehalten (Adorno, Kierkegaard, 43ff.); das Ästhetische wird schließlich für Kierkegaard selbst zum Grundsatzkonflikt zwischen Dichter und Christ, denn das als Wirklichkeit der Existenz gesuchte Christentum bleibt unter dem Vorbehalt der ästhetisch vermittelten Darstellung (Deuser, Dialektische Theologie, 54–65).
Das ästhetische Stadium ist in sich selbst äußerst differenziert angelegt; Kierkegaard entwickelt die ästhetische Unmittelbarkeit in verschiedenen Individualitäten, so an den „erotischen Stadien" in Mozarts Opern (Entweder/Oder, 47ff.) oder an Figuren des Tragischen (177ff.). Die Unmittelbarkeit des Selbstverhältnisses reicht dabei vom Zustand des Träumens bis zur reflektierten Form des Verführers (Hügli, 36ff., 194ff.; Dunning, 405). Im „Begriff Angst" wird als Unmittelbarkeit die „Unschuld" im Zustand des „träumenden Geistes" vorgestellt (Begriff Angst, 11./12. Abtlg., 39); und schon kritisch aus dem Aspekt der Ethik bzw. des Christentums her geurteilt bezeichnen Climacus und Anti-

Climacus die Unmittelbarkeit als „Glück" ohne Widerspruch in sich selbst (UN 2, 141), als verdeckte Verzweiflung und Angst (Krankheit zum Tode, 24./25. Abtlg., 22, 49). Das Ästhetische wird so zum Sammelbegriff, der Kunst- und Lebensformen als Strukturbestimmungen des Menschen interpretiert (Fahrenbach, Ethik, 60 ff.), immer im Blick auf die vom Ethischen und Christlichen her von Kierkegaard als übergeordnet angesehene existenzdialektische Synthese-Struktur des menschlichen Selbst, wie es im „Begriff Angst" und der „Krankheit zum Tode" entwickelt ist. So definiert das Pseudonym Vigilius Haufniensis den Menschen als die „Synthesis des Seelischen und des Leiblichen", deren dialektische Spannung im „Geist" als dem notwendigen „Dritten" zur Wirkung kommt, und diese Wirkung des aufgegebenen und drohenden Selbst-Verhältnisses ist die Angst, die „ängstigende Möglichkeit zu können" (Begriff Angst, 41–43). Freiheit, Angst und Synthesis-Struktur gehören zur Definition des Menschen – prinzipiell als gebrochene Unmittelbarkeit. Sie wird strenger noch herausgearbeitet in der Selbstbewußtseins-Synthesis, wie sie Anti-Climacus zu Beginn der „Krankheit zum Tode" definiert als das Selbst-Verhältnis, „das sich zu sich selbst verhält" und darin zugleich „zu einem Andern sich verhält" (Krankheit zum Tode, 8–10). Dieses „abgeleitete" Selbstverhältnis impliziert immer die dialektische Spannung von „Unendlichkeit und Endlichkeit, von dem Zeitlichen und dem Ewigen, von Freiheit und Notwendigkeit" (8) – und ist demnach zu beschreiben in der Art und Weise des Auffangens, Wahrnehmens oder Verleugnens dieser existenzdialektischen Spannungsverhältnisse.

Die Unmittelbarkeit gesteht sich diese Widerspruchsstruktur der Existenz nicht ein; sie ist als Unmittelbarkeit durchaus nicht ohne Reflexion, führt aber nicht in den Konflikt der aufgegebenen Existenzentscheidung im akuten Entweder/Oder, sondern reflektierend aus diesem heraus. Deshalb immer wieder Climacus' Zuspitzung der Wahrheitsfrage auf die Subjektivität, auf das „Wie" der Wahrheit (UN 2, 24), weshalb dann generell als „ästhetisch" ganze philosophische Systeme gelten können, die nicht existenzdialektisch angelegt sind. So ist letztlich die Stadienlehre konzipiert als polemische Ausgrenzung des Ästhetischen: „Ästhetisch und intellektuell nach Wirklichkeit zu fragen, ist ein Mißverständnis" (25). Daseinshermeneutisch ausgedrückt läßt sich Kierkegaards Existenzdialektik deshalb so beschreiben: „Wer da ist, ist durch den ihn bestimmenden Widerspruch definiert. Nicht er ist es, der sich widerspricht. Der Widerspruch bestimmt das Sich-Verhalten von vornherein" (Schäfer, 92). Die ästhetische Unmittelbarkeit in allen ihren Formen ist demgegenüber dadurch charakterisiert, daß sie sich diesen Widerspruch nicht eingesteht und von sich distanziert; die Unmittelbarkeit „wird nicht dialektisch in sich selbst" (UN 2, 141).

2.2.2 *Das Ethische* wird demgemäß zum zentralen Einwand des Climacus gegen Hegel und die spekulative Philosophie, dem System „fehlt ... eine Ethik, darum weiß das System nichts, wenn die lebende Generation und das lebende Individuum im Ernst nach dem Werden fragen, um nämlich zu handeln" (UN 2, 7 Anm.).
Die Ethik war im 2. Teil von „Entweder/Oder" von Kierkegaard als Gegenstück zur Ästhetik propagiert worden. Am Beispiel der Verteidigung der Ehe wird die zum Ästhetiker gegensätzliche Lebensform entwickelt. Auch hier ist Ethik nicht als wissenschaftliches System von Sätzen, Normen oder Zielen zu verstehen. Kierkegaards Ethik ist existenzdialektisch, und das bedeutet: sie will allein die Widerspruchsstruktur des wirklichen Lebens geklärt wissen. Die Kategorie, mit der der „Ethiker" im 2. Teil von „Entweder/Oder" dies zu erreichen sucht, ist die absolute „Wahl". Zwar stehen ästhetische und ethische Lebensform einander ausschließend gegenüber, aber nicht zwischen diesen beiden Möglichkeiten ist zu wählen – eine solche Wahl bliebe relativ und gerade nicht im Widerspruch der Existenz selbst –, sondern die entscheidende Wahl ist bereits das Ethische, „denn wer da ästhetisch lebt, der wählt nicht" (Entweder/Oder, 2. Teil, 2./3. Abtlg., 179). Wo noch die ästhetische Unmittelbarkeit gilt, ist der Widerspruch der Existenz gar nicht erkannt, nicht existierend, so daß das Ethische sich mit der Wahl selbst setzt. Deshalb ist die Ethik, weil sie prinzipiell bestimmt werden soll, auch nicht in der Alternative von Gut und Böse angesetzt, sondern das Ethische ist synonym für die existentielle Aufmerksamkeit. Es kommt nicht darauf an, etwas (das Gute oder das Böse) zu wählen, sondern „daß man das Wollen wählt" (180), ist der entscheidende Vorgang. Damit wird das ethische Handeln, das im Bezug auf Hegels System vermißt wurde, vollzogen nicht etwa in bestimmten Handlungen, sondern zuerst und prinzipiell in der Selbstwahl: „Wer daher sich selbst gewählt hat, ist eben damit handelnd" (247). Der Gewinn ist „Identität" (229) im Konflikt des Existierens: nicht ästhetisch davonzulaufen, sondern die Struktur der eigenen Existenz sozusagen auf sich nehmend ein Selbst zu werden.
Die Grenze gegenüber dem ästhetischen Leben ist strikt gezogen, der Übergang nicht positiv vermittelbar, sondern negativ akzentuiert: Die Verzweiflung, die nach Kierkegaards Analysen des Selbst jeder Unmittelbarkeit zugrunde liegt, ist zu akzeptieren (205), nicht mehr zu fliehen. Wo die Ästhetik fiktiv und „unwahr" Idealität proklamiert, gilt im Ge-

genteil: „das wahre Ideal ist stets das wirkliche“ (223). Der negative Akzent der Verzweiflung, wie er hier vom Ethiker geltend gemacht wird, ist als bewußt gehaltene Struktur der Existenz für Kierkegaard der ästhetischen deshalb überlegen, weil mit der Bestimmung der Existenz in Angst und Verzweiflung zugleich der Mensch als Geistverhältnis und Freiheit gesetzt ist (226). Die Verzweiflung ist so allgemein, daß es „das größte Unglück (ist) sie nie gehabt zu haben“ (Krankheit zum Tode, 22), oder anders ausgedrückt: „Sobald Verzweiflung sich zeigt, erweist es sich, daß der Mensch verzweifelt schon war“ (20). Die Struktur der Existenz setzt also die Geist-Synthese als Freiheit, Angst und Verzweiflung immer schon voraus, dies ist es, was der Ethiker in „Entweder/Oder“ gegenüber dem Ästhetiker noch unvollkommen und fordernd geltend machen will (Fahrenbach, Ethik, 72ff.), was aber erst im „Begriff Angst“ und der „Krankheit zum Tode“ wirklich herausgearbeitet wird. Denn daß sich die Existenzvoraussetzung in der Selbstwahl als schon immer vorhergehend erkennt und übernimmt, ist zudem an die paradoxen Vermittlungskategorien von „qualitativem Sprung“ und „Augenblick“ geknüpft. Im „Begriff Angst“ wird dieser Zusammenstoß genau und dialektisch kenntlich gemacht: Vom Zeitverhältnis her gesehen werden das Ewige und das Zeitliche im Augenblick, der „Fülle der Zeit“ (Begriff Angst, 92), so vermittelt, daß „die Möglichkeit des Geistes (der Freiheit) in der Individualität“ sich ausdrückt „als Angst“ (93); und diese in ihrem akuten Auftreten als immer schon vorausliegend zu erkennen, das faßt Kierkegaard als nicht mehr theoretisierbaren Übergang, nämlich den „qualitativen Sprung“ (93f., 114); eigentlich die dogmatische Kategorie der Sünde, der die Angst in psychologischer Analyse angenähert ist.

Die erste Annäherung an diesen qualitativen Sprung – der letztlich auf die christliche „Antidialektik von Sünde und Glaube“ zu beziehen ist (Janke, Historische Dialektik, 422ff.) – vollzieht der Ethiker in „Entweder/Oder“, indem er den ästhetischen Augenblick der Unmittelbarkeit herabsetzt gegenüber dem ethischen „Augenblick der Wahl“ (Entweder/Oder, 2. Teil, 188). Diesen dringlich zu machen, bedeutet Existenzmitteilung zu betreiben, den Leser in dies „dialektische Moment“ zu treiben, in seinen eigenen Widerspruch; und der ist als prinzipieller Gegensatz zum Ästhetischen „an den Existierenden“ gerichtet als die ethische Forderung, die „nicht darin bestehen kann, daß er von der Existenz abstrahieren soll, sondern daß er existieren soll, was auch das höchste Interesse des Existierenden ist“ (UN 2, 16).

Dies wiederum heißt, daseinshermeneutisch ausgedrückt: „Die Augenblicklichkeit ist Vergegenwärtigung des Einzelnen in seinem Dasein. Im

Augenblick wird jemand also im Ernst in Wirklichkeit frei oder unfrei, das heißt, sein Dasein gerät in Kraft des Entscheidungsvorgangs überhaupt erst in dieses Entweder-Oder, unter den Maßstab des Freiseins" (Schäfer, 189).

Diesen Aspekt also nennt Climacus in der Stadienabfolge Ethik. Die Existenzdialektik sucht die Wirklichkeit des eigenen Selbst, Ethik im Sinne bestimmter Handlungsanweisungen aber ist nicht gemeint. Climacus sagt es ausdrücklich: „Die Wirklichkeit ist nicht die äußere Handlung, sondern ein Inneres, in welchem das Individuum die Möglichkeit aufhebt und sich mit dem Gedachten identifiziert, um darin zu existieren" (UN 2, 42). Climacus hat dies Abheben der Ethik vom Äußeren noch durch eine dafür typische Illustration akzentuiert, durch die der neutestamentlichen Beispielerzählung vom barmherzigen Samariter gerade zuwiderlaufende Interpretation in der Frage: Falls der Helfende zu spät gekommen wäre, also faktisch nicht mehr hätte helfen können, hätte er dann nicht gehandelt? (UN 2, 43 f.). Die Antwort lautet: „gewiß hätte er gehandelt, und doch kam er nicht dazu, im Äußeren zu handeln." Kierkegaard hat diese Deutung in seiner theologischen Ethik, der Sammlung von Reden unter dem Titel „Der Liebe Tun" (1847), noch einmal wiederholt (19. Abtlg., 349f.), und es ist vor allem Th. W. Adorno gewesen, der eine weitere Konsequenz in dieser Richtung kritisch hervorgehoben hat. Kierkegaard argumentiert in einer dieser Reden so: Die Liebe bestehe letztlich darin, „eines Verstorbenen zu gedenken" (378ff.), denn diese Liebe habe gar keinen eigentlichen Gegenstand mehr, die äußere Wirklichkeit nur noch als „Anlaß" (381). Adornos geschichtsphilosophische Kritik beachtet zugleich Kierkegaards Argumentationskontext, worin in diesen Reden beständig der ökonomische Zusammenhang weltlicher Bindung an Handel und Geld als Gegenbild der Nächstenliebe eine konstitutive Rolle spielt, und schreibt: „die Liebe zu den Toten ist die, welche den lebendigen Wiederliebenden, eigentlich Subjektivität überhaupt am vollkommensten ausschließt. So scheint es die dingliche, fetischisierte Liebe schlechthin. Aber es ist zugleich die, von der jeder Gedanke an den Tausch: an Wiedervergeltung ausgeschlossen wird, und damit die letzte unverstümmelte, welche die Tauschgesellschaft zuläßt" (Adorno, Kierkegaard, 288). Kierkegaards Ethik will sich als wahre Menschlichkeit gewinnen, indem sie sich vom Objektiven und Äußeren in der Selbstwahl des existierenden Subjekts abhebt.

Kierkegaards ausführliche Beispielanalysen von Schuld, Reue und Humor geben dieser Ethik Individualität und Lebensform. Als Grenze zum Ästhetischen war dieser Phänomenbereich bereits in der differenziert angelegten Untersuchung „Schuldig? – Nicht Schuldig?" der „Stadien auf des Lebens Weg" (15. Abtlg., 195–525) vorgelegt worden. Die experimentierende Distanz des Pseudonyms Frater Taciturnus kommt zu Grenzbestimmungen wie dieser: „Die Reue kann von der Dichtung nicht gebraucht werden; sobald sie gesetzt ist, spielt die Szene im Innern. Das System kann die Reue natürlich auch nicht brauchen; denn es soll ja fertig sein, je eher desto lieber" (Stadien, 475).

Climacus ordnet diese ethischen Lebensformen als höchsten Ausdruck der Existenzleidenschaft direkt vor die Religion. Das „Pathetische" in der „Nachschrift" (UN 2, 92–266) steht als breite Existenzanalyse gerade vor dem eigentlich christologischen Problem, das dann erst wieder von den „Philosophischen Brocken" her aufgenommen wird (UN 2, 273ff.).

Humor, Reue und Schuld sind deshalb „ethisch-religiöse" Bestimmungen (UN 2, 214, 229), insofern die absolute Existenzleidenschaft – am Leiden kenntlich – dies doch rückhaltlos an die Subjektivität bindet. So hat Kierkegaard in der ersten Rede der Sammlung von 1847: „Erbauliche Reden in verschiedenem Geist" (18. Abtlg., 11–28) die *Reue* als eschatologische Existenzbestimmung ausgelegt, deren Ständigkeit als ewige Kraft die Zeitlichkeit begleitet. *Schuld* als gesammelter höchster Ausdruck der Existenz zeigt dies negative und darin qualitative Verhältnis zum Unbedingten, dem es niemals genügt: „die größtmögliche Vertiefung in die Existenz" (UN 2, 241). Als *Humor* schließlich stellt sich die Schuld zwar als Totalbestimmung der Existenz dar, aber „im Schmerz verborgen" (UN 2, 263 Anm.), „ein beginnender Tiefsinn, der widerrufen wird" (UN 2, 262/263) – und damit als Grenze und Inkognito der Religiosität.

Polemisch will die Ethik als zweite Stadienstufe diese Selbstkonzentration erzwingen, und das Verhältnis von Innen und Außen wird zunehmend überholt durch den existenzdialektischen Konflikt von Idee und Realisierung: „daß der Mensch handelnd in seinem Denken über seine eigene Existenz sich selbst durcharbeitet; daß er also wirklich das Gedachte denkt, indem er es verwirklicht" (UN 1, 160). Was Kierkegaard *Reduplikation* nennt, die verwirklichende Verdoppelung von Idealität und Realität, hat er existenzdialektisch konzentriert auf die Selbstwahl im ethischen Stadium und ästhetisch angewandt in der doppelt reflektierten Existenzmitteilung durch die Pseudonyme bzw. seine eigene schriftstellerische Arbeit; die eigentliche Verwirklichung aber ist für ihn erst eine Kategorie des Christentums (vgl. Pap. IX A 163), worin die zur Außenwelt paradox angespannte Innerlichkeit erst zu ihrem explosiven Höhepunkt kommt. Daß die Existenzdialektik diese Außenspannung nie verleugnet hat, belegen Kierkegaards Corsarerfahrungen und der Kirchenangriff als Verwirklichung am Lebensende. Beides gehört konstitutiv zur Existenzdialektik, aber erst nach dem Durcharbeiten durch das als Ethik konzipierte Stadium – nämlich in der Religion.

2.2.3 Von *dem Religiösen* spricht Climacus verallgemeinernd für die dritte Stadienstufe, gemeint ist letztlich immer das Christentum. So waren die Fragen des Climacus bereits in den „Philosophischen Brocken" angelegt, wo mit dem Lessing-Problem, wie eine „ewige Seligkeit auf ein historisches Wissen gegründet werden" könne (vgl. UN 2, 65), der kritische Punkt jeder neuzeitlichen Theologie exakt getroffen war. Sich diesem Problem zeitgemäß überhaupt nähern zu können, dazu waren die Stadienstufen und Existenzsphären genau zu unterscheiden.
Um nicht an der falschen Stelle ästhetisch oder ethisch zu reagieren, wird das Christentum so weit und so komplex wie möglich ausgegrenzt. Denn Kierkegaards Zeitkritik, die dem Hegelianismus genauso gilt wie Kirche und Politik, will das Mißverständnis des objektivierenden Zugangs zur Existenzwirklichkeit blockieren. Das vollzieht Climacus zunächst im 1. Teil der „Nachschrift", indem er jede objektive Wissenserkenntnis als bloß quantitative „Approximation" abwertet, die zur Frage Lessings nach der ewigen Seligkeit, bezogen auf die Entscheidungssituation eines lebendigen Menschen, nichts beitragen kann. Der erste Schritt zur subjektiven Wahrheit ist konsequent die „Doppelreflexion" der Existenzmitteilung (UN 1, 65 ff.), die damit ästhetisch zu durchdenken ist (71) und in der Form der leidenschaftlichen Subjektivität – dafür stehen die Pseudonyme! – auf den nicht-objektiven, sondern existentiellen Zugang mit allen literarischen Mitteln aufmerksam macht.
Bezogen auf das Christentum nun ist zudem die Kritik der gegenwärtigen Situation einzuschieben, in der jedermann schon Christ ist, ohne darüber nachdenken zu müssen. Kierkegaard spricht dafür im Unterschied zum Christentum von der bestehenden „Christenheit" (UN 2, 72). Unter den Bedingungen der Christenheit wird nämlich das Christentum in jeder Weise mißverstanden: als objektive Gegebenheit wie Staat und Polizei; ästhetisch mißverstanden, indem bestimmte religiöse Formen oder bestimmte Prediger bewundert werden; ethisch mißverstanden, indem ein ordentlicher Lebenswandel als Erfüllung der religiösen Norm gilt. Kierkegaard will mit den Stadien das Religiöse prinzipiell und unmißverständlich ausgrenzen, und das in doppelter Weise: einmal so, daß Religion und erst recht dann Christentum so paradox und extrem schwierig gemacht werden, daß keiner mehr in Ver-

suchung komme, sich daran zu vergreifen; dann aber auch, indem die vorgeordneten Stadien des Ästhetischen und des Ethischen selbst schon auf die Prämisse leidenschaftlichen Existenzinteresses festgelegt sind, so daß ein solches „Pathos", wie es Climacus nun in den letzten Kapiteln der „Nachschrift" analysieren will, auch in den ästhetischen und ethischen Realisierungen schon eine Seltenheit sein muß.

Dem entspricht es ganz, wie in einem der Frühwerke, der Schrift „Furcht und Zittern" des Pseudonyms Johannes de Silentio, die ungeheuere Innerlichkeit in der Figur Abrahams zum Modell von Absurdität und paradoxem Glauben erhoben wird. In ästhetisch-religiöser Analyse – „dialektische Lyrik" lautet der Untertitel dieser Untersuchungen! – nimmt Kierkegaard die alttestamentliche Geschichte von der Opferung Isaaks und der Versuchung Abrahams (Genesis 22) zum Anlaß, um daran eine Religiosität vorzuführen, die jenseits allen nachvollziehbaren Verständnisses angesiedelt ist. Abraham hat von Gott den Befehl, seinen einzigen, den Sohn der Verheißung zu opfern. Dieser Tatbestand wird zunächst in dichterisch-psychologischer Form einprägsam in vier Szenenbeschreibungen ins Bild gesetzt, nacherzählt, indem die unausgesprochene Spannung zwischen Vater und Sohn, die gemeinsam zum Opferaltar aufbrechen, ins Zentrum gerückt wird – eine überraschende Aktualisierung dieser Geschichte, ein Entwurf in narrativer Theologie. Ziel dieser literarischen Exposition ist es, ein erschütterndes, nicht mehr durch die philosophische Reflexion zu integrierendes Dokument der Religiosität gegeben zu haben: „Abraham glaubte und zweifelte nicht, er glaubte das Unsinnige" (Furcht und Zittern, 4. Abtlg., 18).

Nun bleibt Johannes de Silentio so wenig wie später Climacus bei dieser Konstatierung des „Unsinnigen" stehen. Zwar ist im Falle Abrahams in der Manier des philosophischen Zeitgeistes nichts zu erreichen; sowohl Descartes' wie Hegels Systemphilosophie sind bereits im Vorwort ironisch abgefertigt worden (3 ff.). Aber dies konstatierte „Unsinnige" bleibt als existentielles Phänomen zu bedenken und wird im folgenden von Johannes de Silentio in immer neuen Anläufen zum Diskussionsgegenstand gemacht: unter der Überschrift „Problemata", deren Denkkategorien bereits die Sphären des Ästhetischen, Ethischen und Religiösen sind. Was Climacus dann das „Pathetische" nennt, wird hier in „Furcht und Zittern" als positives Charakteristikum und Summe wirklicher Religiosität entdeckt: Leidenschaft. Abraham hat „zuerst jene ungeheuere Leidenschaft verspürt und bezeugt, die den furchtbaren Kampf mit dem Wüten der Elemente und den Kräften der Schöpfung verschmäht, um zu streiten mit Gott, du hast zuerst jene höchste Leidenschaft gekannt, den heiligen, reinen, demütigen Ausdruck des göttlichen Wahnwitzes, den die Heiden bewundern“ (21).

Wo die Philosophie scheitern muß, beginnt Kierkegaards Existenzdialektik, polemisch und umgekehrt gesagt: „Es soll schwierig sein, Hegel zu verstehen, aber Abraham zu verstehen ist eine Kleinigkeit“ (30). Die Existenzmitteilung zieht hier als erstes die Konsequenz, daß der pseudonyme Autor selbst sich als unzuständig erklären muß; vor dem Phänomen Abraham reicht seine Denkleidenschaft nicht aus, eben weil sie nur eine des Denkens ist. Das Pseudonym erfüllt hier beispielhaft die Funktion, von der Sache her auf die Existenz hinzuweisen, indem es sich selbst dazwischenschiebt und dann wieder für unzuständig hält. Damit wird auf das für die Existenz entscheidende „Wie“ (3) aufmerksam gemacht, das von der Sache her durch das Beispiel Abrahams provoziert wird: „Jeden Augenblick habe ich dann jenes ungeheuerliche Paradox vor Augen, welches der Inhalt von Abrahams Leben ist, jeden Augenblick werde ich zurückgestoßen, und mein Denken kann, aller seiner Leidenschaft zum Trotz, nicht in es eindringen, nicht um ein Haar breit weiterkommen ... Ich kann nicht die Bewegung des Glaubens machen, ich kann nicht die Augen schließen und mich voller Vertrauen in das Absurde stürzen, es ist für mich etwas Unmögliches, aber ich rühme mich nicht deswegen“ (30/31). Kierkegaard kommt diesem Paradox in der Schrift „Furcht und Zittern“ exemplarisch für die Beschreibung der Religiosität mit zwei begrifflichen Bildungen nahe: mit der „Doppelbewegung der Unendlichkeit“ und mit der „Suspension des Ethischen“.

Was an Abraham zu beobachten ist, wird als zweifache Bewegung nachgezeichnet: Zuerst die Bewegung der unendlichen Distanz, Kierkegaard spricht auch von „Resignation“ (33, 47), die von allem Äußeren extrem in sich zurückgeht und als eine ästhetische Unendlichkeit angesehen werden kann (92ff.); dann aber macht Abraham eine zweite Bewegung, nämlich die in die Endlichkeit und Zeit zurück (36), Isaak wird ihm zurückgegeben (34), und diese zweite Bewegung ist die in der „Dialektik des Glaubens“ – „in kraft des Absurden“ (34).

Die Doppelbewegung ist in „Furcht und Zittern“ durchaus ästhetisch und religiös zugleich angesetzt; ihr Gegenbild ist der „Spießbürger“ (37), dem jede unendliche Leidenschaft fehlt. Aber der Akzent in der zweiten Bewegung des Glaubens zielt auch gegen die Ästhetik wie gegen die herrschende Philosophie, indem die Leidenschaft zum Existenz- und Denkprinzip gemacht wird; in der Polemik gegen die Philosophie wird ein neues Denken als Existenzdialektik gefordert, das sich nicht mehr auf Kosten der Leidenschaft mit Reflexion begnügt:

„Jede Bewegung der Unendlichkeit geschieht in Leidenschaft, und keine

Reflexion kann eine Bewegung zustande bringen. Leidenschaft ist der ewige Sprung in das Dasein, der die Bewegung erklärt, indes die Vermittlung ein Hirngespinst ist, welches bei Hegel alles erklärt, und welches zugleich das Einzige ist, das er niemals versucht hat zu erklären" (42 Anm.).

Im Blick auf die sich in „Furcht und Zittern" schon abzeichnende Stadienlehre durchdacht, kommt es zweitens zur Begriffsbildung der „Suspension des Ethischen" (57). Ethisch gesehen ist Abrahams Vorhaben als Mord zu bezeichnen (27, 58), und damit bricht er die sittlich gebotene Vermittlung zum Allgemeinen. Kierkegaard will Hegels Begriff der aufhebenden Vermittlung treffen, indem er im paradoxen Glauben Abrahams ein Exempel vorweist, das schlechterdings nicht mehr vermittelbar ist. Das Paradox Abrahams ist „unzugänglich dem Denken" (59), „läßt sich nicht vermitteln" (60), die „Innerlichkeit" steht deshalb in diesem Fall höher als die „Äußerlichkeit" (75). Insofern kann Kierkegaard hier Hegels Überordnung der Allgemeinheit durchbrechen, weil im paradoxen Glauben der Einzelne nicht als „moralische Form des Bösen" der ethischen Allgemeinheit unterliegt (58; Kierkegaard zitiert hier den § 140 aus Hegels „Philosophie des Rechts"), sondern Abraham gibt das „Allgemeine" auf, um Gottes Befehl, also dem Absoluten zu gehorchen, „um etwas noch Höheres zu ergreifen, das nicht das Allgemeine ist" (65). Hier ist genau zu beobachten, warum Kierkegaard gegen Hegel die Stadienlehre braucht. Das Religiöse kann im Pathos der Subjektivität aus der Vermittlung zum übergeordneten Allgemeinen herausgenommen werden, weil in der Abfolge von Ästhetik, Ethik und Religiosität der paradoxe Glaube jenseits des Allgemeinen erst anzusetzen ist. Deshalb spricht Johannes de Silentio von einer „teleologischen Suspension des Ethischen" (60), die nicht das Ethische überhaupt aufhebt, aber in der Religiosität einen Bereich eigener Qualität proklamiert. Um diesen vor Hegels Zugriffen zu schützen, muß er die ausschließende Alternative zur spekulativen Systemdialektik darstellen: „das Paradox, das keine Vermittlung duldet" (72).

Für Kierkegaard ist damit aber nicht nur eine religiöse Sphäre ausgegrenzt, sondern mit der polemischen Herausarbeitung der existentiellen Leidenschaft ist das „Humane" überhaupt neu thematisiert (139 f.). Es ist nicht einfach zu übernehmen oder zu lernen, das sagt Johannes de Silentio (89, 139) genauso, wie es dann Climacus in den „Philosophischen Brocken" gegenüber Sokrates entwickelt. Das Pathos der Existenz zur Basis zu machen bedeutet, auf der Aktualität und Widersprüchlichkeit des jeweiligen Lebens zu bestehen. Diesen Respekt vor der einzelnen Existenz versteht Kierkegaard als das Humane, das er gegen Hegels System einklagen will. Dabei ist die leidenschaftliche Innerlichkeit neu aus Anlaß des christlichen Glaubens entdeckt, der als Paradox gegen die philosophische Vermittlung bestimmt wird; aber die Reflexionsphilosophie bleibt dieser Neuentdeckung eingezeichnet, insofern nicht eine einfache glaubende Unmittelbarkeit gegen die Philosophie steht, sondern eine „neue Innerlichkeit", die das ästhetische und philosophische Stadium in sich und hinter sich hat: „Das Paradox des Glaubens ist dies, daß es eine Innerlichkeit gibt, die inkommensurabel für das Äußere ist, eine Innerlichkeit, die, wohl zu merken, nicht eins und das gleiche ist mit jener ersten, sondern eine neue Innerlichkeit" (75).

Wenn Climacus dann in seinen Existenzanalysen die Bestimmung der Religiosität aufnimmt und sie inzwischen nach den Existenzsphären geordnet vorlegt, so wird dabei keineswegs dogmatisch eine sachfremde Voraussetzung gemacht. Es ist gerade die Aufgabenstellung des betonten Nichtchristen Climacus, auf dem Wege der Klärung der Existenzverhältnisse überhaupt das spezifisch Christliche herauszuarbeiten. Es ist also die philosophische Argumentation, die hier den Charakter der Religion und des Christentums demonstrieren will. Climacus macht dazu wiederum die Differenz zum Ästhetischen geltend, dem zwar Pathos, dies aber in Unmittelbarkeit zuerkannt werden muß (UN 2, 141 ff.), während das Religiöse die innere Dialektik des ethischen Stadiums mitbringt. Diese Dialektik des Ethischen wird aber dadurch noch potenziert, daß der religiöse Glaube sich auf einen Gegenstand richtet, der „gegen den Verstand zu glauben" ist (136), nämlich das „Faktum, daß der Gott dagewesen ist" (29).

Die christologische Grundaussage des Gottes in der Zeit – immer das geheime Ziel der Argumentation des Climacus – wird also übersetzt in existenzdialektische Kategorien, um dadurch innerhalb der Stadien eine zunehmende Potenzierung der Widerspruchsstruktur zu erreichen, an deren Spitze dann der christliche Glaube steht. Diese Konzeption durchzieht die „Nachschrift" von Anfang an und an vielen Stellen verstreut, das bringt die Virtuosität des Climacus in der Vielfalt seiner literarischen Formen mit sich. Die Nennung der Existenzsphären oder Stadien (211, 242 Anm.) wirkt dazwischen wie ein Versuch, die vielfältigen Analysen zu ordnen, vor allem die um die Phänomene wie Schuld, Humor, Ironie, Komik und Tragik, die entweder nach den Stadien differenziert (z. B. die „Komik", 223 ff.) oder als Übergangs- und Grenzwerte („Confinien") in sie eingebaut werden können: so die Ironie zwischen Ästhetik und Ethik, der Humor zwischen Ethik und Religiosität (261 ff.).

Kompakt aber werden die verschiedenen Stufen im „Zwischensatz zwischen A und B" behandelt (266–273), und Climacus hilft sich mit den banalen Bezeichnungen A und B, um zuletzt den gravierenden Unterschied des Christentums nun auch innerhalb der Religiosität noch einmal zu präzisieren: Religiosität ist das pathetische Verhältnis zur „ewigen Seligkeit", gekennzeichnet durch Leiden, der „Unmittelbarkeit Absterben" (208), heißt es im erinnernden Verzicht auf das Ästhetische. Die Dialektik liegt im Religiösen selbst, nicht in einem Außenbezug, „Religiosität A ist die Dialektik der Verinnerlichung" (267). Das Christentum dagegen – die Religiosität B – hat das Dialektische auch noch „an zweiter Stelle", es ist die „paradoxe Religiosität" (267), weil hier noch der „absurde" Außenbezug hinzutritt: der Gott in der Zeit (269, 282).

Kierkegaard bemerkt selbst, daß er sich damit aus der Ordnung der Stadien zu entfernen droht, denn der Außenbezug konnte nur im Ästhetischen zugestanden werden, während das Ethische und das Religiöse die Dialektik in sich selbst potenzieren – als Innerlichkeit. Das Christentum am Ende der Stadienabfolge aber scheint zugleich wieder am Anfang zu beginnen, es entsteht ein „scheinbar ästhetisches Verhältnis" (272), weil der Gott in der Zeit geschichtlich und als Mensch wahrzunehmen ist, was gerade die Paradoxie ausmacht. Dieser kritische Punkt ist in der Kierkegaard-Interpretation wieder aufzunehmen. Hier noch die zusammenfassende Definition der Stadien im ganzen, bei der Climacus die von der Existenzmitteilung eigentlich geforderte unsystematische Eloquenz, die überbordenden Beispielanalysen ganz inkonsequent einmal zu vergessen scheint: „Ist das Individuum in sich undialektisch, und hat es seine Dialektik außerhalb seiner: so haben wir die ästhetischen Auffassungen. Ist das Individuum nach innen zu in sich selbst, in Selbstbehauptung, dialektisch . . .: so haben wir die ethische Auffassung. Ist das Individuum dialektisch nach innen zu in Selbstvernichtung vor Gott bestimmt: so haben wir die Religiosität A. Ist das Individuum paradox-dialektisch, jeder Rest von ursprünglicher Immanenz vernichtet . . . im Äußersten der Existenz: so haben wir das Paradox-Religiöse" (283/284).

2.3 *Existenzdialektik: paradox und negativ*

Die These des Climacus in der „Nachschrift", die Wahrheit sei die „Subjektivität" (UN 1, 194), ist selbst dialektisch, weil sie sich in einer leidenschaftlichen Bewegung gegenüber der Objektivität gewinnt: „objektiv bestimmt" ist die Wahrheit „das Paradox" (196). Dabei ist darauf zu achten, daß metaphysisch gesehen nicht die Wahrheit an sich pa-

radox ist (196), sowenig in Gott selbst der Widerspruch zu denken sein soll, denn: „Gott existiert nicht, er ist ewig. Der Mensch denkt und existiert, und Existenz scheidet Denken und Sein“ (UN 2, 35). Kierkegaards Lehre vom Paradox ist also für sich genommen gar nichts, sondern nur etwas bezogen auf den Widerspruch von Idealität und Realität, Ewigkeit und Zeit, Möglichkeit und Wirklichkeit, kurz: die Bestimmungen der Existenzwirklichkeit. Nur deshalb gilt, daß die Wahrheit die Subjektivität ist (47). Unter den Bedingungen des Existierens, des Werdens und der Zeitlichkdit (UN 1, 194) geht es Kierkegaard allein um die „Aneignung“ der Wahrheit (182) und nicht um die „Abstraktionsidentität zwischen Denken und Sein“ (188). Damit ist Hegels Systemdialektik der Aufhebung und Vermittlung im Namen des Absoluten für unmöglich erklärt; Hegels Philosophie gilt Kierkegaard als höchste Leistung der „Veräußerlichung“, der er das existenzdialektische Programm der „Verinnerlichung“ entgegensetzt (Schulz, Philosophie, 276ff.) – und das im Namen der Leidenschaft des Existierens und des Denkens: „Das Höchste der Innerlichkeit eines existierenden Subjekts ist Leidenschaft; der Leidenschaft entspricht die Wahrheit als ein Paradox, und daß die Wahrheit das Paradox wird, ist gerade in ihrem Verhältnis zu einem existierenden Subjekt begründet“ (UN 1, 189).
Das Paradox ist demnach als Kennzeichen der Existenzdialektik funktional eingesetzt, es soll die Hegelsche Vermittlungsdialektik unterbrechen, in der Existenz festhalten; anstelle der Aufhebung steht der „Sprung“ (UN 2, 46, 85), anstelle des vorweggenommenen Gesamtausgleichs im absoluten Begreifen steht die akute Not des Existierens (Bloch, 226ff.). Die Hegelsche Vermittlungsdialektik muß um der Existenz willen gesprengt werden, das ist der polemische Sinn des Paradox, das sich deshalb widersinnig so definieren läßt: „denn vom absoluten Paradox kann nur verstanden werden, daß es nicht verstanden werden kann“ (UN 1, 209). Dadurch ist keineswegs das Denken beendet oder abgebrochen, so wenig wie das Existieren, aber im Denken selbst muß dieser Widerspruch zum Existieren zur Wirkung kommen; dialektisch gesprochen heißt das: der Ort der Vermittlung der Existenzdialektik ist noch einmal dialektisch, steht unter Vorbehalt, ist aufgegeben und gefordert, nur indirekt – paradox eben, wie es die Existenzmitteilung illustriert – zu antizipieren.
Man kann deshalb zur Charakterisierung von Kierkegaards Denken auch von paradoxer oder negativer Dialektik sprechen (Janke, Historische Dialektik, 432; Deuser, Dialektische Theologie, 179ff.), denn die dialektische Vermittlung wird an ihrer negativen, nicht mehr im Denken allein vermittelbaren Stelle festgemacht. Diesen Aspekt hat Kierke-

gaard schon in seiner Dissertation an Hegels Darstellung des Sokrates hervorgehoben (Über den Begriff der Ironie, 31. Abtlg., 230) und selbst die Gegenüberstellung formuliert: Die spekulative Dialektik ist „vereinigend", die negative Dialektik „trennend" (155); oder, wie es Climacus dann ausdrückt: der „subjektive existierende Denker . . . weiß, daß das Unendliche negativ ist in Bezug auf das Dasein, er hält beständig diese Wunde der Negativität offen" (UN 1, 77).

Dieses Offenhalten bringt in Kierkegaards Sinn die lebendige Bewegung der Existenz ins Spiel, die Ethik und letztlich das Christentum. Kierkegaards Gesamtwerk dient dieser Tendenz, und das Paradox ist dazu die immer gegenwärtige Markierung der Existenzdialektik. Kierkegaard hat schon früh im Tagebuch von 1837 das Paradox als das „eigentliche Pathos des geistigen Lebens" bezeichnet (TB 1, 106), und vor allem die frühen pseudonymen Schriften von „Furcht und Zittern" (1843) bis zu den „Stadien auf des Lebens Weg" (1845) suchen ständig diesen Grenzbereich des nicht mehr Integrierbaren. Auf den letzten Seiten der „Stadien" findet sich eine summarische Bestimmung dieser Interessenlage des gesamten Frühwerkes, worauf Climacus dann aufbauen kann; und auch hier wird die Zusammenfassung nach den drei Existenzsphären vorgenommen:

„Es gibt drei Existenzsphären: die aesthetische, die ethische, die religiöse. Das Metaphysische ist die Abstraktion, und es gibt keinen Menschen, der metaphysisch existiert. Das Metaphysische, das Ontologische ist, aber es ist nicht da, denn wenn es da ist, so ist es im Aesthetischen, im Ethischen und im Religiösen, und wenn es ist, so ist es die Abstraktion von dem Aesthetischen, dem Ethischen und dem Religiösen oder ein Prius, das diesen vorhergeht. Die ethische Sphäre ist bloß Durchgangssphäre, und daher ist ihr höchster Ausdruck die Reue als eine negative Handlung. Die aesthetische Sphäre ist die der Unmittelbarkeit, die ethische ist die der Forderung (und diese Forderung ist so unendlich, daß der einzelne Mensch stets Bankrott macht), die religiöse Sphäre ist die der Erfüllung, jedoch wohlzumerken, nicht einer Erfüllung wie der, daß man Gold in einen Stock oder in eine Tasche füllt, denn die Reue hat eben unendlich Raum geschafft, und daher denn der religiöse Widerspruch: zugleich auf 70 000 Faden Wassers zu liegen und dennoch fröhlich zu sein" (Stadien, 507).

Existenzleidenschaft und Paradox korrespondieren, und die Unerklärlichkeit ist das Charakteristikum beider. Dies auf dem Wege der dem Paradox allein angemessenen Existenzmitteilung zu entfalten, ist das Interesse des religiösen Schriftstellers Kierkegaard (vgl. Deuser, Kierkegaard, 27–107). Dem Pseudonym Climacus ist es dabei vorbehalten, die philosophische Analyse des Paradox vorzulegen. Er tut das in der „Nachschrift“, indem die bereits in den „Philosophischen Brocken“ vorgenommene Einführung des Begriffs noch einmal differenziert wird. Climacus unterscheidet jetzt das „sokratische Paradox“, insofern Sokrates schon als Existierender die „ewige Wahrheit“ mit der ethischen Existenz konfrontierte (UN 1, 197 ff.), vom strengeren oder christlichen Paradox, wie es dann als „Religiosität B“ mit der Dialektik an zweiter Stelle (dem Gott in der Zeit) abgegrenzt wird. Das „absolute“ Paradox ist nur christologisch zu beschreiben: „Die ewige Wahrheit ist in der Zeit entstanden. Das ist das Paradox“ (200).

An dieses Denkmodell der Existenzdialektik sind zwei Fragen zu richten: Einmal, welche Voraussetzungen macht Kierkegaard bzw. sein philosophisches Pseudonym, daß es zu dieser absoluten Paradoxie als Definition der Wahrheit überhaupt kommen kann? Und zum andern, ist mit diesem negativ-dialektischen Akzent – auch bezüglich des Christentums – nicht doch eine Position wieder eingenommen, die Hegels Aufhebung der Religion im philosophischen Gottesgedanken eigentlich schon überholt hatte?

Das Neue an Kierkegaards Existenzdialektik besteht darin, daß er anders als die idealistische und platonische Philosophie die Wahrheit nicht mehr in einem „Sich-Zurücknehmen“ (200) sucht, weder in der platonischen Erinnerung, noch in der spekulativen Aufhebung (vgl. Sløk, Kierkegaard). So hatte Climacus in den „Philosophischen Brocken“, im „Denkprojekt“ des ersten Kapitels, den „Augenblick“ in der „Fülle der Zeit“ gegen das sokratische Denken abgehoben; die Existenz ist charakterisiert durch die nur ihr eigene „Zeitlichkeit“ (vgl. Lübcke), die in der Synthesis-Struktur des Daseins als Angst und Verzweiflung ernst zu nehmen und bewußt zu leben ist (vgl. Schulz, Philosophie, 388–398) und die mit dem Akzent auf Zukunft und Werden die alte Metaphysik umkehrt: Anstelle der Erinnerung fordert Kierkegaard die „Wiederholung“ (in der pseudonymen Schrift des Constantin Constantius von 1843; vgl. Johansen). Dabei regiert aber immer als Denkvoraussetzung, wie es vor allem Climacus formuliert, daß nach der „ewigen Seligkeit“ gefragt wird. Die metaphysische Frage nach Gott, dem „Unbekannten“ (Phil. Brocken, 37), das gedacht werden soll und unter den Bedingungen der Existenz doch nicht gedacht werden kann, führt zum Paradox. Allerdings ist zu beachten, daß Kierkegaards Pseudonyme die metaphysische Fragestellung zugleich verändern, indem sie nicht mehr als objektives Erkennen, sondern radikal subjektiv traktiert wird: Existentiell wird nach der „ewigen Seligkeit“ gefragt, Climacus bringt sich dafür selbst ins Spiel, indem er in der Einleitung und am Ende der „Nachschrift" mit seiner Person für diese Frage einsteht: „Ich, Johannes Climacus, hier in der Stadt geboren ... frage ...: Wie komme ich in ein Verhältnis zu dieser Lehre?" (UN 1, 14; UN 2, 331). Das heißt: die Prämisse in der Frage nach dem Absoluten ist gewendet in das „Interesse" des Existierenden, die Leidenschaft der Existenz (UN 1, 27 Anm.; UN 2, 2; Begriff Angst, 14ff.), und beantwortet wird die Frage in der Analyse des „pathetischen" Verhältnisses.

Insofern kann auf die erste Frage nach Kierkegaards Voraussetzungen geantwortet werden, daß er aus seiner Zeit heraus – philosophiehistorisch wie theologisch-dogmatisch gesehen – zwar die Prämisse der Transzendenz unaufgebbar mitbringt, sie aber in der Entwicklung von Existenzmitteilung und Existenzdialektik verwandelt hat. Transzendenz und Immanenz kommen in der Aufgabe des Existierens zusammen, die Transzendenz ist „die Transzendenz der Existenz" und ihr Kennzeichen, das Paradox, deshalb „ein Vereinen im Widerspruch" (Grøn, 134, 132). Das Paradox sichert dagegen, daß die Existenz weder spekulativ bevormundet, noch objektiv irregeführt wird, als könnte von der Transzendenz her deduktiv gedacht – und gelebt – werden.

An dieser Stelle ist produktiv Kierkegaards kritisches Verhältnis zu Hegel zu diskutieren (vgl. Hügli, 116–121), vor allem aber auch das Recht der Existenzdialektik selbst dort, wo die Folgen von Kierkegaards Denken in der Existenzphilosophie des 20. Jahrhunderts entschieden abgelehnt werden (Adorno, Negative Dialektik, 293ff.). Umgekehrt ist die These vertreten worden, Kierkegaard befinde sich mit seiner Hegel-Kritik sozusagen innerhalb des Hegelschen Systems; das „unglückliche Bewußtsein" (Schweppenhäuser, 147ff.) oder die „schlechte Unendlichkeit" (Hügli, 117) wären dafür die Stichworte.

Damit ist die zweite Frage zur Existenzdialektik aufgenommen, denn diese Einordnung in Hegels Philosophie ist vor allem in Bezug auf das Christentum zu diskutieren, inwieweit dessen philosophische Aufhebung in Hegels spekulativer Christologie mit Recht rückgängig zu machen ist. Die hier aufscheinende Alternative zwischen Denken und Sein ist insofern verzerrt, als die Erfahrungen des 19. und des 20. Jahrhunderts keinerlei Illusionen mehr übrig lassen, unter Berufung auf die sog. Rationalität oder Irrationalität die verantwortliche Gestaltung der Welt und des Zusammenlebens der Menschen garantieren zu können. Die „Dialektik der Aufklärung" hat über die Problematik und Gefährlichkeit solcher Alternativen belehrt, und es ist bereits das Bemühen Kierkegaards, den Glauben – während er polemisch aus der philosophischen Aufhebung Hegels befreit werden soll – doch mit den Mitteln kritischen Denkens, eben der Existenzdialektik, neu zu bestimmen. Deshalb bezeichnet Kierkegaard das Paradox als eine Kategorie, mit der gedacht werden soll, obwohl das unter ihr Gefaßte letztlich nicht (im allein theoretischen Vorgang) begriffen werden kann: „Das Paradox ist keine Einräumung, sondern eine Kategorie, eine ontologische Bestimmung, welche das Verhältnis zwischen einem existierenden, erkennenden Geist und der ewigen Wahrheit ausdrückt" (TB 2, 80). Das Paradox – mit seinem befremdlichen Akzent im Negativen der Vermittlungsdialektik – hält daran fest, daß die gelungene Vermittlung von Wahrheit und Wirklichkeit noch aussteht und daß ihre Antizipation nicht ideologisch vorwegereignet werden darf. Wo dies im Glauben oder im Denken geschieht, tritt der Protest des Paradox dazwischen, der die Reduplikation von Idealität und Realisierung in der Existenz verlangt und überprüft wissen will. Insofern sind weder der Glaube vom Denken, noch das Denken vom Glauben einfach wegzuerklären. Hegels Dialektik muß sich von der Existenzdialektik und der geschichtlichen Erfahrung korrigieren lassen.

Der Einwand, Kierkegaards Paradox verliere in seinem Abstoßen von aller Objektivität jeden Außenbezug, isoliere die ethisch-religiöse Innerlichkeit von ihren weltlichen und geschichtlichen Vermittlungen, wie sie Hegels Dialektik gerade zu bestimmen suche (vgl. das Stichwort der „objektlosen Innerlichkeit" bei Adorno, Kierkegaard, 51 ff.), ist insofern zunächst zutreffend, als Kierkegaard tatsächlich mit Hilfe der Stadiendialektik das Christentum aus seinen historischen Vermittlungen herausreißen wollte – zugunsten einer neutestamentlichen „Gleichzeitigkeit", die keiner historisch-wissenschaftlichen oder dogmatisch-institutionellen Abstützungen mehr bedürfte (vgl. vor allem Kierkegaards Polemik in der „Einübung im Christentum").

Der Protest gegen die Außenwelt, von der her sich die Innerlichkeit über die Absurdität und Paradoxie abstößt, findet in der Stadiendialektik aber auch seine Umkehrung. Was in der Bestimmung der „Religiosität B" bei Climacus zu beobachten war, daß auf dritter Stufe ein ästhetisches Außenverhältnis durch den Gott in der Zeit für die christlich-paradoxe Religiosität wiederkehrt – obwohl die Stadienreihenfolge gerade auf die Abkehr vom Ästhetischen, den unmittelbaren Verhältnissen, angewiesen ist –, das sollte in der Kierkegaard-Interpretation Beachtung finden. Denn Kierkegaard realisiert in diesem christlichen Weltverhältnis die paradox erfahrenen Vermittlungen, wie sie sich biographisch in den Corsarauseinandersetzungen und dann im Kirchenkampf der Augenblicksschriften dokumentieren lassen. Das ist auch philosophisch für die richtige Bestimmung der Existenzdialektik von Bedeutung, weil damit Existenz und Innerlichkeit nicht mehr ohne die

jeweiligen Existenzbedingungen zugänglich sind. Der Weltbezug der Existenzdialektik Kierkegaards kommt allerdings unter Vorbehalten und erst am Ende und im Extrem zur Geltung, weil er vorher taktisch und systematisch über die Stadienabfolge zurückgehalten wurde.
In Adornos Kierkegaard-Interpretation ist deshalb kritisch zwischen der von Kierkegaard in der Stadienlehre proklamierten Ästhetik – die im christlichen Wirklichkeitsbezug eigentlich verbannt werden sollte – und der ästhetischen Grundstruktur seiner Philosophie genau unterschieden. Was Adorno im zweiten Sinne als Ästhetik bezeichnet, ist die „Subjekt-Objekt-Relation" überhaupt (Adorno, Kierkegaard, 45) bzw. die „Stellung des Gedankens zu Objektivität" (323). Diese aber ist bei Kierkegaard paradox gebrochen, und die darin geschichtsphilosophisch gedeutete Hegel-Kritik will Adorno in seiner negativen Dialektik zugleich gewahrt wie wiederum umgekehrt wissen: „Die Stellung des Gedankens zum Glück wäre die Negation eines jeglichen falschen. Sie postuliert, schroff wider die allherrschende Anschauung, die Idee von Objektivität des Glücks, wie sie negativ konzipiert war in Kierkegaards Lehre von der objektiven Verzweiflung" (Adorno, Negative Dialektik, 345).
Daß Kierkegaard eine solche Utopie des Glücks nicht ganz fremd war, läßt sich – wenn auch versteckt – biographisch an den Tagebüchern und auch systematisch zeigen (Deuser, Dialektische Theologie, 89, 204f.). Die Existenzdialektik aber bleibt letztlich ein Korrektiv und damit immer wieder aufgegeben zur Interpretation: „Damit das wahre Glück nicht verwechselt würde mit Oberflächlichkeit und Sattheit, bestimmte er es mit Bedacht als ein Paradox" (Bukdahl, 146).

3. Kierkegaards Wirkung

Kierkegaards Schriften blieben im 19. Jahrhundert weitgehend unbekannt – mit Ausnahme der Vermittlungen durch den dänischen Philosophen und Literaturkritiker Georg Brandes, der 1887/88 z. B. Nietzsche auf Kierkegaard hingewiesen hat. Die erste umfassende dänische Werkausgabe erscheint in Kopenhagen erst 1901–1906, die erste große deutsche Gesamtausgabe 1909–1922. Bezeichnenderweise sind es zuerst ästhetische und biographische Interessen, die auf Kierkegaard aufmerksam werden lassen (Theunissen/Greve, 54ff.). In Deutschland kommt es dann aber in den Krisenzeiten nach dem 1. und 2. Weltkrieg zu zwei großen Epochen der Kierkegaard-Rezeption: im Zeichen von Expressionismus, dialektischer Theologie und Dialogphilosophie

(Ernst Bloch, Karl Barth, Ferdinand Ebner) und im Zeichen der Existenzphilosophie (Karl Jaspers, Jean-Paul Sartre; vgl. Janke, Existenzphilosophie).

Eine Sonderstellung nehmen dabei Martin Heidegger und Theodor W. Adorno ein, die sich in ihrem Gegeneinander zugleich von Kierkegaard entschieden abgegrenzt haben, deren Denken ohne die Anknüpfung an Kierkegaard aber schwer vorstellbar erscheint; das gilt in besonderem Maße für Heidegger (vgl. Theunissen/Greve, 66–73). Adorno ist demgegenüber als scharfer Kritiker der Existenzphilosophie im ganzen anzusehen, die er paradigmatisch an Kierkegaard schon 1930/33 zu relativieren versuchte (Theunissen/Greve, 77; Deuser, Dialektische Theologie, 106–117).

Zwiespältig bleiben auch die marxistisch orientierten Kierkegaard-Interpretationen, die im mehr offiziellen Wortlaut Kierkegaard als bürgerlichen „Irrationalisten" darstellen, so der späte Lukács, während vor allem Blochs kritischer Marxismus zu einer theologischen wie hegelkritischen Aufnahme Kierkegaards in der Lage ist.

Neben diesen für das 20. Jahrhundert bekannten philosophischen Schulen muß inzwischen aber auch die mehr indirekte Wirkung Kierkegaards angezeigt werden. Denn die Wendung des philosophischen Denkens zur Sprache, zur Pragmatik und zur kommunikativen und ethischen Handlungstheorie hat in Kierkegaard einen frühen Verbündeten. Daß sich Kierkegaard selbst als religiöser Schriftsteller verstanden hat, findet seinen stärksten Ausdruck in den von ihm praktizierten verschiedenen Sprachformen. Neben der Theorie der Existenzdialektik, wie sie konsequent von den Pseudonymen vorgetragen wird, versucht Kierkegaard immer parallel, die Existenzmitteilung auch lebenspraktisch zugänglich zu machen. Die „Erbaulichen Reden" wollen von der Alltagssituation her gelesen und geschrieben sein, und erst recht die aggressiven „Christlichen Reden" und die Satiren der Augenblicksschriften stehen in einem Handlungszusammenhang, aus dem sich die Theorie nicht mehr distanzieren will.

Wittgensteins „Sprachspiele", die Lebensformen der Sprache in ihrem „Gebrauch", Wittgensteins Grenzsetzungen dessen, was überhaupt durch Sprache erreichbar wird, und die Nichthintergehbarkeit der sprachlichen Situationsvermittlungen – all das kann wie ein spätes Wiederfinden von Kierkegaards indirekter Mitteilung und der paradoxen Dialektik der Existenz gelesen werden (Zimmermann, 44–49).

Auch an J.G. Hamanns schöpfungstheologische Sprachauffassung, die sich schon in der Entstehung aufgeklärter Rationalität dieser zu entziehen suchte, muß in diesem Zusammenhang erinnert werden. Climacus hat Hamanns Integration ins spekulative Systemdenken der Hegelianer sarkastisch kommentiert (UN 1, 242f.).

Was Kierkegaard gegen die vorherrschende Philosophie seiner Zeit sucht, ist die pragmatische Handlungssituation; er nennt das die „Reduplikation" von Leben und Lehre. Die kritische Verdoppelung von Theorie und Praxis in der Lebenssituation, die sich nicht von einer distanzierten Objektivität bevormunden läßt und auch nicht in bloß subjektivem Dezisionismus befangen ist, erbringt eine Zuordnung der Existenzdialektik Kierkegaards, der Sprachphilosophie Wittgensteins und der über Zeichen vermittelten Pragmatik bei Ch. S. Peirce (Apel, 368f., 394).

Die sich hieraus ergebende Kierkegaard-Interpretation steht im Zeichen der Ethik, ist dann aber keineswegs an Kierkegaards Restriktionen der Stadienabfolge gebunden, sondern wird das, was Kierkegaard als Ästhetik und Religion sonderte, gerade mit einbeziehen müssen. So war schon die Beobachtung des Climacus zu verstehen, in der „Religion B" wiederhole sich ein „scheinbar ästhetisches Verhältnis" zur Außenwelt (UN 2, 272), und in der Einleitung zum „Begriff Angst" spricht Vigilius Haufniensis von einer „secunda philosophia", die eine „neue Ethik" nach der Dogmatik meint (Begriff Angst, 18/19). Im Gegensatz zur alten Metaphysik, der „prima philosophia", sucht die existenzdialektische Transzendenz die „*Wiederholung*" (19) als den Vorgang des Existierens zur ethischen Aufgabe zu machen, und diese ist nicht einfach immanent zu deduzieren. Das Wiederholen achtet darauf, daß „nach vorne" zu leben, zu entscheiden, in der Welt zu existieren ist. Die darin wiederholten idealen Bestimmungen, Normen, Denk- und Existenzbedingungen kommen im Vorgang der zeitlichen Existenz und der Existenzmitteilung (Sprache) selbst zum Zuge. Die Voraussetzungen werden wirklich im Existieren – und darin als Voraussetzungen erkannt. Diese widersprüchliche und produktive Zuordnung von Transzendenz und Immanenz heißt bei Kierkegaard Existenzdialektik.

Literaturverzeichnis

Werkausgaben

1. Zitiert wird – mit Kurztitel der jeweiligen Schrift und bei der ersten Nennung zusammen mit der Abtlg.-Nr. – nach der deutschen Ausgabe:

Sören Kierkegaard. Gesammelte Werke. Übers. u. hrsg. von Emanuel Hirsch/Hayo Gerdes/Hans Martin Junghans. 36 Abtlg. in 26 Bdn. u. Registerbd. Düsseldorf/Köln 1950–1969. (Diese Ausgabe erscheint nach und nach in der Taschenbuchreihe GTB, Gütersloh 1979 ff.)

Gesammelte Werke. Die Tagebücher. Übers. u. hrsg. von Hayo Gerdes. 5 Bde. Düsseldorf/Köln 1962–1974.

Als *Abkürzungen* werden verwandt: Für Kierkegaards „Unwissenschaftliche Nachschrift", 16. Abtlg., 1. u. 2. Teil: *UN 1* bzw. *UN 2;* für die Tagebücher: *TB 1–5.*

Sofern eine Tagebuchstelle in der deutschen Auswahl-Ausgabe nicht vorhanden ist, erfolgt der Beleg mit der Archiv-Nr. der dänischen Ausgabe der „Papirer" (*Pap.*).

2. Zugrundegelegt sind die dänischen Werkausgaben:

Samlede Værker. Udgivne af A. B. Drachmann, J. L. Heiberg og H. O. Lange. 14 Bde. Kopenhagen [1]1901–1906; 15 Bde (mit Registerband) [2]1920–1936; 20 Bde [3](1962–1964) 1982.

Papirer. Anden forøgede Udgave ved Niels Thulstrup. Bd. I–XIII (22 Einzelbde). Kopenhagen 1969–1970; Bd. XIV–XVI (Index) ved Niels J. Cappelørn, 1975–1978.

3. Weitere deutsche Werkausgaben:

Gesammelte Werke. Übers. von Hermann Gottsched/Christoph Schrempf. 12 Bde. Jena 1909–1922.

Werke. Übers. von Lieselotte Richter. 5 Bde. Reinbek bei Hamburg 1960–1964.

Werkausgabe in 2 Bdn. Übers. von Emanuel Hirsch/Hayo Gerdes. Düsseldorf/Köln 1971.

Sören Kierkegaard. Übers. von Hermann Diem/Walter Rest. 4 Bde. München 1975–1977 (dtv).

Sekundärliteratur

Adorno, Theodor W.: *Kierkegaard.* Konstruktion des Ästhetischen. Frankfurt/M. [3]1966 (Neuaufl. Frankfurt/M. 1974, stw 74; und in: Adorno, Th. W.: Gesammelte Schriften. Bd. 2. Frankfurt/M. 1979).

– *Negative Dialektik.* Frankfurt/M. [2]1967 (auch in: Gesammelte Schriften. Bd. 6. Frankfurt/M. 1973).

Anz, Wilhelm: Kierkegaard und der deutsche Idealismus. Tübingen 1956.

– Selbstbewußtsein und Selbst. Zur Idealismuskritik Kierkegaards. In: Text & Kontext, 47–61.

Apel, Karl-Otto: Das Apriori der Kommunikationsgemeinschaft und die Grundlagen der Ethik. In: Apel, Karl-Otto: Transformationen der Philosophie. Bd. 2. Frankfurt/M. 1976 (stw 165), 358–435.

Bibliotheca Kierkegaardiana. Hrsg. von Niels Thulstrup/Marie M. Thulstrup. Kopenhagen 1978 ff.

Bloch, Ernst: Geist der Utopie. Frankfurt/M. 1964 (Gesamtausgabe Bd. 3).

Brun, Jean (Hrsg.): Kierkegaard. Paris 1982.

Bukdahl, Jørgen K.: Om Søren Kierkegaard. Artikler i udvalg ved Jan Lindhardt. Kopenhagen 1981.

Deuser, Hermann: *Dialektische Theologie.* Studien zu Adornos Metaphysik und

zum Spätwerk Kierkegaards. München/Mainz 1980 (GT: Fundamentaltheol. Studien 1).
– Sören *Kierkegaard*. Die paradoxe Dialektik des politischen Christen. Voraussetzungen bei Hegel. Die Reden von 1847/48 im Verhältnis von Politik und Ästhetik. München/Mainz 1974 (GT: Systematische Beiträge 13).

Diem, Hermann: Die Existenzdialektik von Sören Kierkegaard. Zollikon-Zürich 1950.

Dunning, Stephan N.: The Dialectic of Contradiction in Kierkegaard's Aesthetic Stage. In: Journal of the American Acad. of Religion XLIX/3 (1981), 383–408.

Fahrenbach, Helmut: Kierkegaards existenzdialektische *Ethik*. Frankfurt/M. 1968.
– *Kierkegaard* und die gegenwärtige Philosophie. In: Text & Kontext, 149–169.

* Gerdes, Hayo: Sören Kierkegaard. Leben und Werk. Berlin 1966 (Sammlung Göschen 1221).

Grøn, Arne: Das Transzendenzproblem bei Kierkegaard und beim späten Schelling. In: Text und Kontext, 128–148.

Henningsen, Bernd: Die Politik des Einzelnen. Studien zur Genese der skandinavischen Ziviltheologie. Ludwig Holberg, Søren Kierkegaard, N. F. S. Grundtvig. Göttingen 1977.

Hirsch, Emanuel: Kierkegaard-Studien (Gütersloh 1930–33). Bd. I u. II. Vaduz/Liechtenstein 1978.

Hügli, Anton: Die Erkenntnis der Subjektivität und die Objektivität des Erkennens bei Søren Kierkegaard. Zürich 1973.

Janke, Wolfgang: *Existenzphilosophie.* Berlin/New York 1982 (Sammlung Göschen 2220).
– *Historische Dialektik*. Destruktion dialektischer Grundformen von Kant bis Marx. Berlin/New York 1977.

Johansen, Karsten Friis: Kierkegaard und die griechische Dialektik. In: Bukdahl, Jørgen K. (Hrsg.): Kierkegaard and Dialectics, Aarhus-Symposion 1978. University of Aarhus 1979, 91–124.

Jørgensen, Aage: Søren Kierkegaard-litteratur 1971–1980. En bibliografi. In: Kierkegaardiana XII (Kopenhagen 1982), 129–235.

von Kloeden, Wolfdietrich: Einfluß und Bedeutung im deutschsprachigen Denken, in: Bibliotheca Kierkegaardiana 8: The Legacy and Interpretation of Kierkegaard,1981, 54–101.

Koktanek, Anton M.: Schellings Seinslehre und Kierkegaard. München 1962.

Løgstrup, Knud Ejler: Auseinandersetzung mit Kierkegaard. München 1968 (Kontroverse um Kierkegaard und Grundtvig 2).

* Löwith, Karl: Von Hegel zu Nietzsche. Der revolutionäre Bruch im Denken des neunzehnten Jahrhunderts. Frankfurt/M. 1969.

Lübcke, Poul: Kierkegaards Zeitverständnis in seinem Verhältnis zu Hegel. In: Text & Kontext, 84–111.

Lukács, Georg: Kierkegaard. In: Dt. Z. f. Phil. 1 (1953), 286–314 (auch in: Lu-

kács, Georg: Die Zerstörung der Vernunft. Werke Bd. 9. Neuwied u. Berlin-Spandau 1962, 219–269).
Malantschuk, Gregor: Die Begriffe *Immanenz und Transzendenz* bei Sören Kierkegaard. In: NZSThuRPh 17 (1975), 61–75.
– *Fra Individ* til den Enkelte. Kopenhagen 1978.
– *Frihed og Eksistens*. Kopenhagen 1980.
* – *Kierkegaard's Thought*. Ed. by Howard V. Hong/Edna H. Hong. Princeton 1971 (amerik. Ausg. von: Dialektik og Eksistens hos Søren Kierkegaard. Kopenhagen 1968).
– Sören Kierkegaard und *das kollaterale Denken*. In: Z. f. phil. Forschung 24 (1970), 3–16.
Nordentoft, Kresten: Kierkegaard's Psychology. Pittsburgh 1978.
* Paulsen, Anna: Sören Kierkegaard. Deuter unserer Existenz. Hamburg 1955.
Pieper, Annemarie: Geschichte und Ewigkeit bei Sören Kierkegaard. Das Leitproblem der pseudonymen Schriften. Meisenheim am Glan 1968.
– Sören Kierkegaard, Inter-esse zwischen Theorie und Praxis. In: Phil. Rundschau 24 (1977), 129–145.
* Rohde, Peter P.: Kierkegaard in Selbstzeugnissen und Bilddokumenten. Reinbek 1967 (Rowohlts Monographien 28).
Sløk, Johannes: Die Anthropologie Kierkegaards. Kopenhagen 1954.
– Kierkegaard – humanismens tænker. Kopenhagen 1978.
Schäfer, Klaus: Hermeneutische Ontologie in den Climacus-Schriften Sören Kierkegaards. München 1968.
Schulz, Walter: Sören *Kierkegaard*. Existenz und System. Pfullingen 1967; auch in: Schrey, H.H. (Hrsg.): Sören Kierkegaard, 297–323.
– *Philosophie* in der veränderten Welt. Pfullingen 1972.
Schrey, Heinz-Horst (Hrsg.): Sören Kierkegaard. Darmstadt 1971. (Wege der Forschung CLXXIX).
Schweppenhäuser, Hermann: Kierkegaards Angriff auf die Spekulation. Eine Verteidigung. Frankfurt/M. 1967.
Taylor, Mark C.: Journeys to Selfhood. Hegel and Kierkegaard. Berkeley/Los Angeles 1980.
Text & Kontext (Sonderreihe, Bd. 7): Kierkegaard und die deutsche Philosophie seiner Zeit. Kopenhagen/München 1980.
Theunissen, Michael: Der Begriff Ernst bei Sören Kierkegaard. Freiburg/München 1958.
Theunissen, Michael/Greve, Wilfried (Hrsg.): *Materialien* zur Philosophie Søren Kierkegaards. Frankfurt/M. 1979 (stw 241). (*Bibliographie*).
Thulstrup, Niels: Kierkegaards Verhältnis zu Hegel. *Forschungsgeschichte*. Stuttgart/Berlin/Köln/Mainz 1969.
– Kierkegaards *Verhältnis zu Hegel* und zum spekulativen Idealismus 1835–1846. Stuttgart/Berlin/Köln/Mainz 1972.
Zimmermann, Jörg: Wittgensteins sprachphilosophische Hermeneutik. Frankfurt/M. 1975.

Franz Brentano: Wahrheit und Evidenz

Von Reinhard Kamitz, Berlin

1. Einleitung

1.1 Leben und Werke

Franz Brentano – ein Neffe des Dichters Clemens Brentano und Bruder des deutschen Sozialpolitikers Lujo Brentano – wurde am 16. 1. 1838 in Marienberg am Rhein geboren. Durch seine Mutter wurde ihm eine streng katholische Erziehung zuteil. Er studierte Philosophie an den Universitäten München, Würzburg, Berlin und Münster. 1862 erschien sein erstes Buch mit dem Titel „Von der mannigfachen Bedeutung des Seienden nach Aristoteles". 1864 wurde er zum katholischen Priester geweiht. Zwei Jahre später habilitierte er sich an der philosophischen Fakultät der Universität Würzburg mit der Arbeit „Die Psychologie des Aristoteles, insbesondere seine Lehre vom nous poietikos". 1869 veröffentlichte er die Schrift „Auguste Comte und die positive Philosophie". 1872 erhielt er ein Extraordinariat in Würzburg. Ein Jahr danach trat er aus der katholischen Kirche aus, da er davon überzeugt war, Widersprüche in den Dogmen entdeckt zu haben, und legte seine Professur in Würzburg nieder, um die im damaligen Kulturkampf ohnehin bedrängten Katholiken nicht noch mehr in Verlegenheit zu bringen. 1874 erschien sein Hauptwerk unter dem Titel „Die Psychologie vom empirischen Standpunkt". Im selben Jahr erhielt er eine Berufung an die Wiener Universität als ordentlicher Professor für Philosophie. Seine Antrittsvorlesung hielt er „Über die Gründe der Entmutigung auf philosophischem Gebiete". 1879 heiratete er in Leipzig. Da ihm jedoch diese Heirat wegen seiner priesterlichen Vergangenheit durch die österreichische Judikatur untersagt wurde, gab er zuvor die österreichische Staatsbürgerschaft auf und nahm die sächsische an. Mit dem Staatenwechsel verlor er aber die Professur. 1880 habilitierte er sich nochmals und war von da ab bis 1894 als Privatdozent an der Wiener Universität tätig. In dieser Zeit erschienen mehrere Vorträge, darunter 1889 „Vom Ursprung sittlicher Erkenntnis", 1893 „Über die Zukunft der Philosophie" und 1894 „Die vier Phasen der Philosophie". Nach dem Tode seiner Gattin verließ er 1895 Wien und wählte nach einigen kürzeren Aufenthalten in der Schweiz und in Italien Florenz zum ständigen Wohnsitz (1898). Dort heiratete er zum zweiten Male. 1903 erblindete er. Dennoch konnte er 1907 seine „Untersuchung zur Sinnespsychologie", 1911 eine Arbeit mit dem Titel „Von der Klassifikation psychischer Phänomene", sowie im selben Jahr zwei Werke über Aristoteles, nämlich „Aristoteles und seine Weltanschauung" und „Aristoteles' Lehre vom Ursprung des menschlichen Geistes", veröffentlichen. 1915 verließ er Italien und ließ sich in der Schweiz (am Zürichberg) nieder; dort starb er am 17. 3. 1917. Nach dem Tode Brentanos wurden von seinen Schülern O. Kraus und A. Kastil und – nach Kastils Tod 1950 – von F. Mayer-Hillebrand zahlreiche unpublizierte Manuskripte Brentanos (ergänzt durch ausführliche Erläuterungen der Herausgeber) in Buchform veröffentlicht, sowie bereits erschienene Schriften durch Einfügungen aus seinen Manuskripten und seiner Korrespondenz mit Schülern erweitert, kommentiert und neu herausgegeben. So erschienen in der Zeit von 1921–1970 die folgenden Werke Brentanos: „Vom Ursprung sittlicher Erkenntnis" (1921), „Psychologie vom empirischen Standpunkt" (3 Bände, 1924–1928), „Versuch über die Erkenntnis" (1925; 2. Aufl. 1970), „Die vier Phasen der Philosophie (1926; 2. Aufl. 1968), „Über die Zukunft der Philosophie" (1928), „Vom Dasein Gottes" (1929), „Wahrheit und Evidenz" (1930; Neudruck 1962), „Kategorienlehre" (1933), „Grundlegung und Aufbau der Ethik" (1952), „Religion und Philosophie" (1954), „Die Lehre vom richtigen Urteil" (1956), „Grundzüge der Ästhetik" (1959), „Geschichte der griechischen Philosophie" (1960) und „Die Abkehr vom Nichtrealen" (1966).

1.2 Grundzüge der Philosophie Brentanos

1.2.1 Metaphysik und Wissenschaftlichkeit der Philosophie

Brentano erblickte das höchste Ziel seiner philosophischen Arbeit darin, deutlich zu machen, daß der Weltverlauf und das menschliche Leben nicht Teil eines sinnlosen, von blindem Zufall beherrschten Geschehens sind, sondern daß es einen vollkommenen Verstand („Gott") gibt, der die Elemente der Wirklichkeit aus nichts hervorgebracht und eine alles Sein und Werden durchdringende Ordnung geschaffen hat. In diesen metaphysischen Studien will Brentano keineswegs den Boden intersubjektiv nachprüfbarer Forschung verlassen und bloß erbauliche, das Gemüt ansprechende, im Grunde aber unverbindliche Spekulationen darbieten; vielmehr ist es ihm, wie er immer wieder mit Nachdruck hervorhebt, auf metaphysischem Gebiete ebenso wie in allen anderen Disziplinen der Philosophie um möglichst strenge Beweise zu tun, die ausschließlich auf der Grundlage von Logik und Erfahrung errichtet sind und die der gesamten Philosophie den Charakter einer echten Wissenschaft verleihen. *„Die wahre Methode der Philosophie ist keine andere als die der Naturwissenschaften"*, so lautete bereits eine von Brentanos Würzburger Habilitationsthesen, und dieser Überzeugung ist er sein Leben lang treu geblieben; sie ist zu verstehen als Kampfansage an den von Philosophen immer wieder unternommenen Versuch, das Haus der Wahrheit durch einen nur für sie zugänglichen Privateingang zu betreten, um höchste Erkenntnisse gewinnen zu können, ohne sich zuvor mit mühseligen Begriffsklärungen, langwierigen empirischen Untersuchungen und komplizierten logischen Analysen aufhalten zu müssen. So errichtete beispielsweise F. W. J. Schelling sein idealistisches System u. a. auf einer spezifisch philosophischen und nicht lehrbaren, von ihm als „intellektuelle Anschauung" bezeichneten Methode, deren Resultate keiner intersubjektiven Kontrolle zugänglich sind, und er rechtfertigte die Anwendung dieses Verfahrens mit dem Hinweis, es sei nicht einzusehen, wieso die Philosophie zu besonderer Rücksichtnahme auf das Unvermögen anderer verpflichtet sein sollte. In derartigen elitären Erkenntnisansprüchen erblickte Brentano Verfallserscheinungen der Philosophie, und er wurde nicht müde, die Philosophen zu einer „naturgemäßeren Methode" nach dem Vorbilde Newtons und Lavoisiers aufzurufen. Brentano war der Auffassung, daß sich auf diesem Wege, d. h. mit naturwissenschaftlicher Methode und ohne Rekurs auf esoterische Erkenntnisquellen, die Existenz Gottes beweisen lasse (den Bewegungsbeweis und den von ihm modifizierten teleologischen Beweis hält er für besonders überzeugend, den ontologischen Beweis lehnt er ab).

1.2.2 Erkenntnistheorie und Psychologie

Brentanos Deutung der philosophisch-naturwissenschaftlichen Methode ist eine Spielart dessen, was man – im Gegensatz zum Kritizismus von K. R. Popper – heute oft als *Begründungs-* oder *Rechtfertigungsmethodologie* bezeichnet: die Wissenschaft strebt nach größtmöglicher Gewißheit; als wissenschaftliche Erkenntnis kann nur das gelten, was entweder absolut sicher oder zumindest hoch wahrscheinlich ist; in sehr vielen Fällen kann die Verläßlichkeit eines wissenschaftlichen Resultats R nur durch eine Begründung von R gewährleistet werden, d. h. nur dadurch, daß man ein deduktiv oder induktiv korrektes Argument formuliert, dessen Konklusion R ist und dessen Prämissen vernünftigerweise unbezweifelbar sind; R heißt dann eine *mittelbare Erkenntnis*; da man aber, wie allgemein zugestanden wird, nicht jeden Satz beweisen kann, muß es auch *unmittelbare Erkenntnisse* geben, also Einsichten, die ohne Beweis als wahr einleuchten.

Diese *unmittelbar evidenten Urteile* sind für Brentano der archimedische Punkt alles Wissens und Beweisens und bilden die feste Grundlage jeder Wissenschaft (und somit auch der Philosophie). H. Albert hat eine solche erkenntnistheoretische Position als *Dogmatismus* bezeichnet, da ihr zufolge bestimmte Sätze als sicher hingestellt und wie Dogmen der Kritik entzogen werden, obwohl man doch eigentlich alles grundsätzlich bezweifeln könne. „Die Suche nach dem archimedischen Punkt der Erkenntnis scheint im Dogmatismus enden zu müssen" (Albert, 14). Gegen diesen Vorwurf würde Brentano einwenden, daß Alberts Voraussetzung, grundsätzlich könne alles bezweifelt werden, nicht richtig sei; der Satz „2 ist eine Primzahl oder 2 ist keine Primzahl“ sei unmittelbar evident und jeder Zweifel daran wäre ganz und gar unvernünftig; diesen Satz ein Dogma zu nennen verwische den wichtigen Unterschied zwischen evidenten, einer Begründung nicht mehr bedürftigen, vernünftigerweise nicht kritisierbaren Sätzen einerseits und nicht-evidenten, begründungsbedürftigen und dennoch aus irgendwelchen Gründen gegen Kritik abgeschirmten Behauptungen andererseits; nur Sätze der zweiten Art könne man als Dogmen im üblichen Sinne des Wortes bezeichnen.

Zu den Dogmen in diesem Sinne zählt Brentano auch Kants synthetische Urteile apriori; aus der Art der Fragen, die Kant im Zusammenhang mit solchen Sätzen aufwirft und diskutiert, ergibt sich für Brentano deutlich, daß nach Kants Auffassung die synthetischen Urteile apriori keine evidenten Urteile sind; wenn also Kant Wissenschaft und Philosophie auf der Grundlage synthetischer Urteile apriori errichten will, so erweise er sich damit als ein Dogmatiker, der den Pfad naturgemäßer Forschung (im oben skizzierten Sinne) verlassen habe; Kants unwissenschaftliches Verfahren offenbare sich insbesondere auch in seinen Lehren von der Raum- und der Zeitanschauung sowie von den sog. „Stammbegriffen der reinen Vernunft“: Kant behauptet deren apriorischen Charakter, aber Brentano meint, durch psychologische Analyse nachweisen zu können, daß alle Begriffe (ganz im Sinne Lokkes) aus der Erfahrung stammen (Brentano, Versuch).

Nach Brentanos Überzeugung ist der für seine Philosophie so zentrale Begriff des evidenten Urteils (bzw. genauer: des evident Urteilenden) ebenso aus bestimmten Erfahrungen abstrahiert wie etwa die in der Metaphysik so wichtigen Begriffe der Ursache, der Notwendigkeit, der Substanz, des Verstandes, etc.; selbst so komplexe Begriffe wie „Gott“ sind nach Brentano nur aus begrifflichen Elementen zusammengesetzt, die durch Abstraktion aus Erfahrungen gewonnen wurden. Nur durch sorgfältige psychologische Analyse unserer Erfahrungen lasse sich daher ein klares Bild von dem Inhalt unserer Begriffe und von den Grenzen unseres begrifflichen Denkens erlangen.

Brentano unterscheidet zwischen deskriptiver und genetischer Psychologie: die Aufgabe der ersteren sei eine Beschreibung unserer psychischen Prozesse, die Feststellung ihrer gemeinsamen Merkmale und fundamentalsten Unterschiede, die Aufgabe der letzteren bestehe in der kausalen Erklärung psychischer Prozesse. Die deskriptive Psychologie ist für ihn der grundlegendere dieser beiden Teile: die Beschreibung geht der Erklärung voran. Die deskriptive Psychologie ist es auch, die nach

Brentano die unerläßliche Voraussetzung jeder Begriffsklärung und Bedeutungsanalyse darstellt, und zwar hauptsächlich aus den beiden folgenden Gründen: zum einen wegen seiner schon erwähnten Überzeugung vom empirischen Ursprung aller unserer Begriffe, zum anderen wegen seiner Lehre, daß das, was man unter „Bedeutung eines (autosemantischen) sprachlichen Ausdrucks" versteht, stets ein psychischer Prozeß (z. B. eine Vorstellung oder ein Urteil) sei. *Die deskriptive Psychologie bildet somit für Brentano das Fundament der gesamten Philosophie.*

1.2.3 Ethik und Ästhetik

So ist beispielsweise auch die Ethik nach Brentanos Auffassung nur auf der Grundlage deskriptiver Psychologie möglich. Wie Brentano betont, ist es eine Erkenntnis der deskriptiven Psychologie, daß es neben gewohnheitsmäßigem, instinktivem Gefallen und Mißfallen (wie etwa bei der Lust des Geizigen an der Anhäufung des Geldes oder bei einem Widerwillen gegen gewisse Gerüche) auch ein Gefallen und Mißfallen höherer Art gibt, nämlich ein *in sich als richtig charakterisiertes Lieben oder Hassen* und ein *in sich als richtig charakterisiertes Vorziehen oder Nachsetzen* (so z. B., wenn wir ein Gefallen an Erkenntnis und ein Mißfallen an Irrtum haben oder wenn wir der Freude vor dem Leid den Vorzug geben).
Die als richtig charakterisierten Gemütstätigkeiten bilden in Brentanos Augen ein Analogon zur Urteilsevidenz und sind die Quelle der Begriffe „gut" und „schlecht" bzw. „besser" und „schlechter" („Wir nennen etwas gut mit Rücksicht darauf, daß das darauf gerichtete Lieben als richtig charakterisiert ist"; Grundlegung, 146)). Und so wie es evident sei, daß zwei einander widersprechende Urteile unmöglich beide evident sein können, so leuchte es auch unmittelbar ein, daß ein und dasselbe Ding nicht Gegenstand eines als richtig charakterisierten Liebens und eines als richtig charakterisierten Hassens sein kann.
Damit ist für Brentano die Allgemeingültigkeit ethischer Prinzipien garantiert. Brentanos Ethik ist nicht eine heteronome Ethik, in welcher die ethischen Normen als Festsetzungen einer Autorität (z. B. eines übernatürlichen Wesens) angesehen werden, sondern eine *autonome Ethik*, in welcher die ethischen Normen durch die eigene moralische Einsicht begründet werden (d. h. durch das Wissen, daß dieses oder jenes Gegenstand eines als richtig charakterisierten Liebens bzw. Vorziehens ist).
Ähnlich wie die Ethik meint Brentano auch die Ästhetik auf einem festen, den Relativismus überwindenden, aus deskriptiver Psychologie und Evidenzlehre gebildeten Fundament errichten zu können. Das un-

mittelbare Gefallen an bestimmten Vorstellungen und die in vielen Fällen damit verbundene (evidente) Erkenntnis, daß dieses Gefallen in sich als richtig charakterisiert ist, gibt uns nach Brentano die Gewähr, daß es sich um Vorstellungen von überragendem Wert handelt, die als schön zu bezeichnen sind.

1.2.4 Logik

Von der modernen (mathematischen oder symbolischen) Logik, die seit der Mitte des vorigen Jahrhunderts einen imposanten Zuwachs sowohl an gesicherten Erkenntnissen als auch an neuen und interessanten Problemen verzeichnen konnte, hatte Brentano nur äußerst lückenhafte Kenntnisse. Er verhielt sich ihr gegenüber ablehnend, und diese Haltung wurde trotz der unbestreitbaren Erfolge dieser Disziplin in der mathematischen Grundlagenforschung auch noch von manchen seiner Schüler kritiklos übernommen. Die Argumente richteten sich hauptsächlich (a) gegen eine heute größtenteils veraltete und bereits zu Brentanos Zeiten keineswegs allgemein übliche Symbolik und Terminologie, ferner (b) gegen W. Hamiltons Vorschlag, in kategorischen Aussagen nicht nur das Subjekt, sondern auch das Prädikat zu quantifizieren und damit gegen eine Idee, die schon in der mathematischen Logik des vorigen Jahrhunderts nur wenige Anhänger gefunden hat; und schließlich kritisiert Brentano, daß (c) die modernen Logiker die zahlreichen Fehler und Widersprüche übersehen hätten, die in der traditionellen, von Aristoteles begründeten und bis in das vorige Jahrhundert hauptsächlich von Philosophen fortentwickelten Logik enthalten seien (Psychologie II, 172ff.; Kastil, Philosophie, 207ff.). So hätten die modernen Logiker z.B. nicht bemerkt, daß die traditionelle Lehre falsch sei, derzufolge jeder A-Satz einen I-Satz und jeder E-Satz einen O-Satz logisch impliziert. (Als „A-Sätze" gelten Sätze der Form „Alle S sind P", als „E-Sätze" Sätze der Form „Kein S ist P", als „I-Sätze" Sätze der Form „Mindestens ein S ist P", und als „O-Sätze" Sätze der Form „Mindestens ein S ist nicht P"; dabei wird hier und im folgenden vorausgesetzt, daß alle miteinander in logischer Hinsicht verglichenen Sätze dieser vier Arten dasselbe Subjekt und dasselbe Prädikat haben.)

Dieser gegen die moderne Logik erhobene Vorwurf ist aber nachweislich unberechtigt: gewöhnlich interpretiert man in der modernen Logik A- und E-Sätze als Sätze ohne existentielles Gewicht, d.h. als Sätze, die nicht die Existenz eines Dinges mit der Eigenschaft S implizieren, die es also offen lassen, ob es Dinge mit dieser Eigenschaft gibt oder nicht, während man I- und O-Sätze normalerweise als Sätze mit existentiellem Gewicht deutet, d.h. als Sätze, in denen die Existenz eines Dinges mit der Eigenschaft S mitbehauptet wird und die deswegen aus A-Sätzen bzw. aus E-Sätzen nicht logisch folgen.

Doch verdient anerkannt zu werden, daß Brentano das sog. „logische Quadrat" der traditionellen Logik einer interessanten Kritik unterzogen hat: entweder interpretiert man – im Sinne Brentanos – A- und E-Sätze als Sätze ohne existentielles Gewicht und I- und O-Sätze als Sätze mit existentiellem Gewicht; dann ist nicht nur der Schluß von A- auf I- und von E- auf O-Sätze ungültig, sondern es bricht auch die traditionelle These zusammen, daß zwischen A- und E-Sätzen ein konträrer und zwischen I- und O-Sätzen ein subkonträrer Gegensatz bestehe; oder man interpretiert alle kategorischen Sätze, d.h. A-, E-, I- und O-Sätze, als Sätze mit existentiellem Gewicht; dann ist die traditionelle Auffassung unhaltbar, daß A- und O-Sätze in kontradiktorischem Gegensatz zueinander stehen, daß also nicht beide Sätze zugleich wahr und auch nicht zugleich falsch sein können, und daß derselbe Gegensatz auch zwischen E- und I-Sätzen besteht (falls es nämlich kein S gibt, sind bei solcher Interpretation alle kategorischen Sätze falsch).

Diese Überlegungen Brentanos haben Konsequenzen auch für die traditionelle Syllogistik, doch kann hier auf Brentanos Versuch, diesen Teil der traditionellen Logik zu reformieren, nicht näher eingegangen werden. Erwähnt sei lediglich, daß Brentano meinte, alle logisch korrekten Syllogismen aus zwei fundamentalen Schlußfiguren, die er für Spezialfälle des Satzes vom ausgeschlossenen Dritten hielt, mit Hilfe von zwei Regeln ableiten zu können, die in seinen Augen Spezialfälle des Satzes vom ausgeschlossenen Widerspruch darstellen. Damit glaubte Brentano den analytischen Charakter der Logik bewiesen zu haben. Demgegenüber hat W. Stegmüller treffend darauf hingewiesen, daß erstens die Syllogistik nur einen sehr kleinen Teil der Logik ausmacht und daß zweitens in Brentanos Ableitungen auch noch andere Voraussetzungen einfließen als jene, die er selbst explizit angeführt hat. „Trotzdem muß anerkannt werden, daß die brentanosche Korrektur der aristotelischen Logik eine bedeutsame Leistung von dauerhaftem Wert bleibt" (Stegmüller, Hauptströmungen I, 42).

Wesentlich ist, daß deskriptive Psychologie und Evidenzlehre nach Brentanos Überzeugung auch hinsichtlich der Logik dieselbe fundamentale Stellung einnehmen wie bezüglich der übrigen philosophischen Disziplinen. So ist z.B. Brentanos Auffassung, ein A-Satz sei logisch äquivalent einem Satz der Art „Ein S, das nicht P ist, gibt es nicht", für Brentano nicht das Resultat einer logischen, sondern einer *psychologischen Analyse*: ich erkenne mit unmittelbarer Evidenz, daß ich, indem ich einen solchen Satz formuliere, in ganz bestimmter Weise psychisch tätig bin: „Ich stelle einen als ein S anerkennend und ihm P absprechend vor und erkläre, daß ich, indem ich ihn so urteilend vorstelle, einen irrig Urteilenden vorstelle" (Lehre, 119). Es ist klar, daß der Evidenzstandpunkt in der Logik dazu führt, daß es für Brentano nur eine einzige Logik geben kann, daß logische Gesetze (wie etwa der Satz vom ausgeschlossenen Dritten) evidente Erkenntnisse sind, die aus den in ihnen verwendeten Begriffen heraus einleuchten und die deshalb immer und überall gelten. Wenn heute im Hinblick auf bekannte Entwicklungen in der modernen Logik oft von verschiedenen, miteinander konkurrierenden Logiksystemen die Rede ist (man denke etwa an die klassische Logik, die intuitionistische Logik, diverse mehrwertige Logiken, relevanzlogische Systeme, „fuzzy logic" etc.), so hätte Brentano dies auf dem Boden seiner Philosophie für kompletten Unsinn gehalten.

2. Brentanos Lehre von Wahrheit und Evidenz

Obwohl in Brentanos Philosophie von Anfang an die Evidenzlehre eine zentrale Rolle spielte, hat Brentano doch im Laufe der Zeit verschiedene Teile seiner Theorie über das Verhältnis von Wahrheit und Evidenz nicht unerheblich modifiziert. In den vorliegenden Ausführungen soll nur die letzte und endgültige Fassung dieser Theorie dargestellt werden. Sie setzt sich zusammen aus den folgenden vier, eng miteinander verknüpften Teiltheorien:
(a) der idiogenetischen Urteilstheorie
(b) dem Reismus
(c) der Kritik an der Korrespondenztheorie der Wahrheit
(d) dem evidenztheoretischen Wahrheitsbegriff
Jeder dieser Teiltheorien wird ein Abschnitt der folgenden Darlegungen gewidmet sein.

2.1 Die idiogenetische Urteilstheorie

Der Name „idiogenetische Urteilstheorie" stammt nicht von Brentano, sondern von einem seiner Schüler, dem Logiker und Sinnespsychologen Franz Hillebrand, der Brentanos Urteilstheorie wie folgt charakterisiert: „Da also das Charakteristische seiner Theorie darin besteht, daß er im Urteilen eine besondere Gattung (idion genos) psychischer Phänomene sieht, während alle anderen Theorien hierin nur eine gewisse Zusammensetzung aus psychischen Elementen einer anderen Gattung (allo genos) zu erblicken glauben, dürfen wir die erstere als idiogeneti-

sche Urteilstheorie, alle anderen als allogenetische Urteilstheorien bezeichnen, um doch für derart fundamentale Unterschiede auch geeignete Namen zu besitzen." (Hillebrand, 26, 27)
Nicht alle Ausdrücke unserer Sprache haben nach Brentano eine eigene selbständige Bedeutung; viele tragen nur im Zusammenhang mit anderen Ausdrücken zu einem Bedeutungsganzen bei. Solche Ausdrücke mit unselbständiger Bedeutung nannte Brentano *Synsemantika*; zu ihnen zählt er u. a. auch alle jene Ausdrücke, die man heute oft als logische Konstanten bezeichnet, also Wörter wie „alle", „oder", „nicht", „und" sowie Redewendungen der Art „es ist möglich, daß", „es ist falsch, daß" etc. Von den synsemantischen Ausdrücken unterschied Brentano die *autosemantischen Ausdrücke*, die schon für sich allein etwas bedeuten, indem sie, ohne erst in einen umfassenderen Redezusammenhang eingegliedert werden zu müssen, bestimmte psychische Prozesse zum Ausdruck bringen.
Die Bedeutung eines Autosemantikums ist also nach Brentano stets ein *psychischer Prozeß*, etwa eine Vorstellung, die jemand hat, oder ein Urteil, das jemand fällt (Lehre, 35–38). Das Subjekt, das psychische Prozesse hat, nennt Brentano einen *psychisch Tätigen* (Psychologie I, 111, 112; II, 34, 35). Es ist für Brentano eine wichtige Erkenntnis der deskriptiven Psychologie, daß jeder psychisch Tätige sich in seinen psychischen Prozessen stets auf etwas bezieht, etwas zum Gegenstand (oder Objekt) hat: wer sich erinnert, erinnert sich stets an etwas, der Liebende liebt immer etwas, der Vorstellende stellt ausnahmslos etwas vor.
Dieser Gedanke von der *Intentionalität* aller psychisch Tätigen ist nicht neu. Wir finden ihn in der Antike und vor allem in der Scholastik, aber Brentano hat ihn als erster in den Mittelpunkt philosophisch-psychologischer Überlegungen gerückt (Psychologie I, 124–128, 137, II, 32). Wie in Abschnitt 2.2 erläutert werden soll, will Brentano die These von der Intentionalität alles Psychischen nicht so verstanden wissen, daß man sich psychisch nur auf Existierendes beziehen kann; vielmehr ist es nach Brentano oft der Fall, daß das Objekt eines psychischen Prozesses nicht existiert.
Wie Brentano lehrt, bezieht sich jeder psychisch Tätige stets auf mindestens zwei Objekte, auf das sog. „primäre Objekt", also z. B. auf Geld, das er sich wünscht, oder auf Gott, an den er glaubt, dann aber zugleich auch auf das sog. „sekundäre Objekt", d. h. auf sich selbst als psychisch Tätigen, also auf sich selbst als Geld-Wünschenden, an Gott-Glaubenden, usw. Brentano nennt die Beziehung auf das primäre Objekt auch oft *primäres Bewußtsein* und die Beziehung auf das sekundäre Objekt *sekundäres Bewußtsein* (Psychologie I, 141–220; II, 138–140; III,

1–52). Primäres und sekundäres Bewußtsein sind nach Brentanos Auffassung nicht zwei voneinander verschiedene psychische Prozesse, sondern ein einziger psychischer Prozeß mit zwei Objekten. Käme nämlich das sekundäre Bewußtsein zum primären als ein eigener, besonderer seelischer Akt hinzu, der sich nur auf das primäre Bewußtsein bezöge, dann müßte es – so meint Brentano – zu einem regressus in infinitum kommen, denn woher sollten wir von dem sekundären Bewußtsein wissen, wenn nicht in einem darauf gerichteten „tertiären Bewußtsein" und so fort (Psychologie I, 170–180; II, 138, 139; Kastil, Philosophie, 47). Da also in jeder psychischen Tätigkeit nach Brentano ein sekundäres Bewußtsein mitgegeben ist, kann es für ihn keine unbewußten psychischen Prozesse geben (Psychologie I, 143–194).

Eine wichtige Rolle spielt in Brentanos Psychologie seine Überzeugung, daß es drei Klassen psychischer Prozessesgibt: *Vorstellungen*, *Urteile* und *Interessephänomene* bzw. *Gemütstätigkeiten*. (Psychologie II, 28–130; Ursprung, 15; Lehre, 32). Dieser Überzeugung entsprechend kann sich der psychisch Tätige auf sein primäres bzw. sekundäres Objekt in drei fundamental verschiedenen Weisen beziehen: vorstellend (wenn wir an etwas denken, ohne daß wir es dadurch auch schon für existierend oder nicht-existierend halten und ohne daß wir es dadurch schon lieben oder hassen, herbeisehnen oder wegwünschen), urteilend (indem wir etwas für existierend oder nicht-existierend halten bzw. irgendeinem für existierend gehaltenen Ding eine Eigenschaft zu- oder absprechen) und interessenehmend (also Lust oder Unlust fühlend, Gefallen oder Mißfallen habend, wollend, ablehnend, begehrend usw.). Eine solche Klassifikation psychischer Prozesse ist nach Brentanos Ansicht keine überflüssige oder spitzfindige Distinktion, sondern die unerläßliche Voraussetzung für die Erforschung psychischer Gesetzmäßigkeiten: größtenteils gelten ja psychologische Gesetze nur für die eine oder andere Gattung von psychischen Prozessen (Psychologie I, 62, 63). Es sei hier kurz angemerkt, daß Brentano seine Klassifikation psychischer Prozesse, wenigstens in den Grundzügen, von Descartes übernommen hat (Ursprung, 15, 45).

Wie schon erwähnt wurde, ist es ein Charakteristikum der Psychologie Brentanos, daß er im Urteilen eine besondere Grundklasse psychischer Prozesse erblickt, während die anderen Theorien darin meist nur eine Zusammensetzung aus psychischen Elementen einer anderen Gattung sehen. Für die idiogenetische Urteilstheorie ist das Urteil weder eine Verbindung oder Trennung von Vorstellungen noch ein Kompositum aus psychischen Prozessen der dritten Grundklasse (der Interessephänomene oder Gemütstätigkeiten). Zwar bestehen nach Brentano zwischen dem Interessenehmenden und dem Urteilenden gewisse Analogien, aber diese rechtfertigen nicht eine Zuordnung der Urteile zu der Klasse der Gemütstätigkeiten (Psychologie II, 67–70, 88–90, 152–155; Ursprung, 17–22).

Vor allem betont Brentano die folgenden zwei Merkmale, die Urteilen und Interessephänomenen (im Gegensatz zu den Vorstellungen) zukommen: (a) so wie man sich urteilend in entgegengesetzter Weise auf dasselbe Objekt beziehen kann (man kann es für existierend oder für nicht-existierend halten), so kann man dasselbe Objekt lieben oder hassen; (b) und so wie der Urteilende teils ein triebhaft, gewohnheitsmäßig, „blind" Urteilender, teils aber auch ein einsichtig, evident Urteilender sein kann, so gibt es neben einem bloß triebhaften auch ein als richtig charakterisiertes Lieben und Hassen. Dennoch rechtfertigen in Brentanos Augen die folgenden drei Unterschiede eine Trennung der Klasse der Urteile von der Klasse der Gemütstätigkeiten: (a) Urteile sind entweder wahr oder falsch, Interessephänomene dagegen nicht; man kann zwar auch von „wahrer Liebe" sprechen, aber damit ist etwas anderes gemeint als wenn wir z. B. das Urteil, daß 2 die einzige gerade Primzahl ist, als wahr bezeichnen; (b) ferner finden wir bei dem, was wir lieben, solches, was wir um seiner selbst willen lieben, und solches, was wir nur um eines anderen willen lieben (letzteres halten wir für nützlich); einen analogen Unterschied gibt es aber nach Brentano auf dem Gebiet des Urteilens nicht; (c) und schließlich kann man etwas zwar für existierend oder für nicht-existierend, nicht aber für existierender als etwas anderes halten, während man andererseits etwas nicht nur lieben oder hassen, für gut oder für schlecht halten, sondern auch ein Ding einem anderen vorziehen, es also für besser als das andere halten kann.

Brentano sucht ferner nachzuweisen, daß das Urteilen auch nicht in einem Verbinden oder Trennen von Vorstellungen besteht. Das Moment der Vorstellungsverbindung bzw. Vorstellungstrennung ist nach Brentano weder ein hinreichendes noch ein notwendiges Merkmal eines Urteils; es ist nicht hinreichend, denn wer z. B. an einen schwarzen, bissigen Hund denkt (ohne einen solchen für existierend oder für nicht-existierend zu halten), der verbindet zwar die Vorstellung von etwas Schwarzem mit der Vorstellung von etwas Bissigem und mit der Vorstellung von einem Hund, aber indem er diese Vorstellungen bloß miteinander verknüpft, verhält er sich noch nicht urteilend. Dies wird besonders deutlich, wenn wir bedenken, daß auch derjenige, der fragt „Gibt es einen schwarzen, bissigen Hund?" eine solche Vorstellungsverknüpfung vornimmt, ohne aber damit schon ein Urteil zu fällen (Lehre, 34).

Wie Brentano durch die Analyse einfacher Existentialurteile deutlich machen will, ist das Verbinden oder Trennen von Vorstellungen auch kein notwendiges Merkmal eines Urteils. Wer beispielsweise urteilt, daß es Hunde gibt, der verknüpft nicht zwei Vorstellungen – nämlich die eines Hundes mit der von etwas Existierendem –, sondern er stellt einen Hund vor und hält diesen für existierend. Die Annahme, das für-existierend-Halten eines Dinges der Art A bestehe in der Verknüpfung einer Vorstellung von A mit der Vorstellung von Existierendem, würde nach Brentano in die Urteilstheorie eine ganz unnötige Komplikation einführen. Denn aufgrund dieser Annahme – so schließt Brentano – müßte derjenige, der urteilt, daß ein A existiert, einerseits ein A, andererseits aber auch etwas Existierendes für existierend halten, da jeder, der eine Verbindung von Merkmalen für existierend hält, aus logischen Gründen genötigt ist, jedes einzelne Element dieser Verbindung für existierend zu halten. Bei dieser Annahme bestünde also, wie Brentano meint, das Urteil „Es gibt ein A" nicht nur darin, daß ein A für existierend gehalten wird – eine ganz nutzlose Komplikation.
Für noch überzeugender hält Brentano die Analyse negativer Existentialurteile. Wäre das Urteil „Es gibt kein A" die Leugnung der Verbindung des Merkmals A mit dem Merkmal „Existenz", so wäre nach Brentanos Überzeugung in einem solchen Urteil noch nicht die Nichtexistenz von Dingen der Art A behauptet, weil derjenige, der eine Merkmalsverbindung leugnet, damit noch nicht jedes einzelne Element der Verbindung leugnet (wer leugnet, daß es bissige Hunde gibt, behauptet damit noch nicht, daß keine Hunde existieren); und doch ist es gerade die Nichtexistenz von Dingen der Art A, die in dem Urteil „Es gibt kein A" behauptet wird (Lehre, 34, 35; Psychologie II, 49, 50; Hillebrand, 24, 25).
Damit ist für Brentano erwiesen, daß sich der Urteilende in einer ganz besonderen, irreduziblen Weise auf seine Objekte bezieht. In seiner Frühzeit vertrat Brentano die Meinung, daß diese Beziehung stets ein „Anerkennen" (d.h. für existierend Halten) oder „Verwerfen" (d.h. für nicht-existierend Halten) sei, daß es sich also bei allen Urteilen um positive oder negative Existentialurteile handle (Psychologie II, XIV, 56–63; vgl. Kraus, Brentano, 23, 24). Jeder Satz, der sprachlicher Ausdruck eines Urteils ist, müsse daher mit einem Existentialsatz bedeutungsgleich sein; so sei z.B. der Satz „Alle S sind P" synonym mit dem Satz „Ein S, das nicht P ist, gibt es nicht", der Satz „Kein S ist P" synonym mit „Ein S, das P ist, gibt es nicht", der Satz „Mindestens ein S ist P" synonym mit „Ein S, das P ist, gibt es", und der Satz „Mindestens ein S ist nicht P" synonym mit „Ein S, das nicht P ist, gibt es".

Brentano hat später diese Meinung revidiert und die These vertreten, daß es unter den Urteilen auch solche gebe, die sich nicht einfach als Anerkennungen oder Verwerfungen charakterisieren lassen, sondern „Doppelurteile“ sind, d.h. Urteile, in denen ein Gegenstand anerkannt und diesem anerkannten Gegenstand eine Eigenschaft zu- oder abgesprochen wird; so werde z.B. in dem Urteil „Diese Pflanze ist nicht giftig“ eine Pflanze anerkannt und ihr das Merkmal der Giftigkeit abgesprochen (Psychologie II, 163–169; Lehre, 113–121; Kastil, Philosophie, 86). Die hier zur Kennzeichnung der Urteile verwendeten Ausdrücke „anerkennen“, „verwerfen“ (bzw. „für existierend halten“, „für nicht-existierend halten“), „zusprechen“ und „absprechen“ sind nach Brentano nicht mehr weiter analysierbar; was mit ihnen gemeint ist, kann, wie er betont, nur durch Hinweis auf unser eigenes unmittelbares Erleben verdeutlicht werden (Psychologie II, 83).

Brentano hat unter verschiedenen Einteilungsgesichtspunkten mehrere Klassifikationen der Menge der Urteile vorgeschlagen (Lehre, 103–130). So hat er, wie eben erwähnt wurde, zwischen einfachen Existentialurteilen und Doppelurteilen unterschieden, ferner zwischen wahren und falschen Urteilen, zwischen assertorischen und apodiktischen Urteilen (in den ersteren wird etwas als tatsächlich, in den letzteren wird etwas als notwendig, bzw. unmöglich behauptet), – um nur einige der von Brentano vorgenommenen Klassifikationen zu erwähnen.

Als wichtigste Einteilung der Urteile hat Brentano ohne Zweifel die in *evidente* und *blinde* (d.h. nichtevidente) Urteile angesehen; die ersteren bezeichnet er auch oft als *Erkenntnisse* oder *Einsichten*. Indem wir ein evidentes Urteil fällen, so lehrt Brentano, erleben wir, daß unser Urteil durch und durch gerechtfertigt ist und daß jeder Zweifel daran als völlig unangebracht, ja als unsinnig gelten muß. Doch können verbale Charaktersierungen wie diese nach Brentano das Eigentümliche der evidenten Urteile nur sehr unvollkommen kennzeichnen; ein restloses Verständnis des Unterschiedes zwischen evidenten und blinden Urteilen läßt sich, wie Brentano hervorhebt, nur durch wiederholten Hinweis auf Beispiele des eigenen Erlebens erlangen, also durch Hinweis auf Beispiele, in denen wir uns als evident Urteilende erfassen, und durch einen Vergleich solcher Urteile mit anderen, denen diese auszeichnende Eigentümlichkeit fehlt (Wahrheit, 143; Lehre, 142, 143).

Alle evidenten Urteile sind nach Brentano entweder *unmittelbar evident* oder *mittelbar evident*; die ersteren sind eines Beweises nicht bedürftig, die letzteren sind erst aufgrund exakter Beweise einsichtig (Lehre, 141, 199). Daß es unmittelbar evidente Urteile gibt, ist für Brentano unmittelbar evident, und zwar ein evidentes Urteil der „inneren Wahrnehmung". Brentano unterteilt nämlich alle unmittelbar evidenten Urteile in zwei disjunkte Klassen: in die sog. *Urteile der inneren Wahrnehmung* und in die sog. *Axiome* (Lehre, 141; Versuch, 159–180; Wahrheit, 143–150). In einem Urteil der inneren Wahrnehmung anerkennt man sich selbst als einen jetzt in einer ganz bestimmten Weise psychisch Tätigen, etwa wenn ich urteile „ich empfinde jetzt Freude". Die Urteile der inneren Wahrnehmung bilden nach Brentano einen wesentlichen Bestandteil dessen, was wir an früherer Stelle als sekundäres Bewußtsein bezeichnet haben (Psychologie I, 218, 219); Brentano charakterisiert sie als assertorische Erkenntnisse; sie sind für ihn die einzigen Erkenntnisse (in der von ihm gemeinten Bedeutung des Wortes „Erkenntnis"), aufgrund derer wir zweifelsfrei wissen können, daß bestimmte Dinge, nämlich psychisch Tätige, existieren (Psychologie I, 128, 129, 141–220; Psychologie II, 138–142; Psychologie III, 1–33; Lehre, 154–157). Die unmittelbar evidenten Urteile der zweiten Art, die von Brentano „Axiome" genannt werden, behaupten, daß bestimmte Dinge unmöglich existieren können; sie sind apodiktische und negative Erkenntnisse, die – wie man zu sagen pflegt – aus den in ihnen verwendeten Begriffen heraus einleuchten; Brentano charakterisiert sie als *Vernunfterkenntnisse*, da ihre Wahrheit für uns unabhängig von jeder empirischen Kontrolle feststeht (Psychologie II, 283–286; Ursprung, 19, 77; Lehre, 162–167; vgl. Foradori, 179–232).

Diese Verwendung des Wortes „Axiom" entspricht nicht seinem heute üblichen Sinn (Meschkowski, 9–22; Stegmüller, Hauptströmungen I, 376–380), doch wollen wir es in den vorliegenden Ausführungen in der eben erläuterten, von Brentano gemeinten Bedeutung gebrauchen. Axiome (so verstanden) liegen nach Brentano z.B. in den Urteilen „Einen Menschen, der nicht ein Lebewesen ist, kann es nicht geben" und „Einen evident Urteilenden, der etwas anerkennt, was ein anderer mit Evidenz leugnet, kann es nicht geben" vor. Brentano glaubt nachweisen zu können, daß auch alle Sätze der reinen Mathematik, soferne sie nicht Definitionen sind, entweder Axiome ausdrücken oder (mittelbar evidente) Urteile bedeuten, die man aus Axiomen mit den Mitteln der deduktiven Logik gewinnen kann; er betont daher gegenüber Kant den streng analytischen Charakter der reinen Mathematik (Versuch, 46–67; vgl. Kastil, Philosophie, 209–216).

Häufig sei, so lehrt Brentano, die sprachliche Formulierung der Axiome insofern irreführend, als durch sie der negative Charakter dieser Urteile nicht hinreichend deutlich werde: Sätze wie beispielsweise „Jeder Junggeselle ist ledig" seien nur dann sprachlicher Ausdruck eines Axioms, wenn mit ihnen ein negatives Existentialurteil wie etwa „Junggesellen,

die nicht ledig sind, kann es nicht geben“ gemeint ist; sollte hingegen der Satz „Jeder Junggeselle ist ledig“ als Satz mit existentiellem Gewicht verstanden werden, also so, daß er die Existenz von Junggesellen impliziert, dann könne er unmöglich sprachlicher Ausdruck eines evidenten Urteils sein (daß es Junggesellen gibt, glauben wir, doch ist nach Brentanos Auffassung dieser Glaube blind, d.h. nicht-evident).
Es sei deshalb auch ein Fehler gewesen, wenn man in der traditionellen Philosophie oft den sog. „Satz der Identität“, also den Satz „Jedes A ist ein A“, dem sog. „Widerspruchsprinzip“, d.h. dem Satz „Ein A, das nicht ein A ist, kann es nicht geben“, als ein besonderes, sozusagen gleichberechtigtes „Denkprinzip“ zur Seite stellte. Nach Brentanos Überzeugung ist der Satz der Identität dann und nur dann Ausdruck eines evidenten Urteils und damit ein „Denkprinzip“, wenn er mit dem Widerspruchsprinzip synonym ist (Foradori, 206–208; Kraus, Wege, 108–113). Für Brentano zeigt dieses Beispiel, so wie viele andere, daß die Sprache kein verläßliches Abbild unserer gedanklichen Strukturen ist, sondern daß sie sehr oft gedankliche Unterschiede vortäuscht oder verhüllt. Dies kann uns auch gar nicht wundern, wenn wir bedenken, daß die Alltagssprache nicht von vollendeten Psychologen, Grammatikern und Logikern ersonnen wurde. Da es aber im wesentlichen diese Sprache ist, derer sich die Philosophen in ihren Theorien und Systemen bedienen, so ist nach Brentano jede wissenschaftliche Philosophie unbedingt auf sorgfältige semantische Sprachanalysen angewiesen; ohne derartige Analysen muß sich die Philosophie, wie Brentano immer wieder betont, zwangsläufig in zahllosen Fehlschlüssen verstricken (Lehre, 23–32). Mit dieser Auffassung ist Brentano zum unmittelbaren Vorläufer der modernen analytischen Philosophie geworden. Er unterscheidet sich jedoch von den meisten analytischen Philosophen darin, daß seiner Meinung nach semantische Sprachanalysen eine ausgefeilte deskriptive Psychologie voraussetzen, da er, wie schon erwähnt wurde, die Bedeutungen autosemantischer sprachlicher Ausdrücke mit psychischen Prozessen identifiziert.
Zur Klasse der blinden Urteile zählt Brentano u.a. die Urteile der Sinneswahrnehmung, die er auch als „äußere Wahrnehmung“ bezeichnet. Solche Urteile, wie sie etwa in den Sätzen „dort liegt etwas Rotes“ und „Hier befindet sich etwas Kaltes und Glattes“ zum Ausdruck kommen, charakterisiert er als instinktive Fürwahrnehmungen, die aber keine Erkenntnisse sind, auch wenn wir einen noch so starken Drang verspüren, ihnen zu glauben (Lehre, 144–154). Eine andere Klasse blinder Urteile bilden nach Brentano die Erinnerungsurteile (Lehre, 157–162). Zwar könne man sehr oft durch Wahrscheinlichkeitsüberlegungen un-

ser Vertrauen auf das Gedächtnis als vernünftig dartun, doch seien derartige Begründungen ungeeignet, diese Urteile mittelbar evident zu machen.

Hauptprobleme dieses Abschnitts: Will man zu den in diesem Abschnitt dargestellten Gedanken Brentanos kritisch Stellung nehmen, so könnte man z.B. die Behauptung von der Intentionalität alles Psychischen (vgl. dagegen z.B. M. Scheler) oder die These von der Nichtexistenz unbewußter psychischer Prozesse (vgl. dagegen z.B. S. Freud) zum Gegenstand der Diskussion machen. Aber noch viel grundlegender als diese oder andere (z.B. die Klassifikation psychischer Prozesse betreffende) Detailfragen sind m.E. die beiden folgenden Probleme: (a) Gibt es eine klare und eindeutige Grenze zwischen synsemantischen und autosemantischen Ausdrücken, und ist es richtig, daß die Bedeutungen autosemantischer sprachlicher Ausdrücke stets psychische Prozesse sind? Kann somit semantische Sprachanalyse nur auf der Grundlage deskriptiver Psychologie erfolgen? Als Beispiel einer Gegenposition betrachte man etwa Wittgensteins Spätphilosophie, wie sie in seinen „Philosophischen Untersuchungen" zum Ausdruck kommt! (b) Oft hat man Urteile für evident gehalten, die sich nachträglich als fragwürdig oder falsch herausstellten. Obwohl also ein evidentes Urteil nicht täuschen kann, so ist es doch offenbar möglich, daß wir ein Urteil irrtümlich für evident halten. Benötigen wir daher nicht ein Kriterium, das uns erkennen läßt, ob ein von uns jetzt gefälltes und für evident gehaltenes Urteil auch wirklich evident ist? Und wenn ja, würde dies nicht zu einem unendlichen Regreß führen, da auch die Feststellung, daß ein bestimmtes Urteil tatsächlich die in dem Kriterium geforderten Merkmale besitzt, ein evidentes Urteil, d.h. ein Urteil mit diesen Merkmalen sein müßte? Eine ausführliche Diskussion des Evidenzstandpunktes findet der Leser z.B. in Stegmüllers „Metaphysik, Skepsis, Wissenschaft".

2.2 *Der Reismus*

Brentanos Reismus (sprich: Re-ismus) behauptet, daß nur *Dinge* (res) Objekte unserer Vorstellungen sein können. Da es nach Brentano ein Axiom ist, daß nichts beurteilt werden oder Objekt einer Gemütstätigkeit sein kann, was nicht zugleich vorgestellt wird, und da es für Brentano außer Vorstellungen, Urteilen und Gemütstätigkeiten keine psychischen Prozesse gibt, so besagt der Reismus, daß wir uns in psychischen Prozessen stets nur auf Dinge beziehen können (Kategorienlehre, V, VII, XVIII, 4–6, 11, 12, 18; Psychologie II, 158–172, 213–217, 226–277; Wahrheit, 72–83, 86–118; Lehre, 38–46). Diese Lehre

Brentanos ist sehr oft mißverstanden worden, woran er allerdings selbst keineswegs unschuldig ist, da er statt des Wortes „Ding" oft die Wörter „Reales" und „Seiendes" verwendet hat und die Behauptung aufstellte, nur „Reales bzw. Seiendes" sei vorstellbar (Abkehr, 33–59, 341–349; Psychologie II, 246; Kategorienlehre, 58). Nun versteht man aber die Wörter „Reales" und „Seiendes" sehr oft als gleichbedeutend mit „Existierendes" und erhält dann leicht den Eindruck, nach Brentanos Auffassung könne nur Existierendes vorgestellt und damit auch nur Existierendes beurteilt, geliebt oder gehaßt werden.
Dieser Eindruck wäre aber ganz und gar unrichtig. Brentano hat im Gegenteil immer wieder darauf hingewiesen, daß wir auch Dinge vorstellen können, die nicht existieren (z.B. einen gläsernen Berg, von dem in manchen Märchen die Rede ist). Und wenn wir in einem Axiom etwas verwerfen (etwa einen viereckigen Kreis), so kann – wie Brentano betont – das, was unser Urteil zum Gegenstand hat, unmöglich existieren (Psychologie II, 133–138; Kategorienlehre, V, VI, 32, 58; vgl. Kastil, Philosophie, 134, 135). Aussagen der Form „Der psychisch Tätige x stellt das Ding y vor" bzw. „x hat y zum Objekt" behaupten daher nach Brentano nicht das Bestehen einer Relation – falls man das Wort „Relation" so versteht, daß aus Aussagen der Art „x steht in der Relation R zu y" stets sowohl die Existenz von x als auch die Existenz von y logisch folgt. Um dies auch terminologisch deutlich zu machen, nennen Brentano und Kraus die Beziehung auf etwas als Objekt „etwas einer Relation Ähnliches" oder „ein Relativliches" (Psychologie II, 134; Abkehr, 368–383, 430; Kraus, Wege, 44; Kamitz, Acts, 39).
In Brentanos Reismus bedeutet also „Ding" nicht dasselbe wie „Existierendes". Was ist dann aber in diesem Zusammenhang unter „Ding" zu verstehen? Brentano gibt nur eine exemplarische Erläuterung dieses Begriffs; eine Definition im eigentlichen Sinne hält er wegen der Allgemeinheit dieses Begriffs für unmöglich (Abkehr, 347, 428). So ist nach Brentano z.B. ein roter, runder Tisch ein Ding; überhaupt zählt Brentano jeden Körper und jeden Teil eines Körpers zu den Dingen; auch die Platte eines Tisches ist daher in Brentanos Terminologie ein Ding; dagegen ist für Brentano weder die Röte eines Tisches noch die Rundung eines Tisches noch der Sachverhalt, daß ein bestimmter Tisch rot und rund ist, ein Ding. Brentano betrachtet auch jeden psychisch Tätigen als ein Ding; so darf man beispielsweise jemanden, der einen Tisch vorstellt, nach Brentano als Ding bezeichnen; zum Unterschied davon sieht Brentano weder die Existenz eines Vorstellenden noch die Tatsache, daß jemand einen Tisch vorstellt, als Ding an. Auch Kreise und Vierekke, ja selbst viereckige Kreise sind für Brentano Dinge; aber die Unmög-

lichkeit eines viereckigen Kreises, die Nichtexistenz eines viereckigen Kreises, die Möglichkeit, sich einen viereckigen Kreis vorzustellen, dies alles kann nach Brentano nicht als Ding gelten (Kategorienlehre, 3–16).

Daß wir nur Dinge, also beispielsweise zwar einen roten, runden Tisch, aber nicht die Röte, die Rundung oder die Existenz eines Tisches vorstellen und damit zum Objekt psychischer Prozesse machen können, ergibt sich für Brentano hauptsächlich aufgrund des folgenden Arguments: das Wort „Vorstellender" ist nicht mehrdeutig, sondern eindeutig; da aber „Vorstellender" dasselbe bedeutet wie „Etwas-Vorstellender", so muß auch der Ausdruck „Etwas-Vorstellender" eindeutig sein; dieser Ausdruck wäre aber nicht eindeutig, wenn das in ihm vorkommende Wort „Etwas" mehrere Bedeutungen hätte; ergo muß auch das Wort „Etwas" in „Etwas-Vorstellender" eindeutig sein; daher kann dieses Wort in „Etwas-Vorstellender" nicht manchmal ein Ding und manchmal etwas anderes – ein Nichtding – bezeichnen; wegen seiner Eindeutigkeit muß es vielmehr entweder immer ein Ding oder immer ein Nichtding bezeichnen. Nun lehrt uns nach Brentano die Erfahrung, daß mit diesem Wort manchmal ein Ding gemeint ist: wer einen Tisch und damit etwas vorstellt, der stellt ein Ding vor. Und selbst in den Fällen, in denen man sich psychisch auf Nichtdinge zu beziehen scheint, hat man nach Brentanos Auffassung jedenfalls u. a. auch Dinge zum Objekt: wer behauptet, er denke an die Existenz eines Tisches, muß zugeben, daß er u. a. auch einen Tisch vorstellt. Da also das Wort „Etwas" in dem Ausdruck „Etwas-Vorstellender" sicherlich manchmal ein Ding bezeichnet, muß es – so schließt Brentano – immer ein Ding bezeichnen: „Etwas-Vorstellender" bedeutet daher soviel wie „Jemand, der ein Ding vorstellt"; nur Dinge sind Gegenstände unserer Vorstellungen (Wahrheit, 106, 122; Kategorienlehre, 18, Abkehr, 37, 38, 249, 341; Lehre, 38; vgl. Kraus, Brentano, 29, 30).

Brentano schrieb über dieses Argument im Jahre 1914 an seinen Schüler und Freund O. Kraus: „Dieser Beweis ist meines Erachtens schlechterdings entscheidend. Er findet aber sehr zweckmäßig eine mehr und mehr sich vervielfältigende Verifikation durch die Analyse von Fällen, in welchen scheinbar etwas Nicht-Reales ein Objekt des Vorstellens ist. Fühlen Sie sich durch irgendeinen solchen Fall im besonderen beunruhigt, so bin ich zur Durchführung der Analyse erbötig" (Wahrheit, 106).

Solche Analysen, auf die Brentano hier anspielt, bestehen in dem Versuch, Aussagen, die darauf hinzudeuten scheinen, daß wir nicht nur Dinge vorstellen, in sinngleiche, aber mit dem Reismus offenkundig verträgliche Aussagen zu übersetzen. So hatte z. B. Kraus anfänglich gegen den Reismus den folgenden Einwand erhoben: der Satz, man könne nur Dinge vorstellen, besagt, daß etwas anderes als Dinge (sog. „Nichtdinge") nicht vorstellbar seien. Aber widerspricht sich Brentano nicht selbst, wenn er lehrt, Nichtdinge seien nicht vorstellbar, denn indem er dieses sagt, muß er doch Nichtdinge vorstellen (Wahrheit, 202). Aber der Satz „Nichtdinge können nicht vorgestellt werden" läßt sich nach Brentano übersetzen in den mit ihm synonymen Satz „Einen, der einen etwas Vorstellenden mit Recht anerkennt und zugleich von ihm mit Recht leugnet, daß er ein Dinge-Vorstellender sei, kann es nicht geben" (Psychologie I, XLII, XLIII).

Der letztere Satz ist zwar komplizierter als der Satz „Nichtdinge können nicht vorgestellt werden", aber er erweckt nicht mehr den Anschein, als könnten auch Nichtdinge Objekte unserer psychischen Prozesse sein. Aber sagt man nicht z. B. auch „es besteht die Möglichkeit, sich einen viereckigen Kreis vorzustellen" und anerkennt nicht einer, der so spricht, in seinem Urteil eine Möglichkeit und damit ein Nichtding? Die Antwort Brentanos lautet: der eben angeführte Satz bedeutet dasselbe wie der Satz „Es ist nicht unmöglich, sich einen viereckigen Kreis vorzustellen", und dieser wiederum ist sinngleich mit dem Satz „Wer jemanden, der einen viereckigen Kreis vorstellt, apodiktisch verwirft, urteilt falsch"; der letzte Satz aber ist – wie die Ausführungen in Abschnitt 2.4 deutlich machen werden – aufgrund der Wahrheitstheorie Brentanos synonym mit dem Satz „Einen, der jemanden, der einen viereckigen Kreis vorstellt, apodiktisch und mit Evidenz verwirft, kann es nicht geben". Wer also beispielsweise die Möglichkeit behauptet, sich einen viereckigen Kreis vorzustellen, der stellt Brentanos Auffassung zufolge nicht eine Möglichkeit vor und anerkennt diese, sondern er stellt einen in einer ganz bestimmten Weise Urteilenden (und damit ein Ding) vor und verwirft dieses Ding apodiktisch (Psychologie II, 237, 245, 308; Abkehr, 179).

Da der Reismus etwas über psychische Prozesse aussagt, darf man ihn als einen Lehrsatz der (deskriptiven) Psychologie Brentanos ansehen. Nun identifiziert aber Brentano, wie schon wiederholt hervorgehoben wurde, die Bedeutungen autosemantischer Ausdrücke mit psychischen Prozessen: jedes Autosemantikum ist sprachlicher Ausdruck eines psychischen Prozesses, der die Bedeutung dieses sprachlichen Gebildes ist. Es ist daher klar, daß der Reismus für Brentano zugleich eine Aussage über Bedeutungen sprachlicher Ausdrücke und damit eine semantische These ist; in seinen semantischen Sprachanalysen greift Brentano immer wieder – dies zeigen übrigens auch schon die vorhin angeführten

Beispiele – auf den Reismus zurück. Insbesondere ist der Reismus grundlegend für Brentanos Theorie der sprachlichen Fiktionen, die im folgenden betrachtet werden soll und die in seiner Philosophie eine zentrale Rolle spielt (Lehre, 35–46, 54–62; Psychologie II, 158–172; Wahrheit, 73–130, sowie vor allem seine beiden Werke „Kategorienlehre" und „Die Abkehr vom Nichtrealen").

Brentano weist darauf hin, daß es in unserer Sprache Wörter und Wortverbindungen gibt, die bei oberflächlicher Betrachtung den Anschein erwecken, als wären sie autosemantisch und als wäre ein Nichtding Objekt des durch sie ausgedrückten psychischen Prozesses. Da es aber dem Reismus zufolge keine psychischen Prozesse gibt, die sich auf Nichtdinge beziehen, so können – lehrt Brentano – solche Wörter und Wortverbindungen nicht das bedeuten, was sie auf den ersten Blick bei unkritischer Betrachtung zu bedeuten scheinen. Wir wollen derartige Sprachgebilde daher als *sprachliche Fiktionen im weiteren Sinne* bezeichnen (dieser Terminus wird von Brentano allerdings nicht gebraucht).

Um den Sinn von sprachlichen Fiktionen im weiteren Sinne klarzulegen, muß nach Brentano versucht werden, entweder sie selbst oder aber Sätze, in denen sie vorkommen, in sprachliche Ausdrücke von (ausschließlich auf Dinge gerichteten) psychischen Prozessen zu übersetzen. Sprachliche Fiktionen im weiteren Sinne, die – ohne erst in einen umfassenderen Kontext eingegliedert werden zu müssen – in Autosemantika übersetzbar sind, wird man ebenfalls als autosemantisch ansehen dürfen, wenn auch ihre aufgrund einer solchen Analyse ermittelte Bedeutung nicht mit der von ihnen zunächst vorgetäuschten Bedeutung identisch ist.

Sprachliche Fiktionen im weiteren Sinne, die keine Autosemantika sind, die aber als Bestandteile von Sätzen vorkommen, welche in sprachliche Ausdrücke von Urteilen übersetzt werden können, haben nach Brentano als Synsemantika zu gelten; wir nennen sie *sprachliche Fiktionen im engeren Sinne* oder (mit Brentano) kurz *sprachliche Fiktionen*, mitunter auch einfach *Fiktionen*. Da nämlich, wie Brentano lehrt, viele Substantiva unserer Sprache autosemantisch sind, und zwar sprachliche Ausdrücke von Vorstellungen (so etwa die Wörter „Tisch", „Mensch" und „Urteilender"), so kann es seiner Meinung nach leicht geschehen, daß man ohne Zögern auch Substantiva wie „Möglichkeit", „Unmöglichkeit", „Existenz", „Röte", „Rundung" u. dgl. für Autosemantika hält und glaubt, auch diese Wörter seien Namen, d. h. sprachliche Ausdrücke von Vorstellungen.

Einen solchen Glauben hält Brentano jedoch für einen verhängnisvollen

Irrtum; „Möglichkeit", „Existenz", „Notwendigkeit" usw. seien keine Namen, sondern Fiktionen; es könne sich bei diesen Wörtern überhaupt nicht um sprachliche Ausdrücke von Vorstellungen handeln, da dem Reismus zufolge kein psychisch Tätiger in der Lage sei, die Möglichkeit oder die Notwendigkeit oder die Existenz eines Dinges vorzustellen. Dies nicht erkannt zu haben, sei ein großer Fehler vieler einflußreicher Philosophen gewesen.

Nach der Auffassung Brentanos und seiner Schüler Kastil, Kraus und Mayer-Hillebrand liefern u. a. der aristotelische Hylemorphismus (Lehre, 45; Psychologie II, 243, 244; Kastil, Philosophie, 110), die Kategorientafel Kants (Dasein, 105, 106), die „Seins- und Nichtsspekulationen" des deutschen Idealismus und der Existenzphilosophie (Kategorienlehre, 305; Kastil, Philosophie, 110, 111), die Bolzanoschen „Sätze an sich" (Wahrheit, 157; Kategorienlehre, IV, 19, 20, 308), Husserls Wesensphilosophie (Wahrheit, 184, 186; Psychologie I, XIX, XX, XLIV) und Meinongs Gegenstandstheorie (Wahrheit, XV, 169; Abkehr, 16, 201–208, 225–228, 255–259) anschauliche Beispiele nicht durchschauter sprachlicher Fiktionen.

Betrachten wir z. B. M. Heideggers bekannte Aussagen über und Fragen um das Nichts: „Erforscht werden soll nur das Seiende und sonst – nichts; das Seiende allein und weiter – nichts; das Seiende einzig und darüber hinaus – nichts. Wie steht es um dieses Nichts? ... Gibt es das Nichts nur, weil es das Nicht, d.h. die Verneinung gibt? Oder liegt es umgekehrt? Gibt es die Verneinung und das Nicht nur, weil es das Nichts gibt? ... Wir behaupten: das Nichts ist ursprünglicher als das Nicht und die Verneinung. ... Wo suchen wir das Nichts? Wie finden wir das Nichts? ... Wir kennen das Nichts. ... Die Angst offenbart das Nichts. ... Wovor und worum wir uns ängsteten, war ‚eigentlich' – nichts. In der Tat: das Nichts selbst – als solches – war da. ... Wie steht es um das Nichts? ... Das Nichts selbst nichtet." (Heidegger, 24–31). Diese Sätze sind schon oft von analytischen Philosophen zum Gegenstand sprachanalytischer Kritik gemacht worden (Carnap, 229–231; Stegmüller, Hauptströmungen I, 192, 193). Es soll daher hier auch nicht eine Wiedergabe dieser Kritik in allen Details erfolgen, doch ist vielleicht die Feststellung von Interesse, daß beispielsweise Carnap und Stegmüller in ihrer Analyse der zitierten Heidegger-Passage zu einem Resultat gelangen, das der Auffassung Brentanos und seiner engeren Schule entspricht, obwohl in den Argumenten der beiden Erstgenannten der Reismus keine Rolle spielt. Die Kritiker aus der Brentanoschule und aus dem Lager der modernen analytischen Philosophen sind sich darin einig, daß das „grammatikalische Taschenspielerkunststück"

(Stegmüller, Hauptströmungen I, 193) in der plötzlichen Substantivierung des Wortes „nichts“ besteht: anfangs wird dieses Wort noch klein geschrieben und als synsemantischer Redeteil in seiner üblichen Bedeutung verwendet („Bedeutung“ hier so weit gefaßt, daß man auch von der Bedeutung eines Synsemantikums sprechen darf); im weiteren Text tritt es dann von einem Satz auf den anderen ganz unvermittelt als Substantiv mit beigefügtem Demonstrativpronomen oder mit bestimmtem Artikel auf und spielt nun im folgenden ganz offensichtlich die Rolle eines Namens. Die Sätze „Wie finden wir das Nichts?“, „Wir kennen das Nichts“, „Das Nichts nichtet“, „Gibt es die Verneinung und das Nicht nur, weil es das Nichts gibt?“ usw. machen zweifellos die Voraussetzung, es gebe etwas namens „Nichts“.

Nun ist es zwar möglich, daß jemand beschließt, eine bestimmte Sache zukünftig „das Nichts“ zu nennen; aber wenn er das tut, so weicht er damit vom gewöhnlichen Sprachgebrauch ab, in welchem „nichts“ bzw. „Nichts“ nicht irgendetwas benennt oder bezeichnet, sondern lediglich dazu dient, bestimmte Sätze zu negieren. Und diese übliche Funktion von „nichts“ ist ersichtlich auch von Heidegger selbst zu Beginn des zitierten Textes gemeint. Der Satz „Erforscht werden soll das Seiende nur und sonst – nichts“ bedeutet dasselbe wie „Es ist nicht der Fall, daß etwas anderes als das Seiende erforscht werden soll“. Daß Heidegger nicht beabsichtigt, durch die plötzliche Großschreibung von der gewöhnlichen Bedeutung des Wortes „nichts“ abzuweichen, geht wohl daraus hervor, daß er dort, wo er das Wort zum ersten Mal groß schreibt, durch das Demonstrativpronomen „dieses“ auf das „nichts“ im vorangehenden Satz zurück verweist, wo es im üblichen Sinne verwendet wird. Soll aber „Nichts“ im üblichen Sinne verstanden werden, dann ist es kein Name; es gibt – und hier bringen Brentano, Kastil, Kraus und andere Brentanoschüler den Reismus ins Spiel – keine Vorstellung eines Nichts (ebensowenig wie eine Vorstellung eines Und oder eines Alle). Wenn Heidegger in manchen Sätzen das Wort „Nichts“ wie einen Namen verwenden will, dann ist ihm – so wird aus der Brentanoschule eingewendet – der fiktive Charakter dieses Wortes entgangen (Kraus, Wege, 114–125; Kastil, Philosophie, 110, 111; Brentano, Kategorienlehre, 305). Und demselben Fehler seien schon Hegel und andere deutsche Idealisten erlegen. Kastil resümiert polemisch: „Daß von diesen philosophierenden Delirikern nichts zu lernen ist, steht für jeden der einfachsten Satzanalyse Gewachsenen außer Zweifel. Er will damit nicht sagen, es sei etwas von ihnen zu lernen, was ‚Nichts‘ heißt, sondern er leugnet, daß etwas von ihnen zu lernen sei“ (Kastil, Philosophie, 111).

Der Reismus und die Theorie der sprachlichen Fiktionen dienen bei Brentano auch der Begründung einer zentralen ontologischen These, nämlich der These, daß nur Dinge existieren (nach Brentano gibt es zwar Rotes, aber keine Röte, – Tische, aber nicht das Sein von Tischen, – Menschen, die etwas lieben, aber nicht die Tatsache, daß etwas geliebt wird, usw.). Brentano versucht diese ontologische These durch zwei Argumente auf den Reismus bzw. auf die Fiktionentheorie zu stützen. Das eine Argument macht Gebrauch von einem Ökonomieprinzip, das heute oft als „Occams Rasiermesser" bezeichnet wird und das besagt, daß „entia non sunt multiplicanda praeter necessitatem". Brentano formuliert zwar dieses Prinzip nicht ausdrücklich und er beruft sich in seiner Argumentation auch nicht auf Occam, aber er wendet dieses Prinzip folgendermaßen an: Jede sinnvolle Aussage ist ein in Worten ausgedrücktes Urteil (Lehre, 97). Da nun aufgrund des Reismus Urteile stets nur Dinge zu Objekten haben können, muß sich jede sinnvolle Aussage als eine Aussage über Dinge interpretieren lassen; daher muß jede sinnvolle Aussage, die über Nichtdinge zu sprechen scheint, in eine bedeutungsgleiche Aussage übersetzbar sein, in der nur von Dingen die Rede ist; wegen dieser Übersetzbarkeit entfällt aber auch jeder vernünftige Grund, an die Existenz von Nichtdingen zu glauben; die Annahme von Nichtdingen erscheint „ganz unnütz und gegen die Ökonomie der Natur" (Wahrheit, 93).

Das andere Argument beruht auf einer semantischen Analyse von Sätzen des Schemas „A existiert" bzw. „A besteht" oder „A ist" (die Wörter „existiert", „besteht" und „ist" faßt Brentano hier als Synonyma auf); für den Buchstaben „A" in diesem Schema sollen alle Wörter bzw. Wortverbindungen einsetzbar sein, die zusammen mit „existiert" (bzw. mit „besteht" oder mit „ist") einen sinnvollen und grammatikalisch korrekten Satz ergeben, also z. B. Eigennamen wie „Aristoteles", individuelle Kennzeichnungen wie „Der Begründer der formalen Logik", allgemeine Namen mit unbestimmtem Artikel wie „Ein Tisch", etc. Vor allem ist festzustellen, daß sich unter den für „A" einsetzbaren Ausdrücken nicht nur Namen (im Sinne Brentanos), d. h. sprachliche Ausdrücke von Vorstellungen, sondern auch sprachliche Fiktionen befinden; man kann ja nicht nur sagen „Ein roter, runder Tisch existiert", sondern auch „Die Möglichkeit eines Krieges besteht". Nach Brentanos Auffassung wird das Wort „existieren" oder ein mit ihm synonymes Wort in einem Satz des Schemas „A existiert" bzw. „A besteht" oder „A ist" dann und nur dann im eigentlichen Sinne verwendet, wenn der Satz sprachlicher Ausdruck eines A- anerkennenden Urteils ist. Da nun dem Reismus zufolge nur Dinge anerkannt werden können, läßt sich auch nur von Dingen sagen, daß sie im eigentlichen Sinne existieren (oder bestehen).

Das Wort „existieren“ oder eines seiner Synonyma wird also in einem Satz des genannten Schemas dann und nur dann im eigentlichen Sinne verwendet, wenn sich in dem betreffenden Satz an der Stelle von „A“ ein Name befindet. Wer in einem Satz von bestehenden oder existierenden Möglichkeiten, Notwendigkeiten, Sachverhalten u. dgl. spricht, gebraucht „bestehen“ bzw. „existieren“ in einem uneigentlichen Sinne, d.h. in einem Sinne, der überhaupt kein Anerkennen der Möglichkeiten, Notwendigkeiten, Sachverhalte usw. zum Ausdruck bringt. „Und wie nur Dinge sind und nicht sind, so sind auch nur Dinge im eigentlichen Sinne gewesen, werden sein und werden nicht sein. Das alles liegt in dem Satze beschlossen, daß nichts anderes als ein Ding Gegenstand einer Vorstellung, eines Urteils usw. werden kann“ (Kategorienlehre, 58; siehe aber allgemein 3–63, 315; Wahrheit 76–80; Abkehr, 353–356). „Nur die Realia sind im eigentlichen Sinne. Es gibt nur diese“ (Abkehr, 377).

Außer diesen beiden generellen Argumenten finden sich bei Brentano mehrere Argumente, die – ohne auf den Reismus zurückzugreifen – gegen die Existenz von Nichtdingen bestimmter Arten gerichtet sind. Es ist im Rahmen dieser Ausführungen unmöglich, auf alle diese speziellen Argumente einzugehen. Nur eines von ihnen sei hier – stellvertretend für diese ganz Gruppe von Argumenten – kurz erwähnt. Gäbe es – so argumentiert Brentano – zu allem, was existiert, auch als etwas von ihm Verschiedenes das Sein dieses Existierenden, so müßte es zu jedem existierenden Ding X das Sein von X und daher auch das Sein des Seins von X und somit auch das Sein des Seins des Seins von X usw. in infinitum geben. Da aber nach Brentanos Überzeugung die Annahme aktuell unendlicher Vielheiten absurd ist (Dasein, 454; Versuch, 244, 245, 297–300), so ist für ihn die anfänglich getroffene Annahme, zu jedem Existierenden gebe es noch dessen Sein, ad absurdum geführt (Wahrheit, 122).

Obwohl nach Brentano Nichtdinge weder exisitieren noch vorstellbar sind, so hält er doch die Verwendung von sprachlichen Fiktionen (also ein Reden, als würden Nichtdinge existieren oder als könnte man sie zum Objekt psychischer Prozesse machen) nicht nur für unschädlich – vorausgesetzt, man hat sie als Fiktionen durchschaut! –, sondern sogar für nützlich, da durch ihren Gebrauch häufig eine kürzere Ausdrucksweise ermöglicht wird (Lehre, 41, 45, 60). Entscheidend ist für Brentano allerdings, daß der Philosoph durch psychologisch-semantische Analyse alle Fiktionen als solche entlarvt. Das Aufdecken von Fiktionen, aber auch von Mehrdeutigkeiten, durch die unsere Gedanken nur allzu leicht in die Irre geführt werden können, wird in der Brentanoschule oft als „Sprachkritik" bezeichnet (Psychologie I, LVI; Kastil, Philosophie, 32). Die Kritik zahlreicher philosophischer Systeme durch Anwendung der auf dem Reismus errichteten Theorie der sprachlichen Fiktionen macht deutlich, welche fundamentale Stellung Brentano der Sprachkritik als Bestandteil der Methode wissenschaftlicher Philosophie zuerkennt.

Hauptprobleme dieses Abschnitts: Die im vorliegenden Abschnitt skizzierte Lehre Brentanos wirft zahlreiche, z.T. sehr eng miteinander verflochtene sprachphilosophische und ontologische Probleme auf, über die es vor allem in der modernen analytischen Philosophie zu ausführlichen und bis heute nicht abgeschlossenen Diskussionen gekommen ist. Bezeichnet man als *Platonismus* jenen Standpunkt, der die Existenz von abstrakten Attributen (z.B. Röte, Rundung) behauptet, und als *Nominalismus* jene Auffassung, derzufolge nur konkrete Dinge (z.B. rote, runde Tische, psychisch Tätige, etc.) existieren, so läßt sich die Thematik der eben erwähnten Diskussionen grob so charakterisieren: Sie befassen sich primär mit der Formulierung eines möglichst präzisen Kriteriums für den Unterschied zwischen Platonismus und Nominalismus, sowie mit Versuchen, durch Argumente eine der beiden Positionen zu stützen und die andere zu entkräften. Abweichend von der Methode Brentanos und seiner Schule wird in diesen Diskussionen – sowohl zur Klärung der Begriffe, der Probleme und der einzelnen Positionen, als auch zur Begründung oder Kritik von vorgeschlagenen Problemlösungen – einerseits in starkem Maße Gebrauch von der modernen Logik gemacht und andererseits kaum Bezug auf die deskriptive Psychologie genommen. (Dieser wichtige Unterschied ergibt sich daraus, daß analytische Philosophen einerseits über eine wesentlich bessere Kenntnis der modernen Logik verfügen und daher deren Nutzen in philosophischen Untersuchungen viel positiver beurteilen als dies in der Brentanoschule üblich war, und andererseits die Bedeutungen sprachlicher Ausdrücke gewöhnlich nicht mit psychischen Prozessen identifizieren).

In den Platonismus-Nominalismus-Diskussionen der analytischen Philosophen spielen Probleme, die sich auf die Bedeutung von Eigennamen (wie „Aristoteles", „München") und auf die Bedeutung von Prädikaten (wie „ist rot", „ist rund", „ist größer als") beziehen, eine sehr wichtige Rolle; insbesondere geht es auch um die Frage, ob (a) jeder Eigenname einen existierenden Gegenstand bezeichnet und ob (b) – wenn dies der Fall ist – Prädikate als Eigennamen für abstrakte Attribute aufgefaßt werden müssen (bzw. dürfen). Wer (a) und (b) bejaht, bezieht damit einen platonistischen Standpunkt. Man kann aber auch, wie W.V.O. Quine betonte, (a) bejahen und (b) verneinen und dennoch einen platonistischen Standpunkt einnehmen; dies ist nach seiner Auffassung dann der Fall, wenn Behauptungen aufgestellt werden, die – wie etwa die Aussage „Es gibt eine Eigenschaft, die allen Dingen zukommt" – bei Übersetzung in eine formale Sprache sog. *gebundene Prädikatvariablen* enthalten. Der Nominalist ist dagegen nach Quine dadurch gekennzeichnet, daß er sowohl die simultane Bejahung von (a) und (b) als auch die Verwendung von gebundenen Prädikatvariablen ablehnt.

Im Laufe der Diskussionen sind gegen Quines Kriterium eine Reihe von Einwänden erhoben und andere Charakterisierungen des Unterschieds zwischen Nominalismus und Platonismus vorgeschlagen worden. Im Zusammenhang damit haben sich die Kontroversen immer häufiger auch mit der Frage beschäftigt, ob nicht der konsequente Nominalist auf zahlreiche fundamentale wissenschaftliche Aussagen und Theorien verzichten müßte und nur noch ein Rudiment der Wissenschaft in ihrer heutigen Form anerkennen dürfte. Um sich mit einigen Positionen und Argumenten in der modernen Diskussion über Platonismus und Nominalismus vertraut machen zu können, sei der Leser vor allem auf Quines Werke „From a Logical Point of View" und „Word and Object" sowie auf N. Goodmans Buch „The Structure of Appearance", auf die von I.M. Bochenski, A. Church und N. Goodman verfaßte Schrift „The Problem of Universals" und auf W. Stegmüllers Aufsatz „Das Universalienproblem einst und jetzt" verwiesen.

2.3 Die Kritik an der Korrespondenztheorie der Wahrheit

In ihrer traditionellen Form besagt die Adäquations- oder Korrespondenztheorie der Wahrheit, daß die Wahrheit eines Urteils (bzw. eines Satzes) in dessen Übereinstimmung mit der Wirklichkeit besteht: „veritas est adaequatio rei et intellectus" (ein Gedanke, der auf Aristoteles zurückgeht). Dieser Theorie zufolge ist z.B. das Urteil (bzw. der Satz) „Alles Kupfer leitet Elektrizität" dann und nur dann wahr, wenn es (er) mit der Wirklichkeit übereinstimmt, also dann und nur dann, wenn wirklich alles Kupfer Elektrizität leitet.

Der Korrespondenztheorie wirft Brentano vor, daß sie erstens nutzlos und zweitens absurd sei.

Sie sei nutzlos, da man mit ihr den Relativismus der Sophisten nicht überwinden könne. Die Hauptaufgabe der philosophischen Forschung müsse es sein, den protagoreischen Relativismus zu überwinden und die Objektivität der Wahrheit zu sichern. Dies habe man in der philosophischen Tradition meist dadurch zu erreichen gesucht, daß man – ganz im Sinne der Korrespondenztheorie – die Wahrheit eines Urteils als dessen Übereinstimmung mit einer bewußtseinsunabhängigen Wirklichkeit bestimmte. Denn nur, weil dem wahren Urteil etwas „außerhalb" des Bewußtseins entspreche, welches für alle Urteilenden ein und dasselbe sei, meinte man, mit Recht von einer „Einheit" und „Objektivität" der Wahrheit sprechen zu dürfen (Psychologie II, 180). Aber dieser Rettungsversuch ist nach Brentanos Auffassung ganz und gar untauglich, weil Protagoras von diesem bewußtseinsunabhängigen Korrelat unserer Urteile genau dasselbe behaupten würde, was er von allen anderen Dingen auch behauptet: es existiert für den, der daran glaubt, und es existiert nicht für den, der nicht daran glaubt, sondern es leugnet (Wahrheit, XIV, XV, 8, 9; Kastil, Philosophie, 104).

Außerdem aber sei – so argumentiet Brentano – die Korrespondenztheorie absurd, weil es zahlreiche wahre Urteile gebe, deren Wahrheit unmöglich in einer Übereinstimmung mit der Wirklichkeit bestehen könne. Brentano weist in diesem Zusammenhang auf zwei einander überlappende Klassen von wahren Urteilen hin: (a) Alle evidenten Urteile sind nach Brentano Urteile, deren Wahrheit nicht im Sinne der Korrespondenztheorie verstanden werden kann. Sei nämlich U ein evidentes Urteil und bestünde die Wahrheit aller Urteile und damit auch die von U in einer Übereinstimmung mit der Wirklichkeit, so müßte man – folgert Brentano – um die Wahrheit von U feststellen zu können, die Übereinstimmung von U mit der Wirklichkeit konstatieren; dies könnte nach Brentano nur in einem U und die Wirklichkeit vergleichenden Urteil U_1 geschehen. Nur wenn wir der Wahrheit von U_1 absolut sicher sein könnten, wäre auch die Wahrheit von U sichergestellt. Aber die Wahrheit von U_1 bestünde ja – aufgrund der Korrespondenztheorie – ebenfalls in seiner Übereinstimmung mit der Wirklichkeit. Um die Wahrheit von U_1 ermitteln zu können, wäre daher nach Brentanos Auffassung ein U_1 mit der Wirklichkeit vergleichendes Urteil U_2 erforderlich usw. in infinitum. Wegen des hier entstehenden unendlichen Regresses könnte, so schließt Brentano sein Argument ab, die Wahrheit von U überhaupt nicht definitiv festgestellt werden, was aber der Annahme, U sei evident, widerspricht (Wahrheit, IX, 28, 126, 133, 140, 176; Lehre, 192).

(b) Brentano hält ferner alle wahren negativen Existentialurteile, also alle Urteile, in denen wir mit Recht etwas verwerfen, für Urteile, deren Wahrheit sich nicht als Übereinstimmung mit der Wirklichkeit deuten läßt (Wahrheit, 121–139; Lehre, 193). Womit sollte denn z.B. das wahre Urteil „Es gibt keinen gläsernen Berg" übereinstimmen? Nach

Brentanos Überzeugung ist es ausgeschlossen, daß dieses Urteil mit dem Ding übereinstimmt, auf das es sich bezieht, denn dieses Ding existiert nicht, ist nicht wirklich (einen gläsernen Berg gibt es ja nicht). Ein Vertreter der Korrespondenztheorie hat daher, wie Brentano die Lage sieht, nur noch eine Alternative offen: er könnte meinen, das Urteil „Es gibt keinen gläsernen Berg" stimme mit dem Nichtsein eines gläsernen Berges überein, d.h. mit dem Sachverhalt, daß es gläserne Berge nicht gibt. Brentano aber hält diesen Rettungsversuch für mißlungen; seiner Meinung nach existieren ja keine Sachverhalte; wie in Abschnitt 2.2 ausgeführt wurde, lehrt Brentano, daß nur Dinge existieren; das Nichtsein eines gläsernen Berges gibt es für ihn ebensowenig wie einen gläsernen Berg. Infolgedessen existiert nach Brentano überhaupt nichts, womit ein wahres negatives Existentialurteil übereinstimmen könnte (in dem korrespondenztheoretischen Sinne von „Übereinstimmung mit der Wirklichkeit"; zwar kann ein Urteil mit einem anderen Urteil übereinstimmen – so etwa, wenn in beiden Urteilen dasselbe Ding verworfen wird –, aber dies ist nicht eine Übereinstimmung von der in der Korrespondenztheorie gemeinten Art). Überdies wäre aufgrund des Reismus die Übereinstimmung zwischen einem Urteil und einem Sachverhalt – selbst wenn es eine solche Übereinstimmung gäbe – von uns gar nicht feststellbar; eine solche Feststellung würde ja wohl in einem Urteil über das zuerst erwähnte Urteil und über den betreffenden Sachverhalt erfolgen, doch ist es dem Reismus gemäß gar nicht möglich, einen Sachverhalt zum Objekt eines Urteils zu machen. Wie man sieht, stützt sich Brentano in seiner Kritik an der Korrespondenz- oder Adäquationstheorie der Wahrheit u.a. auch auf den Reismus und auf die mit Hilfe des Reismus begründete ontologische These von der Nichtexistenz von Sachverhalten.

Der Reismus und die damit verbundene Kritik an der Korrespondenztheorie wird in der Brentanoschule als bahnbrechende, wahrhaft epochale philosophische Leistung Brentanos angesehen. So schreibt z.B. Kraus in der Einleitung zu „Wahrheit und Evidenz": „Ich stehe nicht an zu sagen, daß mit dem endgültigen Sturz der Adäquationstheorie, insbesondere aber mit der Befreiung der Erkenntnislehre von den Schlakken, die der Evidenztheorie durch ihre Verquickung mit der Adäquationstheorie anhafteten, und endlich durch die Erkenntnis, daß es ein Bewußtsein von anderem als von Dingen, d.h. von Realien, Realwesen (Onta im Sinne der aristotelischen Kategorien) nicht geben könne, der größte Fortschritt der Erkenntnistheorie und Logik verbunden ist, der seit den Tagen der Antike in der Geschichte der Philosophie zu verzeichnen ist" (Wahrheit, XXIII).

Hauptprobleme dieses Abschnitts: Der Problemkomplex, den Brentano mit seiner Kritik an der Korrespondenztheorie anschneidet, wird in der Philosophie oft ziemlich verschwommen und undifferenziert als „Wahrheitsproblem" bezeichnet. Das Wahrheitsproblem hat eine sehr lange philosophische Tradition – es ist fast so alt wie die Philosophie selbst – und besteht aus sehr vielen eng miteinander zusammenhängenden Teilproblemen, die natürlich nicht alle an dieser Stelle genannt werden können. Doch seien hier wenigstens einige dem Wahrheitsproblem zugehörige Fragen kurz erwähnt, die einen wichtigen Bezug zu der in diesem Abschnitt dargestellten Lehre Brentanos haben. Dabei wird sich auch noch die Gelegenheit ergeben, die bisherige Darstellung der Philosophie Brentanos in dem einen oder anderen Punkt zu ergänzen.

(a) Da ist zunächst einmal die Frage nach den Wahrheitsträgern, d.h. die Frage, wovon Wahrheit oder Falschheit im eigentlichen Sinne ausgesagt wird (worauf wenden wir die Wörter „wahr" und „falsch" eigentlich an?). Man spricht ja nicht nur von wahren oder falschen Urteilen, sondern auch von wahren oder falschen Aussagen, von wahren oder falschen Sätzen, ja sogar von wahrer Liebe, wahrer Demokratie, falschem Geld, falschen Entscheidungen usw. Nach Brentanos Auffassung sind nur Urteile wahr oder falsch (im eigentlichen Sinne von „wahr" und „falsch"); die anderen eben als Beispiele angeführten Redewendungen stellen in seinen Augen nur einen übertragenen Gebrauch von „wahr" und „falsch" dar. Wenn beispielsweise gesagt wird, die Zwischenbemerkung sei in einem falschen Augenblick erfolgt, so bedeutet dies nach Brentano, daß das Urteil, die Zwischenbemerkung sei in einem passenden oder günstigen Augenblick erfolgt, falsch ist. Auch Aussagen – also sprachliche Gebilde – sind für Brentano nur wahr oder falsch, insoferne sie wahre oder falsche Urteile zum Ausdruck bringen. Daher müsse die Analyse der Bedeutung von „wahr" und „falsch" dort einsetzen, wo von wahren oder falschen Urteilen die Rede ist (Wahrheit, 5, 6).

Nun stimmen zwar auch viele analytische Philosophen mit Brentano darin überein, daß die Bedeutungen von Aussagen, und nicht die Aussagen selbst, die eigentlichen Wahrheitsträger sind. Da aber in der analytischen Philosophie die Bedeutungen von Aussagen meist nicht mit Urteilen oder irgendwelchen anderen psychischen Prozessen, sondern mit sog. Propositionen identifiziert werden, betrachten diese Philosophen häufig die Propositionen und nicht psychische Prozesse irgendeiner Art als eigentliche Wahrheitsträger (z.B. A. Pap in seinem Buch „Analytische Erkenntnistheorie").

In der näheren Charakterisierung der Propositionen treten allerdings bei den einzelnen analytischen Philosophen ziemliche Unterschiede auf; das Wort „Proposition“ ist in der modernen philosophischen Literatur mehrdeutig und in den meisten seiner Bedeutungen vage. Manche Autoren sind der Ansicht, daß einem wegen der Ungenauigkeit dieser Bedeutungen nichts anderes übrig bleibe als Propositionen für abstrakte, gleichsam geisterhafte Wesenheiten zu halten, deren Existenz man aus Gründen der philosophischen Sparsamkeit (Occams Rasiermesser) leugnen solle. Philosophen, die wegen des Occamschen Ökonomieprinzips oder auch aus anderen Gründen gegen die Annahme von Propositionen sind, pflegen die Aussagen als eigentliche Wahrheitsträger anzusehen (beispielsweise W. V. O. Quine in seinem Buch „Philosophie der Logik“). Von allen hier genannten Standpunkten unterscheidet sich die sog. Redundanztheorie der Wahrheit, derzufolge die Diskussionen, ob Urteile oder Propositionen oder Aussagen die eigentlichen Wahrheitsträger sind, ein Scheinproblem betreffen. Nach dieser Theorie, die u. a. von F. P. Ramsey vertreten wurde, erfüllen die Wörter „wahr“ und „falsch“ in unserer Sprache nur eine stilistische oder rhetorische Funktion, können aber – sieht man von dieser Funktion ab – aus allen Äußerungen, in denen sie vorkommen, ohne Bedeutungsverlust eliminiert werden; so besage z. B. der Satz „Es ist wahr, daß 2 eine Primzahl ist“ bzw. der Satz „Das Urteil (die Aussage, die Proposition) ‚2 ist eine Primzahl‘ ist wahr“ dasselbe wie der Satz „2 ist eine Primzahl“. Die Redundanztheoretiker betrachten es daher als verfehlt, wenn man in philosophischen Untersuchungen zum sog. Wahrheitsproblem meist davon ausgeht, daß „wahr“ und „falsch“ Eigenschaften von etwas (z. B. Eigenschaften von Aussagen) bezeichnen.

(b) Eine andere Frage, die im Zusammenhang mit der in diesem Abschnitt dargestellten Kritik Brentanos an der Korrespondenztheorie auftritt, ist natürlich die, ob und inwieweit die im Rahmen dieser Kritik vorgebrachten Argumente stichhaltig sind. Dabei wird man allerdings zwischen verschiedenen Formulierungen des korrespondenztheoretischen Grundgedankens unterscheiden müssen; Argumente, die gegen eine ziemlich bildhafte Formulierung der Korrespondenztheorie angebracht sein mögen, müssen nicht unbedingt auch gegen eine präzisere Formulierung der Theorie von Relevanz sein.

Brentano hat sich mit seiner Kritik auf die in der Philosophie am weitesten verbreitete, allerdings auch sehr metaphorische Fassung der Korrespondenztheorie bezogen; der Ausdruck „Übereinstimmung mit der Wirklichkeit“ ist, wie im allgemeinen auch von modernen Vertretern der Korrespondenztheorie eingeräumt wird, ein sehr bildlicher und sehr ungenauer Terminus. Wie der polnische Logiker A. Tarski (in dem bekannten Aufsatz „Der Wahrheitsbegriff in den formalisierten Sprachen“) nachgewiesen hat, läßt sich eine exakte korrespondenztheoretische Definition des Wahrheitsbegriffes aufstellen – vorausgesetzt, man nimmt als eigentliche Wahrheitsträger nicht Urteile oder Propositionen, sondern Aussagen, und hier wiederum nicht Aussagen irgendeiner natürlichen Sprache, sondern Aussagen einer (nach präzisen Regeln künstlich konstruierten) formalen Sprache. Mit anderen Worten, Tarski hat gezeigt, daß für eine formale Sprache S, für eine Aussage A von S und für eine (semantische) Interpretation I von S eine exakte Definition von „A ist in S wahr bei I“ gegeben werden kann, die den Grundgedanken der Korrespondenztheorie zum Ausdruck bringt, aber von Brentanos Einwänden nicht berührt wird.

Damit hat Tarski ohne Zweifel einen Meilenstein in der Geschichte der Semantik formaler Sprachen gesetzt. Es erhebt sich aber nun die Frage, welchen Beitrag diese Leistung Tarskis zur Lösung des Problems erbringt, für Aussagen einer natürlichen Sprache (etwa für Aussagen der deutschen Sprache) einen hinlänglich präzisen korrespondenztheoretischen Wahrheitsbegriff zu definieren. Die Definition eines auf Aussagen natürlicher Sprachen anwendbaren Wahrheitsbegriffs ist für Philosophen begreiflicherweise von besonderem Interesse, da die meisten philosophischen und wissenschaftlichen Theorien in einer natürlichen Sprache formuliert sind. (Zweifellos dachte auch Brentano, wenn er Aussagen als sprachliche Ausdrücke von Urteilen charakterisierte und sie deswegen gleichfalls als wahr oder falsch bezeichnete, an Aussagen einer natürlichen Sprache.)

Tarski selbst war, wie bekannt, sehr skeptisch hinsichtlich der Anwendbarkeit seiner wahrheitstheoretischen Untersuchung auf natürliche Sprachen; sein diesbezüglicher Pessimismus beruht zum einen auf der Unexaktheit der natürlichen Sprachen (auf den in diesen Sprachen reichlich enthaltenen Mehrdeutigkeiten, Vagheiten, etc.), und zum anderen auf dem, was er als „Universalismus“ der natürlichen Sprachen bezeichnet (d.h. auf der Tatsache, daß natürliche Sprachen ihre eigene Metasprache enthalten, so daß es möglich ist, in einer natürlichen Sprache über eben diese Sprache zu reden). Der Universalismus ist nach Tarskis Überzeugung auch die Ursache dafür, daß in natürlichen Sprachen diverse Antinomien auftreten, darunter auch solche, die, wie der bekannte „Lügner“, mit dem Wahrheitsbegriff operieren.

Ohne hier auf diesen Punkt näher eingehen zu können, sei nur kurz angemerkt, daß manche moderne Logiker und Semantiker (insbesondere D. Davidson) bezüglich der Anwendbarkeit des Tarskischen Verfahrens auf natürliche Sprachen wesentlich optimistischer sind als Tarski.

Zwar gestehen sie zu, daß eine solche Anwendung nicht möglich ist, wenn die natürlichen Sprachen nicht zuvor gewissen Regelungen und Präzisierungen unterworfen werden, doch sind ihrer Meinung nach die erforderlichen Korrekturen nicht so zahlreich und grundlegend, daß durch sie die natürlichen Sprachen bis zur Unkenntlichkeit verändert würden. Alternativ zum Programm Davidsons und seiner Mitarbeiter wäre aber auch zu überlegen, ob nicht eine befriedigende Formulierung der Korrespondenztheorie für Aussagen einer natürlichen Sprache auf direktem Wege erfolgen kann, d. h. ohne zu versuchen, ein zunächst für formale Sprachen konzipiertes Verfahren nachträglich für modifizierte natürliche Sprachen zurechtzubiegen. Untersuchungen in dieser Richtung sind beispielsweise von J.L. Austin durchgeführt worden.

2.4 *Der evidenztheoretische Wahrheitsbegriff*

Wie bereits hervorgehoben wurde, sind für Brentano Urteile und nur sie die eigentlichen Wahrheitsträger. Dies legt den Gedanken nahe, Brentano habe Wahrheit und Falschheit als Urteilseigenschaften angesehen. Das ist jedoch nicht oder jedenfalls nicht ohne Einschränkung der Fall. Eine Eigenschaft kann nämlich, so argumentiert Brentano, einem Ding nicht verloren gehen, ohne daß sich dieses Ding dadurch ändert. Beispielsweise ist Intelligenz eine menschliche Eigenschaft; geht sie aus irgendeinem Grunde einem Menschen verloren, so ändert sich der Mensch durch diesen Verlust. Nun hat die Aussage „Hans ist intelligent" dieselbe grammatikalische Form wie die Aussage „Hans ist versichert". Man könnte daher meinen, versichert zu sein sei ebenso eine menschliche Eigenschaft wie intelligent zu sein. Doch trifft dies nicht zu; wenn ein Versicherungsnehmer es verabsäumt, seine Prämien rechtzeitig zu bezahlen, so kann der Versicherungsschutz erlöschen, aus einer versicherten Person wird dann eine nicht-versicherte Person, ohne daß sich aber durch den Verlust des Versicherungsschutzes an der betreffenden Person das Geringste geändert haben müßte.

Scholastische Philosophen haben daher häufig Prädikate wie z. B. „ist versichert" als „denominationes mere extrinsecae" bezeichnet. Wenn man von einem Buch sagt, es habe 328 Seiten, so spricht man damit diesem Buch eine Eigenschaft zu; wenn man aber von dem Buch sagt, es sei spannend, so fungiert das Prädikat „ist spannend" als denominatio mere extrinseca; ein Buch kann aufhören, spannend zu sein, ohne daß sich dadurch an dem Buch irgendetwas ändert (es genügt, wenn uns die in dem Buch behandelte Thematik aus irgendeinem Grunde nicht mehr interessiert).

Nach Brentanos Auffassung handelt es sich auch bei „ist wahr" und „ist falsch" um denominationes mere extrinsecae, wenn diese Prädikate auf blinde Urteile angewendet werden. Wie Brentano erläutert, muß sich an einem wahren blinden Urteil nichts ändern, wenn es infolge eines Wandels der äußeren Umstände plötzlich zu einem falschen Urteil wird; das Urteil „Es gibt keinen Menschen, der unter regulären Wettkampfbedingungen 100 m in 9,5 sec laufen kann" ist wahr, wenn wir es heute fällen; das gleiche Urteil (mit denselben psychischen Merkmalen) kann aber zu einem späteren Zeitpunkt falsch sein. Anders freilich verhält es sich nach Brentano, wenn wir ein evidentes Urteil als wahr bezeichnen; Brentano betont nachdrücklich, daß in einem solchen Falle „ist wahr" eine Urteilseigenschaft bezeichnet und nicht nur eine denominatio mere extrinseca ist. Da nämlich jedes evidente Urteil eo ipso wahr ist, kann ein evidentes Urteil nicht aufhören, wahr zu sein; ergo kann es auch nicht aufhören, wahr zu sein, ohne daß sich an ihm etwas ändert. Oder anders ausgedrückt: Würde eine evidentes und daher wahres Urteil aufhören, wahr zu sein, so müßte es damit auch seine Evidenz verlieren und wäre dadurch ein ganz anderes Urteil geworden.

Aus all dem ergibt sich für Brentano, daß „wahr" bzw. „ist wahr" selbst dann, wenn es nur auf Urteile angewendet wird, insofern mehrdeutig ist, als es manchmal eine Urteilseigenschaft bezeichnet und manchmal eine denominatio mere extrinseca ist (Wahrheit, XXV, XXVI, 174; Kastil, Wahrheitsbegriff, 31–33). Dennoch stehen diese beiden Bedeutungen von „wahr" nach Brentanos Auffassung in einer engen Beziehung zueinander: es gibt etwas, das wir sowohl von evidenten als auch von blinden wahren Urteilen und nur von Urteilen dieser beiden Arten aussagen dürfen und das daher geeignet ist, eine Definition von „wahres Urteil" zu konstituieren.

Diese Definition, die Brentano an die Stelle der von ihm abgelehnten Korrespondenztheorie setzt, lautet: *Ein Urteil ist wahr genau dann, wenn ihm ein evidentes Urteil unmöglich widersprechen kann*. (Wahrheit, XXVI–XXXI, 139, 174, 214, 215; Lehre, 192–195; Kastil, Philosophie, 89, 90; Kamitz, Objektivität, 90). Daß einem evidenten Urteil kein evidentes Urteil widersprechen kann, ist für Brentano, wie schon erwähnt wurde, eine aus den Begriffen einleuchtende Erkenntnis, d.h. ein Axiom. Wir nennen nun nach Brentano ein blindes Urteil dann und nur dann „wahr", wenn einer, der über denselben Gegenstand evident urteilen könnte, ebenso urteilen würde, d.h. wenn sich sein Urteil von dem blinden Urteil ausschließlich durch die ihm zukommende Evidenz unterscheiden würde. Und dies wiederum, so schließt Brentano, besagt nichts anderes als daß ein blindes Urteil genau dann wahr sei, wenn jemand, der diesem Urteil widerspricht, unmöglich ein evident Urteilender sein könne.

In der Brentanoschule wird diese Wahrheitsdefinition oft als „gnoseologisch" bezeichnet, im Gegensatz zu der in der Korrespondenztheorie gelieferten „ontologischen" Definition. Durch diese Terminologie soll zum Ausdruck gebracht werden, daß der Korrespondenztheorie entsprechend die Wahrheit eines Urteils in dessen Übereinstimmung mit etwas Außerbewußtem, Transzendentem besteht, während Brentano in seiner Definition von dem sich unmittelbar als gerechtfertigt kundgebenden Bewußtsein ausgeht. Die gnoseologische Wahrheitsdefinition macht das evidente Urteil zum Maßstab für wahr und falsch (Kraus, Wege, 76; Kastil, Wahrheitsbegriff, 27; Brentano, Wahrheit, VII–XXXI).

Brentano und seine Schüler sind der festen Überzeugung, daß durch die gnoseologische oder, wie wir statt dessen auch sagen können, evidenztheoretische Wahrheitsdefinition der Relativismus der Sophisten überwunden und die Objektivität der Wahrheit garantiert wird (Brentano, Wahrheit, XX, XXIV, 64, 137; Versuch, 150; Kastil, Philosophie, 22, 89). In der Geschichte der Philosophie ist der Relativismus in verschiedenen Varianten aufgetreten. Die zwei radikalsten Versionen dieses Standpunkts sind dadurch gekennzeichnet, daß sie die von fast allen Philosophen und Einzelwissenschaftlern für ganz selbstverständlich gehaltene Voraussetzung von der Objektivität der Wahrheit nicht akzeptieren. Dieser Voraussetzung zufolge gibt es objektiv wahre Urteile (bzw. Aussagen), also Urteile (Aussagen), die wahr sind, unabhängig davon, zu welchem Zeitpunkt, an welchem Ort, von welcher Person und in welcher konkreten Situation sie gefällt (bzw. formuliert) werden. Die zwei radikalsten Formen des Relativismus lehnen diese Voraussetzung entweder (a) als völlig unverständlich oder (b) als falsch ab. Im ersten Falle wird behauptet, daß sich mit dem Begriff einer objektiven (nicht auf irgendwelche Raum-Zeitpunkte, Personen oder Situationen relativierten) Wahrheit gar kein vernünftiger Sinn verbinden lasse; von einem Urteil (bzw. einer Aussage) einfach zu sagen, es (sie) sei wahr, ohne ergänzend hinzuzufügen, für wen, wann, wo und in welcher Situation, ist nach Variante (a) eine ähnlich rudimentäre und sinnlose Redeweise wie wenn man von einem Menschen sagen würde, er sei erfahrener, ohne hinzuzufügen, als wer und in welcher Hinsicht. Im zweiten Falle wird zwar die Verständlichkeit des Begriffs der objektiv wahren Aussage (bzw. des objektiv wahren Urteils) konzediert, aber es wird behauptet, daß dieser Begriff ähnlich wie der des Pegasus oder eines anderen Fabelwesens leer sei – in dem Sinne von „leer", daß der Begriff auf nichts zutrifft. Nach Variante (b) gibt es also keine Urteile (bzw. Aussagen), die man ohne Bezugnahme auf irgendwelche Raum-Zeitpunkte, Personen oder Situationen schlechthin als wahr bezeichnen dürfte (Kamitz, Objektivität, 87).

Wenn nun Brentano meint, daß die Evidenztheorie und die im Rahmen dieser Theorie formulierte gnoseologische Wahrheitsdefinition den Relativismus überwinde und die Objektivität der Wahrheit garantiere, so kann dies m.E. nur bedeuten, daß nach Brentanos Auffassung (a) die gnoseologische Wahrheitsdefinition eine formal korrekte und inhaltlich adäquate Definition des Begriffs „(objektiv) wahres Urteil" ist und (b) aus den Sätzen der Evidenztheorie die Existenz (objektiv) wahrer Urteile logisch folgt (Kamitz, Objektivität, 90). Die Korrespondenztheorie der Wahrheit erweist sich somit für Brentano nicht nur als nutzlos und absurd (wie schon besprochen wurde), sondern auch als überflüssig, da in seinen Augen die Objektivität der Wahrheit sichergestellt werden kann, ohne daß man zu diesem Zwecke auf irgendeine Übereinstimmung mit der Wirklichkeit rekurrieren müßte (Kastil, Philosophie, 104; Kraus, Wege 74; Kastil, Wahrheitsbegriff, 26).

Hauptprobleme dieses Abschnitts: Sieht man ab von den grundsätzlichen Problemen, die ganz allgemein mit dem Begriff des evidenten Urteils verbunden sind und auf die am Ende des Abschnitts 2.1 hingewiesen wurde, so erheben sich im Zusammenhang mit der evidenztheoretischen Wahrheitsdefinition Brentanos vor allem die beiden folgenden Fragen:

(a) Gelingt es Brentano, in seiner Theorie die Paradoxie des Lügners und ähnliche Antinomien zu vermeiden? Obwohl Brentano in diesen Antinomien wohl nur mehr oder weniger geistreiche Spielereien gesehen und sich daher auch nicht detailliert mit ihnen auseinandergesetzt hat, erkennt man heute wesentlich klarer die von solchen Widersprüchen ausgehenden Gefahren für eine philosophische Theorie der Wahrheit. Die sorgfältige Beschäftigung mit diesen Antinomien ist charakteristisch für die Diskussionen, die unter modernen Logikern und analytischen Philosophen über das Wahrheitsproblem geführt werden (man vergleiche etwa die Untersuchungen von B. Russell, A. Tarski, R. Ryle, S. Kripke u.v.a.).

(b) Ist Brentanos Anspruch berechtigt, mit seiner Theorie den Relativismus überwunden zu haben? Läßt man hier, wie schon gesagt, die Probleme unberücksichtigt, die sich auf die brentanosche Überzeugung von der Existenz evidenter Urteile beziehen, so kann die eben gestellte Frage in zwei Teilprobleme untergliedert werden: (b1) Ist die gnoseologische Wahrheitsdefinition formal korrekt und inhaltlich adäquat? (b2)

Folgt logisch aus der Evidenztheorie (zu der auch die gnoseologische Wahrheitsdefinition gehört), daß es wahre Urteile gibt?
Im Zusammenhang mit (b1) interessiert aus erkenntnistheoretischer Sicht natürlich vor allem die inhaltliche Adäquatheit der Definition, doch läßt sich dieser Punkt nur klären, wenn es zuvor gelingt, Einigung über Kriterien der inhaltlichen Adäquatheit zu erzielen. Bezüglich der Frage (b2) bin ich der Meinung, daß – wie ich an anderer Stelle nachzuweisen versuchte (Kamitz, Objektivität, 87–91) – der von Brentano erhobene Anspruch mit einer ernsten logischen Schwierigkeit konfrontiert ist. Der Satz „Es gibt wahre Urteile" folgt aus der Evidenztheorie dann und nur dann, wenn aus ihr auch der Satz „Es gibt mindestens ein Urteil, dem ein evidentes Urteil unmöglich widersprechen kann" logisch folgt. Dieser letzte Satz kann präziser auch so formuliert werden: „Es gibt mindestens ein Urteil U, sodaß gilt: (es ist unmöglich, daß es mindestens ein Urteil U_1 gibt, sodaß gilt: (U_1 ist evident und U_1 widerspricht U))". Dieser Satz soll im weiteren mit „S" bezeichnet werden. Da nun Brentano und manche seiner Schüler wiederholt darauf hingewiesen haben, daß die Objektivität der Wahrheit eigentlich in nichts anderem bestehe als in der Erkenntnis, daß zwei evidente Urteile unmöglich einander widersprechen können (Wahrheit, XX, 64; Kastil, Philosophie, 22, 879), so scheinen diese Philosophen der Meinung gewesen zu sein, daß S aus jener Erkenntnis und der von ihnen für selbstverständlich gehaltenen Prämisse „Es gibt mindestens ein evidentes Urteil" logisch folgt. Mit anderen Worten, Brentano, Kastil und Kraus dürften die Auffassung vertreten haben, daß S eine logische Folgerung aus den beiden Sätzen „Es gibt mindestens ein Urteil U, sodaß gilt: U ist evident" und „Es ist unmöglich, daß es mindestens ein Urteil U und mindestens ein Urteil U_1 gibt, sodaß gilt: (U ist evident und U_1 ist evident und U_1 widerspricht U)" ist. Diese Auffassung ist aber unrichtig. Es ist zwar bekannt, daß es in der modernen Logik sehr viele und sehr unterschiedliche modallogische Systeme von verschiedener Stärke gibt und daß manche Schlußformen in dem einen oder anderen, aber nicht in jedem dieser Systeme zulässig sind, doch ist in keinem (sinnvollen) modallogischen System ein Schluß von den beiden zuletzt genannten Sätzen auf S zulässig.

3. Literaturverzeichnis

3.1 Schriften Brentanos

Psychologie vom empirischen Standpunkt. I, Leipzig 1924; II, Leipzig 1925; III, Leipzig 1928.
Die *Lehre* vom richtigen Urteil. Bern 1956.
Die *Abkehr* vom Nichtrealen. Bern/München 1966.
Wahrheit und Evidenz. Hamburg 1962.
Versuch über die Erkenntnis. ²1970.
Grundlegung und Aufbau der Ethik. Bern 1952.
Geschichte der griechischen Philosophie. Bern/München, 1963.
Die vier Phasen der Philosophie. Hamburg ²1968.
Über die Zukunft der Philosophie. Leipzig 1929.
Kategorienlehre. Leipzig 1933.
Grundzüge der Ästhetik. Bern 1959.
Vom *Ursprung* sittlicher Erkenntnis. Leipzig ²1921.
Vom *Dasein* Gottes. Leipzig 1929.
Religion und Philosophie. Bern 1954.

3.2 Sekundärliteratur

Albert, H.: Traktat über kritische Vernunft. Tübingen 1975.
Bochenski, I. M./Church, A./Goodman, N.: The Problem of Universals. Notre Dame, Indiana 1956.
Carnap, R.: Überwindung der Metaphysik durch logische Analyse der Sprache. In: Erkenntnis 2 (1932), 219–241.
Chisholm, R. M./Haller, R. (Hrsg.): Die Philosophie Franz Brentanos. Beiträge zur Brentano-Konferenz Graz 4.–8. September 1977. Amsterdam 1978.
Foradori, E.: Franz Brentanos Lehre von den Axiomen. Leipzig 1931.
Heidegger, M.: Was ist Metaphysik? Frankfurt/M. ⁹1965.
Hillebrand, F.: Die neuen Theorien der kategorischen Schlüsse. Wien 1891.
Kamitz, R.: Acts and Relations in Brentano. A Reply to Professor Grossman. In: Analysis 22 (1962), 73–78.
– *Acts* and Relations in Brentano. A second Reply to Professor Grossman. In: Analysis 24 (1963), 36–41.
– Das Problem der *Objektivität* der Wahrheit im Lichte der Evidenztheorie. Eine logische Analyse eines Arguments von Franz Brentano. In: Marek, J. C./Zelger, J./Ganthaler, H./Born, R.: Österreichische Philosophen und ihr Einfluß auf die Philosophie der Gegenwart. Innsbruck/München/Salzburg/Graz/Gießen, 1977.
Kastil, A.: Ontologischer und gnoseologischer *Wahrheitsbegriff*. In: Zur Philosophie der Gegenwart. Veröffentlichungen der Brentano Gesellschaft. Prag 1934.
– Die *Philosophie* Franz Brentanos. München 1951.
Kraus, O.: Franz *Brentano*. München 1919.
– *Wege* und Abwege der Philosophie. Prag 1934.

Meschkowski, H.: Einführung in die moderne Mathematik. Mannheim 1971.
Pap, A.: Analytische Erkenntnistheorie. Wien 1955.
Quine, W. V. O.: Von einem logischen Standpunkt. Frankfurt/Berlin/Wien 1979.
– Wort und Gegenstand. Stuttgart 1980.
– Philosophie der Logik. Stuttgart/Berlin/Köln/Mainz 1973.
Goodman, N.: The Structure of Appearance. Cambridge, Mass. 1951.
Stegmüller, W.: Metaphysik, Skepsis, Wissenschaft. Berlin/Heidelberg/New York 1969.
– *Hauptströmungen* der Gegenwartsphilosophie, I. Stuttgart [4]1969.
– Das Universalienproblem einst und jetzt. In: Archiv für Philosophie. 1. Teil, Band VI (1956); 2. Teil, Band VII (1957).
Tarski, A.: Der Wahrheitsbegriff in den formalisierten Sprachen. In: Berka, K./Kreiser, L.: Logiktexte. Berlin 1971.
Wittgenstein, L.: Philosophische Untersuchungen. In: v. Wright, G. H./Anscombe, G. E. M. (Hrsg.): Schriften. Oxford 1961.

Friedrich Nietzsche: Philosophie als Tragödie

Von Hermann Josef Schmidt, Dortmund

„Nietzsche braucht keine Interpreten. Von sich und seinen Ideen hat er selbst gesprochen, zur Genüge und in der allerklarsten Weise. Es geht nur darum, gut zuzuhören, ohne Zwischenträger. Die Grundbedingung dafür ist offenbar, daß man ihn verstehen ‚kann', doch darf eine weitere Bedingung nicht außer acht gelassen werden – seine Rede ist ja meist exoterisch –, daß man ihn nämlich verstehen ‚will'." (Colli, 27)
„In Aphorismenbüchern gleich den meinigen stehen zwischen und hinter kurzen Aphorismen lauter verborgene lange Dinge und Gedanken-Ketten; und manches darunter, das für Oedipus und seine Sphinx fragwürdig genug sein mag." (Nietzsche, VII 3, 305)[1]

1. Leben und Werk

Friedrich Wilhelm Nietzsche, geb. am 15. Oktober 1844 in Röcken bei Lützen als erstes Kind eines Landpfarrers, war von Geburt an für den geistlichen Stand bestimmt. Das Kind hatte eine starke Bindung an den musikalischen Vater, der 1849 an Gehirnerweichung starb; Nietzsche fürchtete zeitlebens ein ähnliches Schicksal. 1850 Übersiedlung nach Naumburg; die nähere Umgebung bildeten

[1] *Nietzsche wird zitiert:* Der *frühe Nachlaß* (1854–1869) nach der HKG,W (Band Seite); der *Nachlaß* (1869–1888) nach der KGW (Abt. Bd., S.); die *Werke* mit ihren üblichen Abkürzungen (vgl. 1. Leben und Werk), Aphorismusnummern usw. nach der KGW; die teilw. philosophischen „*Philologica*" (1869–1876) nach der „Großoktavausgabe" (GA Bd., S.) und der „Musarionausgabe" (MUS Bd., S.); die *Briefe* nach der KGB (B Abt. Bd., S.). *Generell gilt*: Sperrungen in Nietzsches Text werden nicht immer übernommen; Orthographie und Grammatik sind in inhaltlich irrelevanten Fällen zuweilen korrigiert bzw. verändert; wird mehrfach aus dem nämlichen Werk zitiert, erfolgt der Nachweis nur noch mit der Seitenzahl. Ein *grundsätzliches Problem:* Würden jeder Gedanke und jede Anspielung belegt, so müßte der Text drastisch gekürzt werden; deshalb wurde auch auf die Darstellung der Auseinandersetzung mit abweichenden Auffassungen weitestgehend verzichtet. (In meiner geplanten Monographie „Nietzsches Philosophie der Philosophie oder Philosophie zwischen Pathos, Tragödie und Komödie der Erkenntnis" kann dies anders gehandhabt und vieles hier nur Angedeutete weitergeführt und belegt werden).

fünf fromme Frauen. 1858 Aufnahme in die Landesschule Pforta (Freistelle), die schon Klopstock, Fichte und Ranke als Schüler sah. Hervorragende altphilologische Schulung; starke musikalische, dichterische und philosophische Interessen. Im April 1862 Aufsätze „*Fatum und Geschichte*" sowie „*Willensfreiheit und Fatum*", deren Thesen für Nietzsche gültig bleiben. Intellektuelle, aber noch keineswegs gefühlsmäßige Ablösung vom Christentum.

Herbst 1864 Beginn des Studiums in Bonn (Theologie u. Philosophie); von Herbst 1865 an Leipzig (Philologie; 4 Semester). Entdeckung Schopenhauers (Herbst 1865); erste philologische Veröffentlichungen; die zu einem Preisausschreiben der Universität eingereichte Diogenes-Laertius-Untersuchung wird preisgekrönt. 1867/68 Vorarbeiten zu einer philosophischen(!) Dissertation („*Zur Teleologie*" oder „*Zum Begriff des Organischen seit Kant*"); 1869 Absicht, das Philologiestudium abzubrechen – stattdessen überraschende Berufung auf eine Professur der Philologie an der Universität Basel.

Im Sommersemester Aufnahme der 7stg. Lehrtätigkeit an der Universität und des 6stg. Unterrichts am Pädagogium. In seiner Antrittsvorlesung („*Homer und die klassische Philologie*") stellt sich Nietzsche als philosophisch-schopenhauerisch orientierter Philologe vor. Freundschaft mit und Besuche bei R. und C. Wagner in Tribschen (bei Luzern), engere Kontakte mit J. Burckhardt. Anfang 1870 zwei äußerst provozierende, tradierte Wertungen problematisierende öffentliche Vorträge über „*Das griechische Musikdrama*", wo sich Nietzsche als Wagnerianer zu erkennen gibt, und „*Sokrates und die Tragödie*"; im SS 3stg. Vorlesung „*Sophokles, Oedipus Rex*" und der private Aufsatz „*Dionysische Weltanschauung*" (DW). – Als Krankenpfleger im deutsch-französ. Krieg schwer an Ruhr und Rachendiphterie erkrankt: seitdem nie wieder völlig gesund. – Im WS 1871/72 3stg. Vorlesung „*Einleitung in das Studium der platonischen Dialoge*". Ende Dez. 1871 die erste Buchpublikation: „*Die Geburt der Tragödie aus dem Geiste der Musik*" (GT); sie löst Ende Mai 1872 eine öffentl. Kontroverse aus (U. v. Wilamowitz-Möllendorff; Replik: E. Rohde; Duplik: U. v. W.-M); seitdem Ächtung Nietzsches in der Altphilologie. Anfang 1872 fünf öffentl. Vorträge „*Über die Zukunft unserer Bildungsanstalten*" (BA; den Schlußvortrag bleibt Nietzsche schuldig); im SS 3stg. Vorlesung „*Vorplatonische Philosophen*". Spätestens sie dokumentiert nun auch öffentlich Nietzsches Auseinandersetzung mit der Philosophie, die sich im Nachlaß (seit 1867/68) sehr viel deutlicher niederschlägt als in den Veröffentlichungen bis 1876, die Nietzsches eigentliche Probleme eher verbergen, unter Berücksichtigung des Nachlasses allerdings in einem klareren Licht erscheinen. Ende Mai erste Aufzeichnungen zu „*Über Wahrheit und Lüge im außermoralischen Sinne*" (WL); im Juli Konzeption eines Philosophenbuchs. 1873 „*Unzeitgemäße Betrachtungen, Erstes Stück: David Strauß der Bekenner und Schriftsteller*" (DS). Notizen zu „*Der letzte Philosoph*" und „*Der Philosoph als Arzt der Kultur*"; erste Niederschrift von „*Die Philosophie im tragischen Zeitalter der Griechen*" (PHG); Schlußfassung von WL; Notizen zu „*Die Philosophie in Bedrängnis*". 1874 Stück 2 und 3 der Unzeitgemäßen Betrachtungen „*Vom Nutzen und Nachteil der Historie für das Leben*" (HL) und „*Schopenhauer als Erzieher*" (SE); Nachlaß: „*Wir Philo-*

logen“ (Notizen). 1875 Entwürfe zu „*Wissenschaft und Weisheit im Kampfe*“. 1876 als Weihegabe für Richard Wagner zur Eröffnung des Festspielhauses die 4. Unzeitgemäße Betrachtung „*Richard Wagner in Bayreuth*“ (WB); „grenzenlose Enttäuschung“ in Bayreuth (23. 7.–4. 8.), fluchtartige Abreise, gesundheitlicher Zusammenbruch. Die Universität bewilligt einjährigen Erholungsurlaub: Nietzsche entwickelt seine Freigeistphilosophie. – Mai 1878 „*Menschliches, Allzumenschliches. Ein Buch für freie Geister*“ (MA): Nietzsches scheinbar so radikaler Bruch mit seiner philosophischen Vergangenheit findet keine öffentliche Anerkennung, nur die private Zustimmung von J. Burckhardt. Nietzsche vereinsamt. Im WS 1878/79 so katastrophaler gesundheitlicher Zustand, daß Nietzsche um die Entlassung aus seinem Amt nachsuchen muß.
Seit Juni 1879 ist der staatenlose Nietzsche „freier Philosoph“. Wechselreiches Reiseleben unter erbärmlichen finanziellen Verhältnissen, immer auf der Suche nach günstigen klimatischen Bedingungen: im Sommer meist Aufenthalt im Engadin (Sils Maria), im Winter hauptsächlich in Italien (Venedig, Ligur. Riviera, zuletzt Turin) und Frankreich (Nizza). In schneller Folge erscheinen (als Anhang zu MA) „*Vermischte Meinungen und Sprüche*“ (VM) und „*Der Wanderer und sein Schatten*“ (WS; 1886 mit VM zusammengef. und mit neuer Vorrede versehen als MA II), „*Morgenröte. Gedanken über die moralischen Vorurteile*“ (M, 1881) und „*Die fröhliche Wissenschaft*“ (Buch I–VI, FW, 1882). Anfang Aug. 1881 Intuition über die Bedeutsamkeit des Nietzsche (seit 1862 durch Emerson) bekannten Gedankens der „ewigen Wiederkunft“ für eine lebensbejahende Philosophie; erste Notizen zu „*Also sprach Zarathustra, ein Buch für alle und keinen*“ (Z, Teil I und II 1883, Teil III 1884, Teil IV nur als Privatdruck 1885). 1886 „*Jenseits von Gut und Böse. Vorspiel einer Philosophie der Zukunft*“ (J) und, mit neuen Vorreden, Neuausgaben von GT, MA I und II, M und FW (mit dem neuen V. Buch „*Wir Furchtlosen*“ und dem Anhang „*Lieder des Prinzen Vogelfrei*“); 1887 Neuausgabe der Teile I–III von Z in einem Band, im Nov. „*Zur Genealogie der Moral, eine Streitschrift*“ (GM).
Das Jahr 1888 ist das letzte Jahr Nietzsches vor seiner geistigen Umnachtung: Nietzsche erahnte offenbar sein nahes geistiges Ende, brach seine Arbeiten für das geplante Hauptwerk („*Der Wille zur Macht*“, später: „*Umwertung aller Werte*“) ab und konzentrierte sich, zunehmend in hektischer Eile, zum einen auf seine abschließende Abrechnung mit R. Wagner („*Der Fall Wagner. Ein Musikanten-Problem*“, WA, erschienen am 16. 9., sowie „*Nietzsche contra Wagner. Aktenstücke eines Psychologen*“, NW, 1894) und dem Christentum („*Der Antichrist. Fluch auf das Christentum*“, AC, 1894), zum anderen auf eine Art Kurzfassung („*Götzen-Dämmerung oder wie man mit dem Hammer philosophiert*“, GD, 1889) der wesentlichen Thesen des geplanten Hauptwerks, seine Autobiographie („*Ecce Homo. Wie man wird, was man ist*“, EH; Man. am 6. 11. an die Druckerei, von der Schwester zurückgehalten bis 1908) und seine späte Gedichtsammlung „*Dionysos-Dithyramben*“ (DD, 1894). Wenige Tage nach Abschluß des letzten Druckmanuskripts Zusammenbruch in Turin (3. 1. 1889). Nietzsche stirbt in geistiger Umnachtung am 25. Aug. 1900 in Weimar.

2. Schwierigkeiten des Zugangs: Nietzsche und die neuzeitliche Philosophie

Friedrich Nietzsche in einer Darstellung der Grundprobleme großer Philosophen der Neuzeit nicht berücksichtigen zu wollen, ist erst seit wenigen Jahrzehnten nicht mehr möglich; ebensowenig ist es jedoch möglich, ihn in seiner Gesamterscheinung als typisch neuzeitlichen Philosophen zu interpretieren. Einerseits ist er, zusammen mit Karl Marx meistzitierter Denker der zweiten Hälfte des 19. Jahrhunderts, für die Philosophie- und Geistesgeschichte von noch nicht zu übersehender Bedeutung: die Auseinandersetzung mit Nietzsche hat, sollte sie am noch immer steigenden Sekundärliteraturpegel (insges. über 6000 Titel) gemessen werden, ihren Zenit keineswegs überschritten – wir stehen eher wieder vor dem Beginn einer weiteren Nietzsche-Renaissance. Es scheint so, als entdecke jede Zeit und jede weltanschauliche Richtung immer sogleich auch „ihren Nietzsche".

Andererseits sind „der Philosoph Nietzsche" und „die Philosophie Nietzsches" noch immer unbewältigte und unbegriffene (vielleicht auch: unbegreifbare) Provokationen für die Philosophie unseres Jahrhunderts: Es dürfte wohl keinen anderen Philosophen geben, dessen Denken und Person so heterogenen Deutungsversuchen unterworfen wird wie gerade die Person und Philosophie Nietzsches. Haben wir es bei der Nietzsche-Interpretation doch mit dem philosophiehistorisch wohl einmaligen Phänomen zu tun, daß fast jede Interpretation sich von fast jeder anderen Interpretation in fast jeder relevanten Hinsicht unterscheidet. Aber nicht nur das: fast jeder bedeutende Interpret interpretiert „seinen Nietzsche" – und doch trifft fast jede bedeutende Interpretation, wie sehr sie sich auch von anderen Interpretationen unterscheiden mag, mit „ihrem Nietzsche" auch etwas an Nietzsche oder Nietzsches Philosophie selbst.

Von diesem zweifelsohne irritierenden, vielleicht auch skandalösen, in jedem Fall aber evidenten Sachverhalt ist bei jeder Nietzsche-Interpretation auszugehen. Er zwingt zu besonderer Vorsicht, Textnähe und Bescheidenheit. Das Grundproblem des großen Philosophen Nietzsche, so scheint es nun, verschwindet hinter den Wolkenschleiern der Problematik jedweder Nietzsche-Interpretation, d.h. ihrer angesichts des irritierenden Phänomens Nietzsche vielleicht unausweichlichen (angesichts der Heterogenität der verschiedenen Interpretationen aber wenig ermutigenden) Selektivität bzw. Perspektivität. Nietzsche, so scheint es, entzieht und öffnet sich fast jeder Deutung – die erste Crux der Nietzsche-Interpretation.

Friedrich Nietzsche, so die These, ist eine noch immer unbewältigte und unbegriffene Provokation (nicht nur) der neuzeitlichen Philosophie: er fällt nicht nur aus ihrem Rahmen, er sprengt ihn – und gehört doch auch wieder als vielleicht reflektiertester aller neuzeitlichen Reflexionsphilosophen so integrativ zu ihr, daß sie *seit* Nietzsche nicht mehr *ohne* Nietzsche zu denken ist. Damit steht aber zumindest die philosophisch orientierte Nietzsche-Interpretation vor einem Dilemma: interpretiert sie Nietzsche aus der Perspektive der neuzeitlichen Philosophie, etwa als Weiterführung und Radikalisierung Kantischer Ansätze (Kaulbach) oder als Endgestalt der neuzeitlichen Metaphysik der Subjektivität (Heidegger, Struve), so kommt von Nietzsche wohl nur in den Blick, was mit der Elle neuzeitlicher Philosophie gemessen werden kann, d.h. genau das *nicht*, was möglicherweise (Nietzsches Intentionen entsprechend) die gesamte Geschichte (nicht nur) der neuzeitlichen Philosophie transzendiert oder unterläuft; versucht sie jedoch Nietzsche nicht nur aus der Perspektive neuzeitlicher Philosophie zu interpretieren, so müßte sie sich ihr (philosophisch legitimiertes) Interpretationspotential zuerst noch erarbeiten – käme also vermutlich niemals mehr zur Nietzsche-Interpretation selbst. So bleibt vielleicht nur der erstaunlicherweise wenig begangene Weg, Nietzsches Denken so gut wie nur irgend möglich zuerst einmal von seinen eigenen Texten (also quasi „von innen") her[2] zu interpretieren.

Doch selbst diesem scheinbar so einfachen und direkten Weg zu Nietzsche setzt er ebenso wie einer primär philosophiehistorisch orientierten Interpretation sich wechselseitig potenzierende Schwierigkeiten nicht geringen Ausmaßes entgegen, die in der Inkommensurabilität Nietzsches bzw. seines Denkens begründet sind. Einige charakteristische Punkte seien skizziert:

– *Begrifflichkeit und Sprache*: Begriffe und selbst „Grundbegriffe" werden höchst selten und dann allenfalls umgangssprachlich definiert; Nietzsche denkt und formuliert nicht in einer philosophischen Fach-, sondern in einer vor allem an Luther, Goethe und Heine geschulten Literatursprache.

---

[2] Angesichts der interpretatorischen Konfusionen innerhalb der Nietzscheinterpretation läßt sich ein *Nebenthema des Beitrags* nicht ausklammern: *Probleme der Nietzsche-Interpretation*. Für den Beitrag selbst ist spezifisch, daß er nicht unter dem Gesichtspunkt „der drei M, des Moments, der Meinungen und der Moden" (SE 6.), Nietzsche zu interpretieren, sondern zuerst einmal Nietzsches Denken vor dem Anlegen von Interpretationskategorien, die nicht Nietzsches Kategorien sind, zu erfassen – hier nur: zu skizzieren – sucht, bevor dann die Interpretation einsetzt.

– *Systematik*: Nietzsche formuliert in prägnanten kleinen Spracheinheiten, ist ein Meister der „kleinen Form"; seine *Gedanken* werden nicht in einem System- und nur im Nachlaß z. T. in ihrem Entstehungszusammenhang vorgelegt; sie *erscheinen in den Werken, im Nachlaß und den Briefen zerstreut* – es lassen sich aber Gedankenketten und -kompositionen aufweisen. In der Regel jedoch gibt Nietzsche nur die Anfangsglieder einer Gedankenkette und erwartet das eigenständige Mit- und Weiterdenken des Lesers (VII 3, 305).

– *Denkstil*: Nietzsche denkt nicht einstimmig linear oder zyklisch, sondern vieldimensional-polyphon: in wechselnden Haupt-, Neben- und Gegenstimmen; er begründet und beweist in der Regel weniger als daß er behauptet und Fragen stellt; er problematisiert eher als zu argumentieren; er greift an, anstatt zu legitimieren; er skizziert eher als Gedanken detailliert auszuführen; er verzichtet weitgehend auf historische oder philologische Kleinarbeit, gibt allgemeine(re) Anregungen, anstatt eingegrenzte Fragestellungen minutiös zu bearbeiten, kurz: er ist ein systematischer Problemdenker und knüpft lockerere Netze, um darin dicke Fische zu fangen.

– *Thematik*: Nietzsche hat sich zu fast allem auch nur irgendwie Thematisierbarem geäußert. Sein Schwerpunkt liegt auf kulturphilosophischen Fragestellungen im weitesten Sinne. Er ist in quantitativer und qualitativer Hinsicht sicherlich „einer der reichsten Denker überhaupt" (Thiel, I f.).

– *Werk*: Es gibt von Nietzsche keine Schrift, die als philosophisches *Hauptwerk* anerkannt wäre, und dafür gibt es viele Gründe. Wegen des spezifischen Charakters seines Denkens und Lebensschicksals sind die Grenzen zwischen den Veröffentlichungen, nachgelassenen Schriften und Fragmenten (incl. der Vorlesungen) sowie den Briefen, die von der frühen Kindheit an vorliegen, in vielfacher Hinsicht offen. Folge: ein Nietzsche-Interpret muß den Nachlaß weit stärker berücksichtigen als etwa ein Kant-Interpret. – Der *Umfang* (gegenwärtig über 14000 Druckseiten) des noch nicht vollständig erschlossenen Oeuvre ist so immens, daß wohl kaum jemand (a) alles gründlich zu lesen und (b) incl. der lawinenartig anschwellenden Sekundärliteratur sowie insbes. (c) der gerade bei Nietzsche, der ein immens fleißiger Leser war, so zentralen scheinbar externen (z.B. altphilologischen[3], religionsgeschichtli-

[3] These: ein Interpret, der z. B. die griechischen Mythen und die von Nietzsche gelesene altgriechische Literatur von Homer bis Aristoteles, Diogenes Laertius usw. nicht kennt, hat zusätzliche Schwierigkeiten mit Nietzsches Denken, da er nicht nur Nietzsches geistigen Hintergrund nicht kennt und selbst massivste

chen, wissenschaftsgeschichtlichen) Gesichtspunkte zu „beherrschen" vermag. Folge: das Interpretationsinteresse konzentrierte sich eher auf eine neue Interpretation bereits vielfach interpretierter Texte als auf eine Vervollständigung bzw. Korrektur bisheriger Interpretationen durch den Einbezug neuer Texte und Gedanken Nietzsches. Dies beginnt sich in den letzten Jahren allerdings entscheidend zu ändern (vgl. auch Salaquarda 11–15): zu lange wollten zu viele Interpreten mit Nietzsche schon fertig sein, bevor sie mit ihm ernstlich angefangen haben (vgl. auch Thiel, If.).

– *Der Philosoph*: Nietzsche ist also kein „wissenschaftlicher" oder „metaphysischer", sondern eher ein „totaler Philosoph" sowohl was seine Themen als auch die Methoden seines Denkens, den Einbezug seines Lebens in sein Denken (als Gegenstand und als falsifizierende Instanz) und seines Denkens in sein Leben betrifft, indem er, noch radikaler als vor ihm Pascal und mit ihm Kierkegaard, sein Denken lebt, dieses Leben dann wieder denkt usw; er revoltiert gegen das typisch europäisch-neuzeitliche Zerreißen von Denk- und Lebenszusammenhängen – „Das Produkt des Philosophen ist sein Leben (zuerst, vor seinen Werken). Das ist sein Kunstwerk". (III 4, 320) –, fasziniert durch seine Leidenschaftlichkeit des Denkens, die Originalität und Treffsicherheit vieler Thesen sowie seinen Mut, sie (in nachvollziehbarer Form) zu äußern. So sind für ihn weniger die neuzeitlichen Philosophen (mit Ausnahme atypischer Einzelgänger wie Pascal, Schopenhauer, Emerson) als die altgriechischen Denker bis Pyrrhon, wie er sie seit seiner Studentenzeit aus Diogenes Laertius kannte, leitbildlich: insbes. an den frühgriechischen Philosophen (GA XIX, 125–234 bzw. MUS IV, 245–364; III 2, 293–366) beschwor er die Einheit von Denken und Charakter (III 2, 301) und ihre intuitionistische Potenz (307, 314, 329 usw.).
Nietzsche ist also kein Philosoph im Sinn klassischer oder zeitgenössischer Universitätsphilosophie: er ist als Philosoph Autodidakt; er war auch niemals Philosophiedozent, versuchte allerdings Anfang 1871 seine Altphilologieprofessur vergeblich gegen eine freigewordene Philosophieprofessur an der Universität Basel zu tauschen (B II 1, 174–178); seine Werke wurden erst gegen Ende seines bewußten Lebens als philosophisch klassifiziert, erfuhren jedoch in philosophiegeschichtlichen Darstellungen lange keine Berücksichtigung. Obwohl bereits der Schüler der Philosophie den ersten Rang in allen ambitionierten Erkenntnis-

---

Hinweise übersieht, sondern auch den spezifischen Gehalt nietzschescher Thesen nicht zu identifizieren vermag.

bemühungen zuschreibt und der Student wiederholt von seinem „philosophischen Sinn" spricht, hatte Nietzsche erst 1886 den Mut, sich selbst öffentlich als Philosophen und seine Werke (in seinen Werken) als Philosophie zu bezeichnen. Nietzsche stand seit seiner Ablösung von Schopenhauer in keinerlei Schul- oder eindeutigem Traditionszusammenhang: er war „Selbstdenker" (GA XVII, 329 bzw. MUS II, 339), Problemdenker, Nonkonformist par excellence ohne berufliche oder private Abpufferung.

–: Nietzsche versucht, stärker als jeder andere neuzeitliche Philosoph vor ihm, die gesamte Geschichte der Philosophie sowie die Philosophie als Philosophie zu problematisieren, zu destruieren und zu überwinden – und zwar nicht ausschließlich mit den Mitteln dieser Tradition.

–: Nietzsche ist der eigentliche Entdecker der philosophischen Relevanz der frühgriechischen Philosophie und verrät auch hierdurch eine Interessenrichtung, die ihn weit von den Blickwinkeln der neuzeitlichen Philosophietradition entfernt.

–: Nietzsche ist enragierter Gegner des Christentums (und einer christlichen Philosophie) schon seit seiner Schülerzeit; er versucht es aus unterschiedlichsten Perspektiven zu destruieren und erblickt in ihm noch 1888 (GD, AC, EH) *die* weltgeschichtliche Katastrophe ersten Ranges, während es in der weitgehend vom protestantischen Pfarrhaus geprägten deutschen Philosophie Tradition war, sich, wenn man schon Philosophie nicht offen und erklärt als christliche Philosophie betrieb, vornehm, vorsichtig und möglichst unauffällig vom Christentum zu entfernen oder es umzuinterpretieren bzw. im Sinne Hegels „aufzuheben". Für Nietzsche ist die gesamte deutsche Philosophie von Leibniz über Hegel und Schelling bis Feuerbach und Strauß verkappte hinterlistige Theologie: „alles Schleiermacher" (AC 10.; VII 2, 150, 260, 267; VII 3, 333). Die antichristliche Attitüde Nietzsches wird in der Interpretation auch von unvoreingenommenen Autoren häufig heruntergespielt oder von seiner eigentlichen Philosophie isoliert: sie ist aber von seinen philosophischen Intentionen nicht ablösbar, ohne wesentliche Zusammenhänge zu zerstören, und aus der Perspektive seiner (in ihrer Ausbildung eindeutig antichristlich motivierten) „griechischen" Selbsterfahrung und Selbstdeutung schlicht konsequent.

–: Nietzsche ist ein ausgesprochen „junger Philosoph": er hatte nicht die Zeit, seine Philosophie wirklich „ausreifen" zu lassen, weil ihm die – von ihm selbst immer wieder als unabdingbar betonte (auch: zeitliche) – Distanz zu den Neuansätzen der Achtzigerjahre fehlte. Jede seiner Philosophien ist zwar in einem gewissen Sinne auch abgeschlossen, wird aber in seine Weiterentwicklung so integriert, daß im vorhinein Nietzsches Entwicklung nicht prognostizierbar ist. (Die beliebte These, den Abbruch von Nietzsches Denken auch als einen über die Faktizität hinausgehenden „Abschluß“ darzustellen, reproduziert lediglich die Faktizität ins „Gültige“.)

–: Nietzsche war, wie wohl kein anderer neuzeitlicher Philosoph, gleichzeitig auch Dichter und Schriftsteller (Literat), Musiker (Pianist und Komponist) und Wissenschaftler (Altphilologe), also von einer immensen inneren Pluralität: dies prägt auch sein Denken.

–: Nietzsche ist wohl mehr als jeder andere berühmte Philosoph des 19. Jahrhunderts vereinsamt und isoliert und muß auch deshalb seine eigenen Erfahrungen als Kriterien seines Denkens und sein Denken als Korrektiv und Symptom seiner existentiellen Erfahrungen reflektieren. Er ersetzt notgedrungen Inter- durch Intrasubjektivität. (Dies belegt einmal mehr die Relevanz der existentiellen Prämissen seiner Philosophie für seine Philosophie.)

–: Nietzsche legte äußersten Wert auf sprachlichen Stil, liest sich leichter als „normale“ philosophische Autoren und fasziniert so sehr durch seine Sprache und Gedankenfülle, daß die Gefahr besonders nahe liegt, Nietzsches Sprache quasi „selbst denken zu lassen“ und sich mit dem Reproduzieren griffiger Formeln zu begnügen, d. h. bereits an einer der ersten Masken Nietzsches zu scheitern.

–: Nietzsche betrieb eine Psycho- und Physiologie der Philosophie und des Philosophen, die er als immens découvrierend auffaßte und die seit Freud und Reich in steigendem Maße in den Vordergrund nicht nur „körperorientierter“ Diskussion rückt, ohne daß die Ahnherrenschaft Nietzsches allgemein bekannt wäre.

– *Denkentwicklung*: Die Denkentwicklung bzw. der Denkwandel ist in den Veröffentlichungen scheinbar so tiefgreifend, daß man, würde sich Nietzsche nicht auf sich selbst beziehen und wären die Schriften anonym oder unter verschiedenen Namen erschienen, kaum vermuten würde, daß sie vom nämlichen Autor stammen. Unter Berücksichtigung des gesamten Oeuvre läßt sich hingegen behaupten: die Denkentwicklung bzw. der Denkwandel selbst erfolgt vor dem Hintergrund des schon in der Schülerzeit ausgeprägten permanenten Konflikts zwischen Herz und Verstand (insbes. Kritikbedürfnis) im Horizont permanenter Selbstbespiegelung „aus vielen Augen“ (V 2, 364f., 392f.) und ist die (hier nicht darstellbare) Geschichte der Bewältigungsversuche dieses Konflikts: ich kritisiere, analysiere und zweifle – also bin ich; ich träume, produziere, entwerfe – also bin ich; ich kritisiere und analysiere und bezweifle (als „Selbstkenner, Selbsthenker“, DD Zw. Raubv.) bevorzugt, daß ich, was ich und wie ich *früher* träumte, schuf, entwarf und ich träume, wenn ich weder schaffe/entwerfe noch kritisiere/destruiere, entsetzt/befreit davon, wie mein dämonisches Analysieren, Kritisieren und Destruieren alles, was ich erträumte, schuf und entwarf, wieder zersetzt. Vor allem aber: ich reflektiere permanent, selbst noch wenn ich gegen das Reflektieren an-reflektiere oder an-schreibe, daß und was und wie ich träume, entwerfe oder analysiere, indem ich, wie selbst mein „dionysischer Künstler", hinter mir „als Beobachter auf der Lauer liege" (DW 1.); kurz: ich reflektiere mein Reflektieren über mein Reflektieren ... selbst dann, wenn ich einen Ausweg aus dem Reflektieren suche, da ich ihn reflektierend suche. Die Grundspannung: ich reflektiere, schreibe, kritisiere und entwerfe, der „ich unverrückt nach Leben, Leben, Leben lechze!" (III 3, 414).

Nietzsche, soviel sollte deutlich geworden sein, ist ein in vielfältiger Hinsicht inkommensurabler, faszinierender und provozierender Autor. So impliziert gerade eine Nietzsche-Interpretation zwangsläufig auch einen Selbstklärungsprozeß des Interpreten: rückt dieser in den Vordergrund – dann verschwindet Nietzsche; verdrängt man ihn, indem man ihn bewußt ausschaltet, dann zerteilt man auch Nietzsches Gedankengänge nach Gesichtspunkten, die eher den potentiellen Selbstschutzinstinkten des Interpreten als den sachlichen Zusammenhängen des Nietzscheschen Denkens entstammen und entsprechen dürften. Auch hier gilt die Kunst der Balance.

3. Philosophie als Problem

Nachdem deutlich wurde, warum wir es gerade bei Nietzsche mit einem Philosophen sui generis zu tun haben, der jeden Interpretationsversuch schon im vorhinein zu einer riskanten Unternehmung zu verurteilen scheint, können wir uns nun der Frage nach Nietzsches philosophischem Grundproblem selbst zuwenden. Die Nietzsche-Forschung gibt uns hier keinen eindeutigen Gesichtspunkt an die Hand, da je nach dem philosophischen Standpunkt des betreffenden Interpreten verschiedene Probleme insbes. der Spätphilosophie Nietzsches (die ewige Wiederkunft des Gleichen, der Wille zur Macht, die Umwertung aller Werte oder das Wertproblem selbst, Nihilismus, décadence, Leben usw.) als *das* zentrale Problem Nietzsches vorgestellt wurden; und Nietzsche selbst hat im Laufe seiner Denkentwicklung ebenfalls verschiedene Probleme als seine eigentlichen Probleme angesprochen. Unter der Voraussetzung, daß wir von einem Grundproblem Nietzsches nur sprechen, wenn es eine Basisfunktion für eine Vielzahl der übrigen zentralen

Probleme einnimmt und sich möglichst über die gesamte Denkentwicklung Nietzsches als fundamentales Problem ausweist, können wir behaupten

1. daß das *Philosophieproblem Nietzsches allgemeines Grundproblem* darstellt,

2. daß *innerhalb des Philosophieproblems das Verhältnis von Philosophie und Tragödie sein spezielles* – Nietzsches Philosophieverständnis seinerseits wieder bestimmendes – *Grundproblem*[4] ist,

---

[4] In der Literatur bin ich bisher dieser These ebensowenig wie dem Versuch begegnet, Nietzsches Philosophieauffassung von den frühesten Texten an zu verfolgen und sie als beeinflußt von den frühen Gestalten nietzschescher Identifikation (Prometheus, Empedokles, Oedipus) aufzuweisen. – Die These selbst ist allerdings zu unterscheiden von dem etwaigen Aufweis immanenter Tragik im Leben oder der Philosophie Nietzsches. In jüngster Zeit habe ich allerdings von unterschiedlicher Seite unerwartete Bestätigung der Fragestellung erhalten: *Simon*, der den griechischen Hintergrund von Nietzsches Philosophie übergeht (204), versteht das „Problem der tragischen Begrenztheit" als „Grundproblem der Philosophie Nietzsches" (220) und die Hauptthesen der Spätphilosophie als „Variationen des Grundthemas einer ‚tragischen Philosophie'" (221), um abschließend die „immanente Tragik" von Nietzsches Philosophie zu betonen: „Philosophie bleibt für ihn in ihrem Wesen ausweglos." (223) Und *Kaufmann*, der ein wichtiges Buch über Tragödie veröffentlicht hat, in dem er sich auch mit Nietzsches Tragödienauffassung (der GT) auseinandersetzt, ist dort ebenso wie in seinem früher erarbeiteten Nietzschebuch (wegen seiner Präferenz für die Nähe Nietzsches zu Sokrates, der Nichtberücksichtigung der Iuvenilia Nietzsches und seines Verständnisses des Nietzscheschen Gedankens der „Selbst-Opferung" als christlich (316) – und nicht als tragisch) zwar blind für Nietzsches Identifikationen und für die Bedeutsamkeit von Nietzsches Auseinandersetzung mit der griechischen Tragödie für dessen Philosophieverständnis, bezeichnet aber Nietzsches bewußtes Leben als „Tragödie" (2) und arbeitet einige Antworten Nietzsches auf sein tragisches Philosophieverständnis klar heraus.

Eine Weiterführung eines Aspekts einer Problemlinie meiner Fragestellung gibt *G. Schulte*. Er wählt die „Metapher der Sphinx und mit ihr des fragenden Ödipus, der seine Rätsellösung nicht überleben kann" (12), zum Ausgangspunkt einer primär auf psychoanalytischen und sexualwissenschaftlichen Theorien basierenden Skizze. In Antwort auf die Verdrängung der (homo)erotischen Komponente u. a. des Dionysos sowie die Ausklammerung lebensgeschichtlicher Hintergründe Nietzsches in den Darstellungen seines Denkens versucht G. S., „das so Zurückgehaltene auszusprechen und ... als Zugang zu Nietzsches Werk ... zu ... erproben" (9) – wodurch die Untersuchung allerdings an der strukturellen Schwäche aller monokausalen Interpretationsmuster partizipiert ... (In meinem Nietzscheband werde ich u. a. nachweisen, daß die unausgelebte homoerotische Komponente Nietzsches nur *einen* Aspekt seiner unausgelebten Sinnlichkeit und

3. daß die für Nietzsches gesamtes Denken und auch für seine tragische Philosophiesicht zentrale *Ausbildung der denkerischen Motive und z. T. Inhalte bereits in seiner Schülerzeit*[5] *erfolgt* und seitdem Nietzsches Denken so monoton bestimmt, daß gegenüber der verwirrenden Vielfalt einzelner Thesen usw. Nietzsches denkerische *Grundintentionen, Grundprobleme und Grundspannungen* als *relative Konstanten seines Denkens* angesehen werden können; das bedeutet zum einen, daß man unter Berücksichtigung der Iuvenilia der Lösung des Problems der Einheit von Nietzsches Denken näherkommen könnte, und zum anderen, daß Nietzsches eigentliche Philosophie, d.h. sein Denken der 70er- und 80er Jahre, unter Berücksichtigung des Denkens des früheren Nietzsche bei weitem besser (und nicht nur: im genetischen Zusammenhang, obwohl auch dies ein erheblicher Fortschritt wäre) verstanden werden könnte, als das ohne Kenntnis der Jugendschriften sowie des gesamten Nachlasses (incl. der so wichtigen, Anf. 1982 noch großteils unveröffentlichten, Vorlesungen) der Fall sein kann.

Die drei Thesen entscheiden auch über unser weiteres Vorgehen. Nietzsches Denken ist viel zu umfassend und vielfältig, als daß eine gediegene Darstellung der weitverzweigten Problemlinien unter Berücksichtigung der gesamten Denkentwicklung in dem so begrenzten Rahmen dieses Beitrags möglich wäre. Da m. W. jede der Thesen neu ist und Nietzsches (zumindest z. T.) tragische Philosophieauffassung sein ganzes Denken durchstimmt, bleibt keine andere Wahl, als mit der Analyse bei den älte-

---

auch nur einen *Teil*aspekt seiner verfehlten menschlichen Integration ausmacht, sowie, daß Nietzsches existentiellen Defiziten außer theoretischen Defiziten auch spezifische erkenntnis- und lebenssteigernde Theoreme korrespondieren.)

[5] Soweit mir bekannt, haben sich, mit Ausnahme Wolffs, lediglich die Biographen intensiv mit dem frühen und ganz frühen Nietzsche befaßt, freilich nicht aus einer primär philosophischen Perspektive. Selbst Schlechta, der ja entscheidend an der HKG, die erstmals den Großteil der Jugendschriften bis 1869 bringt, mitwirkte, hat offenbar die Relevanz dieser frühen Texte nicht allzuhoch eingeschätzt; und Wolff, mit dessen Sicht des frühen Nietzsche ich z. T. übereinstimme, ohne jedoch seine geistesgeschichtlichen Herleitungen akzeptieren zu können, benutzt noch den ersten Band der Musarionedition, ohne die HKG zu berücksichtigen. Bemerkenswert ist Kaufmanns Sichtweise: er behauptet zwar, daß in Nietzsches Jugendschriften „offensichtlich Keime für viele seiner späteren Gedanken zu finden" sind und daß ihnen „in dieser Hinsicht besondere Bedeutung" zukommt (Nietzsche, 31) – und läßt es dabei; er konsultiert nur den ersten Band der Musarionedition – und wendet sich ihm über Oehlers Index zu (360). Wie will er so beurteilen, ob sich in Nietzsches Iuvenilia nur „Keime" seiner späteren Gedanken oder diese Gedanken selbst finden?

sten Texten einzusetzen (in 5.1), um dort die Problementwicklung – denn die Einheit in Nietzsches Denken ist primär die seiner Probleme und weit weniger die ihrer Lösungsversuche – in ihrem Kontext zu skizzieren. Dieser Analyse schicken wir jedoch (in 4.) einen Überblick über den Ort der Philosophieproblematik in Nietzsches Denken sowie eine Skizze der Problemlinien voraus, in die sich sein Philosophieproblem differenziert, um anschließend (in 5.2) Nietzsches Auseinandersetzungsversuche mit seinem tragischen Philosophieverständnis zu skizzieren, d.h. das Weiterwirken dieses Problems in Nietzsches Denkentwicklung bis 1888 als Faktum und in seiner Relevanz zu belegen.

4. Philosophie – das allgemeine Grundproblem

Der globale Grundproblemhorizont bei Nietzsche – wie auch bei einer Reihe anderer antiker und neuzeitlicher Philosophen – wird von dem *Spannungsverhältnis von Leben und Geist/Bewußtsein/Denken/Erkennen* gebildet und ist im Laufe von Nietzsches Denkentwicklung zahlreichen Veränderungen unterworfen: Leben, Geist, Bewußtsein, Denken, Erkennen usw. bedeuten bei Nietzsche keineswegs immer oder vorrangig das Selbe. Nietzsche reflektiert innerhalb dieses globalen Grundproblemhorizonts schon von seiner Kindheit an die diesen Problemzusammenhang selbst wieder *thematisierenden Perspektiven Religion, Philosophie, Wissenschaft und Kunst* in ihren Voraussetzungen, Intentionen und Funktionen, weniger jedoch in ihrer Struktur. Innerhalb dieser Perspektiven erhält nun die *Philosophie* bereits in der Schülerzeit den gnoseologischen und axiologischen Vorrang auch in dem Sinne, daß sie als *die eigentliche Metaperspektive* eingeführt, (fast immer) behauptet und durchgängig praktiziert wird. All dies dürfte noch kaum kontrovers sein, da die Texte von der Schülerzeit bis 1888 in dieser Hinsicht eindeutig sind.

Keineswegs mehr so eindeutig sind die Texte aber, wenn das *engere* philosophische Grundproblem aufgewiesen werden soll. Eine Seite des Problems der Identifizierung von Nietzsches Grundproblem besteht gewiß in der aufweisbaren Abfolge einer Reihe unterschiedlicher, von Nietzsche jeweils als grundlegend angesehener Probleme; eine andere jedoch im sachlichen Zusammenhang der Probleme und in Nietzsches Einsicht in diesen Zusammenhang. So läßt sich die These aufstellen, daß Nietzsches *engerer philosophischer Grundproblemhorizont* bereits seit der Schülerzeit (III, 221) das von ihm durchgängig als *Spannungsverhältnis* erlebte und reflektierte Verhältnis *von Philosophie und Leben* ist, immer auch (wenngleich: nicht nur) thematisiert als das Spannungsverhältnis von seiner Philosophie und seinem Leben, seinem Leben und seiner Philosophie. Hierbei setzt er vor allem folgende Schwerpunkte: das Verhältnis von Philosophie und Leben wird, was den Lebensbegriff betrifft, primär in drei sich wechselseitig bedingenden und bestimmenden Dimensionen diskutiert: Leben als individuelles, als kulturelles und als „allgemeines" (kosmisches, metaphysisches) Leben, wobei in Nietzsches Denkentwicklung der Rang dieser Dimensionen durchaus wechselt. Philosophie wird zumeist als kritisches, destruierendes, negierendes Denken und als rigoroses Erkennenwollen gefaßt und hat seit der Schülerzeit tragische Akzente; die eher „positiven" Komponenten von Philosophie hingegen faßt Nietzsche oftmals (z.B. in der Epoche der Kunstmetaphysik) unter einem anderen Begriff, vornehmlich als Weisheit oder Kunst.

Im Rahmen des Problemfeldes Philosophie – Leben konzentriert sich Nietzsche zeitweise (1872 ff., vgl.1.) besonders stark auf das Verhältnis Philosoph – Leben, wobei hier die existentiell-coexistentiellen und kulturellen Gesichtspunkte gegenüber erkenntnistheoretischen usw. Fragestellungen fast völlig in den Vordergrund rücken. Vielleicht ist das Verhältnis Philosoph – Leben Nietzsches persönlichstes Thema. Von Bedeutung ist nun, daß der Begriffsumfang von „Philosoph" von Anfang an fast durchgängig größer ist als der von „Philosophie": der Philosoph ist von der Schülerzeit an erklärtermaßen ein kritisch-analytisches und künstlerisch-produzierendes Doppelwesen; in der Spätphilosophie ist er nicht nur Kritiker und Richter, sondern vor allem auch Schaffender und Gesetzgeber. Das Problemfeld Philosophie/Philosoph – Leben wird in der Regel nicht strukturell, sondern in historischer Perspektive erörtert, wobei zwei zeitliche und räumliche Schwerpunkte dominieren: (1) das 6.–4. Jh. v.u.Z. in Griechenland und (2) die europäische (insbes. reichsdeutsche) Gegenwart. Beide Schwerpunkte werden vielfach in direkten Bezug gesetzt: die Gegenwart insbes. wird vorzüglich aus altgriechischer Perspektive beleuchtet, die aber ihrerseits wieder z.T. aus Gegenwartselementen bzw. deren Negationen konstituiert ist.

Das Spannungsverhältnis Leben – Philosophie ist nun zwar Nietzsches engerer Grundproblemhorizont, aber dies bedeutet keineswegs, daß er innerhalb dieses Problemzusammenhangs beide Pole gleichermaßen und in einem ausgewogenen Verhältnis thematisieren würde. Zwar handelt es sich bei der Philosophie ebenso wie bei Kunst, Religion, Wissenschaft usw. um Binnenperspektiven des Lebens, um sich selbst deutendes und erfahrendes Leben, doch bleibt die Philosophie (und nicht

„das Leben“) die durchgängige Metaperspektive, obgleich er insbes. in seiner Spätphilosophie von der philosophischen zur allgemeinen Lebensperspektive durchzustoßen sucht, aber nicht umhin kann, auch über diese Versuche selbst wieder zu reflektieren, sie wieder zu problematisieren usw.

So gelangen wir zu der These, daß die *Philosophie* nicht nur Nietzsches durchgängige Metaperspektive, sondern auch *sein allgemeines philosophisches Grundproblem* darstellt. Den Beleg für die These bieten Nietzsches Texte: das Philosophieproblem zieht sich nicht nur durch alle Schriften, den Nachlaß (auch die Vorlesungen) und den Briefwechsel, sondern *bestimmt weithin Nietzsches Denken*: fast alle Veröffentlichungen sind in ihrem spezifischen Charakter von seiner Auseinandersetzung mit dem Philosophieproblem geprägt, in einigen Schriften (GT, BA, SE, MA, J, FW V, GM III und GD) bildet Philosophie den eigentlichen, in anderen (DS, WA, VM, WS, M, FW I–IV, Z, EH) hingegen den heimlichen Gegenstand, in allen die leitende Perspektive. Dieselbe Situation im Nachlaß: immer wieder konzentrieren sich die Entwürfe auf das Philosophieproblem selbst (vgl. die Hinweise in 1.) oder auf Fragen (Erkenntnis- und Wahrheitsproblem), die Teilbereiche des Philosophieproblems in systematischer (z.B. in WL) oder in historischer Perspektive betreffen – in diesen Zusammenhang gehören die wichtigsten Vorlesungen. Die Auseinandersetzung Nietzsches mit einzelnen Philosophen hat bereits eine Flut an Sekundärliteratur ausgelöst; sie gehört aber in den Zusammenhang seiner Auseinandersetzung mit dem Philosophieproblem, da er hier, in konkreten historischen Fallstudien, *die* Probleme an Personen festmacht, die seine eigenen Probleme sind. Dies wird m.E. zu wenig berücksichtigt, obwohl Nietzsche selbst auf diesen Sachverhalt immer wieder verweist.

Nun gibt es aber für und bei Nietzsche nur selten ganz global „die“ Philosophie; einerseits differenziert sie sich im Laufe seiner Denkentwicklung in zahlreiche, z.T. kompliziert miteinander verflochtene Teilperspektiven bzw. Teilphilosophien, andererseits versteht sich der Nietzsche der mittleren und späten Achtzigerjahre explizit als „Herr vieler Philosophien, mächtig zu tiefstem Pessimismus und höchster Weltverklärung“ (1885; VII 3, 213) und entwickelt einige Philosophien in ihren Grundzügen. Unabhängig von der Frage, ob diese immense philosophieinterne Pluralität von Nietzsche gewollt war, sind als wichtigste Teilphilosophien bzw. Teilperspektiven zu unterscheiden:

– *Philosophie als radikale, destruierende und negierende Kritik*: von der Schülerzeit (1862) bis 1888;
– *Philosophie als rigorose Wahrheits- und Erkenntnisbemühung* selbst

noch dann, wenn (wie erstmals 1872/73) der Wahrheits- und Erkenntnisbegriff seinerseits problematisiert bzw. die Wahrheits- und Erkenntnismöglichkeit sogar strikt bestritten wird: von der Schülerzeit bis 1888;

- *Philosophie als Versuch einer umfassenden Gesamtinterpretation*: von der Schülerzeit (1862) bis 1888;
- *Philosophie als „System des Reellen“*: erhofft in der Schülerzeit (1862) und erstrebt in der Spätphilosophie (trotz zahlreicher widersprechender Aussagen);
- *Philosophie als Symptom*, als Spiegel der Befindlichkeit des Philosophierenden: von der Studentenzeit (Schopenhauerentdeckung 1865, Diogenes-Laertius-Lektüre) bis 1888;
- *Philosophie als alternativ-dionysischer Entwurf*: die „tragisch-dionysische Weisheit“ (1870/71), die Philosophie Zarathustras, die „praktische Philosophie“ mit der Frage nach den Herren der Erde, die er auch „Philosophie des Dionysos“ nennt (ab 1885);
- *Philosophie als Experimentalphilosophie*: als Haltung schon in der Freigeistepoche (ab 1875/76, mit Vorformen schon in der Schülerzeit), ausgeprägt seit 1881 (beginnend mit M);
- *Philosophie als intuitive und reflektierte Physio- und Psychohygiene des Denkenden und Erkennenden*, die z.T. mystische Traditionen aufgreift und an Tendenzen indischen (buddhistischen) Denkens anknüpft: Philosophie „der nächsten Dinge“ (WS), „dionysische Philosophie“ (seit 1886, bes. ausgeprägt in J, den späten Vorreden und dem Nachlaß);
- *Philosophie als Entartung bzw. décadence*: insbes. 1870/71 („Sokratismus“) und 1888 (WA, GD, AC, EH, Nachl.) – einerseits ein Kampfbegriff, andererseits Selbstdiagnose;
- *Philosophie als Tragödie*, selbst wieder Oberbegriff für u.a. eine „Philosophie des tragischen Pathos“, „Philosophie der Tragödie“, „tragische Philosophie“ usw.: als Ahnung vielleicht schon 1854/55, erfahren vielleicht schon 1858 und spätestens 1862, erkannt, durchdacht, durchlebt und durchlitten (mit Höhepunkten 1869–74, 1881ff. und 1886–88), z.T. akzeptiert, z.T. verdrängt, doch niemals ganz „vergessen“, ab 1864.

5. Philosophie als Tragödie – das basale Grundproblem

Die zweite These behauptet, daß innerhalb der allgemeinen Philosophieproblematik das tragische Philosophieverständnis Nietzsches spezielles (sein Philosophieverständnis bestimmendes) Grundproblem sei. Doch im Gegensatz zum allgemeinen Philosophieproblem ist es nun ein Problem ganz besonderer Art: ein Grundproblem, das er zwar als sein *eigentliches* Grundproblem erkennt – aber keineswegs als ein Grundproblem, das er in *dem* Sinne als sein eigentliches Grundproblem benennt, exponiert und thematisiert, daß er es in seinen Veröffentlichungen – „Man soll... nur von dem reden, was man *überwunden* hat... Meine Schriften reden *nur* von meinen Überwindungen" (MA II Vorr. 1.) – in ausführlichen oder systematischen Analysen so darzustellen oder zu klären sucht, daß es jedem Leser *als* sein eigentliches Grundproblem in die Augen springen müßte: dafür liebt er zu sehr die Maske(nspiele). Es ist eher sein in den Publikationen verheimlichtes Grundproblem, weil es sein persönlichstes ist; und weil es dies ist, hält er es zurück und veröffentlicht es doch, aber so, daß nur *der* Leser, der ihn, wie er es wünscht (und vielleicht auch fürchtet), „tief, rück- und vorsichtig, mit Hintergedanken" (M Vorr. 5.) liest, dieses in den Veröffentlichungen nur angedeutete, im Nachlaß, wenn man die gesamte Denkentwicklung berücksichtigt, allerdings offenkundige Hintergrundsproblem, das er in keiner ihn selbst völlig überzeugenden Weise zu lösen vermochte, obwohl er an dieser Lösung fast permanent arbeitet und m.E. 1888 auch den Weg dazu gefunden hat, zu identifizieren vermag.

Wir zeichnen in diesem Beitrag, um den quasi archimedischen Punkt zur Exposition dieses Hintergrundproblems zu finden, die Genese dieses Problems beim Schüler Nietzsche nach (in 5.1) und skizzieren anschließend (in 5.2) die wesentlichsten Linien der Auseinandersetzung mit diesem Hintergrundproblem von 1865 bis 1888.

Nietzsche, um den Entwicklungsverlauf zu skizzieren, verhält sich zu diesem Grundproblem zumindest ambivalent: indem er es erkennt, zu klären versucht (vor allem 1869–1872), aber auch wieder flieht; das er fürchtet, haßt, aber auch wieder als sein spezifisches und eigentliches, ihn von allen übrigen Philosophen unterscheidendes und auszeichnendes akzeptiert – so gibt er wenige Wochen vor seinem Zusammenbruch sich in EH (Warum ich so gute Bücher schreibe, GT 3.) das „Recht, mich selber als den ersten tragischen Philosophen zu verstehen"; das er in seinen Schriften versteckt und verkündet – in jeder Schrift finden sich einige zentrale Anspielungen: immer verbunden mit den jeweils zentralen Problemen der betreffenden Epoche –, dem er sich dichterisch zu nähern versucht („Empedokles"-Entwürfe, „Prometheus"-Entwurf), ohne es bewältigen zu können, um es dann doch lieber philosophiehistorisch (PHG) oder gegenwartsbezogen (die Linie zieht sich von der GT über BA und DS, HL zu SE und WB), ohne es dabei vom Titel her in den Vordergrund zu rücken, anzugehen; das er philosophiehistorisch aber nicht bewältigt, denn er bricht PHG vor der Darstellung des Empedokles, des eigentlich tragischen Philosophen (vgl. GA XIX, 194 bzw. MUS IV, 320 und zahlreiche Nachlaßtexte von 1869 an), ab, und deshalb essayistisch oder existentiell (u. a. als Sendbote Wagners) zu bewältigen sucht; das er auch existentiell nicht bewältigt, aber in einer Zukunftsphilosophie (Z, J usw.) zu überhöhen versucht – und auch nach der Verkündigung seiner Zukunftsphilosophie doch wieder als persönliches Schicksal erfährt, an dem er zu zerbrechen, von dem er erdrückt zu werden fürchtet (z. B. GD, Sprüche 11. und zahlreiche Briefstellen) und das er erst im und mit dem Wahnsinn zu akzeptieren scheint: als Dionysos und der Gekreuzigte in *einer* Person (sog. „Wahnsinnszettel" vom Jan. 1889).

5.1 Problemgenese und -struktur beim frühen Nietzsche oder: Zur Einheit von Nietzsches Denken

Schon in den frühesten undatierten Aufzeichnungen aus den Jahren 1854/55 verrät der etwa zehnjährige gottesfürchtig erzogene Pastorensohn nicht nur abweichendes Sozialverhalten („Dort auf jener Felsenspitz, Dort da ist mein Lieblingssitz. –" und: „Nur alle Kinder mir tun weichen"; I 307 f.), das für Nietzsche zeitlebens charakteristisch bleibt, sondern auch *abweichende geistige Interessen*, die bereits den Unterminierer der abendländischen Philosophie, Moral und des Christentums ahnen lassen: „Ich finde jenen Schlüssel noch, Womit ich kann in die Erde steigen" (308)! Ein Vierzeiler, geradezu versteckt in umfangreiche Aufzeichnungen zu einem „Festungsbuch", verrät ein nicht mehr ungebrochenes Verhältnis des Kindes zu seiner Religion, aber auch bereits ein Ahnen der damit implizierten Konflikte:

„Moses der große Gottesmann
Fing an der Stell zu zweifeln an
Ob Wasser aus den Felsen kann
Drum durft er nicht nach Kanaan." (323)

Zweifeln, ein Spezifikum Nietzscheschen Denkens, wird als (nicht nur) religiös negativ sanktioniert erkannt und erlebt: Kanaan, das „gelobte Land" zwischenmenschlicher Akzeptiertheit und Gemeinsamkeit, bleibt dem, der selbständig denkt, vorenthalten; ihm bleibt als Ausgestoßenem nur die Wüste und schauerliche Einsamkeit – ein immer wieder variiertes Thema Nietzsches bis zum Zusammenbruch 1889: das Zweifelsmotiv und sein tragischer zwischenmenschlicher Preis werden uns von nun an ständig begegnen.

Aus dem Jahre 1858 stammt eine der Mutter gewidmete, von ihr abgeschriebene und verwahrte Sammlung vornehmlich religiöser Gedichte, die mit dem „*Schifferlied*“ (408 f.) jedoch einen Text überliefert, der in weit differenzierterer Weise als alle anderen Texte schon eine Palette hier nur skizzierbarer Denkmotive enthält. Der etwa Dreizehnjährige vergleicht die Welt dem Meere, den Menschen „dem Schiffe drauf“, das vom guten Gewissen gesteuert und vom Willen Gottes als Wind angetrieben wird – also durchaus bereits seinen eigenen Kurs nehmen könnte. Die 10 Vierzeiler, die scheinbar so konventionell beginnen und die Fahrt auch erwartungsgemäß im Hafen, „des Schiffes Zielpunkt“, in dem man „Ruhe“ findet und „ewig glücklich“ ist, enden lassen, enthalten jedoch 6 Strophen problematischeren Inhalts: der Schüler beschwört (sich) die Gefahren des Schiffes ohne Mast und Segel, das „umhergetrieben auf wildem weiten Meer... an dunkler Klippe Macht... bald zerschellen“ würde, und warnt nachdrücklich („Doch hüte dich!“) vor einem Eiland „so herrlich, daß du meinest, hier wohnet nichts als Glück“, das jedoch „ein schlimm Gebilde der eigenen Phantasie“ sei: „Du suchst es zu erreichen und findest es doch nie. Weich ja nicht ab vom Wege, der nach dem Ziele führt, es drohn dir nur Gefahren, und wirst vom Pfad verirrt. Ein Ziel doch mußt du haben, du eilst umsonst daher von Wogen fortgetrieben, bis du ertrinkst im Meer“.

Die Grundspannung zwischen dem „guten Gewissen“ und der „eigenen Phantasie“, zwischen dem fragilen aber eigenen Glück des eigenen Weges, Denkens und Schaffens in Konkurrenz mit dem vorbestimmten Kurs auf das (vermeintlich) ewige Glück und die Ruhe des sicheren Hafens verweist ebenso auf den späteren Nietzsche (z.B. Freigeist gegen gebundenen Geist, 1876 ff.; Zarathustra gegen die letzten Menschen usw.) wie das Problem der Singularität von Zielen sowie der Ziel- bzw. Sinn-Notwendigkeit („Tod Gottes“, Nihilismus usw.) und der Zielfindung – Nietzsches Lösungsversuche: „Seit ich des Suchens müde ward, erlernte ich das Finden“ (FW S 2.) und später das „Schaffen“ (Z) – oder die Meer- und Schiffahrtsmetaphorik, die von nun an immer wieder an entscheidenden Stellen vorkommt und hohen Signalwert besitzt; schließlich ist der schon im Moses-Gedicht angedeutete Konflikt von Herz und Verstand hier bereits sprachlich erfaßt und in das Gewissen selbst verlegt: das Gewissen hat die Fähigkeit zu „fühlen und zu wissen was gut ist oder schlecht“ – damit eröffnet sich die Möglichkeit gewissensinterner Konflikte von Gefühl und Wissen.

Die folgenden Jahre bis 1862 stehen einerseits im Zeichen der Ablösung vom Christentum und der (zumindest partiellen) Ersetzung der religiösen Ansprüche durch die der Philosophie; andererseits stehen sie im

Zeichen der sich ausbildenden Einsicht in die (durch eine partielle Koppelung von Herz/Gefühl an die angestammte Religion bedingte) Auseinanderentwicklung zum einen generell von Herz/Gefühl und Verstand und zum anderen speziell von Verehrungs-, Einordnungs- und Unterordnungsbedürfnis und von Eigenständigkeits- bzw. Selbstbestimmungsdrang.

Überaus deutlich werden Nietzsches Gefühlskonflikte und Stimmungsschwankungen in dem Einakter „*Prometheus*" vom April 1859; der Vierzehnjährige, der das Gedicht Goethes ebenso wie den „gefesselten Prometheus" des Aischylos kannte, läßt Prometheus die Gefühlsskala von „meinem Stolz", „meiner Freiheit", „meiner Freude" („mein stolz Gemüt erträgt nicht...") in der ersten Scene (62f.) über die bereits in sich widersprüchliche Rivalität mit Zeus, in die sich christliche Vorstellungen einmischen, der zweiten Scene (65) zur „Verzweiflung" (66) der vierten Scene durchrasen; als Abschluß läßt er einen „Chor der Menschen" mit einem „Lied unter Donnern und Blitzen" folgen (68 f.), welches trotz einiger griechischer Anklänge in seinem Schlußteil primär christlich ist. Der Text des Einakters läßt erkennen, daß sich hier der Schüler sowohl in Prometheus als auch im Chor selbst ausspricht, und vermuten, daß er sich der immensen Heterogenität und Gebrochenheit seiner Auffassungen bewußt ist und daß er weiß, wo seine Präferenzen liegen; dies belegt u.a. der rhythmisch so aufschlußreiche Schlußtakt der letzten Strophe. Prometheus, so die These, ist die erste griechische tragisch-mythische Gestalt, in der sich Nietzsche wieder- und in die er sich (die Wortprägung sei erlaubt) hineinerkennt: Prometheus ist lebenslänglich eine Figur Nietzscheschen Selbstausdrucks (am überzeugendsten vielleicht GT 9, und am vieldeutigsten im Dramenentwurf von Ende 1874; III 4, 461–463) geblieben und verkörpert am reinsten den „muthaften" Teil der Persönlichkeit und des Denkens Nietzsches, der sich philosophisch u.a. in der Freigeistepoche, der Phase der kritischen Selbstaufklärung Nietzsches, ausspricht. In dieser Funktion verkörpert Prometheus den Willen Nietzsches zur Selbstdurchsetzung und zur Rivalität mit allen übergeordneten Instanzen – hier noch aus (christlicher?) Moralität, denn: „Und ich kann doch nimmer Die achten, deren Wandel selbst nicht rein Und frei von Lastern ist und die nun jenen armen Geschöpfen Muster für ihr Leben sein sollen. Kann ich nicht jene stürzen, wie ich sie Erhob und ihnen Macht und Ansehn gab?" (64) Wenn Nietzsche nur 3 Jahre später behauptet, daß die „Hauptlehren des Christentums nur die Grundwahrheiten des menschlichen Herzens" aussprechen und fortfährt, daß „der Wahn einer überirdischen Welt... die Menschengeister in eine falsche Stellung zu der irdischen Welt ge-

bracht" habe (II 63), so ist dies eine weiterentwickelte Stufe der prometheisch-rebellierenden Position des Vierzehnjährigen.
Der späte Nietzsche hingegen wird behaupten, daß das Christentum keineswegs die Grundwahrheiten des menschlichen Herzens ausspreche, sondern daß dies allenfalls Jesus, der erste und der einzige Christ, und der starb am Kreuz (AC 32–39), tun würde, an dem er aber wieder kritisiert, daß er „nur" innere Realitäten als Realitäten, als „Wahrheiten" (AC 34) nahm; und er wird behaupten, daß die Moral seit Sokrates und Platon die Circe der Philosophie gewesen sei und sie 1888 als Ausdruck der décadence (u. a. an Sokrates) zu entlarven suchen.
Nietzsches früher Prometheus ist zu alledem eine Vorstufe; er zeigt, daß Nietzsches kritisches Denken schon in Bewegung ist, er demonstriert auch die Nietzscheschen Ambivalenzen (Selbstdurchsetzungsbedürfnis und Ohnmachtsgefühle, Mut und Verzweiflung, Stolz und Sündenbewußtsein usw.) und präludiert nicht nur die griechische Metaphorik der tragischen Selbsterfahrung und -interpretation Nietzsches, sondern stellt auch eine Weiterentwicklung insbes. der Ambivalenzen des Schifferliedes dar. Nietzsche weiß mit Prometheus, daß er selbst die Götter „erhob und ihnen Macht und Ansehn gab", aber er fragt sich (noch), ob er selbst sie auch wieder zu stürzen vermag und mit welchen denkerisch-lebensgeschichtlichen Konsequenzen dieser Versuch belastet, d. h. auch mit welchem emotionalen Preis er behaftet ist – Nietzsche kannte das prometheische Schicksal: angeschmiedet an die Felsen des Kaukasus, an das Fatum der eigenen Geschichte, zu sein, allein mit sich und dem von Zeus geschickten Adler des Gewissens, der täglich an seiner (immer wieder nachwachsenden) Leber, seiner Lebenskraft, frißt, schwankend zwischen dem Wissen oder der Hoffnung, daß Zeus einmal seiner und nur seiner bedürfen wird, um seine Herrschaft zu sichern, daß seine Stunde noch kommt... und der Angst, daß Zeus mit der alten Welt der Olympier schon längst zugrundegegangen sei und man Prometheus und seinen Adler vergessen könnte (III 4, 461).
Im Spätherbst 1859 notiert sich der gerade Fünfzehnjährige, daß ihn ein „ungemeiner Drang nach Erkenntnis, nach universeller Bildung ergriffen" habe, listet seine Neigungen auf und schließt: „und über alles Religion, die Grundfeste alles Wissens! Groß ist das Gebiet des Wissens, unendlich das Forschen nach Wahrheit!" (153 f.) Hier zeigt sich wenige Monate nach „Prometheus" neben der überraschend kognitiven Religionsauffassung eine für Nietzsches Denken charakteristische Spannung: die Suche nach einer festen und gesicherten Lebens- sowie Wissensbasis und andererseits das infinite rigorose Wahrheitsstreben, das aber als unendliches Forschen mit philosophischem Rang sich metho-

disch gerade auf die konstitutiven Voraussetzungen der jeweiligen Wissens- und Lebensbasis richten und diese in ihrer Basisfunktion zumindest beeinträchtigen, in der Regel aber zerstören dürfte. Der Fünfzehnjährige exponiert zwar bereits diese antinomische Relation, erkennt sie aber noch nicht klar in ihrer Struktur und destruktiven Tendenz. Einen großen Schritt weiter in die Richtung der Einsicht in die antinomische Struktur des Konflikts zwischen dem Bedürfnis nach emotionaler Sicherheit in vorgegebenen Strukturen und seinem Forschungs- sowie Kritikdrang macht der Schüler in der Zeit zwischen März 1861 und April 1862. Bereits in einem privaten Aufsatz („*Die Kindheit der Völker*", März 1861) formuliert der Sechzehnjährige, daß man, wenn man sich nicht „in ein Meer von Zweifeln stürzen" wolle, „aus denen sich manche für Religion und Geschichte gefährliche Mutmaßungen" (235) ziehen ließen, sich eben für mit den religiösen Vorstellungen kompatible wissenschaftliche Theorien „entscheiden" (236) müsse – es sei denn, man könne zwischen den konkurrierenden wissenschaftlichen Theorien anhand geschichtlicher Beobachtung entscheiden, sie also empirisch falsifizieren; die Folgen dieses Vorgehens für Religion und Geschichte läßt der Schüler allerdings (noch) offen – aber er deutet sie an: als „gefährlich". In diesem Aufsatz erscheint nun m. W. erstmals der Terminus Philosoph (sowie „philosophisch", während „Philosophie" m. W. erstmals im „Hölderlinbrief" vorkommt), wobei bemerkenswerterweise sogleich Christentum und Philosophie zueinander in ein gespanntes Konkurrenzverhältnis treten und darüberhinaus auch zwischen „philosophischem Tiefsinn" (wohl der Griechen) und „erleuchteten Philosophen" (offenbar der synkretistischen Spätantike) religionsphilosophische Differenzen deutlich werden: die einen „verdrängten" den „einfachen Glauben an Gott" durch die „erhabenen" Lehren eines naturreligiös motivierten Polytheismus, während die anderen „auf den einigen Gott als den Urquell alles Seins" zurückweisen, „wo das Verlangen nach einer reineren, natürlicheren Lehre offenbar wird" (239f.) – als ob dies zwangsläufig zum trinitarischen Monotheismus führen müsse.

Wenige Monate später scheint die Entscheidung zugunsten einer nicht (mehr) religiös gebundenen („erleuchteten") Philosophie gefallen. In dem „*Brief an meinen Freund, in dem ich ihm meinen Lieblingsdichter zum Lesen empfehle*", einem Schulaufsatz vom 19. 10. 1861, glaubt Nietzsche Vorwürfe, die man Hölderlin wegen dessen „widersprechenden Religionsansichten" mache, nur aufgrund seiner „allzugeringen Kenntnis der Philosophie. . ., die ein näheres Betrachten jener Erscheinung in hohem Maße erfordert" (II 4), nicht widerlegen zu können.

Nunmehr wird über widersprüchliche Religionsauffassungen also nicht mehr durch religiöse, sondern philosophische Überlegungen entschieden – die bisherige „Grundfeste alles Wissens“ wird spätestens jetzt unter die Botmäßigkeit der Philosophie gestellt; allerdings wird hier nicht deutlich, ob Philosophie die Religion als Wissensbasis einfachhin ersetzt oder ob bereits die Annahme einer Grundfeste alles Wissens als solche suspendiert und Philosophie lediglich als kritische Instanz eingeführt wird; das allerdings wäre zu diesem Zeitpunkt noch die unwahrscheinlichere Lösung. –

Nimmt der „Hölderlinbrief“ also bereits eine Schlüsselstellung in der Entwicklung von Nietzsches Sicht des Religion-Philosophieverhältnisses ein, so ist er darüber hinaus auch noch für die sich ausbildende Tragikauffassung Nietzsches und zum dritten für die Verbindung von Philosophie- und Tragikauffassung grundlegend.

Aus dem Text wird deutlich, daß und warum des Lieblingsdichters „Empedokles“ Nietzsches eigentlichen Lieblingstext darstellt: nicht nur wegen seiner „reinsten, sophokleischen Sprache“, sondern vor allem wegen einer „unendlichen Fülle von tiefsinnigen Gedanken“ (2) und Nietzsches Auffassung, daß Hölderlin gerade in seinem unvollendeten Trauerspiel „seine eigene Natur“ entfalte. Des Empedokles Tod sei ein „Tod aus Götterstolz, aus Menschenverachtung, aus Erdensattheit und Pantheismus“, und Nietzsche bekannte dazu überraschend freimütig: „Das ganze Werk hat mich immer beim Lesen ganz besonders erschüttert.“ (4)

Den Leser der Frühschriften Nietzsches verwundert dies nicht: trifft Hölderlin mit seinem Fragment doch eine Reihe inzwischen ausgeprägter Probleme Nietzsches und mit der Tendenz des Stückes auch Nietzsches eigene Intentionen. Nietzsche findet in Hölderlin und seinem „Empedokles“ einen Verwandten: auch Hölderlin steht im Konflikt mit den herrschenden Religionsansichten seiner Zeit, auch Hölderlin sieht scheinbar die Alternative zum Christentum im Griechentum; aus dem Jahre 1869 findet sich im Nachlaß die Formulierung: „Das Griechentum hat für uns den Wert wie die Heiligen für die Katholiken.“ (III 3, 14) Hölderlins Empedokles fühlte sich wie das Kind Nietzsche „geliebt, geliebt von euch, ihr Götter“ und weiß nun: „Es ist vorbei...“, hat er doch „mit frechem Stolz den schönen Bund entzweit“ und sich „allein zum Herrn gesetzt“ (I. Fassung, 3. Auftritt).

Diese so individuelle denkerisch-dichterische, griechisch-deutsche, christlich-protestantische, in sich ungemein gespannte Synthese eigener Lebenserfahrungen („eigene Natur entfaltet“) mußte Nietzsche faszinieren, anziehen und abschrecken, vor allem, wenn er die Lebensschicksale von Hölderlin und Empedokles mit seinen eigenen Hoffnungen und Ängsten verglich. Hölderlin war für Nietzsche ein bewundertes Vorbild, weil er Dichter und Denker in einer Person war und beides in stimmiger Weise zu verbinden vermochte; er war für Nietzsche aber auch die inkarnierte Konfrontation („Grab eines jahrelangen Irrsinns", unterstellte „Tollhäuslergedanken"; II 2) mit seinen eigenen Lebensängsten, wenn er an die Gehirnerweichung (I 281) bzw. Gemütskrankheit (4) des Vaters denkt oder sich an seinen Irrenhaustraum aus dem Sommer 1859 erinnert (143–145). Nietzsche hat sich selbst auch gefühlsmäßig in Hölderlin und dessen Empedokles wiedererkannt bzw. hineinprojiziert, wie z.B. daraus deutlich wird, daß die vier Empedokleischen Todesmotive auch in Nietzsches Texten z.T. schon vor (I 62f., 75, 80f., 93), sämtliche aber nach diesem Aufsatz nachweisbar sind (II 69 usw.). Nietzsche läßt den Freund, dessen fiktiven Brief er zu beantworten den Eindruck erweckt, sogar einen Zusammenhang zwischen Hölderlins widersprechenden Religionsansichten und den „Ursachen seiner Geisteszerrüttung" (4) herstellen, in der Sache also die im frühen Moses-Gedicht schon angesprochene prekäre Relation von religiösem Zweifel und göttlicher Sanktion und im „Prometheus" zugespitzte Relation von Rivalität „um Macht und Herrschaft" und der Rache des Zeus radikalisieren zu der Relation von widersprechenden (also noch keineswegs unbedingt: irreligiösen) Ansichten einerseits und Wahnsinn andererseits, ohne sich selbst jedoch dabei festlegen zu wollen, da er dem Freund lediglich zu bedenken gibt, daß die Ursachen von Hölderlins Geisteszerrüttung „schwerlich hierin ihre einzigen Wurzeln haben" (5). So bildet Hölderlins Lebensschicksal für Nietzsche nach dem mythischen Schicksal des Prometheus und mit dem des Empedokles ein drittes existentielles Modell dessen, was er später als Tragödie der Erkenntnis und des Erkennenden immer wieder andeuten wird.

Die sich in dem Brief anbahnende Verbindung von Tragik und Philosophie besteht aber nicht nur in dem Modellcharakter der Lebenstragödie Hölderlins, sondern wird auch durch den Hauptheiden des Trauerspiels, durch Empedokles selbst, für Nietzsche nahegelegt. Nietzsche lernt durch Hölderlin Empedokles als den ersten griechischen Denker kennen, der sein Bild von Philosophie stark geprägt haben dürfte, wie u.a. daraus deutlich wird, daß Nietzsche sich insbesondere zwischen 1869 und 1874, also genau in der Zeit, in der sich seine neue Philosophieauffassung ausbildet, stark mit Empedokles identifiziert bzw. Empedokles als eine Maske seines tragischen Grundverständnisses von Philosophie wählt.

Einen ersten Höhepunkt in der philosophischen Entwicklung des Schü-

lers stellen die einen einheitlichen Gedankenzusammenhang bildenden (stark von Emerson beeinflußten) privaten Aufsätze „*Fatum und Geschichte*" sowie „Willensfreiheit und Fatum" und der (formal ganz von Feuerbach abhängige) Briefentwurf an die Freunde Krug und Pinder über das Christentum (jeweils) aus dem April 1862 dar. Hier werden, wie schon Wolff (13) klarstellte, Themen angeschlagen und Gedanken entwickelt, die seitdem zu den unumstößlichen Voraussetzungen von Nietzsches Denken gehören. Für unseren Problemzusammenhang ist dabei von Bedeutung, daß der Schüler bei seinen Bemühungen, „mit freiem, unbefangenen Blick" auf Religion und Philosophie zu sehen, nunmehr in aller Offenheit die seelischen Konflikte dessen ausspricht, der glaubt, das Wählen eines „freieren Standpunktes" als „Vergehen betrachten zu müssen", und darüber hinaus vier Stufen der geistigen Vermessenheit unterscheidet: 1. den unbefangenen Blick auf die „christliche Lehre und Kirchengeschichte" trotz einer die „natürliche Entwicklung unseres Geistes hemmenden" und die „Bildung unseres Temperaments" bestimmenden christlichen Erziehung des Kindes; 2. den Versuch, „philosophische Probleme lösen zu wollen, über die ein Meinungskampf seit mehreren Jahrtausenden geführt ist"; 3. den Versuch, „Naturwissenschaft mit Philosophie zu einigen, ohne auch nur die Hauptergebnisse beider zu kennen", und 4. schließlich den Versuch, „aus Naturwissenschaft und Geschichte ein System des Reellen" (und nicht: des Ideellen!) aufstellen (II 54) zu wollen, wobei hier unklar bleibt, ob die Philosophie als in die Naturwissenschaft integriert aufgefaßt wird, da sie keine namentliche Erwähnung mehr findet, oder selbst die Instanz ist, die ihrerseits aus Naturwissenschaft und Geschichte das System des Reellen bildet – eine Doppeldeutigkeit, die selbst bei dem Nietzsche der späten achtziger Jahre noch Entsprechungen findet.
Diese vier Stufen umreißen in nuce insofern das gesamte philosophische Programm und die denkerische Entwicklung Nietzsches, als jede neue Stufe auch neue Ausblicke auf und Einsichten in die Gegenstandsbereiche der bisherigen Stufen erbringt. So betrat Nietzsche die erste Stufe bereits in der frühen Schülerzeit; die zweite spätestens mit dem hier besprochenen Text, während er die dritte mit seinem aufgegebenen Dissertationsplan (1867–68) und, wieder nur sehr zögernd, 1869 mit dem Pariser Studienplan und einige Monate später mit der Lektüre von Hartmanns „Philosophie des Unbewußten" kurzfristig betritt, um sie sogleich wieder zugunsten seiner Kunstmetaphysik der Jahre 1870/71 zu verlassen. Ab 1872 blickt er zwar wieder verstärkt in diese Richtung, die naturwissenschaftlichen Exkurse der Vorplatonikervorlesung des Sommersemesters 1872 legen ein deutliches Zeugnis ab (vgl. Schlech-

ta-Anders, 60ff.), wendet sich ihr ernstlich aber erst in den achtziger Jahren (und da zuerst am untauglichsten Objekt: dem Gedanken der ewigen Wiederkunft) zu. Die vierte Stufe schließlich, der Versuch, ein System(!) des Reellen aus Naturwissenschaft und Geschichte zu bilden, bleibt bekanntlich Nietzsches Ziel, dem er sich bei seinem (s. E. gescheiterten) Versuch, den „Willen zur Macht" als Grundmovens aller Wirklichkeit spekulativ, naturwissenschaftlich und historisch aufzuweisen, zu nähern versuchte, wie der Nachlaß der späten achtziger Jahre belegt. Diese vier Stufen der geistigen Vermessenheit korrelieren also nicht nur (im Sinne eines Selbstzeugnisses) positiv mit Nietzsches derzeitigen geistigen Ambitionen, sondern belegen darüber hinaus ein unvermutet hohes Maß an Kontinuität einerseits zwischen der Philosophiesicht des Siebzehnjährigen und den philosophischen Intentionen Nietzsches bis 1888 und andererseits zwischen den psychischen Konflikten und dem zwiespältigen emotionalen Erleben des Schülers und späteren Thesen vor allem von 1875 ab, wenn er auch hier nicht nur vom „Meer des Zweifels" und davon spricht, daß „nur sehr wenige ... neue Länder entdecken", sondern ausführt: „Die Macht der Gewohnheit, das Bedürfnis nach Höherem, der Bruch mit allem Bestehenden, Auflösung aller Formen der Gesellschaft, der Zweifel, ob nicht zweitausend Jahre schon die Menschheit durch ein Trugbild irre geleitet, das Gefühl der eigenen Vermessenheit und Tollkühnheit: das alles kämpft einen unentschiedenen Kampf, bis endlich schmerzliche Erfahrungen, traurige Ereignisse unser Herz wieder zu dem alten Kinderglauben zurückführen" (55f.).

Wie der gesamte Aufsatz eine Abbreviatur der intellektuellen Positionen gibt, so auch der emotionalen Befindlichkeit des Hinundherpendelns zwischen geistiger Vermessenheit und Tollkühnheit einerseits sowie bodenloser Selbstverachtung und kindlichem Glücksempfinden bei der zeitweiligen Rückkehr zum alten Kinderglauben bzw. dessen Ersatzformen andererseits, wobei die zweimalige Konjunktion selbst wieder Bewertungs- und Empfindungsextreme zusammenspannt. Zum dritten gibt dieser Aufsatz aber auch eine Abbreviatur der heterogenen und z.T. konfligierenden Philosophieintentionen und Philosophieperspektiven; Nietzsche schreibt zum einen, daß es ihm darum geht, „Naturwissenschaft mit Philosophie zu einigen" und aus „Naturwissenschaft und Geschichte ein System des Reellen aufzustellen" (54); andererseits spricht er, der sich seit Jahresanfang immer deutlicher ausprägenden Genieverehrung folgend, davon, daß „der große Philosoph Prophet" (57) sei, womit die Spannweite der Spätphilosophie impliziert ist. Ein zweites zumindest mit dem ersten Glied des ersten Spannungspaares

verbundenes Spannungspaar wird angesprochen, wenn er einerseits von seiner „Sehnsucht zur Geschichte und Naturwissenschaft" und andererseits von seinen „fruchtlosen Spekulationen" (55) spricht...
Mit diesen Überlegungen des Siebzehnjährigen sind die Grundperspektiven der Philosophiesicht Nietzsches erstaunlich präzise umrissen; deutlich sind aber vor allem auch die Ambivalenz und das Zurückzukken vor den eigenen Einsichten und Intentionen, deren Verfolgung zu einer perfekten Isolierung Nietzsches von seiner gesamten für ihn emotional wichtigen Umwelt führen würde. So ist es vielleicht weniger verwunderlich, daß in den folgenden Monaten kein Nietzsches Philosophiesicht direkt weiterführender Gedanke mehr überliefert ist, jedoch das Glaubens- und Herz- bzw. Gefühlsproblem in zahlreichen Gedichten, Aufsätzen und allgemeinen Reflexionen thematisiert wird.
Für die Sommerferien 1863 plant Nietzsche dann wieder eine direkte Thematisierung von Philosophie: er will für seine Freunde „Auszüge aus allen Essays" von Emersons Schrift „Die Führung des Lebens, Gedanken und Studien", anlegen und sich dabei zum Abschluß auch über ein Problem mit „Muße und Sorgsamkeit" äußern, dem kein Essay bei Emerson entspricht: „Über Philosophie im Leben" (221). Damit spricht Nietzsche die für ihn bis 1888 leitende Philosophieperspektive an, die auch den größeren Rahmen seiner sich in den nächsten Jahren ausbildenden tragischen Philosophieauffassung bildet. Umso mehr ist zu bedauern, daß Nietzsche diesen Plan nicht realisierte, d.h. daß er mit seinen Auszügen nicht zum Abschluß kam, wie die überlieferten Texte belegen (255–261); das aber ist nicht weiter verwunderlich, wenn man berücksichtigt, daß Nietzsche, bevor er zur Anordnung seiner Gedanken in Aphorismen überging, keinen seiner direkten Auseinandersetzungsversuche mit Philosophie, wie der Nachlaß der frühen Siebzigerjahre belegt, abzuschließen vermochte – vermutlich, weil ihm das Philosophiethema viel zu nahe war und sich schon deshalb einer systematischen Behandlung entzog; die Schopenhauer gewidmete Dritte Unzeitgemäße Betrachtung (SE) bildet hier keine Ausnahme, da Nietzsche zu ihrer Erarbeitung erst in der Lage war, nachdem er sich inhaltlich von Schopenhauer gelöst hatte, wie der Nachlaß bis 1873 unmißverständlich zeigt, und vor allem den Zusammenhang von Philosophie und Philosoph weitgehend aufgehoben hatte, wie der Nachlaß (insbes. die Vorplatonikervorlesung und PHG) ebenfalls zeigt.
Das Jahr 1864, das letzte der Schülerzeit in Pforta, ist das Jahr der großen Abschlußarbeiten, von denen zwei für Nietzsches tragische Philosophiesicht grundlegend sind, wenn man sie in Verbindung bringt: zum einen „*Primum Oedipodis regis carmen choricum*", eine Untersuchung

über das erste Chorlied des König Oedipus von Sophokles von April-Mai, und zum anderen „*Über das Verhältnis der Rede des Alcibiades zu den übrigen Reden des platonischen Symposions*“ aus dem August. Beide Texte zeigen, daß sich Nietzsche geradezu genial in seine Vorlagen eingedacht und eingelebt hat; sie überraschen aber als Texte desselben Autors im Vergleich insofern, als sich in der Oedipus-Darstellung sehr viele Motive (z. T. radikalisiert) wiederfinden, die schon aufgezeigt werden konnten, also, um Nietzsches Meermetaphorik zu benutzen, zum Himmel jagende Wellenberge und abgründig tosende See ahnen lassen, während die Symposion-Interpretation, durchaus im Kontrast zur dionysischen Komponente des Alkibiades, eher an die ruhige sonnenüberglänzte See einer stillen Mittagsstunde erinnert und wenig von der „dämonischen Doppelnatur des Eros“, von der Nietzsche zwar spricht, die er aber umgeht, im Sinne der Sappho ahnen lassen, deren Eros-Fragmente sich der Schüler im Mai-Juni 1863 doch eigens notierte (208). Hier dominiert ausschließlich der Apoll der sokratischen Philosophie – der spätere dionysische Dithyrambiker Nietzsche scheint blind zu sein für die psychischen Konflikte des Alkibiades, der sich als sinnlich-konkrete Person in seinem Liebeswerben von Sokrates abgelehnt erfährt, und er übergeht auch die Silenmetaphorik völlig, umgeht also jede genauere Interpretation der Alkibiadesrede und behandelt themengemäß nur ihre Relation zu den übrigen Reden, spricht hier m. E. also mehr mit den Lücken, die er in der Interpretation seiner „Lieblingsdichtung“ (III 68) läßt, als mit dem, was er ausführt.

In dem abwechselnd lateinisch, griechisch und deutsch geschriebenen Text äußert sich Nietzsche im ersten Teil des Kommentars zuerst (in I., griech.) über den der Tragödie zugrundeliegenden Mythos und (in II., griech.) über die ethische Idee der Tragödie und die Schuld des Oedipus, um anschließend (III., deutsch) die Wirkung der Tragödie und ihren Plan zu analysieren sowie (IV., deutsch) den Prolog inhaltlich zu besprechen; der zweite Teil des Kommentars ist musikalisch-technischen sowie kompositorischen und der dritte Teil schließlich philologischen (exegetischen und kritischen) Fragestellungen gewidmet.

Nietzsche nimmt hier noch als „Idee der Tragödie“ an, daß „die Gottheit... oftmals dem Menschen Leiden ohne sein Verschulden“ verhängt, aber „nicht nach Willkür, sondern zur Wahrung einer sittlichen Weltordnung“ (II 368); er stellt die These auf, daß „selbst diese Leiden – die hier als unfreiwillige Schuld auftreten –... einem höheren Plan“ genügen: „also selbst das Böse ist nach der Anschauung des Dichters nicht unbedingt böse, sondern erst der Gedanke macht es dazu“, und schließt seine Überlegungen ab: „Der Oedipus König verlangt aber in seiner Idee notwendig den Abschluß und die Versöhnung im Oedipus Coloneus", um dann kommentierend anzumerken: „Der innere religiöse Sinn protestiert sicherlich gegen dieses Stück, wenn der aesthetische auch die vollste Befriedigung gefunden; er protestiert indes mit Unrecht und wird immer seine Protestation zurücknehmen, wenn ihm erst der Coloneus bekannt geworden ... ist". (369)

Der „innere religiöse Sinn" also verlangt die Sinnhaftigkeit des gesamten Geschehens, er verlangt angesichts des Leidens den Glauben an eine verhängende und legitimierende Gottheit, an die Einbettung selbst des individuellen Leidens in eine „sittliche Weltordnung" und an eine das Leiden in gewissem Sinne kompensierende Lösung (Kolonos), während der „aesthetische Sinn" nicht nur keine derartigen Ansprüche stellt, sondern sogar zur vollsten Befriedigung findet. Dieser Gegensatz ist schon deshalb so bemerkenswert, weil Nietzsche hier Anforderungen des religiösen Sinns nennt, die ihm selbst problematisch geworden sind: er glaubt seit einigen Jahren weder an eine Gottheit noch an eine sittliche Weltordnung noch an die Gewißheit einer Kolonoslösung individuellen Leidens, wie u.a. aus einem Text (April 1862) hervorgeht, der postuliert, „daß wir nur uns selbst verantwortlich sind, daß der Vorwurf über verfehlte Lebensbestimmung nur uns, nicht irgend welchen höheren Mächten gelten kann", und behauptet, daß „der Wahn einer überirdischen Welt ... die Menschengeister in eine falsche Stellung zu der irdischen Welt gebracht" hat (63). Diese Überlegungen sind jedoch durchaus mit dem aesthetischen Sinn kompatibel, der also die Fähigkeit besitzen könnte, religiöse Defizite rein binnenweltlich zu kompensieren, falls es ihm gelänge, die Bedürfnisse „eines tiefen, vollen Herzens" (129) zu befriedigen – ein Problem zumindest, das Nietzsche seit längerem beschäftigte, wenn man berücksichtigt, daß er im Juli 1863 sich vornahm, das Nibelungenlied gründlich zu analysieren und dabei die „heidnischen und christlichen Anschauungen scharf hervorzuheben", wobei der „aesthetische Standpunkt des Liedes bei der Darstellung des Schrecklichen und des Schönen" besonders beachtet werden müsse (221). Ein sachlich noch engerer und zeitlich näherer Bezug zur Oedipusanalyse wird deutlich, wenn Nietzsche einerseits ebenfalls im Juli 1863 notiert, daß er, während er in den Hundstagsferien das Nibelungenlied durcharbeiten wolle, „nach den Hundstagsferien" an erster Stelle die „Antigone und den Oedipus Tyr" (223) lesen wolle, und andererseits am 13. März, also während der Vorarbeiten zu seiner Oedipusanalyse, in einem Schulaufsatz anmerkt, daß „jeder Mensch mehr oder weniger Künstler" (360) sei. Die *aesthetische Gegenposition zum religiösen Sinn* in der Oedipusanalyse steht also in einem größeren Kontext und hat ebenso ihre Vorgeschichte wie ihre dann bekannte, in ihrem genetischen Zusammenhang jedoch nicht durchschaute, dank Schopenhauer- und Wagnereinfluß sowie neuer eigener Einsichten Nietzsches erheblich modifizierte Ausgestaltung als „Kunstmetaphysik" in der GT.

Schon die Gegenüberstellung von religiösem und ästhetischem Sinn ist für Nietzsches denkerische Weiterentwicklung sowie seine Philosophiesicht epochemachend: hier wird erstmals zum religiösen Sinn eine Alternative formuliert, die auch zentrale emotionale Bedürfnisse Nietzsches (die dichterisch-musikalischen) befriedigen könnte, wenngleich sie sich, falls sie zur dominierenden Daseinsperspektive oder gar zum Daseinssinn erhoben werden sollte, wiederum als unvereinbar mit Nietzsches erkenntnis- und wahrheitsrigoristischer Philosophietendenz erweisen, den bisherigen Konflikt von Religion und Philosophie also nicht lösen, sondern nur durch den neuen Konflikt von erkenntnisrigoristischer Philosophie und ästhetischer Metaphysik ersetzen würde.

Nietzsches Oedipusdeutung ist aber noch aus anderen und keineswegs weniger wichtigen Gründen für seine weitere Philosophiesicht entscheidend. Nietzsche schließt sich in seiner Besprechung der Aristotelischen „Poetik" an und erklärt ebenfalls den „Oedipus" zur „kunstvollsten" Tragödie des Sophokles und „darum" zur „Tragödie kat'exochen." (370). Dies Urteil bleibt für Nietzsche zeitlebens gültig: Sophokles ist für ihn *der* Tragödiendichter und bleibt es trotz der Liebe zum „Gefesselten Prometheus" und den „Choephoren" des Aischylos; und der König Oedipus bleibt für ihn zeitlebens *die* Tragödie, und zwar nicht primär deshalb, wie Nietzsche hier schreibt, weil sie die „kunstvollste" Tragödie ist, sondern aus einem ganz anderen Grund. Ohne mich der Gefahr einer „tiefenphilosophischen" Interpretation (Ross, 370) aussetzen zu müssen, möchte ich belegen, daß *schon der Schüler sich selbst und seine eigene Lebensproblematik in Oedipus erkennt bzw. hineinprojiziert*, wenngleich die explizite Verbindung mit Philosophie vielleicht erst 1869 erfolgt, und daß diese Selbstinterpretation (wenngleich nicht als die einzige und vielleicht auch nicht immer als die fundamentalste) für Nietzsche dann lebenslänglich gilt: Nietzsche sieht sich selbst von 1869 an als den (neuen) Oedipus des Geistes, allerdings als einen Oedipus ohne Glauben an eine Gottheit – denn auch der Dionysos des späten Nietzsche ist keine Gottheit im Sinne des Sophokleischen Dramas –, ohne Halt in einer „sittlichen Weltordnung" und (zumeist) ohne Hoffnung, aber fast immer auf der verzweifelten Suche nach Kolonos.

Was sind nun in der Nietzscheschen Interpretation des Oedipus die Anhaltspunkte für die These, daß sich Nietzsche in Oedipus selbst erkennt? Nietzsche schreibt dies natürlich nicht, läßt es aber an m. E. zumindest vier (für sich selbst weniger beweiskräftigen) Stellen erkennen, wenn wir diese Stellen in Bezug setzen und mit anderen z. T. deutlich früheren Texten vergleichen. Die erste Stelle: Nietzsche schildert die „Rolle" des Oedipus als „Kampf zwischen trotzigem Selbstgefühl und bodenloser Selbstverachtung" (370). In der zweiten Stelle stellt er Oedipus und Kreon einander gegenüber: „Diese Aufgeregtheit, dieser leichtentzündliche Eifer des Oedipus, sein Selbstgefühl, das sich allmählich zum Trotz steigert, sind Eigenschaften, die das ganze Stück bestimmen, diesen entgegen ist die kalte Besonnenheit des Kreon scharf hervorgehoben." (373 f.) In der dritten Stelle spricht Nietzsche von dem „Grauen, das wir beim Lesen dieser Tragödie empfinden". Die vierte Stelle schließlich lautet: „Es ist ein dämonischer Zug in diesem Eifer, der, je aufgeregter er das Wahre zu ergründen strebt, den König in immer tiefere Irrsale hineinreißt." (374)

Die Stellen beschreiben zum einen Oedipus und zum anderen Nietzsches Empfinden bei der Lektüre („Grauen"). Oedipus wird geschildert als leichtentzündlich, aufgeregt, trotzig (2×), unbesonnen, sich selbst verachtend, von einem dämonischen Wahrheitsdrang besessen, der ihn, je mehr er ihm folgt, desto tiefer ins Verderben reißt. Angesichts dieser Persönlichkeit empfindet Nietzsche Grauen.

Das in Oedipus geschilderte Persönlichkeitsbild entspricht nun durchaus dem Persönlichkeitsbild, das aus den Texten Nietzsches bis 1864 zu uns spricht. Charakteristisch für Oedipus ist nach Nietzsches Auffassung der dämonische Wahrheitsdrang, das Erkennenwollen um jeden Preis einerseits und das sich gerade hierdurch in immer tiefere Irrsale Hineinreißen andererseits; das gilt – zwar nicht in dieser Ausschließlichkeit – auch für Nietzsche seit 1854/55, seit dem Moses-Gedicht: Nietzsche ist permanent auf der Suche nach dem „Schlüssel", womit er in die Tiefe steigen kann, zuerst seiner angestammten Religion, dann auch seiner selbst; keine Autorität ist vor seiner Kritik und Analyse geschützt: noch während er verehrt, beginnt er bereits zu analysieren und zu kritisieren, und selbst nach einer Phase, in der er in den theoretischen Texten sich aufs klarste religionskritisch ausdrückt (z. B. April 1862), finden sich intensive religiöse Texte, so z. B. das Gedicht „Du hast gerufen: Herr, ich komme" aus dem August 1862 (80). Die kritische und die verehrende Tendenz können bei Nietzsche oftmals jahrelang parallel – man vgl. oben, S. 203 die Bemerkung zu Nietzsches vieldimensional-polyphonem Denkstil – laufen, bevor dann die kritische siegt oder niemals siegt, da sich auch die kritisierten Positionen immer wieder im Nietzscheschen Sinne positiv zu wandeln vermögen. (Hervorstechendes Beispiel ist neben Sokrates wohl das z. T. Dionysos nahe Jesusbild des AC.) Nietzsche will und kann zwar, und dies unterscheidet ihn vielleicht von Oedipus, seinen Wahrheitsdrang zeitweilig durchaus blockieren, aber nur um den Preis „bodenloser Selbstverachtung", so daß er im Grunde doch keine Wahl hat und nur lange braucht, um sein dämonisches Erkennenwollen um jeden Preis völlig zu akzeptieren; dabei ist der Wille, es zu akzeptieren, zweifelsohne größer als seine Fähigkeit dazu; schleicht doch selbst Zarathustra noch zuweilen um die Gräber seiner Jugend (Z II, Grablied). Um aber auch den Begriff „dämonischer Zug" zu belegen, verweise ich auf den ersten Abschnitt des Versuchs einer Charakterschilderung der Kriemhild (Nov. 1863), in der Nietzsche seine Geniemetaphysik des „tiefen, vollen Herzens" entwirft und in diesem Zusammenhang dann auch von „der dämonischen Gewalt" spricht, die „durch Himmel und Hölle, durch die Abgründe von Liebe und Haß" fortreiße und „in grellen Gegensätzen hinstürmend bald das Erhabenste zertrümmert, bald das Kühnste verwirklicht" (129), und erinnere an Nietzsches Wort von der „dämonischen Doppelnatur des Eros" im Platonischen Symposion, deren Thematisierung Nietzsche allerdings sorgfältig umgeht.

Entspricht also der dämonische Erkenntnisdrang des Oedipus Nietzschescher Selbsterfahrung, so decken sich auch die übrigen Persönlichkeitsmerkmale des Oedipus, die Nietzsche ihm in seiner Interpretation verleiht, mit Merkmalen der Persönlichkeit Nietzsches, wie sie aus den vorliegenden Texten erschlossen werden können. Selbstverachtung spricht aus zahlreichen Gedichten Nietzsches (z. B. II 189–192); Trotz, Unbesonnenheit, Aufgeregtheit werden schon durch den „Prometheus" hinreichend belegt – jeder Leser der Briefe Nietzsches kennt die starken Stimmungsschwankungen von Euphorie zu stärkster Depression; *eine* der psychischen Voraussetzungen übrigens für die differenzierte Psychologie des Nietzsche der Achtzigerjahre aus „vielen" bzw. „hundert" Augen (vgl. V 2, 392, 364), nämlich seiner eigenen Persönlichkeit, die Nietzsche auch in ihren problematischsten Zügen in den Dienst des Erkennenwollens, also seiner Philosophie gestellt hat.

Eine zentrale Frage ist allerdings noch offen geblieben: wie verhält sich Nietzsches Sicht des Sophokleischen Oedipus zu seiner Prometheus- und Empedokles-Sicht während seiner Schülerzeit, an deren Abschluß wir ja stehen? Hat eine der tragischen Gestalten einen Vorrang, fließen sie in eins zusammen oder zeichnen sie äußerst heterogene Schicksalsbilder? Prometheus, Empedokles, Oedipus – alle drei Gestalten des Leidens, aber unterschiedlichen Leidens: Prometheus leidet bei Aischylos als Gott (Vers 92), bei Nietzsche als Mensch – „Wie mir graußt? ... Verzweiflung erfaßt mich!“ (I 66) –, der der gleichen Gefühle fähig ist wie Nietzsche beim Lesen des Nibelungenliedes und des Oedipus („Grauen“). Empedokles gibt sich (nach Nietzsche) bei Hölderlin zwar aus vier Motiven den Tod, die aus Nietzsches eigenem Fühlen stammen, doch er löst seinen Tod selbst aus, ebenso wie Prometheus seine Niederlage gegenüber Zeus (auch bei Nietzsche) selbst auslöst. Und Oedipus? Er ist, wenn man die Dichtungen von Aischylos, Sophokles, Hölderlin vergleicht, m. E. der am konkretesten erfahrbare tragische Held – und deshalb fühlt Nietzsche Grauen bei der Lektüre und nicht (nur) Erschütterung wie bei der Empedokles-Lektüre.

Was zeichnet nun aber Oedipus im negativen Sinne gegenüber Prometheus und Empedokles aus? Mir scheint, daß es für Nietzsche u. a. folgende Gesichtspunkte sind: Oedipus ist trotz seiner „Verfehlungen“ ein fast unschuldig Leidender, dessen Charakterzüge von Nietzsche zutreffend bestimmt wurden, der also als Gestalt selbst größere Nähe zu Nietzscheschen konkreten Selbsterfahrungen aufweist als Prometheus, der er gerne wäre, aber zumeist seiner Selbsteinschätzung nach nicht ist, und als Empedokles, der für Nietzsche m. E. erst in den frühen Siebzigerjahren besonders wichtig ist. (In der Schülerzeit ist für ihn Empedokles primär eine Maske Hölderlins.) Oedipus aber *ist* Nietzsche in seinem Leiden, in seinem physischen, psychischen und geistigen Leiden. Die geistigen Gemeinsamkeiten (dämonisches Erkennenwollen, genealogische Perspektive usw.) und die psychischen (gemeinsame Charaktereigenschaften) wurden z. T. dargestellt, während die physischen ausgeklammert wurden, aber konkretisiert werden können, wenn die gesundheitliche Komponente mit einbezogen würde: Nietzsche war bereits in seiner Schülerzeit lange und vielmals schwer krank (Kopfschmerzen, Augenschmerzen: er blendet sich durch sein Lesen; vgl. den Briefwechsel und die Biographien); er weiß, wovon er spricht, wenn er vom Leiden spricht. Nicht nur unter der Voraussetzung, daß Nietzsches Leiden auch psychische Hintergründe haben, nämlich unbewältigte (intellektuelle) Lebenskonflikte, ist weiterzufragen. Warum faßt ihn bei der Oedipuslektüre Grauen? Der Grund hierfür könnte vielleicht weniger in dem liegen, was Nietzsche mit Oedipus gemeinsam hat, als in demjenigen, was ihn gerade auf der Basis der Gemeinsamkeit des Leidens und anderer Merkmale dennoch von Oedipus unterscheidet: das Fehlen jeglicher transzendenter Hoffnung, ja jedes transzendenten Bezugs. Nietzsche fühlte sich als *Oedipus ohne Kolonos*, als das unwissend-wissende Opfer der Sphinx (in ihm selbst), als derjenige, der Fragen beantworten kann, die ein anderer nicht einmal stellt, und der sich

Fragen stellt, die er um den Preis seines Lebens beantworten muß, ohne vorher jedoch zu wissen, daß er dies kann, also als *Oedipus und Sphinx in einer Person*, d. h. aber als eine Sphinx, die sich selbst töten muß, wenn jemand – und nur ein Oedipus, d. h. Nietzsche, kann dies – ihre Fragen beantwortet bzw. den Antwortenden töten muß, wenn er falsch antwortet, also in jedem Fall tötet und allein mit sich ist und bleibt; und als Oedipus, der – trotz der bei Sophokles betonten Redlichkeit („Redlichkeit" ist ein ganz zentrales Stichwort insbesondere des Nietzsche der frühen 80er Jahre) – größte Verbrechen unwissend begehen, sie im Konflikt mit dem Seher, dem Schwager und der eigenen Frau/Mutter aufklären und als Ergebnis unsäglich leiden muß – er, der Weiseste, der das Rätsel der Sphinx als einziger zu lösen vermochte, erfährt sich als blind in den wichtigsten Fragen seines Lebens: er kennt seinen Vater nicht als seinen Vater und tötet ihn als einen Fremden; er kennt seine Mutter nicht als seine Mutter und zeugt mit ihr Kinder; er kennt seine Kinder nicht als seine Kinder, denn sie sind auch seine Geschwister; er ist die Ursache für den Selbstmord seiner Frau/Mutter; er ist die Ursache für die Pest in Theben, der Stadt, die er durch die Tötung der Sphinx zu befreien glaubte; er ist die Ursache für das jämmerliche Schicksal seiner Töchter usw. – und er blendet sich –, wenn er die Frage der dreigestaltigen Sphinx nach den drei Lebensphasen des Menschen beantwortet, und sofort, ohne seine Herkunft klären zu können, sterben muß, wenn er sie nicht beantwortet; und nicht zuletzt als Oedipus und Sphinx in seiner Person, also in permanentem innerpsychischen Duell, in dem jeder Sieg auch eine eigene Niederlage ist. Und Nietzsche fühlt sich als ein Oedipus, der die Sphinx bekämpfen muß, um Theben und sich zu retten – und den Preis, seine Mutter als Frau, zu gewinnen, der also auch eine „Mission" hat, die über die Interessen der eigenen Person weit hinausgeht – und als eine Sphinx, die ebenfalls kämpfen muß, da auch sie um ihr eigenes Leben kämpft und ebenfalls eine Mission zu verteidigen hat. Gibt es hier noch einen Ausweg? Das Suchen (später: Schaffen) dieses Auswegs ist Nietzsches Philosophie- und Lebensproblematik: dem Auffinden oder Schaffen dieses Auswegs gilt das Denken des neuen Oedipus (VII 3, 399) von 1864 bis 1888 ... In dem knappen Vierteljahrhundert, das Nietzsche noch bleibt, wird sich entscheiden, ob für ihn Philosophie eine Tragödie bleibt (IV 3, 174; MA 34), und es wird sich entscheiden, was jeweils unter einer Tragödie zu verstehen ist. Die Exposition dieses Problems ist mit Nietzsches Oedipusanalyse und Oedipusidentifikation gegeben, die zentralen Fragen sind gestellt: nun müssen Oedipus oder die Sphinx antworten – und Nietzsches weitere Philosophie zeigt, daß er dies weiß, will, wagt und immer wieder versucht.

5.2 Perspektiven der weiteren Entwicklung

Die Entwicklung von Nietzsches Einsicht in den tragischen Charakter rigorosen Erkennenwollens erfolgt in verschiedenen Etappen und auf verschiedenen Ebenen. Im Vordergrund der Entwicklung während der Schülerzeit stand zweifelsohne die Entwicklungslinie, die von der emphatischen Christentumsbejahung des Kindes, dokumentiert in zahlreichen Gedichten, über die Christentums- und Religionskritik aus der sich ausbildenden philosophischen Perspektive zur Auffassung von 1862 führt, in der Philosophie sowohl als Kritik als auch als Entwurf eines Systems des Reellen, aber auch als Prophetie vorgestellt wird.
Eine zweite Linie verdient aber kaum weniger Beachtung: sie führt von der trotzigen Ankündigung „Ich finde jenen Schlüssel noch womit ich kann in die Erde steigen“ und von dem scheinbar so distanzierten „Moses“-Vierzeiler des etwa Zehnjährigen über das „Schifferlied“, den „Prometheus“-Einakter und den „Empedokles“-„Hölderlin“-Brief zur „Oedipus“-Interpretation des Oberprimaners, in der beide Linien sich schneiden. Die „Entwicklung“ der zweiten Linie ist allerdings von völlig anderer Art als die der ersten: hier ist schon beim Zehnjährigen „alles da“: der furchtlose Trotz auf der einen Seite, den eigenen Weg gehen zu wollen, und das Wissen auf der anderen Seite, daß das Ausbilden eigener Auffassungen, ja schon der Versuch dazu („zweifeln“), den Verlust alles vorgegebenen und traditionell akzeptierten Lebenssinnes implizieren dürfte. Denn: wenn Gott seinen Erwählten, Moses, für dessen spontanes Bezweifeln göttlicher Allmächtigkeit aus Nietzsches Sicht so sadistisch straft, daß er ihn nach vierzigjähriger Wüstenwanderung, die in seinem Auftrag erfolgte, „Kanaan“ sehen aber nicht erreichen läßt, ihn also im Anblick seines unerreichbaren Lebenszieles sterben läßt, das jedoch für jeden beliebigen anderen Wüstenwanderer und jeden Säugling zugänglich ist, dann weiß das Kind als protestantischer Pastorensohn, der an diesen Gott als seinen Gott glaubt, was ihm bevorsteht – wenn dieser Gott nicht stirbt oder er ihn nicht zu stürzen oder zu töten vermag. Dies Problembündel muß den Zehnjährigen ungemein beschäftigt haben, wenn er sein Gedicht in seinem militärtechnischen „Festungsbuch“, das ansonsten keine thematisch abweichenden Aufzeichnungen enthält, versteckte. Nietzsches Denkentwicklung kann durchaus als Antwort auf dieses Problem des Zehnjährigen aufgefaßt werden: von „Kanaan“ führt eine direkte Linie zum „Eiland“ der eigenen Phantasie – das aber noch als ein „schlimmes Gebilde“ gegenüber dem sicheren Hafen, in dem man „Ruhe“ und „Glück“ findet und den man ansteuern „muß“, weil man doch ein „Ziel“ „haben“ „muß“, abgewertet wird –,

des „Schifferliedes“ (von 1858), zur auch moralisch motivierten so ambivalenten Rebellion des „Prometheus“ (April 1859) gegen Zeus, zur Identifikation mit der tragischen Selbstüberhebung des Empedokles (Okt. 1861) und über eine Reihe anderer Stationen schließlich zum Leidensmann Oedipus, der nichts von Kolonos weiß.[6]
Im Rückblick werden die Strukturen deutlicher: Oedipus als der dämonisch getriebene unfreiwillige „Selbst(er)kenner“ bildet – mit dem Sokrates des platonischen „Symposion“, der jedoch in dem Schulaufsatz als Person ausgeklammert bleibt – den diese Linie allerdings auch wieder tiefsinnig konterkarierenden Höhepunkt der rigoristischen (Religion, Kunst und Wissenschaft dominierenden) Philosophietendenz, während Oedipus als der unschuldige Leidensmann – „*Tragisch* ist die Weltanschauung nur bei Sophokles. Die *Unverdientheit* des Schicksals schien ihm tragisch: die Rätsel im Menschenleben, das wahrhaft Schreckliche war seine tragische Muse.“ (Oedipusvorlesung des SS 1870; GA XVII, 320f. bzw. MUS II, 268) –, „die leidvollste Gestalt der griechischen Bühne“ (GT 9.), hier ohne Ergänzung durch Prometheus und Orestes, weil er deren zentrale Positionen z. T. umfaßt, auch den Abschluß der tragischen Entwicklungslinie bildet: als „Selbstkenner, Selbsthenker“ (DD Zw. Raubv.), der sich, nachdem sein dämonisches Erkennenwollen zum Ziel gekommen war, zuletzt selbst blendet. Die tragische Gestalt des weisen selbstgeblendeten Leidensmannes, der nun, ohne Wissen um seine späte Apotheose auf Kolonos, seine Wanderung ins Unbekannte antritt, bildet also den in Nietzsches Nachlaß zentralen Kristallisationskern Nietzschescher Selbsterfahrung am Ausgang seiner

[6] Weitere „Kanaan“- bzw. „Eiland“- bzw. „Kolonos“-Stationen in Nietzsches Denkentwicklung (die Divergenzen seien hier unberücksichtigt!) sind u. a. Schopenhauer (Herbst 1865), das Philologiestudium und der nähere Kontakt mit seinem Förderer Ritschl und dessen Ehefrau (ab 1866), der dann doch nicht gewagte Versuch, von der Philologie zur Philosophie zu wechseln (Herbst 1867 bis Frühjahr 1868), der Kontakt mit R. und C. Wagner, der Versuch am Jahresanfang 1871 die Altphilologieprofessur gegen eine Philosophieprofessur zu tauschen. Von 1872 an glaubt Nietzsche immer weniger an ein vorgegebenes, vorfindbares „Kanaan“ usw. der Tradition, er erkennt, daß er *sein* „Kanaan“ außerhalb der bisher abgesteckten Grenzen suchen müsse, verläßt das feste Land und geht als neuer Kolumbus des Geistes auf See, um nicht Indien, sondern um Amerika zu suchen oder erhebt sich als Prinz Vogelfrei in die Luft . . .; dies die Entwicklung von 1875 bis zur „Morgenröte“. Von Anfang der Achtzigerjahre an erkennt Nietzsche immer deutlicher, daß er so, wie er bisher suchte/dachte, sein Eiland nie finden wird: er muß es selbst zu schaffen versuchen. Die Philosophie von „Zarathustra“ an ist in diesem Sinne zu sehen.

Schülerzeit: und zumindest den Schlüssel zum Verständnis von Nietzsches tragischer Philosophiesicht, vielleicht aber auch zur philosophischen Weiterentwicklung Nietzsches insgesamt.

Blicken wir auf die *weitere Denkentwicklung* Nietzsches, so läßt sich angesichts der inzwischen aufgewiesenen Kontinuität Nietzscheschen Denkens nicht nur annehmen, daß die Oedipusselbsterfahrung auch in seinem späteren Denken eine zentrale Rolle spielt, sondern auch *fragen, welche Möglichkeiten der Auseinandersetzung mit den in dieser Gestalt der Selbsterfahrung aufgeworfenen Problemen denkbar sind und wie Nietzsche diese Auseinandersetzung führt* – falls er sie führt.

1. Nietzsche könnte fliehen, indem er seinen Erkenntniswillen verdrängt und sich seinen anderen Neigungen hingibt, z. B. dem „alten Kinderglauben" oder musi(kali)schen Interessen: letzteres geschieht vor allem im ersten Bonner Studiensemester; gegen das erstere erscheint Nietzsche inzwischen als immun – er erfindet sich seinen Glauben lieber selbst;

2. Nietzsche könnte aber auch nur „ein bißchen" fliehen, indem er seinen Erkenntnistrieb nur teilweise verdrängt, und sich „ein bißchen" den Problemen stellen, indem er das Oedipusschicksal der häßlichen, entsetzlichen Wahrheiten zwar akzeptiert, es aber auf einen vergleichsweise eingegrenzten und kontrollierbaren Bereich einschränkt: so (wohl erstmals) in einem Brief an die Schwester vom 11.6.1865, der die „Seelenruhe" und das „Glück" des Glaubens („Schifferlied"!) der rigorosen Wahrheitssuche des Forschers gegenüberstellt (B I 2, 60f.); und er kann sich an Stelle des Studiums der Theologie für das der Philologie entscheiden, wie im Sommersemester 1865, in der Philologie fast bis zur Erblindung arbeiten, erfolgreich sein und mit 24 Jahren Professor werden, wie in Basel zum Sommersemester 1869; oder: er kann sich sogar mit der Philosophie einlassen, aber nicht als einsam Erkennender, sondern als Adept und Epopt eines Meisters, dem er sich als missionierender Jünger anschließt – so z. T. Nietzsches Verhältnis zu Schopenhauer in den Jahren 1865–70 (B I 2, 386);

3. Nietzsche könnte wie Oedipus das Oedipusschicksal „ohne wenn und aber" akzeptieren, ohne Kenntnis einer späten Kolonoslösung: das geschieht in der „Leidenschaft der Erkenntnis" der Zeit von MA bis FW und in der Vorstellung des „amor fati", die Gedanken des Schülers von 1862 wieder aufnimmt;

4. Nietzsche könnte, wissender als Oedipus, das Oedipusschicksal akzeptieren in der Hoffnung auf eine Kolonoslösung: entweder indem er sich sofort auf die Suche nach Kolonos begibt und Kolonos auch findet

(so erlebte er 1869 ff. Tribschen mit R. und C. Wagner) oder sich Kolonos selbst zu schaffen versucht (so in der Maske Zarathustras), oder indem er auf eine späte aber überwältigende Kolonoslösung setzt: auf „Ruhm und Ewigkeit“ (DD);

5. Nietzsche könnte an seinem Oedipusschicksal verzweifeln oder an/wegen seiner Flucht vor dem Oedipusschicksal verzweifeln oder an/wegen seiner Verzweiflung verzweifeln: so immer wieder in einzelnen Momenten bis 1888 (dokumentiert in den Notizbüchern und den Briefen);

6. Nietzsche könnte sein Oedipusschicksal bekämpfen, sich aktiv wehren, es zu widerlegen versuchen, wie Sokrates den delphischen Gott zu widerlegen versuchte: so in den Versuchen der Uminterpretation der Tragödie, beginnend unter dem Einfluß Schopenhauers und Wagners, fortgeführt in wachsender Emanzipation und Rebellion gegen diesen Einfluß, abgeschlossen in den späten Reflexionen über das Tragische;

7. Nietzsche könnte, wissender als Oedipus, nicht nur das Oedipusschicksal akzeptieren, sondern sich als Oedipus *und* Sphinx erleben und bejahen, als den, der Fragen stellt, die keiner beantworten kann als er selbst, als den, dessen Fragen töten und der dennoch fragt, und als den, dessen Antworten töten, und der dennoch antwortet: so z. T. in der Freigeistphilosophie, als Prinz Vogelfrei, in der Moralkritik, in der Verkündigung vom „Tode Gottes“, in der Experimentalphilosophie der späten Achtzigerjahre;

8. Nietzsche könnte, wissender als Oedipus, sich nicht nur als wissender denn Oedipus und seine Sphinx, sondern als *neuer Oedipus und neue Sphinx* erfahren, als jemand, der seinerseits Oedipus und die Sphinx befragt (J 1.), dafür vielleicht auch ein potenziertes Oedipusschicksal auf sich nehmen muß, aber dennoch fragt und auf diese Weise den Schlüssel zu finden hofft, mit dem er „kann in die Erde steigen“: der gesamten europäischen Philosophietradition, des Christentums und des Platonismus, um überall den Haß auf die Sinnlichkeit (GD Die Vernunft 1.) zu finden, um „mit dem Hammer wie mit einer Stimmgabel“ an die ewigen Götzen zu rühren, denn es gibt mehr Götzen als Realitäten auf der Welt (Vorr.). Und vielleicht sind selbst Oedipus und seine Sphinx Götzen?

9. Nietzsche könnte auch, zwar wissender aber ungemein schwächer und einsamer als selbst Oedipus, da ohne stützende Antigone oder Ismene, unter seiner Last zusammenbrechen: „Um allein zu leben, muß man ein Tier oder ein Gott sein – sagt Aristoteles. Fehlt der dritte Fall: man muß beides sein – Philosoph ...“ (Sprüche 3.) „Kann ein *Esel* tragisch sein? – Daß man unter einer Last zu Grunde geht, die man weder

tragen noch abwerfen kann? ... Der Fall des Philosophen." (11.) „Die geistigsten Menschen, vorausgesetzt, daß sie die mutigsten sind, erleben auch bei weitem die schmerzhaftesten Tragödien: aber eben deshalb ehren sie das Leben, weil es ihnen seine größte Gegnerschaft entgegenstellt." (Streifzüge 17.)

10. Nietzsche könnte auch Oedipus als zwar tragische, aber gespielte Figur im großen Weltspiel des Dionysos, des zerreißenden und wieder einenden Lebens verstehen, des Herren der Tragödie, des Satyrspiels und der Komödie, des Herren griechischer Mysterien: um „den Helden herum" wird zwar „Alles Tragödie, um den Halbgott herum" bereits „Alles zum Satyrspiel; und um den Gott herum wird Alles – wie? vielleicht zur ‚Welt'?" – (J 150.) „Doch um den Esel herum?", fragt die Sphinx, „wie – Alles nur Lasten und Schläge?" „Nein", sagt der Philosoph, „den Esel reitet Dionysos ..." „... und der Gekreuzigte?", fragt die Sphinx. „*Auch* der Gekreuzigte", sagt der tragische Philosoph;

11. Nietzsche könnte aber auch das *Schema aufzubrechen versuchen*, denn es gibt im Drama des Oedipus ja verschiedene *Phasen*, von denen einzelne isoliert und als oedipodeisch angesehen werden könnten, ohne daß sie immer unter dem Schlußakkord des tragischen Endes gesehen werden müßten: so in der Zeit ab 1872, wenn Nietzsche vom „Pathos der Wahrheit" im eher negativen, und, ab 1875–76 (kulminierend in M), im positiven Sinne spricht; oder er könnte das Ende isolieren, so wenn er vom Tragödienausgang der Erkenntnis (M 45.) spricht oder sich fragt, ob seine Philosophie eine Tragödie sei (MA 34.), während er in der Vorstufe noch definitiv behauptet, daß sie eine Tragödie sei (IV 4, 174); oder er könnte das Duell mit der Sphinx isolieren oder zu überbieten suchen (J 1.) usw.; er könnte aber auch *einzelne Elemente/Aspekte* an der Gestalt Oedipus isolieren, so z. B. den Gesichtspunkt des Genies bzw. der „Größe": so, in Wiederaufnahme der Genie-Metaphysik des großen und vollen Herzens (Kriemhild) der Schülerzeit, im Herbst 1869, wenn er sich notiert, daß die „Könige der Griechen ... allein die Tragik des Lebens recht verstehen, weil sie hoch genug gestellt sind" (III 3, 29), hoch genug im doppelten Sinn: sie erkennen die Tragik des Lebens selbst aus ihrer einsamen Höhe und man erkennt an ihnen die Tragik des Lebens – Höhe, Tragik, Einsamkeit sind für Nietzsche schon seit der Kinderzeit erlebnismäßig synonym;

12. Nietzsche könnte schließlich auch noch die *Perspektive wechseln*, denn es gibt ja nicht nur *eine* Oedipusperspektive, wobei vor allem die des Oedipus selbst von der des Zuschauers und der seines Dichters unterschieden werden könnte: Nietzsche, der den Perspektivismus zu einer separaten Philosophie entwickelt, die den Mangel an Intersubjekti-

vität durch Intrasubjektivität aus „vielen" bzw. „hundert Augen " zu ersetzen trachtet, nimmt, insbesondere in der späten Diskussion (1888) des Tragödienproblems, explizit nur noch die Perspektive des Künstlers ein (z. B. GD Streifzüge 24.), während er an der Tragödientheorie der aristotelischen „Poetik" kritisiert, daß hier die des Zuschauers dominiere – und erfährt sich doch mehr denn je in der Perspektive des Leidensmannes Oedipus. *Sie* kontrastiert als dunkles Fragezeichen, ohne daß Nietzsche sie noch als *seine* Perspektive nennt – die „Götzendämmerung", Abbreviatur des geplanten Hauptwerkes, mit dem Hammer wie mit einer Stimmgabel Götzen aushorchend, beginnt mit 44 Sprüchen und Pfeilen: nur zweimal spricht Nietzsche vom Philosophen (3., 11.) und beide Pfeile schießt der Selbstdenker, Selbstkenner, Selbsthenker auf sich ... –, nun auch unabhängig von der Gestalt Oedipus die grandiosen Einsichten in die „Psychologie des Orgiasmus als eines überströmenden Lebens- und Kraftgefühls und in die Bedeutsamkeit des geschlechtlichen Symbols als des ehrwürdigen Symbols an sich, als des eigentlichen Tiefsinns innerhalb der ganzen antiken Frömmigkeit" (Was ich den Alten verdanke 4., 5.): „In" (nicht:nur) „diesem Sinne habe ich das Recht, mich selber als den ersten tragischen Philosophen zu verstehn" (EH Warum ich so gute Bücher schreibe, GT 3.). Philosophie als Tragödie? Philosophie als Tragödie...
Es gibt also viele Wege der Auseinandersetzung mit dem Oedipusschicksal des dämonischen Erkennenwollens, und Nietzsche ist zumindest jeden dieser Wege vielfach gegangen: *diese* Sphinx blickt gewiß aus „hundert Augen", denn Nietzsches gesamte Philosophie ist nicht zuletzt eine Antwort auf sein dämonisches Erkennenwollen – dank seines dämonischen Erkennenwollens, ist eine Philosophie der Fragen und Fragezeichen, weniger der Antworten: „Philosophie kommt als geistige Kraft des Infragestellens zur Sprache." (Simon 224)

Die Weiterentwicklung der Auseinandersetzung Nietzsches mit dem Tragödienaspekt von Philosophie erfolgt also in unterschiedlichen Zeitintervallen auf primär drei Ebenen: auf der (a) der Weiterentwicklung der Auffassung der Tragödie mit dem Schwerpunkt 1869–71, (b) der Philosophie mit dem Schwerpunkt ab 1872 sowie (c) der Verkörperung der hierbei entdeckten/entwickelten Probleme in einer konkreten Gestalt: in der Regel einer Gestalt aus dem griechischen Mythos, weiterentwickelt in der attischen Tragödie (bevorzugt bis in die Spätphilosophie Oedipus und Prometheus), oder einem Philosophen (bevorzugt Empedokles, auf den auch oft angespielt wird, wenn sein Name nicht fällt, und Sokrates). Die drei Ebenen sind in spezifischem Bezug: Verän-

derungen auf einer Ebene haben spezifische Veränderungen auf den anderen zur Folge: so bestimmen sich die Tragödien- bzw. Tragikauffassung[7] und die Philosophieauffassung zwar wechselseitig, in der Regel jedoch so, daß Nietzsches Tragikauffassung die Philosophieauffassung bestimmt und Nietzsches Auseinandersetzungswille mit ihr ein konstantes Motiv zur Weiterentwicklung seiner Philosophieauffassung darstellt. Das Verhältnis der Tragik- bzw. Philosophieauffassung zu einer bestimmten Gestalt ist nicht konstant: beim frühen Nietzsche werden auch Probleme an einer bestimmten Gestalt entdeckt, so daß sie nicht primär eine beliebig einsetzbare Figur auf dem imaginären Schachbrett Nietzschescher Probleme darstellt, wie dies dann in der späteren Philosophie doch nicht selten der Fall ist.
Ein chronologischer Abriß der Weiterentwicklung kann hier nicht mehr gegeben werden. Wie bereits aus den 12 skizzierten und von Nietzsche realisierten Antwortmöglichkeiten auf die Identifikation des Abiturienten mit Oedipus deutlich wurde, sind diese Antworten nicht in dem Sinne nacheinander gegeben, daß Nietzsche die eine Antwort verwerfen würde, wenn er eine andere gibt. Wir sprachen bereits von seinem vieldimensional-polyphonen Denken: Nietzsche baut sozusagen parallel verschiedene Gedankenketten, die er fast immer zueinander in eine spannungsreiche Beziehung setzt, so daß sie sich wechselseitig in Balance halten, sich problematisieren usw. Man könnte sagen: Nietzsche komponiert Gedanken wie ein vielstimmiges Orchesterstück; oder auch: jede Gedankenlinie steht für sich und kann für sich bedacht werden – und doch ergeben sie nur zusammen das ganze Bild, den vollen Klang. Die Metapher des Orchesterstücks oder des Gedankengemäldes macht deutlich, was man den „tragischen Grundton" bei Nietzsche nennen könnte. Dieser Grundton im Sinne eines permanenten Fragezeichens an allen seinen Thesen, Gedanken, Entwürfen usw. – ein einzelner, nicht endender Klagelaut (B II 1, 144; GT 11.) – *ist* monoton: er betrifft die für Nietzsche unlösbare Spannung von Denken und Leben von 1854/55–1888/89. Nietzsches philosophische Entwicklung ist ein Versuch unermüdlicher Problembewältigung dieser Spannung: Dies

---

[7] „Tragödie" ist bei Nietzsche ein vieldeutiges Wort: es kann bezeichnen (a) die griechische, attische Tragödie als typisches Produkt hellenischen Geistes, (b) eine einzelne attische Tragödie, z. B. „König Oedipus", (c) die Tragödie im Sinne des Gattungsbegriffs des tragischen Kunstwerks, z. B. die Tragödie Shakespeares, (d) einen tragischen Prozeß, (e) ein tragisches Ereignis im Sinne des Resultats eines tragischen Prozesses sowie (f) das, was wir heute mit „Tragik" bezeichnen würden, wobei hier wiederum mannigfache Unterscheidungen anzusetzen sind.

läßt sich neben und hinter allem, was die faszinierende Philosophie Nietzsches im einzelnen leistet, durch seine verschiedenen Denkepochen[8] aufweisen.[9]

Literaturverzeichnis

Schriften Nietzsches

Die einzelnen Werke, wichtigsten Nachlaßtexte und Vorlesungen sind (z. T. mit ihren Abkürzungen) in 1. aufgeführt

Werke. Kritische Gesamtausgabe, hrsg. v. Giorgio Colli und Mazzino Montinari. Berlin/New York 1967ff., 33 Bände in VIII Abteilungen (Abk.: *KGW*; zur Edition: Schmidt, Zwischenbericht). Abt. III–VIII (ohne Apparatbände der KGW, aber mit Kommentar, Lebenschronik, Konkordanz zur KGW) als Studienausgabe (Taschenbuch).

Sämtliche Werke. Kritische Studienausgabe in 15 Bänden. München/Berlin/New York 1980 (Abk.: *KSA*).

Briefwechsel. Kritische Gesamtausgabe, hrsg. von Giorgio Colli und Mazzino Montinari. Berlin/New York 1975 ff., 19 Bände in III Abteilungen und 1 Ergänzungsband (Abk.: *KGB*).

Werke. Historisch-Kritische Gesamtausgabe, hrsg. von Hans Joachim Mette (Band I–IV), Karl Schlechta (Bd. III–V) und Carl Joachim Koch (Band IV

---

[8] Im Stenogramm: „dionysisch-tragische Weisheit" als Tragödie *und* „sokratische Weisheit" als Tragödie (GT); „Pathos der Wahrheit"als Tragödie (ab 1872); „Freigeisterei" als Tragödie (MA bis WS); Moralkritik als Tragödie (M); „Tod Gottes" als Tragödie, die ewige Wiederkunft als Tragödie und: incipit tragoedia (FW, Z); die Spätphilosophie als Tragödie der Aufhebung alles bisher Erarbeiteten: Wahrheitsrigorismus als Tragödie, Nihilismus als Tragödie, décadence als Tragödie – so *eine* Problemlinie. Daß Nietzsches Denken aber nicht nur dies ist und daß das Wort „Tragödie" auch hier nicht ausschließlich im Sinne tragischen Scheiterns verstanden werden sollte, könnte deutlich geworden sein.

[9] In diesem Beitrag wurde eher eine *Nachtseite* von Nietzsches Denken thematisiert: ihr stehen geniale Einsichten, Überlegungen, Entwürfe usw. gegenüber. Das hier skizzierte Nietzschebild und die Analyse seiner eigentlichen (m. E. nicht gelösten) Grundproblematik müßte ergänzt werden durch eine Darstellung einerseits seiner inhaltlichen, die seitherige Philosophiegeschichte in noch immer nicht genau abschätzbarer Weise bestimmenden Philosopheme (wobei die aufklärerische Komponente von Nietzsches Denken in der deutschen vielfach theologisch oder quasitheologisch geprägten Nietzsche-Interpretation fast schon chronisch zu kurz kommt) und andererseits seines der Erkenntnis und Selbsterkenntnis gewidmeten, in der Lebenspraxis zuweilen immens inkonsequenten, in der Reflexion (nicht nur) dieser Praxis allerdings äußerst lehrreichen und beispiellosen Lebens.

und V). München 1933–1940 (Abk.: *HKG, W*). Enthält die Jugendschriften und die Philologica bis 1869 (in KGW noch nicht erschienen).
Alle übrigen Ausgaben sind durch das Erscheinen der KGW und KGB überholt.
Bis zum Erscheinen der KGW, Abt. II (Philologica) sind noch unersetzlich:
Werke, 19 Bände in III Abteilungen und Registerband. Leipzig 1894ff.: Abt. III (Philologica, Band 17–19; Abk.: *GA*)
Gesammelte Werke. Musarionausgabe, hrsg. von Friedrich Würzbach, 23 Bände. München 1920–1929: die Philologica sind abgedruckt in den Bänden 2, 4 und 5 (Abk.: *MUS*)

Bibliographien

International Nietzsche Bibliography, compiled and edited by Herbert W. Reichert and Karl Schlechta. Chapel Hill 1960; revised and expanded ²1968 by H. W. Reichert. Nachträge, ebenfalls durch H. W. Reichert, 1969–1971 (in: N-Studien II, 1973, 320–339) und 1972–1973 (in: N-Studien IV, 1975, 351–373). (Eine 3. Aufl. ist in Vorber. durch David S. Thatcher).
Krummel, Richard Frank: Nietzsche und der deutsche Geist. Ausbreitung und Wirkung des Nietzscheschen Werkes im deutschen Sprachraum bis zum Todesjahr des Philosophen. Ein Schrifttumsverzeichnis der Jahre 1867–1900. Berlin/New York 1974 (MTNF 3).

Biographien

Janz, Curt Paul: Friedrich Nietzsche Biographie in drei Bänden. München/Wien 1978 (Band 1 und 2) und 1979 (Band 3). Auch als Studienausgabe (Taschenbuch): München 1981.
– Friedrich Nietzsches akademische Lehrtätigkeit in Basel 1869–1879. In: N-Studien III (1975), 192–203.
Ross, Werner: Der ängstliche Adler. Friedrich Nietzsches Leben. Stuttgart 1980.
Schlechta, Karl: Nietzsche-Chronik. Daten zu Leben und Werk, zusammengestellt von K. S. . München/Wien 1975.

Sekundärliteratur

Behler, Ernst (seit 1977) /Montinari, Mazzino/Müller-Lauter, Wolfgang/Wenzel, Heinz (Hrsg.): Monographien und Texte zur Nietzsche-Forschung. Berlin/New York 1972ff. (Abk.: *MTNF*; bis 1981 6 Bände).
Behler, Ernst (seit VII, 1978) /Montinari, Mazzino/Müller-Lauter, Wolfgang/Wenzel, Heinz (Hrsg.): Nietzsche-Studien. Internationales Jahrbuch für die Nietzsche-Forschung. Berlin/New York 1972ff. (Abk.: *N-Studien*: bis 1982 10 Bände).
Blondel, Eric: Ödipus bei Nietzsche. In: Perspektiven der Philosophie. Neues Jahrbuch I (1975), 179–191.
Colli, Giorgio: Nach Nietzsche. Frankfurt/M. 1980.
Fink, Eugen: Nietzsches Philosophie. Stuttgart ³1973.

Guzzoni, Alfredo (Hrsg.): 90 Jahre philosophische Nietzsche-Rezeption. Meisenheim 1979.

Heidegger, Martin: Nietzsche. 2 Bände. Pfullingen 1961.

Jaspers, Karl: Nietzsche. Berlin 4 1974.

*Kaufmann, Walter: Nietzsche. Philosoph-Psychologe-Antichrist. Darmstadt 1982 (*Bibl.*).

– Tragödie und Philosophie. Tübingen 1980.

Kaulbach, Friedrich: Nietzsches Idee einer Experimentalphilosophie. Köln/Wien 1980. (Vgl. Schmidt, PhLA XXXV, 1982, 215–218).

Löwith, Karl: Von Hegel zu Nietzsche. Stuttgart 6 1969.

Müller-Lauter, Wolfgang: Nietzsche. Berlin/New York 1972.

*Pütz, Peter: Nietzsche. Stuttgart 2 1975 (*Bibl.*).

*Salaquarda, Jörg (Hrsg.): Nietzsche. Darmstadt 1980 (*Bibl.*).

Schlechta, Karl/Anders, Anni: Nietzsche. Stuttgart-Bad Cannstatt 1962.

Schmidt, Hermann Josef: Nietzsche und Sokrates. Philosophische Untersuchungen zu Nietzsches Sokratesbild. Meisenheim 1969.

– Nietzsche: Werke – ein kritischer *Zwischenbericht*. In: Philos. Rundsch. XXIV (1977), 59–67.

– „Philosophie“ als Problem. Anmerkungen zum Paradox und zur Sinnhaftigkeit von Philosophie. Rheinstetten 1977.

Schmidt, Rüdiger: „Ein Text ohne Ende für den Denkenden“. Zum Verhältnis von Philosophie und Kulturkritik im frühen Werk F. Nietzsches. Königstein/Ts. 1982.

Schulte, Günther: „Ich impfe euch mit dem Wahnsinn“. Nietzsches Philosophie der verdrängten Weiblichkeit des Mannes. Frankfurt/Paris 1982.

Simon, Josef: Friedrich Nietzsche. In: Höffe, Otfried (Hrsg.): Klassiker der Philosophie. Band II. München 1981, 203–224.

Struve, Wolfgang: Die neuzeitliche Philosophie als Metaphysik der Subjektivität. Freiburg/Br. 1949.

Thiel, Manfred: Nietzsche. Heidelberg 1980.

Wein, Hermann: Positives Antichristentum. Nietzsches Christusbild im Brennpunkt nachchristlicher Anthropologie. Den Haag 1962.

*– Nietzsche ohne Zarathustra. Die Entkitschung Nietzsches: der kritische Aufklärer. In: N-Studien I (1972), 359–379.

*Wolff, Hans M.: Friedrich Nietzsche. Der Weg zum Nichts. Bern 1956.

Mitarbeiter dieses Bandes

BERG, JAN, Dr. phil., 1962 Habilitation für Philosophie an der Universität Stockholm; 1962–64 Assistant Professor, University of Minnesota, USA; 1964–68 Universitätsdozent an der Universität Stockholm; seit 1969 o. Professor für Philosophie an der Technischen Universität München. Veröffentlichungen: Bolzano's Logic (1962), ein Dutzend Bände der Bernard Bolzano-Gesamtausgabe (1972 ff.), zahlreiche Aufsätze und Rezensionen zur Logik, Semantik, Wissenschaftstheorie und Philosophiegeschichte.

DEUSER, HERMANN, Dr. theol., geb. 1946. Seit 1981 Prof. f. Ev. Theologie a. d. Universität – Gesamthochschule – Wuppertal u. Privatdozent f. Systematische Theologie a. d. Ruhr-Universität Bochum. Buchveröffentlichungen: Sören Kierkegaard. Die paradoxe Dialektik des politischen Christen. Voraussetzungen bei Hegel. Die Reden von 1847/48 im Verhältnis von Politik und Ästhetik (1974); Dialektische Theologie. Studien zu Adornos Metaphysik und zum Spätwerk Kierkegaards (1980); Mitautor des Bandes: A. Werner (Hrsg.), Es müssen nicht Engel mit Flügeln sein. Religion und Christentum in der Kinder- und Jugendliteratur (1982); H. Deuser/P. Steinacker (Hrsg.), Ernst Blochs Vermittlungen zur Theologie (1983).

KAMITZ, REINHARD, Dr. phil., geb. 1939. Seit 1971 Prof. für Logik und Wissenschaftstheorie am Fachbereich Wirtschaftswissenschaft der Freien Universität Berlin. Wichtigste Veröffentlichungen: Ein Beitrag zum Problem der Metaphysik (1964), Positivismus. Befreiung vom Dogma (1973), Artikel „Wissenschaftslogische Probleme beim Aufbau einer Theorie der Konflikte“ in G. Dlugos (Hrsg.): Unternehmungsbezogene Konfliktforschung. Methodologische und forschungsprogrammatische Grundfragen (1979), und „Was kann die Anwendung der formalen Logik auf eine Wissenschaft zum Fortschritt der Erkenntnis beitragen?“ in R. Kamitz (Hrsg.): Logik und Wirtschaftswissenschaft (1979).

MENNE, ALBERT, Dr. phil. geb. 1923, 1962 bis 71 Universität Hamburg, seit 1972 Prof. für Mathematische Logik an der Ruhr-Universität Bochum; 1969–75 Geschäftsführer d. Allg. Ges. f. Philosophie in Deutschland. Wichtigste Veröffentlichungen: Logik u. Existenz (1954); Einführung in die Logik (1966, ³81); Einführung in die Methodologie (1980); gem. mit I. M. Bocheński: Grundriß der Logistik (1954, ⁴1973); Logisch-philosophische Studien (1959); Logik der Religion (1968,²1981); gem. mit G. Frey: Logik und Sprache (1974); gem. mit N. Öffenberger: Zur modernen Deutung der aristotelischen Logik (1982). Zahlreiche Spez. Untersuchungen zur Begriffsgeschichte der Logik u. z. Philosophie der Logik.

SCHMIDT, HERMANN JOSEF, Dr. phil., geb. 1939, apl. Prof. für Philosophie an der Universität Dortmund. Wichtigste Veröffentlichungen: Nietzsche und Sokrates. Philosophische Untersuchungen zu Nietzsches Sokratesbild (1969);

Weltanschauungsgenese und Weltanschauungskritik (in: Conceptus 1974); „Philosophie" als Problem. Anmerkungen zum Paradox und zur Sinnhaftigkeit von Philosophie (1977). Herausgeber: Dortmunder Studien zur Philosophie, Psychologie, Soziologie und Erziehungswissenschaft (1977–1980, 6 Bände).

SPECK, JOSEF, Dr. phil., geb. 1927, ord. Professor für Philosophie an der Universität Dortmund. Wichtigste Veröffentlichungen: Die anthropologische Fundierung erzieherischen Handelns (1968); Karl Rahners theologische Anthropologie (1967); „Person", in: J. Speck/G. Wehle (Hrsg.): Handbuch pädagogischer Grundbegriffe (1970). Pädagogik und Anthropologie, in: J. Speck (Hrsg.), Problemgeschichte der Pädagogik (1976); Buber, in: J. Speck (Hrsg.): Geschichte der Pädagogik des 20. Jahrhunderts (1978); „Erklärung", in: J. Speck (Hrsg.), Handbuch wissenschaftstheoretischer Begriffe, Bd. 1 (UTB, 1980); M. Buber: Die Aporetik des Dialogischen, in: Grundprobleme der großen Philosophen. Gegenwart IV (1981). A. Camus: Die Grundantinomien des menschlichen Daseins, in: Grundprobl. d. gr. Philosophen, Gegenwart V (1982).

WELKER, MICHAEL, Dr. theol., Dr. phil., geb. 1947. Privatdozent für Systematische Theologie an der Evangelisch-theologischen Fakultät der Universität Tübingen. Veröffentlichungen: Aufsätze vor allem über systematisch-theologische Fragen, die aus dem Verhältnis von deutschem Idealismus und dialektischer Theologie hervorgegangen sind, ferner zu Aufgabenstellungen, die sich aus der Rezeption der Theorie Whiteheads in der nordamerikanischen Prozeßtheologie ergeben haben; Bücher: Der Vorgang Autonomie. Philosophische Beiträge zur Einsicht in theologischer Rezeption und Kritik (1975); Universalität Gottes und Relativität der Welt. Theologische Kosmologie im Dialog mit dem amerikanischen Prozeßdenken nach Whitehead (1981).